辉煌历程

庆祝新中国成立60周年重点书系

中国经济国际化进程

国家发展和改革委员会对外经济研究所 著

人民出版社

在新的历史起点上再创辉煌

——《辉煌历程——庆祝新中国成立 60 周年重点书系》总序

柳斌杰

　　1949 年 10 月 1 日，中华人民共和国诞生了！中国人民从此站起来了，中华民族以崭新的姿态自立于世界民族之林！新中国成立以来的 60 年，是中国社会发生翻天覆地变化的 60 年，是中国共产党带领全国各族人民同心同德、奋勇向前、不断从胜利走向胜利的 60 年，是中华民族自强不息、顽强奋进、从贫穷落后走向繁荣富强的 60 年，是举国上下自力更生、艰苦奋斗，开创社会主义大业的 60 年。60 年峥嵘岁月，60 年沧桑巨变。当我们回顾 60 年奋斗业绩时，感到格外自豪：一个充满生机和活力的社会主义新中国正巍然屹立于世界的东方。

　　在新中国成立 60 周年之际，系统回顾和记录 60 年的辉煌历史，总结和升华 60 年的宝贵经验，对于我们进一步深刻领会和科学把握社会主义制度的优越性、党的领导的重要性，进一步增强民族自豪感，大力唱响共产党好、社会主义好、改革开放好、伟大祖国好、各族人民好的时代主旋律，高举中国特色社会主义伟大旗帜，坚定走中国特色社会主义道路的决心和信心，在新的历史起点继续坚持改革开放，深入推动科学发展，夺取全面建设小康社会新胜利、开创中国特色社会主义事业新局面，都有十分重要的意义。

一

中国走社会主义道路，是历史的选择，人民的选择，时代的选择。在相当长的历史时期内，中国是世界上一个强大的封建帝国。1840年鸦片战争以后，由于帝国主义列强的侵入，中国由一个独立的封建国家变为半殖民地半封建的国家，中华民族沦落到苦难深重和任人宰割的境地。此时的中华民族面对着两大历史任务：一个是争取民族独立和人民解放，一个是实现国家繁荣富强和人民富裕；需要解决两大矛盾：一个是帝国主义和中华民族的矛盾，一个是封建主义和人民大众的矛盾。近代中国社会的主要矛盾和我们民族面对的历史任务，决定了近代中国必须进行反帝反封建的彻底的民主主义革命，只有这样才能赢得民族独立和人民解放，也才能开启国家富强和人民富裕之路。历史告诉我们，一方面，旧式的农民战争，封建统治阶级的"自强""求富"，不触动封建根基的维新变法，民族资产阶级领导的民主革命，以及照搬西方资本主义的其他种种方案，都不能完成救亡图存挽救民族危亡和反帝反封建的历史任务，都不能改变中国人民的悲惨命运，中国人民依然生活在贫穷、落后、分裂、动荡、混乱的苦难深渊中；另一方面，"帝国主义列强侵入中国的目的，决不是要把封建的中国变成资本主义的中国"，而是要把中国变成他们的殖民地。因此，中国必须选择一条适合中国国情的道路。"十月革命一声炮响，给我们送来了马克思列宁主义。十月革命帮助了全世界的也帮助了中国的先进分子，用无产阶级的宇宙观作为观察国家命运的工具，重新考虑自己的问题。走俄国人的路——这就是结论。"中国的工人阶级及其先锋队——中国共产党登上历史舞台后，中国革命的面貌才焕然一新。在新民主主义革命中，以毛泽东同志为代表的中国共产党人带领全党全国人民，经过长期奋斗，创造性地开辟了一条农村包围城市、武装夺取政权的革命道路，实现了马克思主义与中国实际相结合的第一次历史性飞跃，最终建立了伟大的中华人民共和国。从此，中国历史开始了新的纪元！

新中国成立初期，西方国家采取经济封锁、政治孤立、军事包围等手段打压中国，妄图把新中国扼杀在摇篮中。以毛泽东同志为核心的党的第一代中央领导集体，领导全国各族人民紧紧抓住恢复和发展生产这一中心环节，在继续完成民主革命遗留任务的同时，有步骤地实现从新民主主义到社会主义的转变，迅速恢复了在旧中国遭到严重破坏的国民经济并开展了有计划的经济建设。从1953年到1956年，中国共产党领导全国各族人民有计划有步骤地完成了对农业、手工业和资本主义工商业的社会主义改造，实现了中国社会由新民主主义到社会主义的过渡和转变，在中国建立了社会主义基本制度。邓小平同志在《坚持四项基本原则》一文中，对中国为什么必须走社会主义道路作了明确的说明："只有社会主义才能救中国，这是中国人民从五四运动到现在六十年来的切身体验中得出的不可动摇的历史结论。中国离开社会主义就必然退回到半封建半殖民地。中国绝大多数人决不允许历史倒退。"

但是，探索社会主义道路是一个艰辛的过程。社会主义制度是人类历史上一种崭新的社会制度，代表着人类历史前进的方向。建设社会主义是前无古人的崭新事业，没有任何现成的经验可资借鉴，只能在实践中不断探索适合中国国情的社会主义发展道路。毛泽东同志很早就指出："我们对于社会主义时期的革命和建设，还有一个很大的盲目性，还有一个很大的未被认识的必然王国。"正是由于中国共产党人有这种认识，所以这种探索贯穿在社会主义建设的全过程。

在新中国成立之初，以毛泽东同志为主要代表的中国共产党人在深刻分析当时国内外形势和中国国情的基础上，开始了从"走俄国人的路"到"走自己的道路"的历史性探索。这表明中国共产党力图在中国自己的建设社会主义道路中打开一个新的局面，反映了曾长期遭受帝国主义列强欺凌的中国人民站立起来之后求强求富的强烈渴望。探索者的道路从来不是平坦的。到了50年代后期，党的指导思想开始出现"左"的偏差。特别是60年代中期，由于对国际和国内形势判断严重失误，"左"倾错误发展到极端，造成了延续十年之久的"文化大革命"。"文化大革命"的十年内乱，给我们党和国家带来了极其严重的创伤，国民经济濒临崩溃的边缘，人民生活十分困难。1976年我们党依靠自身的力量，粉碎了"四人帮"，结束了十年内乱，从危难中挽救了党，挽救了革命，使社会主义中国进入了新的历史发展时期。在邓小平同志领导下和其他老一辈革命家支持下，党的十一届三中全会开始全面纠正"文化大革命"及其以前的"左"倾错误，冲破个人崇拜和"两个凡是"的束缚，重新确立了解放思想、实事求是的思想路线，果断停止了"以阶级斗争为纲"的错误方针，把党和国家的工作中心转移到经济建设上来，做出了实行改革开放的历史性决策。改革开放是党在新的时代条件下带领人民进行的新的伟大革命。从此以后，社会主义中国的历史掀开了新的一页。经济改革从农村到城市、从国有企业到其他各个行业势不可挡地展开，对外开放的大门从沿海到沿江沿边、从东部到中西部毅然决然地打开了，社会主义中国又重新焕发出了蓬勃的生机和活力。以党的十一届三中全会为标志进行了30多年的改革开放，巩固和完善了社会主义制度，为当代中国探索出了一条真正实现国家繁荣富强、人民共同富裕的正确道路。

二

新民主主义革命的胜利，社会主义基本制度的建立，实现了中国几千年来最伟大最广泛最深刻的社会变革，创造和奠定了新中国一切进步和发展的基础。中国是有着五千年历史的文明古国，但人民当家作主人，真正结束被压迫、被统治的命运，成为国家、社会和自己命运的主人，只是在中华人民共和国成立后才成为现实。在中国共产党的领导下，中国人民推翻了"三座大山"，夺取了新民主主义革命的胜利，真正实现了民族独立和人民解放；彻底结束了旧中国一盘散沙的局面，实现了国家的高度统一和各民族的空前团结；创造性地实现了从新民主主义到社会主义的转变，全面确立了社会主义的基本制度，使占世界人口四分之一的东方大国迈入了社会主义社会；

建立了人民民主专政的国家政权，中国人民掌握了自己的命运，中国实现了从延续几千年的封建专制政治向人民民主政治的伟大跨越；建立了独立的、比较完整的国民经济体系，经济实力、综合国力显著增强，国际地位大幅度提高。社会主义给中国带来了翻天覆地的变化。

那么，面对与时俱进的世界，中国的社会主义建设如何在坚持中发展呢？这就要进行新的探索，新的实践。胡锦涛同志在党的十七大报告中强调，"我们党正在带领全国各族人民进行的改革开放和社会主义现代化建设，是新中国成立以后我国社会主义建设伟大事业的继承和发展，是近代以来中国人民争取民族独立、实现国家富强伟大事业的继承和发展"。正是在改革开放的伟大实践中，中国共产党人开辟了中国特色社会主义道路。这是一条能够使民族振兴、国家富强、人民幸福、社会和谐的康庄大道，是当代中国发展进步和实现中华民族伟大复兴的唯一正确的道路。在当代中国，坚持中国特色社会主义道路，就是真正坚持社会主义。

"中国特色社会主义道路，就是在中国共产党的领导下，立足基本国情，以经济建设为中心，坚持四项基本原则，坚持改革开放，解放和发展社会生产力，巩固和完善社会主义制度，建设社会主义市场经济、社会主义民主政治、社会主义先进文化、社会主义和谐社会，建设富强民主文明和谐的社会主义现代化国家。"改革开放是中国的第二次革命，给我国带来了历史性的三大变化：一是中国人民的面貌发生了巨大变化，许多曾经长期窒息人们思想的旧的观念、陈腐的教条受到了巨大冲击，人们的思想得到了前所未有的大解放，解放思想、实事求是、与时俱进、开拓创新开始成为人们精神状态的主流。二是中国社会面貌发生了巨大变化，社会主义中国实现了从"以阶级斗争为纲"到以经济建设为中心、从封闭半封闭到改革开放、从高度集中的计划经济体制到充满活力的社会主义市场经济体制的伟大转折。我国获得了自近代以来从未有过的长期快速稳定发展，社会生产力大解放，社会财富快速增长，人民的生活水平实现了从温饱不足到总体小康的历史性跨越。满目疮痍、饱受欺凌、贫穷落后的中国已经变成政治稳定、经济发展、文化繁荣、社会和谐的社会主义中国。三是中国共产党的面貌发生了巨大变化，中国共产党重新确立了马克思主义的思想路线、政治路线和组织路线，在开辟中国特色社会主义伟大道路的过程中，在领导中国特色社会主义现代化进程中，始终把保持和发展党的先进性、提高党的执政能力、转变党的执政方式、巩固党的执政基础作为党的建设的重点，实现了从革命党向执政党的彻底转变，成为始终走在时代前列的中国特色社会主义事业的坚强领导核心。

新中国成立60年来，特别是改革开放30多年来的伟大成就生动展现了我们党和国家的伟大力量，展现了13亿中国人民的力量，展现了中国特色社会主义事业的伟大力量。"中国特色社会主义道路之所以完全正确、之所以能够引领中国发展进步，关键在于我们既坚持了科学社会主义的基本原则，又根据我国实际和时代特征赋予其鲜明的中国特色。"胡锦涛同志在纪念党的十一届三中全会召开30周年大会上的重要讲话中强调："我们要始终坚持党的基本路线不动摇，做到思想上坚信不疑、行动上坚定不移，决不走封闭僵化的老路，也决不走改旗易帜的邪路，而是坚定不移地走中国特色社会主义道路。"

坚定不移地走中国特色社会主义道路，就必须牢牢把握和坚持中国共产党的领导这个根本，这也是我们走上成功之路的实践经验。中国共产党是中国工人阶级的先锋队，同时是中国人民和中华民族的先锋队，是中国特色社会主义事业的领导核心。自诞生之日起，中国共产党就自觉肩负起中华民族伟大复兴的庄严使命，带领中国人民经过艰苦卓绝的奋斗，取得了革命、建设和改革的一个又一个重大胜利。中国特色社会主义道路是中国共产党领导全国各族人民长期探索、不懈奋斗开拓的道路，党的领导是坚持走这条道路的根本政治保证和客观的内在要求。没有共产党，就没有新中国，就没有中国的繁荣富强和全国各族人民的幸福生活。

坚定不移地走中国特色社会主义道路，就必须牢牢把握和坚持解放思想、实事求是的思想路线，充分认识我国处于并将长期处于社会主义初级阶段的基本国情，深刻认识社会主义事业的长期性、艰巨性和复杂性。过去的一切失误，在很大程度上就是因为没有正确地认识中国的国情，离开或偏离了发展的实际。我们要牢记教训，一切从实际出发，一切要求真务实。

坚定不移地走中国特色社会主义道路，就必须牢牢把握和坚持"一个中心，两个基本点"的基本路线。以经济建设为中心是兴国之要，是我们党和国家兴旺发达和长治久安的根本要求。四项基本原则是立国之本，是我们国家生存发展的政治基石。改革开放是决定当代中国命运的关键抉择，是发展中国特色社会主义、实现中华民族伟大复兴的必由之路。我们必须坚持改革开放不动摇，决不能走回头路。

中国特色社会主义事业是一项前无古人的创造性事业，是一项极其伟大、光荣而艰巨的事业。我们必须清醒地认识到，"我们的事业是面向未来的事业"，"实现全面建设小康社会的目标还需要继续奋斗十几年，基本实现现代化还需要继续奋斗几十年，巩固和发展社会主义制度则需要几代人、十几代人甚至几十代人坚持不懈地努力奋斗"。在新的国际国内形势和新的历史起点上，只要我们不动摇、不懈怠、不折腾，坚定不移地坚持中国特色社会主义道路，坚定不移地坚持党的基本理论、基本路线、基本纲领、基本经验，勇于变革、勇于创新，永不僵化、永不停滞，不为任何风险所惧，不被任何干扰所惑，就一定能凝聚力量，战胜一切艰难险阻，不断开创中国特色社会主义事业新局面。

三

把马克思主义基本原理同中国实际相结合，坚持科学理论的指导，坚定不移地走自己的路，这是马克思主义的本质要求，是中国共产党人在深刻把握马克思主义理论品质、清醒认识中国国情的基础上得出来的科学结论。毛泽东同志指出："认清中国社会的性质，就是说，认清中国的国情，乃是认清一切革命问题的基本的根据。"邓小平同志指出："马克思列宁主义的普遍真理与本国的具体实际相结合，这句话本身就是普遍真理。它包含两个方面，一方面叫普遍真理，另一方面叫结合本国实际。我们历来认为丢开任何一面都不行。"中国共产党之所以成功地领导了革命、建设和改革，就是因为以科学态度对待马克思主义，正确地贯彻马克思主义基本原理与中国具体实际相结合的原则，推动马克思主义中国化，并不断丰富和发展了马克思主义。

以毛泽东为主要代表的中国共产党人，创造性地运用马克思主义的基本原理，认真总结中国革命胜利和失败的经验教训，重新认识中国国情，探讨中国革命的规律性，把马克思主义与中国革命的具体实践结合起来，提出了新民主主义理论，阐明了中国革命的一系列重大问题，实现了马克思主义和中国实际相结合的第一次历史性飞跃，产生了毛泽东思想这一马克思主义中国化的重要理论成果，引导中国革命不断走向胜利，完成了民族独立和人民解放的历史任务，创建了新中国，建立了社会主义制度。新中国成立初期，我们党在把马克思主义和中国实际相结合方面做得比较好，因而社会主义革命和建设都比较顺利，很快建立起了比较完备的社会主义工业体系和国民经济体系，显示了社会主义制度的优越性。

党的十一届三中全会之后的30多年，我们党紧紧围绕中国特色社会主义这个主题，在新的历史条件下继续推进马克思主义中国化，形成和发展了包括邓小平理论、"三个代表"重要思想以及科学发展观等重大战略思想在内的中国特色社会主义理论体系。以邓小平同志为主要代表的中国共产党人，开创了改革开放的伟大事业，并在总结当代社会主义正反两方面经验的基础上，在我国改革开放的崭新实践中，围绕着"什么是社会主义、怎样建设社会主义"这个基本问题，把马克思主义基本原理和中国社会主义现代化建设的实际相结合，系统地初步回答了在中国这样的经济文化比较落后的国家如何建设社会主义、如何巩固和发展社会主义的一系列基本问题，创立了邓小平理论，实现了马克思主义和中国实际相结合的又一次飞跃，奠定了中国特色社会主义理论体系的基础。党的十三届四中全会以后，以江泽民同志为主要代表的中国共产党人，在新的历史发展时期，把马克思主义的基本原理与当代中国实际和时代特征进一步结合起来，在建设中国特色社会主义新的实践中，进一步回答了什么是社会主义、怎样建设社会主义的问题，创造性地回答了在长期执政的历史条件下建设什么样的党、怎样建设党的问题，形成了"三个代表"重要思想，进一步丰富和发展了中国特色社会主义理论体系。党的十六大以来，以胡锦涛同志为总书记的党中央，站在历史和时代的高度，继续把马克思主义基本原理与当代中国实际相结合，在推进中国特色社会主义的实践中，全面系统地继承和发展了马克思列宁主义、毛泽东思想、邓小平理论、"三个代表"重要思想关于发展的重要思想，依据我国仍处于并将长期处于社会主义初级阶段而又进到新的发展阶段这个现实，进一步回答了新世纪新阶段我国需要什么样的发展和怎样发展的重大问题，形成了科学发展观等重大战略思想，赋予中国特色社会主义理论体系以新的丰富内容。

胡锦涛同志在党的十七大报告中强调："改革开放以来我们取得一切成绩和进步的根本原因，归结起来就是：开辟了中国特色社会主义道路，形成了中国特色社会主义理论体系。高举中国特色社会主义伟大旗帜，最根本的就是要坚持这条道路和这个理论体系。"中国特色社会主义理论体系坚持和发展了马克思列宁主义、毛泽东思想，凝结了几代中国共产党人带领人民不懈探索实践的智慧和心血，是马克思主义中国化的最新成果，是党最可宝贵的政治和精神财富，是全国各族人民团结奋斗的共同思想基础。在当代中国，坚持中国特色社会主义理论体系，就是真正坚持马克思主义。只有坚持中国特色社会主义理论体系不动摇，才能坚持中国特色社会主义道路不动摇，才能真正做到高举中国特色社会主义伟大旗帜不动摇。

四

站在时代的高峰上回望我国波澜壮阔的奋斗之路，我们感慨万千。正如胡锦涛同志所指出的，"没有以毛泽东同志为核心的党的第一代中央领导集体团结带领全党全国各族人民浴血奋斗，就没有新中国，就没有中国社会主义制度。没有以邓小平同志为核心的党的第二代中央领导集体团结带领全党全国各族人民改革创新，就没有改革开放历史新时期，就没有中国特色社会主义"。"以江泽民同志为核心的党的第三代中央领导集体"，"团结带领全党全国各族人民高举邓小平理论伟大旗帜，继承和发展了改革开放伟大事业，把这一伟大事业成功推向21世纪"。我们"要永远铭记党的三代中央领导集体的伟大历史功绩"。

新中国60年的辉煌历程充分证明，没有共产党就没有新中国，没有中国共产党的领导就没有国家的繁荣富强和全国各族人民的幸福生活，也就不会有社会主义现代化的中国。新中国60年的伟大成就充分证明，只有社会主义才能救中国，只有中国特色社会主义才能发展中国，只有走中国特色社会主义道路才能建设富强、民主、文明、和谐的社会主义现代化国家。新中国60年的宝贵经验充分证明，只要始终坚持马克思主义基本原理同中国具体实际相结合，在科学理论的指导下，不断丰富和发展中国特色社会主义理论体系，就能坚定不移地走自己的路。新中国60年特别是改革开放30多年的伟大实践昭示我们，中国的崛起是历史的必然，只要我们高举"一面旗帜"，坚持"一条道路"，在新的历史起点继续推进改革开放的伟大事业，不断开创中国特色社会主义事业新局面，当代中国、整个中华民族，就一定能走向繁荣富强和共同富裕的康庄大道。

庆祝新中国成立60周年，是今年党和国家政治生活中的一件大事。新中国60年的辉煌历程、伟大成就和宝贵经验，蕴含着丰富的教育资源，是进行爱国主义教育的生动教材。深入挖掘、整理、创作、出版有关纪念新中国成立60年的作品，是出版界义不容辞的责任和光荣使命。为隆重庆祝新中国成立60周年，中共中央宣传部、新闻出版总署组织出版了《辉煌历程——庆祝新中国成立60周年重点书系》，目的在于充分展示新中国成立60年来翻天覆地的变化，充分展示中国共产党领导全国各族人民在革命、建设、改革中取得的伟大成就，深刻总结新中国60年的宝贵经验，努力探索人类社会发展规律、社会主义建设规律、中国共产党的执政规律；宣传中国特色社会主义，宣传中国特色社会主义理论体系，进一步坚定走中国特色社会主义道路的决心和信心；大力唱响共产党好、社会主义好、改革开放好、伟大祖国好、各族人民好的时代主旋律，不断巩固全党全国各族人民团结奋斗的共同思想基础；为在新形势下继续解放思想、坚持改革开放、推动科学发展、促进社会和谐营造良好氛围，激励和鼓舞全党全国各族人民更加紧密地团结在以胡锦涛同志为总书记的党中央周围，高举中国特色社会主义伟大旗帜，为开创中国特色社会主义事业新局面、夺取全面建设小康社会新胜利、谱写人民美好生活新篇章而努力奋斗。

该书系客观记录了新中国60年波澜壮阔的伟大实践，全面展示了新中国60年来社会主义中国、中国人民和中国共产党的面貌所发生的深刻变化，深刻总结了马克思主义中国化的宝贵经验，生动宣传了新中国60年来我国各方面所取得的伟大成就及社会主义中国对人类社会发展进步所做出的伟大贡献。该书系所记录的新中国60年的奋斗业绩和伟大实践，所载入的以爱国主义为核心的民族精神和以改革创新为核心的时代精神，都将永远激励我们沿着中国特色社会主义道路奋勇前进。

目　录

前　言

新中国成立60年了。60年，对于一个有着悠久历史的文明古国而言，可谓弹指一挥间。过去的60年，是中华民族发愤图强、万物复兴、再创辉煌的60年。经济合作与发展组织秘书长Angel Gurria说过，"当历史学家回顾我们所处的时代时，可能会发现几乎没有任何国家的经济发展可以像中国的崛起那样引人注目。可是，当他们进一步放开历史视野时，他们将看到的那不是一个崛起，而是一个复兴"。在这个伟大复兴的进程中，经济国际化起到了关键性的促进作用。

新中国成立以前的60年，正是世界进入1870~1913年经济全球化的黄金增长时期，而中华民族却遭遇了帝国主义列强挑起的连年战争及苦难，一步一步沦为半殖民地。在当时，帝国主义、封建主义和官僚资本主义成为阻碍中国经济和社会进步的三座大山。根据世界经济史学家麦迪森的研究，1840~1950年，中国GDP从占世界总量的1/3降到了1/20。在日本的人均收入提高了3倍，欧洲提高了4倍，美国提高了8倍的同时，中国的人均收入却出现了下降。

新中国建国后的60年，可以分成两个阶段：前30年，中国选择了重工业优先发展和进口替代的工业化发展战略，采取了相应的内向型保护性措施。在1950~1978年期间，中国GDP增长了3倍，人均收入增长了80%，工业在GDP中的比重由8%提高到30%。直到1978年，始终保持着既无内债，也无外债的纪录。但是，由于历史和现实的原因，中国的内向型经济错过了1950~1973年的世界黄金增长时期。后30年，中国经历了改革开放和工作重心转移到经济建设上来的历史性转变。在这个时期，通过不断扩大对外开放持续推进了我国经济的国际化进程，不仅成功把握住新一轮经济全球化和新科技革命浪潮所带来的战略机遇，化解了一次又一次世界性危机形成的外部冲击；而且在国际贸易、国际金融、国际投资领域取得了重大突破和长足进步，大大缓解了外汇短缺缺口和资本短缺缺口，促进了商品和服务进出口贸易结构的转型升级，形成了"引进来"和"走出去"的资本国际化基本格局，对外开放、体制改革与经济发展三者之间的相互依赖和相互促进，使国民经济和社会面貌发生了根本性变化。目前，中国已经成为名列世界前三位的经济大国、贸易大国、科技大国，并对世界经济增长和发展做出重要贡献。

展望未来的 60 年，中国再次站到了一个历史的新起点上。人才国际化、资本国际化、产业国际化、产品国际化进程将明显加快。这将从根本上改变中国过去的比较优势、要素禀赋以及国际分工地位，赋予未来发展以新的科学内涵。未来的 60 年，中国经济国际化进入到一个关键的发展阶段。一是要更主动地参与国际分工、国际竞争和国际交换，构建中国自己的全球生产体系；二是要更努力地提升商品和服务出口的技术含量和增值能力，增强中国经济国际化和文化软实力；三是要更深入地融入经济全球化进程，推动以发展为主题的南南合作与南北交流，这将是中国经济和社会真正意义上的"质"的飞跃。

为了庆祝中华人民共和国建国 60 周年，回顾和总结 60 年中国经济国际化的光辉历程，人民出版社精心策划并与国家发展和改革委员会对外经济研究所真诚合作，组织研究并出版了这本《中国经济国际化进程》。参与撰写本书各个专题报告的作者都是相关研究领域的资深专家，他们对中国经济国际化进程的阶段、特点及前景；国际经济环境变化；货物贸易、加工贸易、服务贸易及政府采购的发展历程；国际收支、国际资本流动、外商直接投资、国外借款、对外投资以及人民币国际化的发展及作用；世界贸易组织（WTO）、自由贸易协定

（FTA）、中国内地与港澳建立更紧密经贸关系安排（CEPA）、海关特殊监管区域以及东盟与中国、中日韩与东盟之间建立自由贸易区等重大选题进行了全面、系统、深入的研究分析，并得出一些重要的观点和结论。经过出版人和学人的共同努力，奉献出这部成果，希望能够对推动我国经济国际化上一个新台阶做出应有的贡献！

张燕生

2009 年 8 月 31 日

第一章

中国经济国际化的
进程、特征及前景

张燕生

　　研究中国经济的国际化进程，60 年可谓弹指一挥间。经济合作与发展组织秘书长 Angel Gurria 说过，"当历史学家回顾我们所处的时代时，可能会发现几乎没有任何国家的经济发展可以像中国的崛起那样引人注目。可是，当他们进一步放开历史视野时，他们将看到的不是一个崛起，而是一个复兴[①]"。确实如此，中国经济从自我封闭到被动开放、再到主动开放，最终走向经济国际化道路，经历了数百年艰苦历程。其间经历了两个 60 年，新中国成立以前的 60 年，正是世界经济进入 1870～1913 年全球化的黄金增长时期，而中华民族却经历了帝国主义列强挑起的连年战争及苦难，一步一步沦为半殖民地。新中国成立后的 60 年，前 30 年也是世界经济进入 1950～1973 年全球化的黄金增长时期，由于历史和现实因素，我国选择了重工业优先发展和进口替代的工业化发展战略。后 30 年是我国经济改革开放的 30 年，也正是世界经济进入新一轮经济全球化浪潮的时期，中国经济和社会面貌发生了历史性变化，经济国际化也取得了举世瞩目的成就，正在建立统筹协调扩大内需和稳定外需、国内发展与对外开放、自主创新与国际合作的开放型经济体系。未来的 60 年，中国将

[①] Angel Gurria，"序言"，安格斯·麦迪森《中国经济的长期表现》，上海人民出版社 2008 年版。

在人才国际化、资本国际化、产业国际化、产品国际化方面开始新的征程，以不断提升"两个市场、两种资源"的综合运作能力，建立中国自己的全球生产体系。

一、从封闭被迫走向开放：
国际环境及历史变迁

在近现代，中华民族经历了从被帝国主义列强用鸦片和炮舰打开国门，到新中国内向型发展，再到对外开放，今天终于踏上了经济国际化的历史进程。

（一）全球化与国际经济环境

19 世纪后期以来，世界共经历过三次经济全球化，被称为是世界经济的黄金增长时期①。

第一次经济全球化发生在 1870～1913 年，这是人类社会第一次走向相互融合的时期。在英国大力推动自由贸易的努力下，世界主要国家在当时都签订了一系列双边或多边的贸易协定，尤其是欧洲多数国家都大幅度降低了关税率②。同时，帝国主义列强还采用了"炮舰政策"和殖民政

---

① 一些学者认为，经济全球化早在 19 世纪末即已出现，这种观点越来越多地被人们所接受。但是否三次，存在着很多争论。如 1950～1973 年期间，实质上是社会主义和资本主义两大世界经济阵营相互隔离的时期。

② 英国 1842 年开始废除制成品出口税并降低进口税，到 1860 年实现了自由贸易，但 1913 年以后又回复到贸易保护轨道。1860 年科布登-谢瓦利埃条约签订后，欧洲国家开始相互间提供最惠国待遇和进口关税减让，但 1880 年以后，德、法、意、俄等国对农产品和制成品实行了保护性关税。1890 年以后，贸易条约体系形成双重关税，即非条约国进口征收高关税，条约国享有低关税，到 1913 年整个欧洲向贸易保护回归。在此期间，美国一直在贸易保护和自由化之间摇摆，一项研究表明，1879～1904 年美国工业的保护增长低于公认水平，但 1879～1889 年棉纺织业受到更大保护。肯伍德等：《国际经济的成长》，经济科学出版社 1996 年版。

策，为其商品和资本打开世界市场。两次产业革命推动了技术的发展和扩散，尤其是铁路、蒸汽和内燃机、通讯的迅速发展，为经济全球化创造了物质和技术基础①。1870年创立的国际金本位制度，也为国际贸易和投资增长提供了稳定的国际货币环境。美国和德国就是把握住这个黄金增长期迅速实现经济崛起，而英国当时由于过度注重海外投资，忽视了对第二次产业革命的技术和产业投资，开始了其由盛而衰的过程。

第二次经济全球化发生在1950~1973年，国际社会通过对凡尔赛和约的深刻反省，在战后经营和平、发展与合作方面取得了巨大的进步。布雷顿森林体系的建立，国际经济贸易组织大力推动贸易和投资自由化所做出的努力，通讯和运输科技进步的蓬勃发展，都使这个时期世界各地区的总收入和人均收入增长超过了以往任何一个时期。这个时期的世界格局也发生很大变化，生产能力曾占世界60%的美国制造业领先优势有所衰落，日本经济实力迅速崛起，东亚"四小龙"也取得出色的增长实绩②。

第三次经济全球化发生在20世纪90年代以来，贸易投资自由化和新科技革命已成为推动经济全球化发展的两个轮子，使全球化无论在深度和广度上还是在发展速度上都超过了以往（见表1-1）。然而，2007年8月美国次贷危机的爆发，尤其是2008年9月雷曼兄弟的破产，更是标志着当进入金融全球化发展阶段时，全球治理结构的缺失、金融自由化对发展问题的忽视以及全球经济失衡缺少内在的平衡机制等深层次问题，已经造成了全球系统性风险持续上升，经济全球化正在走到一个发展的十字路口。

据马丁·沃尔夫的研究，在1820~2000年间，全球各地区之间大宗商品价差缩小了92%，其中18%是因为贸易自由化政策改善所致，82%是由于运输便利化所致。细分下来，1820~1914年期间，价差缩小了81%，其中72%是由于运费降低，28%是关税降低。1914~1950年间，价差扩大了1倍。1950~2000年间，价差再次缩小了76%，其中74%受

---

① 参阅刘易斯：《增长与被动》（中文版），华夏出版社1987年版。
② 直到20世纪80年代末，发展中大国的决策层都有人公开对东亚模式的普遍性提出了尖锐的质疑，如中国、印度、巴西等大陆国家能否选择出口导向的东亚模式。

益于贸易自由化措施，26%是运费下降所致①。由此可见，全球化伴随着贸易、投资的自由化和便利化的不断深化，给参与各方带来了显著的经济和社会发展利益。

从表1-2的数据可以看到，如果按照购买力平价而不是市场汇率来计算②，到1820年，中国的经济总规模占世界经济总规模的比重高达32.9%，远高于同期欧洲经济所占比重26.6%、印度的16%、日本的3%、美国的1.8%、苏联的5.4%。然而，由于清王朝和国民党政府的腐败无能，造成了中国综合国力的大幅度衰落。到了1952年，中国的经济总规模虽然还高于印度和日本，但已经被欧洲、美国和苏联所远远超过。到了1978年，中国的经济总规模也被日本所超过。经济体制改革和对外开放从根本上解放并促进了社会生产力的快速发展，到2003年，中国的经济总规模再次超越了日本和俄罗斯，继续领先于印度，逐步趋近于欧美。预计2010年以前，按照市场汇率计算的中国经济总规模也将超越日本，成为世界上仅次于美国的世界第二经济大国。

从表1-3的数据可以看出，1820～1952年间，中国人均收入年均增长率是-0.10%，不仅大大低于美、日、欧、苏同期的人均收入年均增长率1.61%、0.95%、1.05%、1.01%，而且低于印度同期的人均收入年均增长率的0.13%和全球平均水平的0.93%。1952～1978年间，中国人均收入年均增长率为2.33%，虽然高于印度的1.66%，但明显低于日本的6.69%、欧洲的3.63%、苏联的3.55%、美国的2.24%、全球平均的2.62%。1978～2003年间，中国人均收入年均增长率为6.57%，不仅远远高于比较样板中的发达国家，也高于转型中的苏联（-0.78%）和发展中的印度（3.27%），还高于全球平均的1.55%。由此可见，改革开放以来的中国经济国际化进程，大大促进了中国经济的快速发展，表现显著好于不同发展程度国家和地区的增长业绩。

① 马丁·沃尔夫：《全球化为什么可行》，中信出版社2003。
② 安格斯·麦迪森：《中国经济的长期表现》，上海人民出版社2008年版。

表 1－1　1820～1998 年人均 GDP 增长

	1820～1870	1870～1913	1913～1950	1950～1973	1973～1998
西欧	0.95	1.32	0.76	4.08	1.78
西方派生国	1.42	1.81	1.55	2.44	1.94
日本	0.19	1.48	0.89	8.05	2.34
前苏东	0.64	1.15	1.50	3.49	−1.1
拉美	0.1	1.81	1.42	2.52	0.99
亚洲，不包括日本	−0.11	0.38	−0.02	2.92	3.54
非洲	0.12	0.64	1.02	2.07	0.01

（资料来源：安格斯．麦迪森，《世界经济千年史》，北京大学出版社 2003 年版）

表 1－2　1700～2003 年世界 GDP 分布

（％）

	1700 年	1820 年	1952 年	1978 年	2003 年
中国	22.3	32.9	5.2	4.9	15.1
印度	24.4	16.0	4.0	3.3	5.5
日本	4.1	3.0	3.4	7.6	6.6
欧洲	24.9	26.6	29.3	27.8	21.1
美国	0.1	1.8	27.5	21.6	20.6
苏联	4.4	5.4	9.2	9.0	3.8

（资料来源：麦迪森《中国经济的长期表现》，上海人民出版社 2008 年版）

表 1－3　1700～2003 年世界人均 GDP 增长率

（％）

	1700～1820 年	1820～1952	1952～1978 年	1978～2003 年
中国	0.00	−0.10	2.33	6.57
印度	−0.03	0.13	1.66	3.27
日本	0.13	0.95	6.69	2.11
欧洲	0.14	1.05	3.63	1.79
美国	0.72	1.61	2.24	1.85
苏联	0.10	1.11	3.55	−0.78
全球	0.07	0.93	2.62	1.55

（资料来源：麦迪森《中国经济的长期表现》，上海人民出版社 2008 年版）

（二）列强逼迫下的中国经济开放

1840 年以前，中国封建经济经历过长期的闭关锁国时期。在这个时期，虽然中国经济依然保持着增长，但由于与世界经济处于长期隔离的状态，造成了中国经济进步的速率在逐步放慢。在 1700～1820 年间，中国人口从 1.38 亿增长到 3.81 亿人，国土面积在 1880 年达到 1200 万平方公里。由于国力不断衰退，外强就必然入侵。当时英国利用广州作为购买茶叶的口岸，为解决贸易不平衡导致的入超，英国用鸦片作为贸易平衡的手段。在 1820～1839 年间，英国每年运到中国的鸦片从 4000 箱增长到 4 万箱（Greenberg，1951）。1839 年清王朝政府实行禁烟，英国就发动了对华战争，最后，1842 年的《南京条约》割让了香港，广州、厦门、福州、宁波、上海作为条约口岸被迫开放。英国人享有治外法权和领事裁判权。中国支付了英国 600 万两白银的鸦片赔款，2100 万两白银的战争赔款①。

列强们用鸦片和大炮打破了中国经济长期自我封闭的传统，通过武力缔结了一系列不平等条约，谋取在华政治和经济特权，把中国作为商品销售市场和原料来源地，逐步控制了中国的各层次主权和基本经济命脉，使得中国对外经济贸易具有典型的殖民地贸易的性质和特点，即出口初级产品和资源，进口制成品的贸易结构。使得中国的经济发展始终处于对帝国主义世界市场的依附地位。到 19 世纪 90 年代，中国世界最大经济体的地位被美国所取代②。

从 1840 年开始，中国政府开始允许几个地方口岸与外国通商，包括澳门（对葡萄牙开放）、广州（对其他西方国家开放）、厦门（与菲律宾通商）、宁波（对日韩开放）、恰克图（对俄开放）。此时，英国每年购买茶叶 1.4 万吨，并用鸦片支付茶叶和其他进口品。到 1890 年，鸦片占中国进口额的 1/4，其他商品主要是棉织品占进口的 41%，食品占 15%，羊

---

① 安格斯·麦迪森：《中国经济的长期表现》，上海人民出版社 2008 年版。
② 张燕生，"内向发展和对外开放"，编入杨坚白等著：《新中国经济的变迁和分析》，江苏人民出版社 1992 年。

毛制品占 3%。在出口商品中，茶叶占 27%，生丝占 25%，丝织品占 6%，原棉占 3%（Hsiao，1974）。从表 1－4 数据可以看出，1870 年，即使中国当时仍是世界上最大经济体，中国的出口依存度仅为 0.6%，出口占世界总出口额的比重也仅 2%，中国仍是一个当时国际化程度很低的国家。

表 1－4　1870～2003 年中国商品进出口贸易

	出口（1990 年不变价格，亿美元）	出口/GDP，1990 年国际货币	出口，亿美元，名义价格	出口/世界出口（%，名义价）
1870 年	13.98	0.6	1.02	2.0
1913 年	41.97	1.2	2.99	1.6
1929 年	62.62	2.3	6.60	2.0
1952 年	80.63	2.6	8.20	1.0
1978 年	156.39	1.7	97.50	0.8
1990 年	620.90	2.9	620.90	1.9
2003 年	4537.34	7.1	4382.30	5.8

（资料来源：麦迪森《中国经济的长期表现》，上海人民出版社 2008 年版）

（三）旧中国维系着弱国的对外开放

历史的经验证明，旧中国的这种殖民地半殖民地性质的对外开放，不可能对中国经济和对外贸易发展起到积极的促进作用，只会使中国经济陷入长期停滞和贫穷落后。从 1820～1950 年，中国经济发展与西方发达国家和其他发展中国家的差距都在加大（见表 1－3）。中国 GDP 占世界经济总量的比重，从 1820 年的 1/3 降到了 1952 年的 1/20（见表 1－2）。特别是 1937～1949 年间，中国经历了抗日战争、解放战争，陷入长期战乱和停滞状态。到新中国建国之初的 1952 年，中国的人均 GDP 实际上是退回到 1890 年的水平。

20 世纪 30 年代是旧中国经济发展的相对稳定时期。在 1935 年，中、苏、美、日的生产资料生产占各自生产总值的比重分别为 5.5%、

58.5%、42.4%、48.3%。旧中国不仅近代工业落后，而且产业配套能力更弱。如中国有煤，但缺电，有生铁，但只有1/2能够炼成钢，炼成的钢，又不到1/2能够轧钢成材①。1949年与1936年相比，中国的粮、棉产量分别下降了21%和46%，煤炭和水泥产量分别仅有70%和43%。当时中国的经济发展基础很差，从1912—1948的37年间，全国高等院校毕业生仅有21万人，80%以上的人口是文盲，人均寿命35岁②。耕地面积占国土面积的比例只有10%，低于印度的52%和美国的19%。当时，城乡、区域发展严重不平衡。据统计，1947年仅上海、天津两市的工厂数就占全国城市工业的63%，职工人数的61%。1943年，东北地区的生铁产量占全国产量的87.7%，钢材占93%，煤占49.5%，电力占49.2%，水泥占66%。

即使在20世纪30年代，也是外资和官僚资本实际控制着中国经济的基本命脉，大大挤压着民族资本的发展空间。长期以来，外资企业一直在投资、经营、税收等方面取得了优于中国民族企业的特权。虽然在第二次世界大战后，中国政府没收了德、意、日在华企业和资产，英、美等国也取消了在华租界并给予中国关税自主等权利，但外资企业仍有着更多的特权和优势地位。据有关资料揭示，截至1936年，外国资本在华企业投资额约为43亿美元，其中工业资本约占中国整个工业资本的40%。外资在华企业的产品份额分别占到中国生铁产量的80%，原煤产量的80%，发电量的76%，棉布产量的69%，卷烟产量的57%，航运吨位的69.5%，铁路里程的90%。外资在华银行约32家，分支银行141所，在华资产19亿美元，在金融业务中占垄断地位，并控制了中国海关和财政③。在1936年，外资在华投资权益的37%在外贸和银行领域，30%在运输和通讯领

① 中财委编，《1949年中国经济简报》，转自武力，《中华人民共和国简史》中国社会科学出版社2008年版。

② 旧中国，20～40岁的成年人平均体重52公斤，平均身高161.5厘米。

③ 赵德馨主编：《中华人民共和国经济史（1949—1966）》，河南人民出版社1988年版，第67～68页。

域，21％在工业领域，其余的则投资在房地产领域。在区域分布上，有46％的外资投资在上海，36％的外资投资在东北。同时，官僚资本也逐步取得国民经济重要部门的垄断或控制力。1936 年，中国的民族资本和官僚资本的比例为 50.7％：49.3％，到了 1947～1948 年，这个比例就降为27.8％：72.2％，民族工业的支柱——棉纺织业基本被官僚资本所垄断①。

二、新中国经济的内向型发展：
1949～1978 年

新中国成立之初，好不容易结束了百年动乱，百废待兴。当时的工业化和现代化发展道路可以有不同的选择。历史上，有英、美、法工业化发展模式，它们是通过商品对外输出和殖民主义炮舰政策，从轻工业起步，转型到重工业，逐步实现工业化；有德、日工业化发展模式，它们是利用国家力量形成后发优势，通过对外掠夺和资本积累，实现工业化；有苏联工业化发展模式，是通过内部积累和优先发展重工业，在短短 20 年时间里迅速实现工业化。选择苏联的工业化发展道路，是当时国内外环境及我国所处发展阶段、国情的必然选择。

（一）中国经济内向型发展的内外部环境

从 1949～1979 年的 30 年间，新中国经济发展经历了一个内向性倾向不断强化的过程。当时国内普遍有一个共识，就是要坚持自力更生、不依赖外援、独立自主地发展本国工业体系。对外贸易作为互通有无、调剂余缺、增强自力更生能力的一种重要手段，服务于发展大局。这种共识不仅在中国，而且在广大的发展中世界也同样存在。在印度的第一个五年计划

---

① 武力：《中华人民共和国简史》，中国社会科学出版社 2008 年版。

方案中，也能够看到独立自主、不依赖外援的指导思想。尤其在刚刚摆脱旧殖民统治的新兴发展中国家，走自己独立自主的发展道路是一个普遍共识。

当时的国际政治和经济形势也发生了一些意想不到的突变。1950年6月，朝鲜战争爆发，西方国家开始在政治上对新中国采取了遏制和孤立政策，在经济上实行封锁和禁运政策。1950年12月，美国宣布管制中国在美全部公私财产，并禁止一切在美注册船只开往中国。1951年联合国大会通过对中国的禁运案。一直到1957年，英、日等国才先后取消了对华禁运，但是，美国对中国的资产冻结和全面禁运一直持续到1971年。面对西方列强的封锁和禁运，中国始终保持了内地与香港的贸易往来，成为换取外汇和顺差，克服禁运的一条重要途径①。

中国作为社会主义大国的初始战略选择，在理论和实践上，受苏联成功实现工业化的影响很大。1949年3月，毛泽东在党的七届二中全会上提出，中国工业化的实现必须以"节制资本"和"统制对外贸易"为前提。1949年6月，刘少奇说，"中国要工业化，路只有两条：一条是帝国主义；二是社会主义。历史证明，很多工业化的国家走上帝国主义的路"②。当时，苏联1928～1940年工业化成功经验也给中国领导人一个信号，只要像苏联那样通过国家计划集中配置资源，就可以建立只有发达国家才有的相对完整的工业体系。

对于抗美援朝战争，彭德怀曾总结说，"战争就是拼钢铁"。重工业为国民经济其他部门提供原材料和机器设备。因此，要优先发展重工业和国防工业，打破西方封锁。而优先发展农业和轻工业，完成工业化所需要的资本积累的观点占下风③。为此，中国选择了实行公有制和计划经济体制由国家动员和分配资源，进口替代和重化工业优先发展的内向型发展战略。此外，长期战争时期所形成的解放区自给自足，按行政系统管理生

① 安格斯·麦迪森：《中国经济的长期表现》，上海人民出版社2008年版。
② 中共中央文献研究室编，《刘少奇论新中国经济建设》，中央文献出版社1993年版。
③ 武力：《中华人民共和国简史》，中国社会科学出版社2008年版。

产、产品平均分配的供给制性质的经济体制，也对建国后中国经济内向发展产生了一定的影响。

与过去相比，1950～1978 年期间的中国经济发展依然出现了明显的加速，GDP 增长了 3 倍，人均收入增长了 80%，工业在 GDP 中的比重由 8% 提高到 30%。直到 1978 年，中国始终保持着既无内债，也无外债的纪录，新中国历史上从来没有拖欠过任何债务①。

（二）中国经济内向发展的三阶段

新中国经济的内向化发展，大致经历了三个时期：

一是 1950～1960 年期间，是从殖民地半殖民地性质的对外开放经济向政治上独立自主、经济上自力更生、不依赖外援的新中国经济内向发展的转化时期②。这个时期的基本特征是对外经济关系主要限于苏联和东欧等社会主义世界经济体系，而与西方资本主义世界经济体系基本上处于隔绝状态。在这期间，苏联援助的 156 个重点项目，形成了中国工业发展的基础③。当时，通过改造旧海关，没收官僚资本、取消外国在华进出口企业特权及垄断地位，开始了外贸体制的破旧立新工作。1950 年，外贸部设立了从事对苏东和新民主主义国家贸易的中国进出口公司，这是以进口替代工业化为主导的贸易模式；从事经营资本主义国家贸易的进出口公

---

① 安格斯·麦迪森：《中国经济的长期表现》，上海人民出版社 2008 年版。
② 1949 年 2 月党的七届二中全会后提出了新民主主义经济基本政策，即"公私兼顾、劳资两利、城乡互助、内外交流"。1949 年 9 月，写入政协的"共同纲领"。明确了新民主主义的 5 种经济成分，包括国营经济、合作经济、公私合营经济、私人资本主义经济、个体经济。国家的基本经济政策为：国营经济处于领导地位，优先发展；积极鼓励和扶持合作经济和公私合营经济；利用、限制和改造私人资本主义经济；积极而又慎重引导个体经济的发展。产业政策实行优先发展重工业方针；实行国家统制对外贸易；有关国计民生的重要行业由国家经营或控制。当时的经济结构，是国有经济和个体经济大、私人资本主义经济小的特点。
③ 这是"一五"（1953—1957 年）时期执行的新中国第一次大规模的引进计划。当时的基本任务是集中力量进行以苏联帮助中国设计的 156 个建设项目为中心的、由（投资）限额以上的 694 个建设单位组成的工业建设，建立中国的社会主义工业化的初步基础。再加上农林水利、运输邮电、文教卫生等，全部限额以上施工单位达 1600 个。

司，这是以传统比较优势为基础的贸易模式。此外，还成立了中国畜产、油脂、茶叶、蚕丝、矿产等国营外贸公司。在 1950 年，国营外贸占总外贸的 68.4%；到 1952 年，国营外贸比重上升到 92.8%。尤其是随着社会主义改造运动的深入发展，统制贸易体制占据了主导地位。从表 1-5 可以看到，到 1952 年的前三年，中国与资本主义国家之间的贸易额要大于与苏东和新民主主义国家之间的贸易额，但后者的增长在加速。

二是 1961~1970 年期间，是中国经济日趋封闭的高度内向发展时期。随着 1960 年与苏联政治和经济关系的破裂，苏联经济和技术援助的停止，中国经济处于与世界经济基本隔离的状态。对贸易和外资的直接控制和限制不断强化。在 1959~1970 年间，中国出口下降了 1/5，从社会主义国家进口从 1959 年的 66% 下降到 1970 年的 17%。中国与美国没有任何贸易往来，国际信贷仅局限于日、欧的中短期贷款，用于建设化工厂、化肥厂、塑料厂。1950~1964 年间，海外侨汇年均约 3000 万美元，只有 1929年 1.8 亿美元的 1/6①。

三是 1971~1977 年期间，这是中国经济自我封闭状态开始松动的变化时期。1971 年 10 月中国恢复了联合国合法席位，1972 年 2 月美国总统尼克松访华，表明美国对华持续 20 多年的全面经济封锁政策的终止。同时开始与西方资本主义世界经济体系发生经济交往。这个时期实施的"四三"方案，标志我国对外引进工作全面开展，这是新中国对外引进的第二次高潮。最终形成 26 个项目，进口额 51.4 亿美元，总投资额 214 亿元，1982 年全部投产②。

---

① 安格斯·麦迪森：《中国经济的长期表现》，上海人民出版社 2008 年版。
② "四三"方案是在 1972 年引进一系列项目的基础上，在 1973 年 1 月 5 日国家计委建议，在今后三至五年内引进 43 亿美元的成套设备，其中包括 13 套大化肥、4 套大化纤、3 套石化、10 套烷基苯工厂、43 套综合采煤、3 个大电站、武钢 1.7 轧机等项目的方案，是第二次大规模引进计划。参阅武力，《中华人民共和国简史》中国社会科学出版社 2008 年版。

表 1-5　1950~1952 年国际收支状况

(亿美元)

	收入			支出		
	资本主义国家	苏联和新民主主义国家	合计	资本主义国家	苏联和新民主主义国家	合计
1950	5.17	1.23	6.40	4.25	0.56	4.81
1951	4.73	5.44	10.17	5.79	3.59	9.38
1952	4.58	5.73	10.31	4.01	6.09	10.11
总计	14.48	12.45	26.93	14.05	10.25	24.30

(资料来源:《中华人民共和国经济档案资料选编 (1949—1952 年)》金融卷,中国物资出版社 1996 年版)

(三) 中国内向型工业化发展战略的选择

从第一个五年计划起,中国就确定了集中力量发展重工业的基本方针,选择了一条内向型进口替代的工业化发展道路。从全球视野来观察可以发现,这个工业化发展战略的选择,也是当时绝大多数发展中国家做出的共同选择。海伦·休斯曾做出这样的概括:很久以来,工业化一直是民族运动和反殖民主义运动的一个关键问题。至第二次世界大战结束时,工业化已成为发展中国家宏图大略的重要部分。发展中国家逐渐把工业化与发展等同起来。这种趋势在 20 世纪 50 和 60 年代变得更加强烈了。具有尖端技术和高度生产率的制造工业被看做是欧洲和美国迅速提高的生活水平和国家威望的根源,也是促使日本惊人发展的动力源泉①。由此可见,模仿发达国家工业结构已成为广大新兴发展中国家赶超情结的一部分。

中国作为发展中大国的工业化战略选择,也无疑会受到当时国际环境的影响。在 20 世纪 50 年代,绝大多数刚刚从旧殖民体系独立出来的新兴

---

① 海伦·休斯:《工业化与发展》,编入《现代化理论研究》华夏出版社 1989 年版,中译本,第 199 页。

国家面临着两个不同的战略选择：一是出口导向的工业化发展道路；另一个是进口替代的工业化发展道路。当时世界上一些最有影响的学者们都认为[1]，发展中国家是无法通过出口或对外开放实现经济起飞的。如当时的普雷维什、辛格和纳克斯等都持这种观点[2]。他们认为，发展中国家的优势是农产品和矿产品。这些产品的相对价格有长期下降的趋势。依靠出口拉动，只能带来贫困的恶性循环。而早年的美国和德国则是通过保护贸易完成各自的工业化。在当时经济学家们的发展理论和发展政策的影响下，战后多数发展中国家都选择了进口替代战略，通过本国资本积累、保护性贸易政策和国家干预来建立本国独立自主的工业体系，替代工业制成品的进口。只有东亚一些小经济体在美国援助下转向了出口导向战略。事实证明，出口导向模式的发展业绩要好于进口替代[3]。但一些来自印度、巴西、中国的学者提出质疑，"一切为了出口"的小经济体模式，能否适用于大国的发展实践。著名国际贸易学者巴格瓦蒂指出，外向型经济的激励导向偏向出口，引致资源过度流入出口部门[4]。这些争论一直持续到20世纪80年代。

在一定程度上受到这种国际发展理论和实践的影响，在建国初期，我们选择了进口替代和重工业优先发展战略。与之不同的是，从1953年开始，我们还明确了中国必须走优先发展重工业为特征的社会主义工业化道路。其特点，一是将重工业作为工业化的中心环节；二是优先发展国营经济并对其他经济成分实行改造。选择了社会主义基本经济制度，实行了公有制和计划经济体制。目标则是工业在国民经济中的比重达到70%[5]。

---

[1] 80年代中期，对早期发展经济学的先驱们的观点有了全面的讨论和重新认识。请参阅迈耶主编《发展经济学的先驱》，经济科学出版社1988年版。

[2] 迈耶等编：《发展经济学的先驱》，经济科学出版社1988年版。

[3] 世界银行：《1987年世界发展报告》，中国财经出版社1987年版。

[4] Jagdisb N. Bbagwati "Export-promoting Trade Strategy Issues and Evidence", The World Bank Research Observer, 1988, January.

[5] 《为动员一切力量把我国建设成为伟大的社会主义国家而奋斗——关于党的过渡时期总路线的学习和宣传提纲》，（1953年），载《建国以来重要文献选编》第四册，中央文献出版社1993年版。

在这个时代背景下，我国的外贸市场主要局限于苏联、东欧和亚洲的一些国家和地区。到 1959 年，中国对外贸易的 2/3 是与社会主义各国进行的，与苏联之间的贸易约占一半以上。贸易方式的主要是政府间的易货贸易，也就是互通有无。与西方资本主义世界经济体系保持基本隔绝状态。20 世纪 60 年代以后，这种情况发生很大变化。到 1969 年，与苏联之间的贸易降至 2%，相应地扩大了与西方发达国家的贸易关系。作为对外贸易活动的重要调节手段的汇率政策而言，在 1953 年以前，我国的汇率决定是以出口物资理论比价、进口物资理论比价及侨汇购买力比价，综合加权平均计算出人民币的汇率。自 1953～1971 年，由于贸易是根据国家计划统一经营，统负盈亏，不需要汇率这种本币与外币相对价格比率来进行调节。因此，人民币汇率主要是与英镑联系，相对固定。1972 年以后，由于布雷顿森林体系破产导致世界固定汇率制度解体，世界各国汇率开始发生剧烈波动，加上我国在国际法算中试行人民币计价法算，汇率对贸易活动才有了一定限度的调节作用①。

以上分析说明，1978 年以前的中国经济是一个自我封闭的体系，突出表现为产品经济和单一计划经济基础上的外贸体制，对外割断了外贸生产企业与世界市场的天然联系，对内统负盈亏的体制使贸易部门和企业失去参与国际交换和竞争的动力。此外，定值明显过高的汇率制度，严格的外汇管制以及多级许可审批手续，相当数量的贸易补贴等，也形成企业参与对外贸易活动的难以逾越的屏障。只有打破国家对外贸的统制，采取更有刺激性质的贸易政策措施，并使企业成为真正的贸易利益的创造者和享有者，才可能真正发挥贸易在经济增长中的发动机机制，而传统体制不可能做到这一点。改革和对外开放，为中国的经济发展和增长带来了真正的契机。

---

① 1949～1980 年，中国实施管制汇率，基本上是作为成本核算和记账手段。1973 年布雷顿森林体系崩溃后，为适应国际货币体系形势变化，1973 年 3 月～1984 年先后 7 次调整不同货币权重，人民币对美元从 1973 年 2.2673 人民币/美元调整到 1980 年 7 月 1.4525 人民币/美元，人民币升值 56.1%。参阅张涛，"汇率机制改革"，王梦奎主编，《中国改革 30 年》，中国发展出版社 2009 年版。

三、新中国经济的外向型发展：
1979～2008 年

改革开放 30 年来，中国较好地解决了社会主义大国经济体制转轨和发展中大国经济起飞两大基本问题，并取得了显著的增长实绩。邓小平说过，"改革、开放是一个新事物，没有现成的经验可以照搬，一切都要根据我国的实际情况来进行。实践证明，步子放大些有利。当然步子大风险也就大"①。在对外开放的 30 年进程中，我国的对外贸易、招商引资、人财物跨境交流，不仅有效发挥了促改革、促发展的重要作用，其自身也获得了长足进步。

（一） 对外开放带来了显著的发展业绩

与 30 年前相比，中国货物进出口取得了显著增长。从 1978 年的 206 亿美元上升到 2008 年的 25616 亿美元，增长了 123 倍。贸易差额也从 1978 年的 11 亿美元的贸易赤字转变为 2008 年的 2955 亿美元的贸易盈余。不仅从根本上解决了长期困扰我国发展的外汇短缺和资本短缺两大瓶颈，而且使我国已经发展成为世界上数一数二的贸易大国和外汇储备大国。同时，加工贸易也取得了快速发展。20 世纪 80 年代，加工贸易主要是与香港和东南亚投资企业合作的轻加工制成品，如服装、纺织品、箱包、鞋类产品的出口。20 世纪 90 年代，跨国公司开始将一部分零部件制造、组装等生产环节转移到中国大陆，中国台湾及东亚其他国家开始把 IT 等类产品的部分生产工序转移到中国大陆。加工贸易已成为解决就业、增加税收、培育市场、转变观点的重要贸易方式。

---

① 邓小平：《我国方针政策的两个基本点》，1987 年 7 月 4 日。

中国在招商引资、"引进来"和"走出去"、促进产业国际化方面，也取得了举世瞩目的伟大成就。实际利用的外商直接投资额超过8000亿美元，连续十多年名列发展中国家的首位，并进入海外投资迅速增长的新阶段。到2007年年底，我国累计对外直接投资存量达到1179亿美元，其中金融类的对外直接投资存量167.2亿美元，非金融类1011.9亿美元。2002年至2007年，非金融类的对外直接投资额的年均增速达到56%。2008年的对外直接投资额达到521.5亿美元，其中非金融类的对外直接投资额406.5亿美元，同比增长63.6%，占比78%；金融类的对外直接投资额115亿美元。

中国服务贸易也取得了突飞猛进的发展。服务贸易包括服务的跨境提供，如通讯、邮电和金融的跨境服务；境外消费，如留学、境外旅游；商业存在，如对外投资设立服务型企业；自然人移动，如聘请外籍律师、外籍教师等。1980至2008年，全球服务贸易出口额从3650亿美元扩大到37300亿美元，年均增长8.7%，发展速度明显快于货物贸易。服务贸易出口额占全球贸易出口额的比重从1980年的15.7%上升至2008年的23.7%①。我国服务贸易进出口额从1982年的44亿美元增长到2008年的3044.5亿美元，年均增长17.7%。占全球服务贸易进出口总额的比重从0.6%上升至4.2%，2008年居世界第5位②。

30年来，与发达大国相比，中国与它们的发展差距在快速缩小。中国已成为美国的第五大出口国和第三大进口国；日本的第二大出口国和第一大进口国；欧盟的第五大出口国和第二大进口国，见表1-7。当前，美日欧货物出口的比重有长期下降的趋势。如日本货物出口的比重在1948~1993年期间上升了9.5%；而在1993~2006年期间下降了4.4%（这与日本10年经济停滞有关）。同样，德国在1948~1973年期间，出口份额上升了10.2%，随后一直在10%左右徘徊。美国则在1948~1983年

---

① WTO，《2008年国际贸易统计》、《2008年全球贸易情况和2009年展望》。
② 上海市商务委员会，《上海服务贸易中长期发展规划（2009—2020年）》，2009年7月。

期间，出口份额下降了 10.5%，在 20 世纪 90 年代信息技术革命的时期有所上升，2000 年之后再次下降。这既反映发达国家经济结构调整的现实，也表明中国与美日欧之间形成相互依存的贸易联系。

与其他新兴大国相比，中国出口竞争力有了更显著的提升，见表 1-8。在 1948~2006 年期间，中国货物出口占世界出口比重的上升幅度，明显高于印度和巴西。在 1948 年，中国货物出口的相对份额为 0.9%，到 1983 年，出口份额仅上升了 0.3%。然而，到 2006 年，出口份额上升了 7%，达到 8.2%。同期，印度货物出口占世界出口的比重，1948 为 2.2%，到 1993 年降至 0.6%。随着 1992 年印度扩大了对外开放，到 2006 年，出口份额达到 1.0%①。巴西在 1948 年货物出口的相对份额为 2.0%，到 2006 年，其货物出口的相对份额从未超过 1948 年，2006 年仅达到 1.2%。

表 1-6　1929~2003 年出口贸易年均复合增长率

	1929~1952	1952~1978	1978~2003
中国大陆	1.1	2.6	14.3
中国台湾	1.7	16.6	7.8
日本	−0.2	13.2	4.1
韩国	−13.1	26.1	11.2
德国	−2.3	10.0	4.8
英国	1.6	4.6	3.1
美国	2.3	5.2	5.9

（资料来源：麦迪森《中国经济的长期表现》，上海人民出版社 2008 年版）

---

① 刘易斯在诺贝尔经济学奖的演说中提到，发达国家控制发展中国家增长速度的主要环节是贸易。当较发达国家增长较快时，其进口增长速度也加快，而发展中国家的出口就更多。在 1873—1913 年期间，世界初级产品贸易的增长速度是发达国家工业生产增长速度的 0.87 倍。在 1973 年以前的 20 年里，这个关系也恰好是 0.87 倍。威廉·刘易斯《增长引擎在减慢》，编入《现代国外经济学论文选》商务印书馆 1984 年版。

表 1-7　中国与美日欧之间的贸易关系

货物贸易出口（10 亿美元/%）					货物贸易进口（10 亿美元/%）				
	金额	2000 份额	2006 份额	位次 升降		金额	2000 份额	2006 份额	位次 升降
欧盟 25 国的前五位贸易伙伴									
欧盟	3050.8	67.5	67.3	↓	欧盟	3058.8	64.1	64.2	↑
美国	332.8	8.9	7.3	↓	中国	240.5	2.7	5.1	↑
瑞典	106.8	2.7	2.1	↓	美国	220.6	7.3	4.6	↓
俄罗斯	89.3	0.8	2.0	↑	俄罗斯	148.7	1.9	3.1	↑
中国	77.8	1.0	1.7	↑	日本	95.9	3.3	2.0	↓
美国的前五位贸易伙伴									
加拿大	230.2	22.6	22.2	↓	欧盟	339.8	18.6	17.7	↓
欧盟	214.5	21.5	20.7	↓	加拿大	307.7	18.5	16.0	↓
墨西哥	134.3	14.3	12.9	↓	中国	305.8	8.5	15.9	↑
日本	59.7	8.4	5.8	↓	墨西哥	200.6	10.9	10.4	↓
中国	55.2	2.1	5.3	↑	日本	52.3	12.0	7.9	↓
日本的前五位贸易伙伴									
美国	147.2	30.0	22.6	↓	中国	118.6	14.5	20.5	↑
中国	111.9	8.9	17.2	↑	美国	69.5	19.1	12.0	↓
欧盟	93.9	16.8	14.5	↓	欧盟	59.9	12.5	10.3	↓
韩国	50.3	6.4	7.7	↑	沙特	37.2	3.7	6.4	↑
台湾	44.1	7.5	6.8	↓	阿联酋	31.6	3.9	5.4	↑

（资料来源：WTO《2007 年世界贸易统计》）

表 1-8　1948~2006 年各经济体货物出口占世界货物出口的比重

（单位：亿美元,%）

	1948	1953	1963	1973	1983	1993	2003	2006
世界出口（亿美元）	590	840	1570	5790	18380	36750	73710	117830
中国	0.9	1.2	1.3	1.0	1.2	2.5	5.9	8.2
印度	2.2	1.3	1.0	0.5	0.5	0.6	0.8	1.0
巴西	2.0	1.8	0.9	1.1	1.2	1.0	1.0	1.2
日本	0.4	1.5	3.5	6.4	8.0	9.9	6.4	5.5
美国	21.7	18.8	14.9	12.3	11.2	12.6	9.9	8.8
德国	1.4	5.3	9.3	11.6	9.2	10.3	10.2	9.4

（资料来源：WTO《2007 年世界贸易统计》）

表 1-9　2006 年中俄货物和服务贸易发展的比较

（单位：10 亿美元，%）

类型	国别	出口				进口			
		金额	比重	年增长	排序	金额	比重	年增长	排序
货物贸易	中国	968.9	8.0%	27%	3	791.5	6.4%	20%	3
	俄罗斯	304.5	2.5	25	13	163.9	1.3	31	18
服务贸易	中国	91.4	3.3	24	8	100.3	3.8	21	6
	俄罗斯	30.1	1.1	24	25	44.3	1.7	15	18

（资料来源：WTO《2007 年世界贸易统计》）

与转轨中大国——俄罗斯相比，中国的增长业绩则更显著。1983 年，中国和苏联货物出口占比分别为 1.2% 和 5.0%，到 2006 年，中国和独联体的出口比重分别为 8.0% 和 3.6%。表 1-9 数据显示，2006 年，中国和俄罗斯货物贸易出口比重分别为 8.0% 和 2.5%，在世界排序分别为第 3 位和第 13 位；服务贸易出口比重分别为 3.3% 和 1.1%，排序分别为第 8 位和第 25 位。其中有两个贸易结构的差异值得注意：第一，俄罗斯在 2006 年供应了欧盟 25 国 18.6% 的燃料，美国的 3.1%，中国的 10.6%。这是俄罗斯自然资源的禀赋优势，是中国无法比拟的。第二，在中国出口结构中，有一半左右是加工贸易，也是俄罗斯无法比拟的。

（二）中国对外开放的大国特征

现阶段，中国的发展已经涉及开放型大国与世界经济之间的相互关系问题，这是由中国的大国特征、社会主义性质和全球化参与程度决定的[①]。

首先，中国人口众多、内需容量大，总储蓄高。其一，人口众多。2005 年，世界人口超过 1 亿人的发展中国家，有中国（13.05 亿）、印度

---

① 张燕生，《中国的大国特征决定应调整外向型战略》，《国际经济评论》2008 年 9～10 期。

（10.95 亿）、印度尼西亚（2.21 亿）、巴西（1.86 亿）、巴基斯坦（1.56 亿）、孟加拉（1.42 亿）、尼日利亚（1.32 亿）、墨西哥（1.03 亿），这 8 个国家的总人口超过世界总人口的一半以上。其二，内需容量大。2008 年，中国经济总规模超过 4 万亿美元，2002 年以来 GDP 的年均增长率超过 10%，经济规模和增长潜力都很大。其三，总储蓄率高。2004 年，中国总储蓄率为 46.57%，远高于美国的 14.3%、法国的 20.7%、日本的 25.5%、韩国的 31%、墨西哥的 20.8%、印度的 28.3%。总储蓄率一旦转化为有效增长动力，其对中国和世界增长的影响不可低估。

其次，中国的社会主义基本经济制度有集中力量办大事的优越性。政府的作用在过去 60 年，尤其是对外开放 30 年促进经济发展进程中发挥了重要作用。同时，政府动员资源的能量一旦有效释放出来，其对中国经济和世界经济的影响就十分重大。

再次，中国的对外开放采用了以出口导向和招商引资为主要抓手的外向型经济战略，合理集聚了全球范围内的资源、工序和要素。中国进出口额的五成左右、工业增加值的二成左右都是外商投资企业的贡献。中国的经济发展充分体现了全球化"你中有我、我中有你"相互依存的特点。

中国的大国特征，既是优势，也带来了挑战。其优势是作用举足轻重，内需容量巨大，比较优势在一个时点上呈现出动态多样化特征。挑战则是本国的发展不仅要考虑本国与主要经济贸易伙伴之间的关系，还必须考虑重大决策的外部性，即宏观调控、稳定外需措施对世界经济的间接影响。反思起来，外汇短缺时期制定的对外经贸战略和政策，在外汇相对丰裕时，就应做出及时的调整。如鼓励出口、鼓励外商直接投资、鼓励加工贸易的政策，应转向更加"中性"的对外经贸战略和政策。新形势要求更合理地统筹好国内发展与对外开放之间的关系。

（三）中国对外开放的阶段特征

第一，1979～1991 年，是对外开放的初始阶段。主要是通过放权、减税、让利的方式培育市场因素；通过招商引资、出口导向、进口替代相结合的混合模式引入外来竞争；通过城乡、区域、产业不平衡发展（开放）的方式分阶段激活各种经济因素，形成经济起飞和发展的基础。起点是从主动承接海外华人的产业转移开始起步，从发展"三来一补"的补偿贸易开始起步，从设立深圳等四个经济特区进行试点示范开始起步。尤其是港商及海外华人资本率先来中国大陆投资①，带来了当时最短缺的外汇、资本、管理经验和商业网络联系，形成了中国改革开放初期起步高、见效快、扩散大的特点。当时，国家运用价格、汇率、利率、减免税、退税、出口信贷等手段提供激励导向，如建立外汇留成制度和外汇调剂市场②；不断下放外贸管理权并进行自负盈亏改革试点；从来料加工装配及补偿贸易方式③，逐步升级到"三资"（独资、合资及合作经营）企业来料加工。1980 年在深圳、珠海、汕头、厦门设立经济特区，并逐步扩大到海南省及上海浦东以及长江沿岸城市和边境、内陆的一系列城市。

---

① 20 世纪 80 年代，中国利用外资是以对外借款为主的间接融资居主导地位。

② 1979 年 8 月，国家决定在保留官方汇率的同时，制定贸易内部结算汇率，1981 年试行。1981～1984 年，实行内部结算价与官方汇率双轨制。既利于出口，又不会因贬值不利于非贸易外汇收入。贸易内部结算价格按 1978 年全国进出口平均换汇成本再加 10% 的利润计算，平均换汇成本是出口商品的人民币计价的总成本（包括商品购买成本，包括商品收购价和价外费用；商品流通费，包括从商品进入口岸仓库到离岸前的外贸经营管理费用；出口关税等）与出口商品的外汇净收入（是外汇收入扣除运费、保险费和佣金后的余额）之比的平均值。汇率为 2.8 人民币/美元。1980 年，由于美元连续 5 年的升值，我按照一揽子货币加权平均计算的官方汇率从 1980 年 7 月的 1.448 人民币/美元调整到 1981 年的 1.71 人民币/美元，1984 年 7 月的 2.3 人民币/美元。为纠正被看作是对出口补贴，1981～1984 年期间，贸易内部结算汇率保持不变，官方汇率持续下调，到 1985 年 1 月 1 日，贸易内部结算汇率终止使用，官方汇率 2.8 人民币/美元。1985～1993 年，官方汇率、外汇调节汇率、黑市汇率的多重汇率制。1985 年 11 月，深圳建立外汇调剂中心，允许留成外汇进行调剂，其他中心城市的外汇调剂中心（交易所）也相应成立；1988 年 9 月，上海开办中国第一家外汇调剂公开市场，外汇调剂公开市场实行会员制、公开竞价和集中清算制度。张涛，"汇率机制改革"，王梦奎主编，《中国改革 30 年》，中国发展出版社 2009 年版。

③ 加工贸易（Processing Trade）是指一国进口中间投入品，加工组装后再出口的生产与贸易活动。加工贸易主要包括"来料加工装配贸易"（Processing and Assembling with Materials Provided Abroad）和"进料加工装配贸易"（Processing and Assembling with Imported Materials），前者加工企业不负责经营，只收工缴费，政府不征关税和国内增值税，不退税；后者加工企业自主经营，自负盈亏，政府不征关税，用于生产出口商品的进口料件不征国内增值税，国内采购料件先征国内增值税，产品出口后退税。深圳对外开放的第一阶段主要是来料加工装配和补偿贸易。

第二，1992～2001 年，是建立以市场为基础的外向型经济体制的攻坚阶段。主要通过汇率、外贸、外资、金融、计划管理体制改革，促进了产出和出口快速增长，从根本上缓解了外汇和资本短缺的瓶颈制约，成功地实现经济起飞①。这个时期，人民币汇率并轨改革是一个重大突破。当时，由官方汇率、外汇调剂汇率、黑市汇率组成的多重汇率制度，产生价格信号失真导致的资源错配，引致出大量的寻租和腐败行为。1994 年人民币并轨为单一汇率，大大推进了汇率形成机制的市场化改革，促进了出口、FDI 和外汇储备余额的增长。这个时期，FDI 而不是过去的对外借款成为利用外资的主渠道，尤其发达国家的制造业跨国公司来华投资显著增长，带动了对外贸易的发展，促进了以工序分工为基础的加工贸易的发展。其中，台商的大举进入，形成了大陆与台港澳企业之间的相互依存联系。同时，自 1993 年起，全国陆续建立了 15 个保税区。虽然在发展过程中出现了走私、非保税业务与保税业务混杂等问题，但保税区的转型带动了出口加工区、保税物流园区、保税港区等海关特殊监管区域的发展。

第三，2001 年至今，是建立与国际通行规则接轨的开放型经济体制的新阶段。加入 WTO 后，中国经济明显地上了一个台阶。原来一直担心"狼来了"，担心弱势产业很难承受外来竞争压力的冲击，如农业、汽车、能源及金融服务业等；担心外来冲击可能带来的企业破产、转产和停产，工人失业将激化各种社会矛盾；担心外资对国内资源、市场、技术和产业的全面控制、成长压制；担心国内有限的高端人才大量流失。事实证明，弱势产业并非不堪一击，而是形成了对外开放的新格局。我们的一项研究则说明②，加入 WTO 以前，中国贸易自由化程度就高于日本，略低于美国。加入 WTO 后，发展的体制软环境得以显著改善。当 2000 年美国 IT 泡沫破灭时，全球资本流入额从历史最高水平直线下跌，而同期，来华投

---

① 石广生，《对外开放二十年》（1999）。

② Zhang Shuguang、Zhang Yansheng、Wang Zhongxin《Measuring the Costs of Protection in China》，Institute for International Economics，Washington，DC，November 1998.

资额却直线上升，反映了全球投资者对中国的良好预期。

（四） 我国对外开放的基本特点

1. 经济特区成为改革、开放、发展的示范区和窗口

邓小平说过，"总结历史经验，我国长期处于停滞和落后状态的一个重要原因是闭关自守"①。为此，他主张先试种几块"试验田"。1980 年 8 月建立深圳等四个经济特区，在取得经验，尝到甜头，时机成熟的情况下，对外开放进一步扩大发展。因此，设立经济特区是中国区域对外开放和对外贸易发展的一大特色。作为标志，1980 年 8 月，深圳、珠海、汕头和厦门率先设立了经济特区。1988 年 4 月，海南设省并建设经济特区。1990 年 4 月，上海浦东新区实行经济特区优惠政策。2005 年，上海浦东新区进行综合改革试点，同时天津滨海新区综合改革试点也在不断推进。30 年来，这些特殊区域都成为我国对外贸易发展和转型的新增长极，其动态扩散和带动作用使对外贸易成为整个国家经济发展的重要引擎。从表 1 - 10 的数据可以看到，在五个经济特区中，深圳最为成功。是因为深圳和

表 1 - 10   中国五大经济特区（2007）

	深圳	珠海	汕头	厦门	海南	总计
正式批准时间	1980	1980	1980	1980	1988	
面积，平方公里	396	121	234	131	33900	34782
常住人口，万人	862	145	501	233	845	2586
本地生产总值，亿	6765	887	850	1375	1230	11107
财政收入，亿元	658	71	43	187	152	1111
进出口额，亿美元	2875	399	61	398	74	3907

（资料来源：上述五市 2007 年统计公报）

①《邓小平文选》第三卷第 78 页。

香港共同发挥了世界进入中国、中国融入世界的窗口和桥梁作用。深圳不仅成为中国最开放的城市和区域，外贸依存度高达200%以上；而且成为最具创新活力的城市和区域，不仅有一批国内领先或特色的企业，如招商银行、平安保险、万科地产、新地地产、比亚迪汽车、大族激光等，还有一批世界名牌和自主创新型企业，如华为、中兴通讯、中集等品牌和高新技术企业。

表1-11　上海浦东新区和天津滨海新区（2007）

	成立时间	面积，平方公里	常住人口，万人	本地生产总值，亿元	实际FDI，亿美元	财政收入，亿元
上海浦东	1990	556	307	2751	33	261
天津滨海	2005	2270	140	2364	39	481

（资料来源：上述两市2007年统计公报）

2. 高新技术开发区成为技术创新、产业升级的重要平台

科技和体制创新是我国区域对外开放和对外经济贸易发展的另一大特色。1988年5月，中关村科技园区成立，标志着国家级的北京市新技术产业开发试验区设立。以后又相继建立了54个国家级高新技术产业开发区，作为国家高新技术产业化的发展基地。2007年，这里聚集了全国一半以上的高新技术企业和科技企业孵化器，营业总收入5.5万亿元，实现利润3159亿元，出口创汇1728亿元，累计获得发明专利5万件，其中，70%以上为本土企业所申请。高新技术开发区已经成为我国出口产品结构转型升级的孵化器和策源地。

3. 海关特殊监管区域成为参与国际合作的桥头堡

发展保税物流、保税加工等新型贸易方式是我国对外经济贸易"干中学"的一种重要形式①。1990年6月，上海外高桥保税区成立，标志着

---

① 保税区及后来的各种转型，如出口加工区、保税物流园区、跨境工业园区、保税港区、综合保税区等，都属于海关特殊监管区域。

海关特殊监管区域的改革正式起步。从那以后，我国先后设立了保税区、出口加工区、保税物流园区、跨境工业园区、保税港区、综合保税区等6种类型海关特殊监管区域①。其中，保税港区具有口岸、保税物流、保税加工等功能，包括仓储物流，对外贸易，国际采购、分销和配送，国际中转，检测和售后服务维修，商品展示，研发、加工、制造，港口作业等9项，是我国目前开放政策最优惠的特殊区域。其优惠政策主要包括：从境外进区的生产设备等免税；境外货物入区保税；货物出区进入国内销售按货物进口的有关规定报关，并按货物实际状态征税；国内货物入区视同出口，实行退税；区内企业之间的货物交易不征增值税和消费税。随着我国对外经济贸易的不断深入和发展，目前，全球跨境运输集装箱吞吐量最大的前30大港口，中国占到10个，分布在东部沿海地区的四大经济带。分别是以香港、深圳、广州为区域国际航运中心的大珠三角地区；以上海、宁波、舟山为区域国际航运中心的长江三角洲地区；以天津、大连、青岛为区域国际航运中心的环渤海地区；以厦门、高雄为区域国际航运中心的海峡两岸地区，并形成海陆空水运为一体的综合物流和全球供应链管理体系。在对外开放促进经济发展和体制改革的推动下，这些地区已率先进入经济国际化、新型工业化、规范市场化、加速城镇化的发展新阶段。

4. 区域开放从不平衡向全方位转变

改革开放30年，我国采取了区域开放不平衡发展战略，并出现了较为显著的区域动态比较优势转移和技术外溢②效应，国际资本、人才、产业和产品开始了西进的新趋势。虽然目前东、中、西所占 GDP 的份额分别为58%、24%、18%③，东部地区仍然集中了近90%的 FDI，然而，中

---

① 先后设立15个保税区，后转型为61个出口加工区，12个保税港区。
② 这里讲的技术外溢是广义概念，既包括直接的技术外溢效应，还包括间接的技术外溢效应，如技术创新、市场创新、体制和管理创新效应的跨区域扩散。
③ GDP 区域份额分别为东部11省市（北京、天津、辽宁、河北、山东、江苏、上海、浙江、福建、广东、海南）、中部8省（河南、山西、吉林、黑龙江、安徽、江西、湖北、湖南）、西部12省市自治区（内蒙古、广西、重庆、四川、贵州、云南、西藏、陕西、甘肃、青海、宁夏、新疆）的数据，见中金报告《2009年上半年经济回顾与展望》，2009年7月17日。

西部地区凭借其资源优势、市场优势、政策优势开始吸引更多的 FDI 以及国内的外商投资企业、央企和民营企业的大举进入，已经出现东部地区与中西部地区对外开放和经济发展的趋同趋势。2009 年上半年，规模以上的工业增加值，东部地区增长 5.9%，中部地区增长 6.8%，西部地区增长 13.2%；城镇固定资产投资额，东部地区增长 26.7%，中部地区增长 38.1%，西部地区增长 42.1%，区域经济差距在不断缩小。西进开放措施的实施，正在使我国形成与东盟、上合组织、CEPA 等地区贸易、投资自由化和便利化的经济联系，扩大与东南亚、南亚、西亚、中亚等地的区域内相互投资、相互贸易、相互货币和金融合作，形成以综合国力和产业竞争力为支撑的向西开放新格局。

表 1-12 全国实际利用外资概况

（单位：亿美元）

	总计	对外借款	直接投资	其他投资
1979～1982	130.60	106.90	17.69	6.01
1983	22.61	10.65	9.16	2.80
1985	47.60	25.06	19.56	2.98
1990	102.89	65.34	34.87	2.68
1992	192.03	79.11	110.08	2.84
1995	481.33	103.27	375.21	2.85
2000	593.56	100.00	407.15	86.41
2001	496.72		468.78	27.94
2002	550.11		527.43	22.68
2003	561.40		535.05	26.35
2004	640.72		606.30	34.42
2005	638.05		603.25	34.80
2006	670.76		630.21	40.55
2007	783.39		747.68	35.72
2008	952.53		923.95	28.58

（数据来源：据《新中国五十五年统计资料汇编》、《中国统计年鉴 2008》、海关统计整理）

表1-13　对外经济合作（完成营业额）

（单位：亿美元）

	总计	对外承包工程	对外劳务合作	对外设计咨询
1976~1988	60.91	47.55	11.21	
1990	18.67	16.44	2.23	
1995	65.88	51.08	13.47	1.33
2000	113.25	83.79	28.13	1.34
2005	267.76	217.63	47.86	2.27
2006	356.95	299.93	53.73	3.29
2007	479.00	406.43	67.67	4.90
2008	566.00		81.00	

（数据来源：《新中国五十五年统计资料汇编》、《中国统计年鉴2008》、2008年统计公报）

5. 招商引资成为引入外来竞争压力的重要手段

招商引资是我国通过国际合作来发展对外经济贸易的一大特色。不同于日韩长期采用国外借款的做法，外商直接投资一直是促进我国经济改革、开放和发展的重要手段，其中台港澳及海外华人的投资在头10年一直占到60%以上的份额。通过成本驱动型的外资进入，不仅在初始阶段缓解了外汇、资本和供给的短缺，增加了就业、税收和国民收入；而且引入外来竞争压力，启动了市场和企业"干中学"的过程。在1990年以前，我国实际利用外资以国外借款为主。此后，外商直接投资成为我国实际利用外资最重要的方式（见表1-12）。当前，市场驱动型外资增长很快，跨国公司开始在华设立地区总部以及研发中心、物流中心、培训中心、销售中心等功能性分支，并开始组建外资投资控股公司；国内大企业集团也开始构建区域总部、跨区域研发中心等分支机构，推动了结构转型升级。

6. 对外贸易成为推动经济增长的发动机

改革开放以来，对外贸易一直是推动经济增长的重要因素。1980年，我国初级产品出口占比超过50%，工业制成品进口占比超过65%。1986年，我国纺织服装出口首次超过石油出口，实现了资源型产品出口向劳动密集型的服装、纺织品出口的转变。在 1995 年，机电类产品出口超过纺织服装类，实现由传统出口产品向非传统出口产品的结构转变。加入 WTO 以后，高新技术产品出口快速增长。2008 年，我国初级产品出口占比已经下降至 5.5%，工业制成品出口 94.5%；初级产品进口占比 32%，工业制成品进口占比 68% 左右，初级产品贸易赤字额为 2849 亿美元，工业制成品贸易顺差 5804 亿美元。基本上形成初级产品净进口和工业制成品净出口的比较优势贸易格局（见表 1-14、1-15、1-16）。值得注意的是，2008 年，加工贸易顺差为 2968 亿美元，贸易总顺差为 2955 亿美元，加工贸易顺差大于贸易总顺差。这说明，"两头在外"的加工贸易是我国贸易总顺差的最重要的来源。近年来，净出口拉动我国经济增长的贡献平均在 2 个百分点左右。

7. 资本国际化正在形成下一步发展的基础

改革开放以来，中国在进入国际资本市场和不断扩大国内资本市场对外开放方面取得了显著的进步。到 2007 年年底，中国对外金融净资产额达到了 10220 亿美元。其中资产金额为 22881 亿美元，包括对外直接投资 1076 亿美元（约占对外资产总额的 5%），证券投资 2395 亿美元（约占对外资产总额的 10%），其他资产 4061 亿美元（约占对外资产总额的 18%），外汇储备资产 15349 亿美元（约占对外资产总额的 67%）。外汇储备资产由于有安全性、流动性、收益性的要求，如果持有 10 年期美国国债，其名义收益率仅为 2.5% ~ 3%，而 2006 年，在华三资企业的年净资产收益率高达 21%。这种对外金融资产结构不仅发生在中国现阶段，而且整个东亚地区都呈现出相似的特点。如从全球三大生产网络 2004 年双边持有的金融资产比例来看①，东亚地区持有的北美地区对外金融资产比例大致分布为：股权资产比重 14%、债权资产比重 30%、信贷资产比重 14%、外汇储备资产 42%；而北美地区持有的东亚地区对外金融资产比例大致分布为：股权资产比重 71%、债权资产比重 3%、信贷资产比重

---

① 东亚地区包括东盟加中日韩，欧洲地区包括欧盟 27 国加瑞士，北美包括美加墨。

23%、外汇储备资产 2%①。比较中很容易发现，北美持有东亚的资产 71%是股权，只要企业不倒闭，北美企业就有这些资产的永续控制权和剩余索取权。而欧美持有东亚地区的外汇储备资产比例分别只有 1%和 2%。与之相比，东亚分别持有北美和欧洲 43%和 23%的比例是外汇储备资产。这一方面说明东亚地区有更多的净储蓄投资在国外低收益、高安全性资产，另一方面，也反映出在金融全球化，尤其金融市场一体化阶段，整个东亚地区都处于劣势和被配置的地位。改革开放 30 年，我国积累了巨额的对外金融资产，这为下一步通过资产组合全球化和多样性，提高资产收益的同时对冲全球系统性风险，打下了坚实的发展基础。

表 1-14 中国进出口贸易总额

年份	人民币（亿元）				美元（亿元）			
	进出口总额	出口总额	进口总额	差额	进出口总额	出口总额	进口总额	差额
1950	41.3	20.0	21.3	-1.3	11.3	5.5	5.8	-0.3
1955	109.8	48.7	61.1	-12.4	31.4	14.1	17.3	-3.2
1960	128.4	63.3	65.1	-1.8	38.1	18.6	19.5	-0.9
1965	118.4	63.1	55.3	7.8	42.5	22.3	20.2	2.1
1970	112.9	56.8	56.1	0.7	45.9	22.6	23.3	-0.7
1975	290.4	143.0	147.4	-4.4	147.5	72.6	74.9	-2.3
1980	570.0	271.2	298.8	-27.6	381.4	181.2	200.2	-19.0
1985	2066.7	808.9	1257.8	-448.9	696.0	273.5	422.5	-149.0
1990	5560.1	2985.8	2574.3	411.5	1154.4	620.9	533.5	87.4
1995	23499.9	12451.8	11048.1	1403.7	2808.6	1487.8	1320.8	167.0
2000	39273.2	20634.4	18638.8	1995.6	4742.9	2492.0	2250.9	241.1
2005	116921.8	62648.1	54273.7	8374.4	14219.0	7619.5	6599.5	1020.0
2008					25616.3	14285.5	11330.9	2954.6

（数据来源：据《新中国五十五年统计资料汇编》、《中国统计年鉴 2008》、海关统计整理）

---

① Jeremie Cohen-Setton and Jean Pisani-Ferry (2008), "Asia-Europe: The Third Link"。

表1-15　按贸易方式和商品类别分全国进出口贸易总额

（单位：亿美元）

| 年份 | 按贸易方式分 | | | | | | 按商品类别分 | | | |
| | 一般贸易 | | 加工贸易 | | 其他贸易 | | 初级产品 | | 工业制成品 | |
	出口	进口	出口	进口	出口	进口	出口	进口	出口	进口
1981	208.00	203.66	11.31	15.04	0.79	1.40	102.48	80.44	117.59	139.71
1985	237.30	372.72	33.16	42.74	3.04	7.04	138.28	52.89	135.22	369.63
1990	354.60	262.00	254.20	187.60	12.10	83.90	158.86	98.53	462.05	434.92
1995	713.70	433.70	737.00	583.70	37.10	303.40	214.85	244.17	1272.95	1076.67
2000	1051.81	1000.79	1376.52	925.58	63.70	324.57	254.60	467.39	2237.43	1783.55
2005	3150.63	2796.33	4164.67	2740.12	304.23	1063.00	490.40	1477.10	7129.20	5122.40
2008	6625.80	5726.80	6751.80	3784.00	915.40	1812.70	778.50	3627.80	13507.10	7703.10

（数据来源：据《新中国五十五年统计资料汇编》、《中国统计年鉴2008》、海关统计数据整理）

表1-16　中国贸易差额结构

（单位：亿美元）

	2001	2002	2003	2004	2005	2006	2007	2008
一般贸易差额	-15.75	70.76	-56.17	-45.39	354.30	831.26	1098.44	899
加工贸易差额	534.59	577.27	789.47	1062.76	1424.55	1888.83	2490.85	2967.8
其他贸易差额	-293.40	-343.77	-477.77	-696.47	-758.85	-945.34	-971.03	-897.3
贸易总差额	225.5	304.3	254.7	320.9	1020.0	1774.8	2618.3	2954.6
加贸差额/总差额	2.37	1.90	3.10	3.31	1.40	1.06	0.95	1.00

（资料来源：《统计年鉴2008》、海关统计数据）

表 1-17　2008 年全球服务贸易前五名国家

（10 亿美元、%）

进出口			出口			进口		
国家	金额	占比	国家	金额	占比	国家	金额	占比
美国	866	12.0	美国	522	14.0	美国	364	10.5
德国	520	7.2	英国	283	7.6	德国	285	8.2
英国	482	6.7	德国	235	6.3	英国	199	5.7
日本	310	4.3	法国	153	4.1	日本	166	4.8
中国	290	4.0	中国	146	3.9	中国	158	4.5

（资料来源：WTO 报告、中国数据来源于中国商务部）

表 1-18　全国国际旅游情况

（万人次、亿美元）

年份	入境旅游人数				国际旅游收入
	总数	外国人	港澳台同胞	过夜旅游者	
1978	180.9	24.8	156.2	71.6	2.63
1980	570.3	56.4	513.9	350.0	6.17
1985	1783.3	145.5	1637.8	713.3	12.50
1990	2746.2	183.8	2562.3	1048.4	22.18
1995	4638.7	600.3	4038.4	2003.4	87.33
2000	8344.4	1023.6	7320.8	3122.9	162.24
2005	12029.2	2025.5	14054.7	4680.9	292.96
2008	13003.0	2433.0	10570.0	5305.0	408.00

（数据来源：《新中国五十五年统计资料汇编》、《中国统计年鉴 2008》、2008 年统计公报）

表 1-19　留学人员数

（单位：人）

年份	出国留学	学成回国	年份	出国留学	学成回国
1950	35		1980	2124	162
1955	2093	104	1985	4888	1424
1960	441	2217	1990	2950	1593

续表

年份	出国留学	学成回国	年份	出国留学	学成回国
1965	454	199	1995	20381	5750
1970			2000	38989	9121
1972	36		2002	125179	17945
1975	245	186	2004	114682	24726
1977	220	270	2005	118515	34987
1978	860	248	2006	134000	42000
1979	1777	231	2007	144000	44000

（数据来源：根据《新中国五十五年统计资料汇编》、《中国统计年鉴2008》整理）

8. 服务跨境提供和人才跨境流动取得巨大进步

改革开放30年来，中国经济进步的一个重要方面，是服务业的对外开放、人才的跨境流动以及现代生产性服务业的成长，都取得了突飞猛进的发展。从表1–17给出的数据可以发现，中国服务贸易的进出口都已经进入了世界第5位。其中2008年，国际旅游收入超过400亿美元（见表1–18）。我国新兴服务贸易领域，如计算机和信息服务、咨询服务、离岸服务外包都呈现了快速增长的势头。服务贸易的发展离不开现代服务业的基础，现代服务业的发展离不开人才。过去30年，人才跨境流动取得了卓越成就。从表1–19数据可以看到，1950年，我国出国留学人员只有35人，1955年达到2093人，其中学成回国服务的有104人。然而，到1972年，我国出国留学人员又跌至36人。1979年，我国出国留学人员回升到1777人，其中学成回国服务的有231人；到2007年，我国出国留学人员达到14.4万人，其中是学成回国服务人员达到4.4万人。人才国际化将成为中国经济国际化的最重要方面。

（五）中国对外开放战略进一步调整面临新挑战

1. 我国的大国特征决定对外贸易战略性调整的必要性

改革开放以来，对于出口导向和招商引资的外向型发展模式，国内一直有着广泛的争论。即便国际上出口导向模式的发展业绩要好于进口替代①，但出口导向的小经济体发展模式能否适用于大国发展实践，一直受到了质疑。著名国际贸易学者巴格瓦蒂指出，外向型经济的激励导向过度偏向出口，引致资源过度流入出口部门②。后来国际上学界流行的"新增长理论"，提出了开放、人力资本、技术外溢等因素激活了内生性增长③。但对于开放与发展之间的关系，对于经济国际化与自主性之间的关系，在理论上仍是空白。容易引起争论的问题主要包括："进口替代"与"出口导向"的战略取向和利弊比较；加工贸易的作用和转型升级方向；中国的国际分工地位以及进口的作用；"市场驱动型"、"成本驱动型"、"资源驱动型"外商直接投资的综合成本与效益；跨国公司寻求股权、市场份额、品牌和技术控制力与反控制的策略选择；外资增加就业、产出、税收、技术外溢与带来污染和耗能的利弊比较；货物贸易顺差、服务贸易逆差与资本和金融项目逆差之间的关系；巨额外汇储备的性质及合理管理和运用；人民币升值及资本项目开放，国内发展与对外开放统筹等④。这都涉及到中国作为一个具有全球视野的负责任大国需要统筹协调好的发展问题。

2. 统筹协调扩大内需与稳定外需之间的战略性调整

首先，汇率、利率、税率（如出口退税率）、要素价格、各种补贴等贸易激励导向的酌情调整已迫在眉睫。过去贸易激励导向偏向出口部门和外资企业有其合理性，那是弥补外汇缺口和资本缺口的需要，是培育市场经济因素和引入外来竞争压力的需要，是通过国际交流、国际交换和国际竞争来开 13 亿中国人民的国际化、市场化、新型工业化、城市化的

---

① 世界银行《1987 年世界发展报告》，中国财经出版社 1987 年版。

② Jagdisb N. Bbagwati"Export-promoting Trade Strategy Issues and Evidence", The World Bank Research Observer, 1988, January.

③ 参阅保罗·罗默、罗伯特·卢卡斯、罗伯特·巴罗等成果，Romer, Paul. M, "Endogenous Technological Change", JPE, 1990, 98(5), 71—102.

④ 张燕生（2008）：《对外开放的历程、发展经验及前景》，载于《宏观经济研究》，2008 年第 10 期，18—23。

"窍"的需要。但是，现在外向型战略已经出现越来越不能适应新形势需求的局限性，如对外开放与国内发展之间的不协调，与土地、能源、环境压力与日俱增的矛盾，与发达国家和发展中国家的贸易摩擦快速上升等。

其次，区域城乡差距不断扩大要求对外开放战略转型。在过去的30年，东部沿海地区通过实施外向型经济战略与国际经济体系对接实现了快速发展，而中西部地区则很难短时间依靠本地市场经济因素发育形成具有国际竞争力的产业和企业，很难引入外商直接投资和形成加工贸易的出口能力；很难有财力和能力通过经营土地、资源或其他透支未来的方式实现经济起飞。这样一来，就很难改变中西部地区资源、人才、资本、劳动力流向东部沿海地区的趋势，最终导致东部与中西部之间的开放差距持续扩大。下一步中西部地区对外贸易战略性调整的关键，是探索寻找一条不同于东部沿海地区外向型发展模式的开放道路。这次美国金融危机也证明，发展过度依赖外需，既不是一条科学发展之路，也很难抵御外部冲击。东部地区的未来着力点，应放在提升经济国际化程度，包括不断推进人才国际化、资本国际化、产业国际化、产品国际化进程方面。而中西部地区则不同，应以30年改革开放积累的物质和技术基础为支撑，采取向西开放、向东开放、多元化开放的新战略。应通过东部与中西部地区的共建机制，发展开放型经济模式。

再次，建立与经济国际化发展相协调的政策和市场环境。过去的30年，东部沿海地区的发展抓手主要是通过营造良好的开发区、高新区、保税区等特殊区域投资小环境，通过开放型的区域集聚和产业集群，招商引资和扩大出口，带动本地就业、税收和经济起飞。这是我国对外开放的一条重要的成功经验。但是，由此也形成了服务外资、优惠出口的经济体制和政策平台，内资企业，尤其中小企业很难得到共享。这次美国金融危机时期，暴露出对外贸易和外资远享有比国内贸易和内资更加自由、便利的条件和环境，如出口转内销所面临的国际和国内软硬件的巨大差异。这种情况如果不能引起有关部门的高度重视和逐步解决，既限制了外资和出口部门优势资源的本地化，也限制了内资企业的市场化和国际化，从而导致外资企业、国有企业、民营企业对外贸易的产品增值链存在巨大差异，并且相互隔绝①。解决这个矛盾的关键和根本出路仍然是深化改革，进一步推进经济体制与国际通行规则相接轨的步伐，搭建公平竞争的平台，提升经济国际化程度。

最后，"扩大内需与稳定外需"是一个重要的战略转变。在扩大内需方面，关键是增强城乡消费对经济发展的拉动作用。一是调整国民收入初次分配结构，通过规范的转移支付和税源培育增加中西部地区政府财政收入、县和县以下政府收入；改善民营经济和中小企业生存和发展状况；尤其是提高城乡居民收入的相对份额。二是建立规范的消费信用体系，改革个人消费信贷机制，发展以信用为基础的消费增长和结构深化机制。三是尽快完善社会保障体系，解决居民消费的后顾之忧。四是进一步完善消费市场，尤其是耐用消费品市场、金融和证券市场和满足多元化消费需求的个性化消费服务体系，规范市场消费秩序和保障机制。在稳定外需方面，关键是要在拓展国际营销渠道上下更大工夫。我国多数出口企业普遍缺少自主的国际营销渠道，绝大多数中小企业也没有能力建立自主营销渠道。在这种情况下，行业协会、商会及贸易和投资促进部门应当深入企业，通过国际市场和产品信息服务、商品和服务国际会展服务以及境外经贸合作区、自由贸易协定、对外投资等多种途径带动国际营销渠道建设。在这个方面，应当学习日本开拓国际市场的一些成功经验，通过贸易企业、生产企业、金融机构和科研机构结成协同关系，共同开辟新兴贸易市场。这既包括商品和服务的输出，也包括资本和货币的输出，逐步提升我国企业"两个市场、两种资源"的综合运作能力。这些方面的努力，仅仅靠企业自身或市场机制很难达到目的。因此，需要全社会的支持，共同帮助企业化危机为机遇。

---

① 这次美国金融危机的外部冲击，使中国的出口遇到了前所未有的外需萎缩冲击。在这种情况下，中国出台了出口转内销的鼓励性措施。从中发现，国内销售渠道和市场环境与国际的巨大差异，同时也发现，出口产品有着更高的技术和品质标准。对此，存在着一些争论，是进一步扩大开放引入外来竞争压力，还是保护国内市场以预留企业的成长空间。

3. 出口竞争力和自主创新能力需要进一步提高

首先，我们的一项研究发现，规模以上工业企业中只有7.1%的企业有研发行为，其中国内企业的研发强度明显高于外商投资企业。此项研究的结论表明，有研发行为的规模以上工业企业的销售值是所有规模以上企业的5.25倍；有研发行为的规模以上工业企业的就业人数是所有规模以上企业的3.41倍；有研发行为的规模以上工业企业的研究生以上学历的人数是所有规模以上企业的3.73倍；有研发行为的规模以上工业企业的申请专利数是所有规模以上企业的10.2倍；有研发行为的规模以上工业企业的申请发明专利数是所有规模以上企业的10.68倍；有研发行为的规模以上工业企业拥有专利数是所有规模以上企业的9.77倍。从中可以发现，有研发和创新行为的企业，即使R&D投入占销售收入的比重按国际水准或国内高科技政策的鼓励标准衡量处于较低水平，其经营业绩仍明显好于没有研发和创新活动的规模以上企业[1]。

其次，我国与发达国家的贸易摩擦将出现新变化。如美国作为全球最重要的技术和创新策源地，却有着巨额的对华高技术产品贸易逆差。经合组织的有关数据显示，到2005年年底，中国信息与通讯技术产品（ICT）的出口已取代美国成为全球最大ICT出口国。美国普查局的有关数据也显示，2005年，美国ICT产品进口的40%、光电产品进口的22%都来自中国。美国对中国的高技术产品贸易逆差开始超过美国对全球的高技术产品贸易逆差。有学者提出，中国在政府支持和补贴下日益增强的高技术能力可能会威胁到美国的商业利益和经济安全[2]。然而，实证研究的结果表

---

[1] 国家发改委对外经济研究所课题组（2007），《中国高新技术产品分类机制及相关政策研究》，与清华大学公共管理学院课题组、美国国际贸易委员会共同完成的合作研究项目，内部报告。

[2] Dani Rodrik, What's So Special about China's Exports?, NBER Working Paper No. 11947, 2006, forthcoming in China & World Economy; Ernset H. Preeg, The Threatened U. S. Competitive Lead in Advanced Technology Products(ATP). Washington: Manufactures Alliance/MAPI, March 2004. ; Lee Branstetter and Nicholas Lardy, China's Embrace of Globalization, NBER Working Paper No. 12373, 2006; Peter Schott, The Relative Sophistication of Chinese Exports, NBER Working Paper No. 12173, 2006.

明，1995～2006年间，中国对美高技术产品出口中有95%以上是通过加工贸易方式实现的；有90%以上是由外商投资企业生产的。2006年，我国对美高技术产品出口，约有65%是在高新区等特殊区域完成的。其单位价值往往比在美、日、欧生产的同类产品低几倍、几十倍[1]。虽然上述情况是全球化带来的产品增值链国际工序分工的必然结果，跨国公司从中得到最大的收益，却成为中美及中国与其他国家贸易争端和摩擦的依据。

再次，我国承接的国际产业转移长期停留在低成本层面上。我们的一项研究成果表明，中国对美加工贸易出口中包含日本、韩国、中国台湾、东盟等来华投资企业的中间产品进口加工组装后对美国的出口。这个比重从1992年的14%增加到2003年的21.8%。对美出口中境外中间产品的净价值则高达23%。改变低端的国际分工地位，是目前亟待要解决的问题之一[2]。

最后，外资和加工贸易对出口产品升级和技术进步效果不明显。我们的一项研究发现：（1）台港澳企业全员劳动生产率与台港澳企业研发投入之间的关系不紧密，这说明台港澳企业全员劳动生产率的提高并不是本地研发活动所致。（2）台港澳企业在大陆的研发活动主要以市场推广性研发为主。（3）台港澳企业增值水平与就业人数之间关系紧密。这说明台港澳企业的利润主要依赖于劳动力投入，而不是要素生产率的增长。（4）所有产业的销售额都与就业人数、销售税金及附加、全员劳动生产率等指标关系紧密，而与研发投入之间关系不紧密。这说明各产业规模的扩张，并不依赖于研发投入的增加。劳动密集型行业的简单扩大再生产、利润再投资是台港澳企业成长的主因之一。（5）包括通讯设备和计算机在内的制造业各行业劳动力投入都与全员劳动生产率密切相关。这说明在

---

[1] Zhi Wang and Shang-jin Wei, The Rising Sophistication of China's Exports: Assessing the Roles of Processing Trade, Foreign Invested Firms, Human Capital, and Government Policies, Paper prepared for the NBER Project on the Evolving Role of China in the World Trade, September 2007.

[2] 张燕生、刘旭、平新乔：《中美贸易顺差结构分析与对策》，中国财经出版社2006年7月版。

现有技术水平下，对劳动力资源的有效组织管理，是台港澳企业劳动生产率较高的另一个主因①。

四、新中国经济国际化发展：前景和未来方向

（一）提升人才、资本、产业、产品的国际化程度

首先，加快推进人才国际化进程，建立高端人才集聚和发展平台。当前，要提升现代服务业、先进制造业、高新技术产业发展对外贸战略性调整支撑之关键，是需要引进或培养一大批透彻了解欧美，并有真才实学和经验积累，又懂中国国情的复合型人才。事实上，人才总是喜欢扎堆的，而不是流向人才稀缺的洼地。目前即使在上海，人才的国际化程度仍较低。2008 年，上海发放的在沪外国人就业许可证总计为 7 万人次，而上海人在国外工作的达 22 万人次。因此，要营造吸引和留住人才的机制和环境。

其次，加快推进资本全球化进程，提升对外金融资产的全球化运作能力。到 2009 年 6 月末，我国外汇储备余额已达 21316 亿美元（占我国对外金融资产的 60% 以上），其中美国国债为 8015 亿美元，在过去一年中累计增持 2947 亿美元。这种对外金融资产结构是很不合理的。下一步要在进入国际资本市场的同时，大力推进我国股市、债市、期市、汇市以及其他金融市场的国际化程度；在合理管理和运用外汇储备资产的同时，建立藏汇于民、支持"走出去"、促进国内结构调整、增强国家软实力的战略目标；在改善对外金融资产的币种结构的同时，推进金融组合、直接投资组合、战略性资源储备组合的新配置。

再次，加快推进产业国际化进程，逐步建立我国的全球生产体系。

---

① 张燕生等：《台港澳在大陆制造业投资研究》，内部报告 2007 年 11 月。

2008 年，我国对外直接投资额达到 521.5 亿美元。作为加快推进我国产业国际化的重要组成部分，下一步通过"走出去"建立全球营销网络、加工组装体系、农业和矿业生产基地、研发设计中心、工程承包及后勤配送网络等，都是未来对外贸易战略性调整的重要内容。

最后，加快推进产品国际化进程，提升我国企业综合物流和全球供应链管理的能力。在可以预见的未来，东亚地区内贸易、我国跨国公司的内部贸易、离岸贸易和转口贸易等新贸易方式将显著增长。

当前，扩大内需应争取扩大与东亚地区的区内贸易，建立和完善新兴市场的营销网络，增大零部件产品出口的比重，减少对欧美最终产品市场的依赖。尤其在综合保税区、保税港区发展的基础上，国际转口贸易和离岸贸易的比重将显著上升。同时，通过对外投资推动全球供应链管理发生变化，是节能优先和环境优先的需要，是对冲全球风险和分散顺差的需要，也是探索就地投资、就地雇工、就地生产、就地销售的全球资产多样化贸易方式的需要。为此，要试点贸易、实业、金融、科技一体化的对外贸易发展策略联盟。今后建立的境外经贸合作区等"走出去"平台，建议增强区域市场分销、信息咨询服务、综合物流配送、售后服务配套等生产性服务功能，尤其应重视完善中小企业"走出去"发展外贸的平台建设。

（二）提高劳动力素质是经济国际化的关键一环

到 2008 年年底，我国城镇人口已达 6.07 亿人，农民工总数 2.2542 亿人，其中在本乡镇以外就业的农民工有 1.4041 亿人，在本乡镇以内就业的本地农民工 8501 万人。现阶段城镇每年劳动力供大于求约 1200 万人，农村富余劳动力估计约 1.2 亿人。即，我国低成本竞争优势已经进入一个结构转换的过渡期，农村剩余劳动力预计在未来 15 年内基本转移完毕，如果未来不能够加快对外贸易方式和结构的战略性调整，未来调整的压力会更大。尤其在印度的劳动力资源更年轻、人均收入更低的情况下，挑战则更加严峻。据世界银行的统计，中国和印度 2008 年的人均 GDP 分别为5345美元和2753美元。另一组数据表明，在15至34岁人口组中，中国占总人口的29.07%，为38011万人；而印度占总人口的34.99%，为38296万人。要加快对外贸易的战略性调整，形成新的出口竞争优势，应持续增加正规教育、非正规教育和在职培训的投入，把提高劳动者的基本素质和职业训练、增加人力资本积累和增值作为一项战略性工作来抓，形成高素质人力资源新优势。

（三）加工贸易和招商引资环境将发生新变化

我国目前的对外依存度（进出口额/GDP的比例）明显高于美国的22.4%和日本的28.2%，低于德国的69.6%。但德国的对外贸易以区内贸易为主，对亚洲和北美市场的依赖较小；并以零部件和中间产品出口为主，贸易摩擦较少。而我国的出口对欧美市场依赖大，并以加工贸易为主。2008年，我国加工贸易额占外贸总额的41.1%，其中加工贸易出口额占总出口额的47.3%，加工贸易顺差达2968亿美元，高于外贸总顺差2955亿美元。外资企业加工贸易出口额达5721.95亿美元，占外资企业出口总额的72.37%。

加工贸易是国际资本与我国低成本劳动力相结合的一种有效的贸易方式。但下一步的挑战是，如果我国农村剩余劳动力基本转移完毕，加工贸易还会留在我国吗？国际资本，尤其是欧、美、日、韩等资本是否会寻求新的劳动力来源地呢？中国和印度投资环境目前的差异主要在基础设施方面，假设日本未来投资2000亿美元来打造孟买到德里工业带的基础设施，中印基础设施差异在未来10年至15年内显著缩小，印度是否会成为全球新的加工组装基地呢？2008年，印度已经取代中国成为日本企业在亚洲投资规模最大的国家。一旦上述情况成为长期变化趋势，国外生产性直接投资逐渐减少，加工贸易持续下降，意味着我国的贸易顺差将大幅减少。因此，推动对外贸易及加工贸易的转型升级已经刻不容缓。提升加工贸易的本地增值、本地配套、主体本地化的比重，同时提升民营出口企业的增值能力和技术含量，是战略性调整的一个方向。

（四） 模仿创新的结构将发生重大变化

我国企业的技术来源主要依靠先进设备和技术的进口、招商引资、购买国外发明专利及技术特许权等渠道。一项研究结果也表明，1995～2006年间，中国对美高技术产品出口中有95%以上是通过加工贸易方式实现的；有90%以上是由外商投资企业生产的。2006年，我国对美高技术产品出口，约有65%是在高新区等特殊区域完成的。其单位价值往往比在美、日、欧生产的同类产品低很多。要改变企业技术落后局面，就要变模仿创新单轮驱动为模仿创新和自主创新双轮驱动，从体制和机制上解决企业创新能力弱、中小企业创新环境弱、FDI直接技术外溢作用弱等问题。事实上，美国研发支出的8%是用于基础研究（技术的获得），25%用于应用研究（技术的应用），67%用于开发项目（技术的改进）。

对于我国的技术选择而言，高技术产业是产生重大技术突破和产业结构提升的基本力量，但先进适用技术由于直接面对市场，能够提升满足多样性需求的供给能力，经济效益较好。我国现阶段自主创新政策的着力点，应优先解决企业自主创新能力不足的问题，当自主创新的内生机制逐步形成以后，再把重点向世界科技创新前沿推进，渐进式地缩小与世界先进科技发展水平的差距。这就决定我国对外贸易的技术竞争优势仍放在技术改进层面上，实现动态提升。

（五） 我国现代产业体系将发生重大变化

从世界发展经验看，从制造业转型到服务业，从传统服务业转型到知识型、高增值服务业，从国内贸易、金融、商业中心转型到国际贸易、金融、商业中心，是一个大趋势。要进一步提升出口竞争力，最有效的方式是大力发展生产性服务业，即为生产活动提供中间增值的服务环节，如研发创新设计、物流运输仓储、金融保险投资、信息咨询专业服务等。在过去，生产性服务环节大多是内化于制造企业的产品增值链之中，现在则发展成为专业化的生产性服务提供的网络。

其意义在于，首先，能够创造出多层次、大容量、关联强的新就业机会；其次，能够带动制造环节向自主研发、自主品牌、自主营销环节延伸，尤其是通过总部经济的发展，包括跨国公司、国有企业及民营企业的地区总部、研发中心、培训中心、销售中心及物流配送中心的发展，集聚人才，提升管理，延伸服务，技术增值；再次，能够带动各种形式的跨境服务提供，在服务贸易层次上引入外来竞争压力，促进服务业的国际合作、国际交换及国际竞争。

（六）开放竞争将成为提升产业国际竞争力的助推器

研究发现，研发全球化主要集中在美日欧"大三角"之间，产业转移的科技含量与国际化成反比关系。但新一轮国际产业转移的特点之一，是在日益激烈的国际竞争压力下进行的，跨国公司被迫开始跨境转移一些具有更高技术和服务含量的业务部门或增值环节。为防止核心竞争优势的丧失，跨国公司会普遍选择独资、相互配套以及知识产权保护等竞争策略，把可能产生的模仿、技术外溢、知识扩散等控制到最低限度。

要打破跨国公司的技术封锁，最好的应对策略是开放竞争，强化跨国公司之间以及与我国企业之间的竞争，用竞争压力迫使跨国公司把关键技术、关键零部件、关键创意和诀窍、核心人才引入我国，在开放竞争中加快实现这些优质要素的本地化、技术外溢和知识扩散。为此，要进一步改善我国的市场竞争环境，搭建公平竞争的政策平台，鼓励内资企业为跨国公司全球生产体系提供更高技术含量和增值含量的配套，鼓励内资企业与外资企业在国际合作中培育新的竞争优势。

（七）破解全球贸易保护主义

首先，重启多哈回合谈判，最大限度地保护发展中国家特别是最不发达国家的贸易利益，维护我国及地区共同的核心利益，避免世界各国陷入贸易战、贬值战、政治战陷阱之中，在全球有效需求大幅萎缩的条件下，具有十分重要的战略意义。

其次，要高度重视新贸易保护主义倾向，尤其是欧美国家以减少碳排放为题，提出碳泄漏、碳关税、或过高的环境和排放标准，损害我国长远和根本利益的新情况和新问题。要高度关注以美国为首的反补贴、劳工标准、国有企业和竞争政策、主权财富基金等为由对我国设置新贸易障碍。

再次，要针锋相对地反对各种形式的贸易保护主义，尤其在发达国家掌握多边贸易规则制定的主导权和话语权的情况下，研究制定有理、有利、有节的应对预案和策略。

（八）稳健推进人民币的区域化和国际化进程

首先，作为对冲全球系统性风险的重要手段，我国应考虑在未来十年内分阶段建立对全球或地区开放的汇市、股市、期市、债市及金融衍生工具市场体系，为实体经济提供相关的金融和风险管理服务工具。这必然会涉及我国上海国际金融中心与香港国际金融中心的各自定位及分工合作关系问题。上海国际金融中心地位的不断提升，很大程度上取决于其人才、资本、产业的国际化程度，取决于金融市场深化、虚拟化和一体化程度，也取决于有效金融监管体系和机制的建立和日益完善。香港国际金融中心地位的不断提升，也取决于其在全球范围内的金融创新和市场深化的综合能力，取决于其区域金融和实体资源的整合能力和创造力。由此可见，无论是上海还是香港，要成为亚洲的华尔街都需要进行大的转型。最终的决定仍取决于市场的力量和全球投资者的认可。

其次，加快推进人民币结算的试点和推广。由于人民币结算及国际化有利于抵补企业跨境交易的货币和金融风险，有利于降低国民跨境交易成本和风险，有利于提供跨境货币和金融交换便利和自由化，因此，应在试点基础上加快推行，包括扩大人民币结算的金额、地域和业务范围，尤其是通过香港、澳门地区人民币业务清算行进行人民币资金的跨境结算和清算，培育人民币离岸业务和离岸市场。

再次，要保持人民币汇率的基本稳定，同时加快推进要素价格市场化改革步伐，加快推进人民币汇率风险防范的市场体系建设，加快推进国际收支、外汇储备和对外贸易差额之间的统筹协调和战略性调整，对转变外贸增长方式、提升出口竞争力、增强进口保障作用，既是重大机遇，也是严峻挑战。

（九）国际化与城市化发展之间的互动联系

2008 年，我国城镇化水平 45.7%，进入城市化加速发展时期。作为一个大国，我国的出口结构和就业结构在满足基本需求、多样性需求和高端需求的不同生产和服务层次上明显呈现出多元化的特征。要真正实现从贸易大国向贸易强国的转变，既要解决好劳动密集型中小出口企业、服务外包企业、传统跨境服务企业的发展问题，又要解决好人力资本密集型、物质资本密集型、技术密集型的先进制造业、高新技术产业、现代生产性服务业的发展问题。两者之间的主要差异在于，传统劳动力密集型生产和服务企业的发展，主要是创造农民工和普通劳动力的就业需求。由于国内劳动力自由流动的障碍较小，出口导向的生产和服务企业主要设立在东部沿海地区贸易投资自由化和便利化条件最好的地区或中小城市，如珠江口东岸、苏南、宁波、温州等地。

然而，日益国际化的先进制造业、高新技术企业、现代服务业主要是人才、技术、资本密集型企业，人力资源需求主要是全球化和多层次人才，尤其是高素质专才，其就业场所大多建立在国际大都市或中心城市的核心城区，并与子城市体系、周边城市形成梯次分工与专业化的经济联系。对外贸易下一步的发展，在空间上将遵循"地方不在大，集聚就行"，如日本三大都市圈，集中了 GDP 的 73.6%，人口的 68.7%。世界银行最新研究报告提出，世界是不平的，世界半数生产活动位于 1.5% 的陆地区域。美、日、欧的总人口不到 10 亿人，却集中了世界 75% 的财富。同样，运输和通讯科技革命降低运费的结果，进一步密切了核心区与周边地区的贸易关系，而不是远距离区域的贸易关系。因此，我国对外贸易要更加重视解决商品和服务、资本和劳动、信息和观念跨区域流动的困难，消除对外贸易发展的各种流动性体制和其他障碍，促进内外贸易一体化的市场体制机制对接。

（十）中小企业将成为经济国际化的生力军

首先，在可以预见的未来，外需萎缩基本上成为定局，外需和订单大幅减少已经成为中小进出口企业所面对的严峻挑战之一。要化危机为机遇，应充分利用"10＋1"、"10＋3"、CEPA、ECFT以及中智、中新等自由贸易协议的一体化契机，利用境外经贸合作区、我国驻外商务机构等境外发展平台，开拓新兴进出口和投资市场。事实上，我国产品在非洲、拉美、澳新、中亚等市场上的发展空间很大。为此，建立多层次、宽领域、混合型国际营销渠道和网络，通过各种形式的展览展示活动把我国中小进出口和投资企业的品牌、产品和服务系统系列地推向国际市场，探索建立国家队、中央军带动中小企业进入国际市场的机制和体制，是一个严峻挑战。

其次，加快推进贸易方式创新。目前，越来越多的贸易企业加快了结构调整，包括努力提高增值含量和技术投入，完善会展、分销模式，完善全球维修和售后服务体系建设，逐步加工、物流、研发一体化新体系，进一步推进贸易和投资便利化等。据估计，在金融危机的打击下，约有20%的贸易企业已经完成了结构转型和产业转移，有20%的企业已经陷入停产、破产或转产，剩余的50%至60%的企业仍在结构转型过程中。应创造良好的政策环境鼓励贸易和产业结构的转型升级。

再次，中小企业所面对的首要问题是缺资金，对此，要多管齐下加以综合治理。要建立健全有财政资金参与、与商业银行共担风险的中小企业担保体系，放开小额信贷管制，完善贸易融资和出口信用保险体系。目前，中小企业的征信体系、信贷体系和合作融资体系发展滞后。要"变危为机"，推动中小企业融投资的体制创新和市场化步伐，从制度上和市场体系上解决中小企业融资难的问题。

第四，要统筹协调好扩大内销与稳定外销之关系。对中小企业而言，进入国际市场除可以扩大销售规模外，也是借助国际市场的成熟规范来培育、发展和壮大自己，包括利用国外创新、融资、分销、物流环境等。在这次金融危机中，出口转内销遇到的最大问题之一，是国内商业环境、交易成本、诚信文化与国际市场的巨大差异。缩小内销和外销的市场化制度差异是一个重大挑战。因此，改善中小企业的创业创新的政策和市场环境，是一个大战略。

第五，中小企业要把握住劳动合同法实施的机遇，及早调整用工制度，重视员工培训，提高企业的劳动生产率。目前，国家正在推出一系列扩大就业、加强培训、鼓励大学生创业等措施。此时，中小企业应利用这些契机积极调整企业人才结构，主动送更多员工参与各种职业培训计划，切实提高企业劳动生产率。

最后，在国际化环境中，中小企业更要加快产品增值链的调整，加快部分工序或生产环节向其他低成本地区延伸扩展。据调查，物流运输成本及便利是生产区位调整的主要影响因素。在内外竞争压力下，企业已经开始了产品增值链布局的调整，以降低成本，提高效率，增强竞争力。例如珠三角部分企业已开始购入电动织机以淘汰手动织机，并把被淘汰的手动织机通过农民工带回其家乡，形成珠三角生产高增值产品、而低成本地区加工低增值产品的格局。

参考文献

Bbagwati, Jagdisb N. "Export-promoting Trade Strategy Issues and Evidence", The World Bank Research Observer, 1988, January.

Krueger, Anne(1993) "Political Economy of Policy Reform in Developing Countries", MIT Press, Cambridge, MA and London.

Romer, Paul. M, "Endogenous Technological Change", JPE, 1990, 98(5), 71 - 102.

Zhang Shuguang、Zhang Yansheng、Wang Zhongxin(1998) 《Measuring the Costs of Protection in China》, Institute for International Economics, Washington, DC.

Zhi Wang and Shang-jin Wei, The Rising Sophistication of China's Exports: Assessing the Roles of Processing Trade, Foreign Invested Firms, Human Capital, and Government Policies, Paper prepared for the NBER Project on the Evolving Role of China in the World Trade, September 2007.

肯伍德等:《国际经济的成长》,经济科学出版社 1996 年版。

刘易斯:《增长与被动》(中文版),华夏出版社 1987 年版。

阿萨尔·林德贝克:《转型期中国的经济社会互动关系》,《比较》(33),中信出版社 2007 年 11 月刊。

迈耶主编:《发展经济学的先驱》,经济科学出版社 1988 年版。

安格斯·麦迪森:《中国经济的长期表现》,上海人民出版社 2008 年版。

道·诺斯:《制度、制度变迁与经济绩效》,上海三联书店,1994 年版。

H·钱纳里、M·塞里昆:《发展的格局(1950—1970)》,中国财经出版社 1989 年版;

S·库兹涅茨:《各国的经济增长》,商务印书馆 1985 年版。

世界银行《1987 年世界发展报告》,中国财经出版社 1987 年版。

张培刚:《新发展经济学》,河南人民出版社 2001 年版。

张燕生、刘旭、平新乔:《中美贸易顺差结构分析与对策》,中国财经出版社 2006 年 7 月版。

赵穗馨主编:《中华人民共和国经济史(1949—1966)》,河南人民出版社 1988 年版。

马丁·沃尔夫:《全球化为什么可行》中信出版社 2003。

王梦奎主编:《中国改革 30 年》,中国发展出版社 2009 年版。

杨坚白等著:《新中国经济的变迁和分析》,江苏人民出版社 1992 年版。

《现代化理论研究》华夏出版社 1989 年版,中译本。

第二章
国际经济环境变动
及其对我国的影响

毕吉耀

一、国际金融危机导致世界经济
陷入战后最严重的衰退

2008 年 9 月，以雷曼兄弟破产为标志，由美国房地产市场调整引发的次级住房抵押贷款危机最终演变为战后最严重的国际金融危机，大批金融机构破产倒闭，各类金融资产价格暴跌，发达国家金融体系遭受重创，资产证券化市场和信贷市场处于冻结状态，金融市场流动性紧缺，对实体经济部门的各类贷款急剧萎缩。美、欧、日等发达经济体虽然采取了大量注入流动性、连续大幅降息、对大型金融机构进行大规模注资等金融救援措施，避免了金融体系的全面崩溃，但金融机构的资产负债状况仍在恶化，面临巨大的"去杠杆化"压力，金融体系的信贷融资功能仍未恢复，国际金融市场依然动荡不定。

据国际货币基金组织估计，到 2010 年，各金融机构持有的美国金融资产损失将高达 2.7 万亿美元，而全球资产减计造成的损失将高达 4 万亿美元，其中 2/3 的损失将由银行承担，其余损失则由保险公司、养老基金、对冲基金和其他金融机构承担；要改善银行资产负债状况，美国银行需要补充资本金 2750 亿～5000 亿美元，英国银行需要补充 1250 亿～2500 亿美元，其他欧洲银行需要补充 4750 亿～9500 亿美元。发达国家金融机构要想摆脱困境，重新恢复正常融资功能，不仅需要经历数年时间，而且需要投入大量财政资金。因此，这场金融危机持续的时间可能超出预期，发展前景也存在很大的不确定性。

金融危机导致信贷紧缩、家庭财富大幅缩水、消费者和企业信心降至历史低点，全球经济活动显著放慢。受金融危机影响，2008 年四季度，全球工业生产降幅高达 15%～20%，商品出口大幅下降了 30%～40%，世界生产总值下降了 6.3%；发达国家经济下降了 7.5%，美、欧、日三大经济体陷入严重衰退；受外需缩减和对外融资环境恶化等因素影响，新兴市场和发展中国家出口和制造业遭受沉重打击，经济收缩了 4%。2009年以来，金融危机继续深化蔓延与实体经济衰退相互拖累，信贷收缩和财富缩水对经济构成下行压力，经济衰退导致信贷违约增加使金融机构财务状况继续恶化，全球经济继续大幅下滑，今年 6 月美国、欧元区失业率分别达到 9.5% 和 9.4% 的历史新高，全球就业形势继续恶化。

从目前情况看，金融已经导致世界经济陷入战后最严重的衰退。尽管发达国家继续出台大规模的经济刺激方案，二十国集团刺激经济增长的财政开支规模今年将达到 GDP 的 2%，但在金融体系恢复正常融资功能之前，世界经济难以摆脱衰退恢复增长。

二、"十二五"时期世界经济发展趋势

（一）世界经济将在调整中逐步恢复增长

2008 年 9 月，由美国房地产市场调整所引发的次贷危机最终演变为

波及全球的金融危机，导致世界经济陷入战后最严重的衰退。从目前的形势和发展态势看，2009 年发达国家经济继续大幅衰退，新兴市场和发展中国家经济增速大幅减缓，世界经济将出现 60 年来的首次负增长；2010 年世界经济有望逐步走向复苏，实现微弱的正增长。

"十二五"时期，世界经济复苏步伐有望逐步加快，但仍将继续受到当前国际金融危机的后续影响，存在诸多不确定不稳定因素，复苏历程不会一帆风顺。

首先，从金融危机的发展前景看，虽然在政府大力救援和强力干预下，发达国家的金融体系免于崩溃，但银行金融机构资本金损失、流动性紧缺和偿付能力不足问题依然严重，仍面临巨大的去杠杆化压力，剥离处理大量不良资产和坏账需要注入上万亿美元的资金和耗时数年。在银行金融机构走出困境之前，市场信心和金融体系的融资功能都难以恢复正常，不仅包括股市、债市和汇市等在内的金融市场仍将动荡不定，而且将继续影响实体经济的生产、消费和投资等活动，从而制约延缓世界经济的复苏进程。

其次，从世界经济面临的调整压力看，金融危机和经济衰退实质上是对全球经济严重失衡的强制性调整。美国等发达国家不得不调整以往的透支消费模式，减少消费、增加储蓄、降低进口需求；亚洲的发展中国家也要调整过分依赖出口拉动的经济增长模式，更多地转向扩大内需促进经济增长。全球经济再平衡调整是一个长期复杂的过程。在此过程中，美国消费对全球经济的拉动作用趋于减弱，而新兴市场和发展中国家也需要较长时间扩大国内需求。因此，世界经济难以重现危机前几年的快速增长，需要在调整中逐步恢复。

最后，世界经济复苏还会受到其他方面因素的制约。在应对危机过程中，各国大量增加财政支出和货币供应量，不仅造成财政赤字飙升和政府债务激增，而且也埋下了未来通货膨胀的隐患。美元贬值和未来流动性过剩，有可能在金融市场和商品市场形成新的价格泡沫，影响经济金融的稳定运行。此外，贸易投资保护主义和地缘政治等非经济因素也会干扰世界经济复苏。

同时，"十二五"时期也存在不少推动世界经济复苏增长的有利因素，世界经济将在调整中逐步恢复增长，总体上呈现前低后高的走势。

首先，从应对金融危机和经济衰退的政策措施看，各国在稳定金融形势、刺激经济复苏、改善基础设施、培育新兴产业等方面，采取了一系列力度空前的大规模综合性措施，实行极度宽松的货币政策和大规模的扩张性财政政策，同时加强国际政策协调合作。这对恢复当前市场信心、扭转经济下滑、促进经济复苏将发挥积极作用。特别是，各国在应对金融危机过程中，无不重视科技创新、发展新兴产业和用先进技术改造提升传统产业，纷纷加大相关领域的投入，积极培育未来新的经济增长点，这将有利于世界经济的长期增长。

其次，从推动世界经济增长的长期基本动力看，经济全球化仍将在曲折中继续深入发展，科技创新和技术进步还将不断取得新进展，资源配置效率和劳动生产率的提高仍将继续促进世界经济增长。金融危机和经济衰退虽然导致贸易、投资和金融保护主义抬头，但不会改变经济全球化发展的大趋势。各国纷纷实行"绿色新政"，大力发展新能源和节能环保等绿色产业，有可能引发新一轮的科技创新和技术进步浪潮，技术进步将继续推动全球劳动生产率的提高。因此，"十二五"时期，推动世界经济增长的基本动力依然存在。

最后，从以往世界经济的增长趋势和波动规律看，经济金融危机虽然会造成经济短期减速甚至衰退，但不会改变世界经济长期增长趋势。20世纪90年代以来，在经济全球化和信息技术革命的推动下，世界经济增长从1991年的1.5%提高到2007年的5.2%，年均增速达到3.5%。其间，虽然受1997～1998年亚洲金融危机和2000～2001年美国"新经济"泡沫破灭影响而出现下滑，但1～2年后又恢复到年均增速之上，总体保持增长向上趋势。此次金融危机虽然导致世界经济大幅下滑，但根据以往规律，世界经济在"十二五"时期还是有可能逐步回升到长期年均增长水平。

由于此次金融危机发生在美国等发达国家，其严重程度和波及范围远远超出以往，对实体经济的影响冲击也远远大于亚洲金融危机和美国"新经济"泡沫破灭，因此世界经济走出衰退实现复苏的难度更大，所需时间也会更长，世界经济复苏可能是一个非常复杂的过程。我们预计，"十二五"时期，世界经济将逐渐复苏，在调整中逐步恢复正常增长，总体呈现前低后高走势。根据国际货币基金组织目前的预测，2009年世界经济将下降1.4%，2010年将增长2.5%。以此为前提，我们采用多种方法进行测算，预计2011年世界经济将增长3.2%，2012年将增长3.8%，从2013年开始恢复4%的正常增长。据此预测，"十二五"时期，世界经济年均增速仍有可能达到3.8%左右，高于1991~2007年3.5%的年均增长率。虽然"十二五"时期世界经济年均增速将明显低于2003~2007年4.6%，但与"九五"和"十五"时期3.7%和3.6%相近，明显高于"八五"时期2.4%。

从主要经济体的情况看，美国的金融机构"去杠杆化"、失业率攀升和居民调整消费行为将延缓经济复苏步伐，大量注入流动性和财政赤字飙升也加大了未来通胀风险，未来长期利率上升和增税将进一步制约经济增长。但另一方面，美国应对金融危机和刺激经济复苏的政策力度很大，美国经济有可能在发达国家中率先走出衰退，而政府大力推动新能源和节能环保等绿色产业发展，也将为未来经济增长带来新动力，预计2011~2015年的年均增速仍有可能略高于2.5%。

欧元区的银行金融机构在危机中损失惨重，还受到中东欧地区金融经济危机的拖累，主要成员国经济衰退严重、失业大量增加。欧元区政策协调困难，难以形成合力，应对危机的政策力度相对较小，加之经济体制僵化、社会福利负担沉重，劳动生产率提高缓慢，不仅走出衰退实现复苏的难度更大，而且长期也难以实现较快增长，预计2011~2015年年均增速在2.0%左右。

日本的银行金融机构由于股市暴跌遭受重大资产损失，外需下降又造成出口和工业生产持续大幅下滑，在三大经济体中经济衰退最为严重。虽然日本也采取了大规模的政策措施应对危机，但由于经济对外依存度过高，人口老龄化问题突出，政府债务负担沉重，因此日本经济复苏不仅难度很大，而且还取决于外部环境能否改善，预计 2011～2015 年的年均增速在 1.0% 左右。

新兴市场和发展中国家在金融危机过程中，受到外需下降、初级产品价格暴跌和外部融资环境恶化的严重冲击，制造业生产出口大幅萎缩，严重拖累经济增长和就业增加，未来经济增长仍将受到外需不足和资金外流的制约。但另一方面，新兴市场和发展中国家仍处在工业化、城市化进程当中，在扩大消费需求和基础设施投资等方面具有广阔的空间，完全有可能通过扩大内需继续推动经济发展，预计 2011～2015 年的年均增速仍有可能达到 6.0% 左右。

根据国际货币基金组织统计，按购买力平价计算，2008 年美、欧、日三大经济体占全球经济的比重分别为 20.7%、15.7% 和 6.4%，新兴市场和发展中国家占 44.7%。以此为基础，对上述主要经济体年均增速进行加权平均，并考虑到其他发达国家经济增长及其占比情况，所计算出的"十二五"时期世界经济年均增速也为 3.8% 左右。

（二）世界经济面临再平衡调整

20 世纪 90 年代以来，信息技术革命和经济全球化迅速发展，有力地促进了全球劳动生产率的提高和全球范围内的资源优化配置，显著地提高了世界经济增长潜力，世界经济经历了一轮高速增长期。2000 年美国新经济泡沫破灭后，信息技术转向推广普及阶段。虽然 2003～2007 年世界经济继续保持快速增长，但技术创新对经济增长的推动力减弱。这一时期，世界经济增长在很大程度上主要靠美国消费需求的拉动，但美国的消费扩张是建立在金融资产膨胀和房地产泡沫基础上的透支消费。美国的低储蓄率、"双高赤字"和信用膨胀不仅加剧了全球经济失衡，而且推动国际能源资源价格持续大幅上涨，加大了全球通货膨胀压力。随着经济周期的变化和宏观经济政策的调整，美国房地产泡沫破灭引发次贷危机，并最终演变成波及全球的严重金融危机，全球经济失衡面临强制性调整。

2008 年 9 月以来，随着国际金融危机的不断深化蔓延，世界经济陷入战后最严重的衰退，国际贸易量大幅下降，全球经济失衡调整步伐加快。美国消费需求萎缩、家庭储蓄增加、进口减少，经常项目逆差缩减；国际货币基金组织预计，美国经常项目赤字占国内生产总值的比重将由 2006 年的 6% 下降到 2009 年的 3.3%。主要贸易盈余国的出口增速大幅下滑，日本经常项目由顺差转为逆差，德国贸易盈余出现下降。石油价格大幅回落导致石油输出国石油收入下降，贸易盈余大幅减少。据国际货币基金组织预计，金融危机将加速全球失衡的调整，全球经常项目赤字占世界生产总值的比重将由 2007 年的 5.8% 降至 2009 年的 4%。

从发展趋势看，全球经济失衡虽然不可能完全消除，但再平衡调整过程仍将继续。美国需要调整其负债消费模式，东亚国家需要转变出口导向的经济发展模式，石油价格也难以重回危机前的高位，全球贸易失衡格局将继续有所改善。在全球经济再平衡调整过程中，美国消费需求对全球经济增长的拉动作用趋于减弱，世界经济增长需要挖掘新的需求来源；全球需求结构调整也将带动产业结构进行相应的调整，而能够支撑世界经济快速增长新的主导产业还有待形成。由于需求结构和产业结构调整是一个缓慢的过程，因此，全球经济再平衡不仅是一个艰难的过程，而且世界经济增速也将趋于放缓。

（三）节能环保和新能源产业有望成为世界经济新的增长点

能源资源和环境问题是世界各国实现可持续发展面临的共同难题。大力发展节能环保和新能源产业，提高能源资源利用效率和减少温室气体排放，既是世界各国的共同责任，也是增强全球应对气候变化能力和突破制约全球发展的资源环境瓶颈的重要途径。在当前应对国际金融危机的过程中，包括美国、欧盟、日本等在内的发达国家都把大力发展节能环保和新能源产业作为刺激经济增长、增加就业和培育新的经济增长点的重要手段，纷纷加大在相关领域的技术研发投入和推进产业化进程，抢占未来技术进步和产业发展的战略制高点。

科技进步和经济全球化是推动世界经济增长的重要内在动力。20 世纪 90 年代以来，信息技术革命和经济全球化深入发展相结合，促成了一轮较长时期的世界经济快速增长，信息产业的高速发展和信息技术的广泛应用成为引领全球产业转型升级的主要动力。历史经验表明，经济危机往往催生出新的技术和新的产业。这次金融危机将引发全球产业结构新的重组调整，而节能环保和新能源技术有望实现新的突破，节能环保技术的推广使用将带动传统产业的技术进步和转型升级，新能源开发和产业化将带动相关产业的发展，形成规模庞大的产业链。因此，节能环保和新能源产业将引领未来产业发展和结构调整，成为推动新一轮世界经济增长的主导产业，最有望成为未来世界经济新的增长点。

（四）主要新兴经济体在世界经济中的地位将明显提升

这场金融危机将导致世界经济格局发生新的变化。金融危机重创发达国家金融体系，并导致严重经济衰退，短期难以很快复苏；新兴市场和发展中国家虽然也受到冲击，但总体继续保持经济增长。发达国家与新兴市场和发展中国家的力量对比正在发生着此消彼长的变化，发达国家地位相对下降，新兴市场和发展中国家地位上升，未来经济增长转向以内需为主后，它们对世界经济增长的贡献将进一步增大，在世界经济总量中的份额也会明显提高。据我们测算，中国、印度、俄罗斯和巴西四国占全球生产总值的份额到 2020 年将接近 25%，其中中国的份额可能达到 14%。

金融危机暴露出发达国家在金融创新、风险防范以及依靠金融资产透支消费方面存在严重缺陷，其长期奉行的自由市场经济模式和理念受到广泛质疑和批评，面临越来越大的改革调整压力。美、欧、日等发达国家的金融体系遭受重创，经济陷入深度衰退，无论是恢复金融稳定还是刺激经济复苏，仅靠自身力量都难以应对，需要寻求同发展中国家的合作，对发展中大国的依赖程度加大。中国等发展中大国在应对当前金融危机中发挥了巨大作用，在国际经济金融事务中的话语权明显提升，未来全球问题的解决将更多地依赖发展中国家的参与合作，全球治理结构将发生深刻变化。但是，美国等发达国家在政治、经济、军事和科技等方面领先的优势地位不会发生根本改变，发展中国家在推动建立公正、合理的国际经济新秩序和维护自身利益方面依然任重道远。

三、"十二五"时期国际经济环境
变化对我国经济发展的影响

"十二五"时期，我国发展的外部环境不会发生根本性变化，和平发展合作仍将是世界潮流，经济全球化将继续在曲折中发展，科技革命加速推进，全球和区域经济合作继续深化，各国之间的经济相互依存将更加紧密。但另一方面，国际金融危机给世界经济带来新的不稳定和不确定因素，全球经济调整和再平衡所引起的外部经济环境新变化，也会对我国经济发展产生一定影响。

（一）国际经济环境将出现新变化

1. 世界经济面临深刻调整，不稳定不确定因素增多

新世纪以来，世界经济总体保持快速增长态势，外需增加拉动我国外贸高速增长，成为推动我国经济持续快速增长的重要动力。但国际金融危机导致全球经济衰退，世界经济面临周期性、结构性调整。"十二五"时期，世界经济增速将明显放缓，不稳定不确定因素增多。

第一，与战后历次经济衰退不同，此次金融危机与经济危机相互交织影响，全球经济几乎同步下滑，发达国家经济衰退深度超过以往，摆脱危机既要稳定金融体系，又要有效刺激实体经济。在这种情况下，何时实现世界经济复苏仍具有不确定性。

第二，全球失衡进入再平衡过程，需求结构和供给结构都面临调整。

美国等发达国家将改变过度消费模式，更加重视发展能够增加国内就业的相关产业，如新能源、教育、卫生等；以往过分依赖出口的国家将逐步转向立足内需促进经济增长，更加注重完善社会保障体系和改善基础设施，以扩大居民消费和增强经济发展后劲。但这种调整能否顺利进行，对全球经济将产生何种影响，都存在较大的不确定性。

第三，要摆脱金融危机影响实现经济复苏，世界经济需要寻找新的增长动力。世界各国在着力扩大需求应对经济衰退的同时，无不把节能环保和新能源产业作为支撑长期经济发展的主导产业和新的经济增长点加以培育。但是，推广应用节能环保技术受到市场动力和财税激励不足等因素的制约，新能源技术发展还不成熟，规模化产业化尚需时日，这些产业何时以及能在多大程度上支撑全球经济增长仍存在较大的不确定性。

第四，剥离处理金融危机造成的大量坏账和不良资产任务艰巨，加之金融机构"去杠杆化"过程漫长，金融体系何时能恢复正常运转存在着很大的不确定性；美国等发达国家大量注入流动性和扩张财政赤字，有可能造成未来流动性泛滥和美元大幅贬值，引发新一轮的大宗商品价格上涨和通货膨胀，造成股市、债市、汇市等金融市场继续动荡；如果经济不能顺利复苏，这种情况也会带来"滞胀"风险。

2. 经济全球化大趋势不会逆转，但面临新的阻力

经济全球化促进了国际产业分工的深化和要素资源的优化配置，使各国的比较优势都得到充分发挥，有力推动了世界经济增长。金融危机不会改变经济全球化继续深入发展的大趋势，但会使得全球化发展面临新的阻力。

第一，经济衰退和增速放缓加大了各国就业压力，一些国家为稳定和促进本国就业，纷纷采取各种形式的贸易保护主义措施，甚至在刺激经济计划中增加购买本国产品的条款。贸易保护主义倾向增强为经济全球化带来了新阻力。

第二，为防范新的金融风险，各国倾向于加强对跨境资本流动的监管，对大型跨国金融机构和对冲基金的高杠杆、高风险的跨市场金融业务

加以限制，对金融开放更趋谨慎，这将在一定程度上影响到国际资本流动，影响金融全球化的发展。

第三，贸易金融保护主义增强将影响全球多边经济贸易金融合作，各国将转而寻求区域和双边合作。就目前情况看，北美、欧洲和亚洲三个地区的区内经济贸易金融合作会进一步加强，区域合作的排他性势必影响到经济全球化和多边贸易体制的发展。

3. 发达国家经济科技仍将保持领先地位，围绕能源资源的竞争更加激烈

金融危机虽然导致发达国家经济陷入衰退和实力地位削弱，但发达国家在经济科技方面仍将继续保持领先，特别是在节能环保和新能源技术开发上不断加大投入，抢占未来技术进步和主导产业发展的战略制高点，发展中国家仍将面临发达国家在经济科技上占优势的长期压力，在技术进步和产业发展上仍难以摆脱受制于人的局面，实现赶超目标任重道远。

能源资源的不可再生性和全球经济发展对其需求的不断增加，决定了其供求关系长期偏紧，世界各国围绕能源资源的争夺将更加激烈。从长期看，新能源将逐步替代传统能源，但在可以预见的将来，现有的能源消费结构还难以改变，发展中国家工业化城镇化进程的加快使其对传统能源的需求和依赖将进一步加大，能源供应安全始终对经济社会发展构成制约。

4. 全球气候变化和发展低碳经济给发展中国家带来更大压力

气候变化事关人类的生存发展，后京都议定书时代，世界各国在应对气候变化和实现可持续发展方面的共识越来越多。发展中国家虽然尚未承担减排义务，但面临的减排压力越来越大。发达国家在节能环保和新能源开发以及发展低碳经济方面处于领先地位，将更多地以绿色壁垒为手段保持对发展中国家的竞争优势。随着减排约束力的增强，发展中国家若不能加快在相应领域的技术进步和产业化进程，在对外贸易和投资等方面势必受到更多的限制，传统的竞争优势将被削弱，经济发展的成本也会更大。

（二）国际经济环境变化对我国的影响

1. 世界经济放缓加大了我国转变经济发展方式的紧迫性

长期以来，我国经济发展方式没有根本转变，经济增长主要依靠投资和出口拉动，经济对外依存度较高，内需在很大程度上又受到外需的制约。一旦外需萎缩，不仅直接影响外贸出口，还会通过出口关联行业对经济增长和就业等产生广泛的负面影响；而经济减速和就业减少又会造成产能过剩和居民收入下降，进一步削弱国内投资和消费需求，加大经济下行压力。

这种过度依赖外需拉动经济增长的缺陷在此次国际金融危机中充分显现。2008 年四季度以来，我国外贸出口持续大幅下降，从 2008 年前三季度 20% 以上降至四季度的 4.4% 和 2009 年一季度的 - 19.7%；工业生产从前三季度 13% 以上降至四季度的 6.4% 和 2009 年一季度的 5.3%；经济增长从前三季度 9% 以上降至四季度的 6.8% 和 2009 年一季度的 6.1%；沿海地区外贸企业停工停产导致大批农民工失业，众多企业效益下滑影响新增就业，大学毕业生就业困难。

"十二五"时期，世界经济增速将明显放缓，各种形式的贸易保护主义还将进一步加强，我国很难继续依靠出口拉动经济快速增长。不加快转变经济发展方式，实现促进经济增长由主要依靠投资、出口拉动向依靠消费、投资、出口协调拉动转变，就很难保持经济的又好又快发展。

2. 全球产业调整为我国产业转型升级提供了契机

长期以来，我国主要通过承接国际产业转移、依靠引进国外先进技术设备、凭借劳动力等低要素成本优势参与全球分工和国际竞争，制造业大而不强，处在全球分工和产业链条的低端，缺乏核心竞争力，抗击外部风险冲击的能力不强。这也是我国受金融危机冲击比较严重的重要原因。

历史经验表明，在经济危机时期，企业为了提高竞争力和增强发展后劲，往往加大技术创新力度、更新设备、开发新产品，并进行兼并重组，从而实现企业和产业的转型升级，为迎接新一轮经济增长积蓄力量。当前发达国家都在抢占节能环保和新能源技术进步和产业发展的战略制高点，以取得引领未来世界经济发展的先发优势。

"十二五"时期，节能环保和新能源有望成为引领全球产业转型升级的主导产业，低碳经济更加普及发展。如果我国不加快产业转型升级步伐，实现向低投入、低消耗、低排放和高效率的节约型增长方式转变，加快发展节能环保和新能源产业，不仅将会拉大与发达国家在技术进步和产业发展上的差距，继续停留在全球产业分工的低端，而且经济发展也将缺乏主导产业的有力支撑。

3. 国际能源资源争夺加剧影响我国能源资源供应安全

人均资源不足、石油、天然气和铁矿石等主要矿产资源大量依赖进口，是我国的基本国情。我国正处在工业化城镇化加速发展和消费结构升级阶段，对能源资源的需求还会进一步增加，确保能源资源供应安全对于实现全面建设小康社会的宏伟目标至关重要。

虽然金融危机导致国际能源资源价格大幅回落，但是世界能源资源供求关系长期偏紧的局面没有根本改变。随着更多发展中国家加入工业化进程，对能源资源的需求还会增加，能源资源价格在长期仍有可能上涨，围绕能源资源的争夺会进一步加剧，能否以合理价格稳定地获取能源资源，始终是确保我国能源资源供应安全和降低工业化成本所必须面对的挑战。

4. 应对气候变化对我国转变发展方式提出更高要求

随着全球应对气候变化谈判进程加快，发达国家和发展中国家围绕减排的斗争日趋激烈，发展中国家最终可能被要求承担有约束力的减排责任。我国是排放大国，不仅在国际上面临巨大的减排压力，而且完成"十一五"规划规定的减排任务也十分艰巨。"十二五"时期，国际上有可能要求我国承担减排责任，国内经济发展面临的能源资源和环境硬约束也会更强。无论是作为负责任的大国，还是在建设资源节约型、环境友好型社会的基础上实现我国经济社会的可持续发展，都对我国转变经济发展方式提出了更高要求。

四、对策建议

（一）着力扩大居民消费需求

我国经济的长远发展必须立足于扩大内需，特别是居民消费需求，实现经济增长由主要依靠投资和出口拉动向依靠消费、投资、出口协调拉动转变。"十二五"时期，要争取逐步形成内需主导型经济增长模式，对三大需求结构进行大的调整，着力扩大居民消费需求，增大居民消费对经济增长的拉动作用。

当前，制约我国扩大居民消费需求的主要因素：一是居民可支配收入水平提高明显落后于经济增长，居民所得占国民收入的比重偏低，这是造成投资增长过快、消费需求相对不足的基本原因，直接影响到居民消费支出的增加；二是社会保障体系建设滞后，应由政府提供的基本公共品缺失，导致居民预防性储蓄意愿很强，边际消费倾向不高；三是消费环境不佳和消费结构不合理，影响居民扩大消费。因此，要真正实现扩大居民消费需求目标，必须着力解除上述三个方面的制约因素。

一是较大幅度提高居民收入在国民收入分配中的比重。要下决心调整宏观分配关系，增加居民收入份额，降低政府收入份额，使人民群众有更多的收入用于扩大消费。同时，在微观分配上，要调整资本要素所得与劳动要素所得的比例关系，逐步提高劳动报酬在初次分配中的比重。鉴于当前企业经营面临较大困难，应对企业特别是中小企业减轻税费负担，这既有利于扩大就业，也有利于增加劳动者收入。还要落实十七大报告的要求，创造条件让更多群众拥有财产性收入。

二是加快社会保障体系建设，推进基本公共服务均等化。要加快完善社会保障体系，扩大社会保障覆盖面，逐步提高社会保障水平，下大力气解决群众看病难、看病贵问题，坚决制止教育乱收费，建立健全城镇居民基本住房保障制度，解除群众扩大消费的后顾之忧。要结合财税体制改革和转变政府职能，增加政府对公共服务和公共产品的投入，加大对弱势群体的帮扶力度，既有利于维护社会稳定大局，也可减少对居民正常消费的"挤出效应"。

三是改善消费环境和调整消费结构。要净化消费环境，加大对生产销售假冒伪劣产品的惩治力度，尤其要加强对食品药品的安全监管，使人民群众敢消费、放心消费；还要大力发展方便群众生活和满足群众文化精神需要的各种服务业，既能扩大就业，又能调整消费需求结构，扩大服务性消费；此外，要扩大高效节能产品市场占有率，积极引导消费结构升级。

（二）积极培育新的经济增长点

在调整需求结构的同时，也要对供给结构进行战略性调整。"十二五"时期，既要进一步巩固农业的基础地位和加快发展服务业，更要加大工业内部结构调整，着力从以下几个方向培育新的经济增长点。

一是着眼于加强自主创新，通过产品升级换代和产业技术升级培育新的增长点。我国工业虽然门类齐全、具有较强的综合配套能力，但总体上是大而不强。钢铁、有色、建材等资源加工业耗能高、污染严重、低端产品多，产品的技术含量和附加值都很低；纺织、家用电器、汽车等加工制造业缺乏核心技术和自主品牌，产能、产量虽然都很大，但产品的国际竞争力和附加值都不高；电子、信息等高技术产业则实际上是以加工组装生产为主，在知识产权等方面严重受制于人。继续低水平重复建设和盲目扩大产能，只会加剧国内资源环境压力和引发更多的国际经济贸易摩擦。相反，如果我们加强自主创新，不断开发新产品，通过产业技术升级带动产品更新换代，不仅有利于我国工业由大转强，而且会培育出许多新的经济增长点，促进产业结构转型升级和经济发展方式转变。

二是着眼于培育新兴产业，通过大力发展节能环保和新能源产业形成新的经济增长点。节能环保和新能源产业发展潜力巨大，是世界各国都在大力发展的新兴产业，最有可能成为未来世界经济新的增长点。无论是着眼于培育新的经济增长点，还是着眼于建设资源节约型和环境友好型社会，我们都应大力鼓励发展节能环保产业，在新能源开发利用、风电设备生产制造、电动汽车研发、各类实用节能环保产品及相关技术设备开发，以及大力发展循环经济等方面积极培育新的经济增长点。

三是着眼于改善民生，从加强公共服务能力建设上培育新的增长点。受体制机制和财政等方面的制约，我国在教育、卫生、公用基础设施和保障性住房等诸多方面提供的公共产品和公共服务还难以满足群众的需要，有很大的发展空间。通过加快转变政府职能、构建公共财政体系、调整财政支出结构、增加政府在公共产品和公共服务方面的开支，扩大教育、卫生和城市公用基础设施等领域的市场准入，不仅可以培养出新的经济增长点，而且有利于改善民生。

（三）千方百计扩大就业

人口多、就业压力大，是我国的基本国情。实现比较充分的社会就业，是我国必须长期面对的重大民生问题。党中央、国务院一贯高度重视扩大就业工作，近年来出台了一系列鼓励和支持扩大就业的政策措施，并取得了明显成效。"十二五"时期，实现经济由过多依赖外需转向更多地依靠内需的过程中，稳定就业是我们面临的重要任务。

一是调整产业结构要充分考虑就业创造效应。在我国经济增速下滑的情况下，必须千方百计提高经济增长的就业弹性。产业发展重点应集中在对就业带动大的行业和领域，而不宜集中于资源和资本密集型行业，不应继续发展产能过剩行业或乱搞不合理的"政绩工程"、"形象工程"。

二是支持外向型企业稳定现有就业。在外需减弱的情况下，一些外向型企业面临着停工、停产和裁员压力。中央和地方各级政府应继续出台一系列政策措施，帮助企业降低成本、维持生产和稳定就业。

三是增加政府对人力资源的投资。我国劳动力资源丰富，但整体素质不高，难以适应经济结构转型升级和提升国际竞争力的要求。"十二五"时期，要进一步增加政府对人力资源的投资，建立多层次的职业技能培训体系，对农民工进行大规模的文化素质教育和基本劳动技能培训，对大学毕业生进行专业技能培训，有针对性地开展创业培训，为经济结构转型升级培养更高素质劳动力和专业人才。

四是通过深化分工、延长产业链条和大力发展服务业创造更多的就业岗位。"十二五"时期，我国要继续坚持走新型工业化道路，在大力推动产业结构转型升级过程中，通过深化分工、延长产业链条创造更多的就业机会。深化制造业专业分工和延长产业链条，不仅可以弱化资本有机构成提高对就业的排斥效应，还将形成对各种生产性服务业的大量需求，生产性服务业大发展又会带动生活性服务业向更高水平发展，从而进一步扩大就业渠道，为各种层次劳动力和专业人才提供适合的就业岗位。

（四）加快培育参与国际竞争的新优势

"十二五"时期，经济全球化趋势仍将继续深入发展，我们要坚持对外开放基本国策，在继续扩大对外开放中加快培育参与国际竞争的新优势，更好地利用经济全球化带来的机遇加快我国的发展。

一是提高我国在全球分工体系中的地位。"十二五"时期，要进一步加强自主创新，加快产业转型升级步伐，逐步提高我国在全球分工体系中的地位，更多地依靠自主知识产权技术和自主品牌产品参与国际竞争，大幅提高出口产品的附加值，获取参与经济全球化更多的收益，增强抗风险能力。

二是增强利用国际能源资源和市场的能力。"十二五"时期，要继续有计划、有组织地扩大海外能源资源领域的互利合作开发，建立稳定可靠的海外能源资源供应基地，为我国的长远发展提供能源资源保障。鼓励国内产能过剩、耗能高、原材料依赖进口、具有一定国际竞争力的资源加工业如钢铁等行业的大企业到拉美、非洲等的发展中国家和地区投资办厂，既可缓解国内产能过剩和促进节能减排，又能贴近海外市场和原材料供应，还能促进当地经济发展和就业，一举多得。对于出口量大、在国际市场占有较大份额、容易引发反倾销等贸易保护主义显著的加工制造行业，应支持和鼓励有条件的企业向外转移生产基地，既可绕开贸易壁垒减少摩擦，又可带动国内设备、零部件出口。这些措施不仅能更好地利用国际国内两种资源和两个市场，而且也有利于增强我国在全球的竞争力。

三是加快金融业"走出去"步伐。"十二五"时期，要加快我国银行、保险和证券等金融机构的国际化和跨国经营步伐，培育影响力的跨国金融机构，增强我国对国际金融事务的影响力；在积极稳妥的前提下，实现资本项目的开放和人民币可自由兑换，创造条件让人民币成长为国际储备货币，培育我国自己的国际金融中心，改变我国在货币政策和金融领域受制于人的被动局面，从根本上提升我国在国际货币金融体系中的话语权。

第三章

货物贸易

刘 旭

一、新中国成立 60 年来货物贸易的发展历程

建国 60 年来，我国货物贸易经历了两次历史性的飞跃。一是中华人民共和国的成立，结束了帝国主义在中国大肆掠夺资源、倾销产品的历史，货物贸易开始正常地发育起来；二是 1978 年改革开放以来，对外贸易成为对外开放基本国策的重要内容，货物贸易随之迅速发展，并取得了举世瞩目的巨大成就。

（一）改革开放以前的货物贸易

新中国成立后，摧毁了帝国主义在华特权，没收了官僚资本，对外贸易的独立自主权回到了人民手中。一是结束了殖民者对中国货物贸易的控制，取缔了帝国主义在华攫取的经济特权，对外贸易的独立自主权牢牢地掌握在人民手中；二是逐步对私营进出口商进行社会主义改造，成立社会主义国营外贸企业。在 1956 年资本主义工商业社会主义改造的高潮中，私营进出口商迅速实现了全行业公私合营，外经贸领域生产资料所有制的

社会主义改造到此基本完成。

20 世纪 50 年代，新中国根据恢复和发展国民经济的需要，积极开展对苏联、东欧国家和其他友好国家的贸易和经济合作，不断突破西方国家的封锁、禁运，对医治我国战争创伤、恢复和发展国民经济起到了积极作用。如当时我国通过贸易和使用苏联政府贷款从苏联和东欧国家引进 156 项重点建设项目的成套设备和技术，建设了一批钢铁、电力、煤炭、石油、机械、化工、建材等骨干企业，为我国的工业化打下了初步基础。在这一阶段，我国同社会主义国家的贸易额占全国对外贸易总额的比重，1951 年为 52.9%，1952 年至 50 年代末，都在 70% 以上；其中对苏联的贸易额约占全国对外贸易总额的 50%。此外，我国还逐步发展同亚非国家的贸易关系，发展祖国内地同港澳地区的贸易，借保证对港澳地区的供应，积极扩大对港澳出口及经港澳转口贸易。

20 世纪 60 年代，我国对外贸易的主要对象开始转向资本主义国家和地区。1963 年，我国同日本签订了第一个采用延期付款方式进口维尼纶成套设备合同，打开了西方国家从技术上封锁中国的缺口，开辟了货物贸易的新纪元。1964 年，我国与法国建交，中法两国政府间贸易关系迅速发展，带动西欧掀起了开展对华贸易的热潮。到 1965 年，我国对西方国家贸易额占全国对外贸易总额的比重由 1957 年的 17.9% 上升到 52.8%。

20 世纪 70 年代，我国对外贸易的国际环境明显改善。1971 年联合国恢复我国的合法席位，1972 年美国总统尼克松访华，中美发表《联合公报》，并在正式建交前恢复了贸易关系。之后，我国对外关系取得了重大进展，西方国家纷纷同我国建立外交关系或使外交关系升格。中日邦交实现了正常化，中国与欧共体建立正式关系，货物贸易额迅速增长。

从新中国成立到 1978 年，我国货物贸易在曲折中向前发展，为国民经济的恢复和发展做出了贡献。1950 年，我国对外贸易总额 11.35 亿美元，其中出口 5.52 亿美元，进口 5.83 亿美元。到 1978 年，我国对外贸易总额发展到 206.38 亿美元，其中出口 97.45 亿美元，进口 108.93 亿美元。建国初期，我国出口商品的 80% 以上是初级产品，反映中国当时的经济结构不合理和生产水平低下。"一五"计划后，我国工业迅速发展，出口商品结构发生较大变化，但直到 70 年代，初级产品出口占我国出口总额的比重仍在 50% 以上。我国对外贸易的经营和管理也由建国初期的国家统制对外贸易政策，到 1957 年后适应国民经济转入计划经济，形成了国营外贸公司集中统一经营，国家对外贸公司实行指令性计划管理和统收统支、统负盈亏，管理和经营一体化的高度集中的对外贸易体制。对外贸易被看做社会主义扩大再生产的补充手段，局限于互通有无、调剂余缺。通过对外贸易，我国将剩余产品交换到国际市场上，来交换自己不能够生产的生产资料和部分生活资料。这时期对外贸易主要特点是出口的产品都是国内企业自己生产，外资成分很少；同时，进口我们不能生产的产品。这种对外贸易不是基于一种比较优势，而是一种经济体系差异。

（二）改革开放以来的货物贸易

1978 年党的十一届三中全会确立了以经济建设为中心，实行改革开放，我国货物贸易进入了迅猛发展的历史新阶段。我国出口产品结构不断优化升级，先后经历了从以初级产品为主到以工业制成品为主，以轻纺等劳动密集型产品为主到以机电和高新技术产品等资本技术密集型产品为主的转变。

第一阶段：1978～1991 年，劳动密集型出口加工业快速发展。这一时期，我国发挥劳动力资源丰富的比较优势，大力发展劳动密集型出口加工业。这一阶段的对外开放为我国经济增长注入了活力，为经济体制改革提供了样板和经验，支撑我国度过了经济体制改革最为关键和艰难的时期。建国之初我国的出口商品结构以农副产品为主，约占出口总额的 70% 左右。随着我国工业生产的发展，在出口商品构成中工业制成品的比重不断上升，实现了由主要出口初级产品向主要出口制成品的历史性转变。1978 年，初级产品出口占出口总额的 54.8%，工业制成品出口占出口总额的 45.2%，1985 年初级产品和工业制成品所占比重已近乎分秋色，分别为 50.5% 和 49.5%；到 1986 年，工业制成品出口比重大大超过初级产品，达到 63.6% ，初级产品出口比重下降到 36.4% 。

第二阶段：1992～2000 年，机电产品出口快速发展。我国开始在全国范围内全面推进对外开放，实行沿江和沿边开放，推动我国对外开放由沿海向内地纵深推进，进一步形成了全方位的区域开放格局。在这一阶段，我国抓住了发达国家机电制造业和高新技术产业中劳动密集型环节向外转移的机遇，推进外贸体制改革，实施一系列鼓励扩大开放的政策，大力发展外向型的机电制造业和高新技术产业。外资开始大规模流入，货物贸易持续增长，贸易结构不断优化，使我国经济更进一步融入经济全球化，在国际分工序列中的地位有所上升，综合国力大为增强。在工业制成品出口中，技术含量和附加值较高的机电产品出口迅速增长，1994 年出口比重为 26.4% ，2000 年提高到 42.3% 。

第三阶段：2001 年至今，货物贸易发展步入历史新阶段。2001 年 12 月，中国加入 WTO，标志着中国的对外开放进入了新的阶段。在这一阶段，我国抓住了发达国家信息服务业向外转移的机遇，大力发展以 IT 为代表的高科技出口产业。这一阶段是我国 30 年来外贸发展最快的时期，我国不仅顺利度过了 WTO 过渡期，而且综合国力大幅度提升，社会主义市场经济体制更加完善，为新世纪新阶段全面参与经济全球化奠定了坚实的基础。机电产品出口在总出口中的比重于 2003 年进一步提高到 51.9% ，2008 年则达到 57.6% ，出口额达到 8229.3 亿美元，连续 14 年超过纺织品，成为我国最大的出口商品类别。高新技术产品（与机电产品分类有交叉）占出口总额的比重，2000 年为 14.9% ，2003 年提高到 25.2% ，2007 年进一步提高到 29.1% ，出口额达到 4156.1 亿美元。机电、高新技术产品在我国出口贸易中的主导地位日益明显。

我国进口商品结构也明显优化。进口商品结构中，资源、基础原材料等初级产品所占比重明显扩大，机电产品和高新技术产品快速增长。1985 年初级产品在进口商品中所占比重仅为 12.5% ，2008 年这一比重提高到 32% 。近几年，大豆、铁矿砂、石油等基础原材料的进口量呈持续大幅增长之势。与此同时，国内对国外先进技术和成套设备的需求日益增加，在工业制成品进口中，机电产品和高新技术产品快速增长。2007 年，我国机电产品和高新技术产品进口额分别为 4990 亿美元和 2870 亿美元，分别是 1994 年的 8.7 倍和 2000 年的 5.5 倍；机电产品占进口额比重从 1994 年的 49.4% 提高到 52.2%，高新技术产品占进口额比重从 2000 年的 23.3% 提高到 30.0%。机电产品和高新技术产品快速增长，不仅弥补了国内经济建设资源和技术的不足，而且为产业结构的调整和升级创造了条件。

二、中国货物贸易发展的主要成就

建国 60 年来，特别是改革开放 30 年来，中国货物贸易随着生产力的发展不断壮大，货物贸易活动的深度和广度不断拓展，质量和水平不断提高，在国民经济和社会发展中的地位和作用不断提高和增强。

（一）货物贸易发展迅速

建国之初的 1950 年，中国进出口总值仅为 11.35 亿美元。到 1978 年，中国进出口总值发展为 206 亿美元，2008 年则达到 25616.3 亿美元，60 年增长了 2257 倍，改革开放以来增长了 124 倍。其中，自 1992 年确立社会主义市场经济体制目标而后的近 17 年是我国货物贸易发展最快的时期，年均增速高达 19.8%，这个速度不仅高于同期我国国民经济的增长速度，而且远远高于世界货物贸易的年均增长速度。我国的货物贸易在世界贸易中的地位大大提高，1978 年，我国货物贸易总额世界排名第 32 位，出口排名第 34 位。2008 年，我国货物贸易总额世界排名第 3 位，出口排名第 2 位。

（二）货物贸易结构不断改善

对外开放带来的中国的贸易体制、结构和方式的根本转变，促进了中国开放经济体系的形成，推动了中国经济的高速度发展。随着劳动力的禀赋优势不断向提升人力资本形成质量和效益方向的转变，中国已形成一批有较高技术和资本含量、国际市场有较高收入和需求弹性、有较强国际市场竞争优势的新型出口产品门类；进入 21 世纪以来，IT 等新技术产品的出口逐步建立了主导地位，不仅形成外商投资企业、民营企业、国有企业以及其他混合所有制企业共同竞争、延伸和拓展国际市场的局面，而且形成由低到高、形态多样、市场多元、动态升级的出口竞争优势的新格局。

（三）通过积极参与国际分工和交换，货物贸易已成为我国经济高速增长的主要发动机

中国货物贸易发展迅速，在国民经济和社会发展中的地位显著提高，作用不断增强，成为国民经济的重要组成部分。首先，外贸出口扩大了我国市场，形成了规模经济，加之技术和管理经验的不断积累，使我国原来的一些比较劣势产业逐渐获得了动态比较优势。其次，外贸通过实现我国和其他经济体的交换，使我国可以充分运用两种市场和两种资源，增强了我国经济发展的潜力。第三，引进了国内经济建设需要的资金、技术、原材料和管理经验，创造了更多的就业机会，增加了国家税收和外汇收入，带动了相关产业的发展，

（四）在不断扩大货物贸易发展的同时，引进了市场经济因素和观念，促进了计划经济向市场经济的体制转轨，初步建立社会主义市场经济体制

中国作为一个体制和经济转型的发展中大国，有自己成功的经验。二战结束后，世界上还没有一个发展中大国通过对外开放成功实现经济崛起的例证，还没有一个转型中大国通过经济体制改革成功建立规范和完善市场经济体制的例证，中国、印度、俄罗斯、巴西都在这方面求索，中国走出一条具有自己特色的道路。其中一条重要的经验就是实事求是和坚持对外开放。1978 年 12 月召开的党的十一届三中全会，重新确立了解放思

想、实事求是的思想路线，鲜明地指出按经济规律办事，重视价值规律的作用；1992 年 10 月党的十四大明确了经济体制改革的目标是建立社会主义市场经济体制；党的十六大提出了全面建设小康社会的奋斗目标，尤其是党的十六届三中全会明确提出完善社会主义市场经济体制。不仅丰富和发展了以公有制为主体、多种所有制经济共同发展的基本经济制度，更通过对外开放，形成和发展出适应经济全球化和新科技革命的开放经济体制。从外贸的作用来看，外贸进出口给国内市场带来了竞争的压力和动力，同时也引进了国际先进的经营理念和管理方法，遵循国际市场的通行规则也促进了国内统一市场的逐渐形成和市场经济秩序的规范。

（五）引进了国外先进技术，大幅度地提高了企业的技术装备水平，形成了一批有竞争力的高新技术产业

自实行对外开放政策以来，我国的轻工、纺织、化工、机械、电子、冶金等行业的技术装备水平有了实质性飞跃，培育出一批如大规模集成电路业、计算机业等高新技术产业。另外通过建立三资企业，我国引进了一批先进技术，推动了国内相关工业的技术进步，缩小了与国际先进水平的差距，带动了全国 7 万多家国有企业、集体企业的技术改造，其中较为明显的是光纤光缆、通讯设备、自动化仪表、电梯、大规模集成电路、轿车、新型建材等方面的技术进步效应。

（六）促进了产业结构的优化，带动了相关工业的发展

货物贸易的迅速发展，为我国商品结构的调整起到了导向作用，进而促进了我国产业结构的调整和优化。同时，进口和引进国外先进适用的技术和设备，为国内产品升级换代和产业结构升级提供了保证，增强了我国产品和产业的国际竞争力，促进了国民经济的市场化和经济结构的合理化。所以，货物贸易的发展，很大程度上改变了我国过去工业结构不合理、轻重工业比例失衡的局面，加快了产品结构和产业结构的调整步伐，我国机械、电子、汽车、化工、轻工、纺织、建材、医药、食品等许多行

业的产品得到更新换代,技术水平和生产工艺有明显提高。我国发展了一些新兴工业,填补了国内空白,改变了长期依靠进口和行业发展严重滞后的落后状况,一些产品已开始具备一定的自我开发能力,形成我国有竞争力的制造业工业体系。同时,一些产业关联度比较强的外商投资项目,如汽车、电子等,不仅带动了国内相关配套工业的发展,而且成为振兴地方经济的支柱。

(七) 转移和创造就业机会,缓解就业压力

目前中国对外经济贸易领域吸纳的就业人数约 8500 万,形成一支不可忽视的就业大军,大大缓解了我国体制转型和经济发展中的就业压力,并培养了一大批具有熟练技能的劳动者,加快了我国劳动力结构的调整。

三、中国货物贸易发展的经验总结

(一) 根据国内外环境变化,适时采取扩大对外开放的战略步骤

中国对外开放是在一无经验,二无理论准备的条件下起步的,对外开放的目的是为了促进国内发展。为此,中国采取了"先试点、再推广",逐步形成全方位开放格局的战略步骤。从 20 世纪 80 年代初实施沿海地区开放战略到 90 年代提出"以质取胜"、"市场多元化"、"科技兴贸"和"大经贸战略",再到实行"全方位、多层次、宽领域"对外开放战略,我们始终坚持从实际出发,从具体国情、发展阶段和国内外形势变化的现实需要出发,经过试点取得经验,在条件成熟后全面推进,既避免了过快开放可能带来的不可预见性风险,又促进了整体经济的高速发展,使我国成为经济全球化受益最大的发展中国家之一。

（二）　积极参与国际分工，有效利用"两种资源、两个市场"，提高了中国经济的整体竞争力

改革开放以来，中国从比较优势出发，抓住国际产业转移的有利时机，积极引进国外资金、技术和管理经验，大力发展出口加工业，不仅使一般贸易获得长足发展，而且促进了加工贸易的迅猛增长，对改善国际收支、扩大就业、推动产业结构升级和技术进步起到重要作用。1981年，加工贸易进出口总值25亿美元，占我国进出口总额的5.7%，到2008年，加工贸易进出口总值10535.9亿美元，占进出口总额的41.1%。此外，加工贸易累计创造3000多万个就业岗位。在吸引外资方面，由于始终坚持了对外开放政策，外资档次和规模不断得以提升和扩大，并且注重了利用外资的宏观调控、产业引导和结构调整，成功避免了外来冲击和外资控制，使外资能够更好地为我国经济建设服务。

（三）　准确把握改革与开放之间的协调关系

对外开放不仅引进国外的资金和先进技术，更重要的是引进了国际通行的市场经济规则，促进了国内经济体制的改革。30年改革开放的经验证明，对外开放通过不断扩大国际交流、知识扩散和外部压力，改变了人们的思想观念，加快了经济体制的制度变迁。尤其是加入世界贸易组织，促使我们全面系统主动地调整、清理和修订现有法律法规和相关政策，加快转变政府职能，规范市场经济秩序和管理体制，推进市场经济体制的不断规范和改善。同样，经济体制改革也为扩大对外开放提供了体制条件和环境保障。这种良性互动有利于把改革和对外开放不断引向深入，增强我国经济体制在经济全球化中的适应性和灵活性，进入一个发展开放型经济体制的新阶段。

（四）　从比较优势出发，积极发展货物贸易

改革开放之初，中国企业技术设备陈旧，国内需求不振，急需外汇引

进国外的先进技术设备。中国的比较优势是劳动力资源丰富，为此，从改革外贸管理体制入手，大力促进劳动密集型产品，如服装、棉布、鞋、箱包、玩具等的出口，引入国民经济发展急需的机床设备和成套生产线，在沿海地区大力发展两头在外的加工贸易，促进了我国对外贸易事业蒸蒸日上。通过引进国外先进技术，有力地改造了国内企业的技术装备水平，使机械、电子、轻工、化工等行业产品的技术含量显著提高，这反过来促使外贸出口结构优化，我国不仅在 20 世纪 90 年代中期机电产品出口首次超过纺织品和服装等传统出口优势产品，而且在 21 世纪之初出现了高新技术产品出口蓬勃发展的势头，这预示着我国在外贸出口结构方面将出现重大的结构调整。

（五）逐步提升引进外资的档次和规模，形成外资和外贸相互促进的互动机制。

1985 年 1 月邓小平会见香港核电投资有限公司代表团时说："我国的对外开放、吸引外资的政策，是一项长期持久的政策"①。我国对外开放以来，成绩最大、影响也最大的实际是对外资的有效利用。我国进出口额增量的 60% 以上是由外商投资企业以及加工贸易方式实现的。这不仅促进了我国的经济发展，而且带动了对外贸易的转型升级，逐步提升了我国在全球生产和服务体系中的地位和作用。

（六）积极地、有条件地参与多边经济技术合作和经贸活动，在国际经贸领域发挥重要作用

加入世界贸易组织以来，中国不仅积极参与多边贸易谈判，维护广大发展中国家的利益并寻求和平、发展和合作的良好国际发展环境，同时很好地履行了加入 WTO 的承诺，大幅度降低了贸易壁垒，清理和调整了歧视性政策措施，加快了经济和贸易的自由化进程。此外，中国积极参加了

---

① 《人民日报》，1985 年 1 月 20 日。

亚太经合组织和亚欧会议的各种活动，在国际社会中发挥着越来越重要的作用，为发展亚、欧经贸关系创造了宽松有利的国际环境。

四、中国外贸发展所面临的问题及挑战

（一）外贸增长的观念、战略和政策都需要根据新时期的要求进行调整

在新时期，新形势的发展要求外贸增长的观念、战略和政策都发生更大的变化。比如，那种以前认为国内能够生产、有资源，就不需要进口的观念需要改变，在能源和重要资源以及生态环境的硬约束条件下，是否需要进口或国产的决策，要有经济社会和环境等多层次和多维的考虑。以前在我国不同程度地存在着鼓励扩大出口、不鼓励增加进口，仅仅就对外贸易谈做大、做强的片面倾向。在这种倾向诱导下，一些地方存在竞相优惠外资，因为外资能够带来更高的外贸、GDP、就业和税收指标，不优惠扶持内资，因为内资不可能在短期内带来更高的外贸、GDP、就业和税收指标，扩大而不是缩小了内外资之间不公平竞争的不协调现象。尤其是目前的发展阶段，国内能源和重要资源对经济增长的硬约束，决定了我国将来根本无法支撑一个高耗能、高投入、高污染、低效率、低产出、低质量的粗放式外贸增长方式；国际市场规模的硬约束，也决定世界将来根本尤法支撑一个大规模、低水平、同质化的数量扩张型的外贸增长方式。

（二）对外需的依赖增大了开放风险

改革开放之初，国内发展面对着外汇和资本严重短缺的瓶颈制约。20世纪80年代我国外贸有8年是逆差，甚至出现了外汇储备危机，这使得鼓励出口、限制进口的贸易政策取向得以强化。由于经济发展水平低，长期以来，我们在发展观念上始终认为进口对国内发展更具负面作用，如侵

占国内市场、冲击国内企业等，因此，在政策实践上则更关注出口，只是把进口作为"调剂余缺"的手段。这种"重出口、轻进口"的政策导向在20世纪90年代确实取得了成功，使外贸从"逆差阶段"转变为"顺差阶段"。但随着我国进出口贸易快速发展，这种发展观念和政策实践带来许多负面效果，一个突出表现是近年来我国与国外的贸易摩擦、贸易争端越来越多。过去贸易摩擦还主要集中在与发达国家的经济交往中，现在，与一些发展中国家的经济摩擦也在增多。而且贸易摩擦常常上升到整个经济结构的层面，这在2003年以来围绕"人民币升值论"的论战中得到了充分的体现。有人认为涉案金额占总出口额的比重并不高，但他们忽视了贸易摩擦给产业部门所带来的不确定性风险和预期的潜在代价。

通常认为，出口导向的工业化战略和贸易自由化政策的优势在于：面向国际市场生产，能够刺激整个工业效率的提高；信息灵通，容易抓住发展机遇；能够克服发展中国家（特别是小国）国内市场狭小的限制，获取规模经济效益。在这种战略和政策指导下，外需能够通过前、后产业关联作用拉动内需，来自发达国家的外需能够在投资和消费两个领域产生"示范效应"推动内需升级；反过来，庞大内需市场也能够通过强化企业竞争力而促进外需，因为庞大的国内市场和激烈的竞争有助于增强国内企业的竞争力，国内企业竞争力增强，意味着开拓国际市场、扩大外需的能力增强，我们的家电产业就是如此。

然而，外需与内需之间也存在对立性。过于倚重外需的战略和政策也造成一些副作用。首先，过度依赖外需客观上制约了内需的可持续增长。第二，过度依赖外需加剧了区域发展失衡。第三，过度依赖外需造成对我国不利的财富国际转移。第四，过度依赖外需背离了大国以内需为主的一般规律。

（三）加工贸易关联度较差，对产业结构提升不够

20世纪90年代后期以来，中国加工贸易出口占总出口的比重一直在55%左右，但加工贸易增值率较低。这表明加工贸易对国内中上游产业的

连锁带动效应没有太大改观，存在着参与程度浅、加工链条短、增值率不高的问题；也表明在加工贸易出口中许多中间投入品没有实现国产替代，而仍主要依靠进口。由于加工贸易与国内相关产业的关联带动性差，整体规模的扩大对国内其他企业、地区的辐射作用有限，因而对产业结构升级作用不明显。

中国加工贸易原材料和零部件主要进口来源地为日本、东盟、韩国，主要出口市场则为美国、欧盟、日本等西方发达国家和地区。目前，我国对美国和欧洲存在较大的贸易顺差，从统计数据分析，主要原因是由于加工贸易顺差较大而引起的。由于加工贸易加工程度深浅不一，增值幅度相去甚远，原产地认定分歧较大等方面问题，造成我国表面存在较大顺差，但实际增值率并不高等问题。加工贸易是国际分工和国际化生产所导致的经济合作形式，在这一个生产、流通的过程中，日本、东盟、韩国这些国家和地区把对欧美发达国家的贸易顺差和利益冲突也同时转嫁给我国，从而加剧了欧美国家与我国之间的贸易摩擦和纠纷。

（四）核心技术自主开发中存在的问题

进入 21 世纪，高新技术产品出口迅猛增长成为我国出口结构变化的一大亮点。即使如此，中国机电产品和高新技术产品的出口主要还是集中在中低技术的、劳动密集型的加工制造和组装。即使中国有一些出口机电产品属于中高端产品，但自主核心技术仍太少，还是主要依靠加工贸易方式。中国目前已经在相当程度上融入了生产的全球化过程，成为世界工厂的一个重要组成部分。但要提升我国在国际产业分工和专业化生产中的地位，就必须高度重视核心技术的自主开发和创新。

从世界出口和技术结构的演变来看，绝大部分有影响的国家实现从低端到中端、再到高端的结构转型，用了数百年的时间。大的核心技术演变，都是后进国家通过发挥后发优势自主开发新一代核心技术，从而成功实现跨越式发展。如英国取代荷兰是通过开发和获得第一代产业革命的轻纺技术，美国取代英国是通过开发和获得第二次产业革命的资本密集型技术，日本取代美国的传统制造业是通过大力发展节约资源的精细加工制造技术等等。这是纵向比较优势转化为竞争优势的技术、产业结构转型的进程。但我国的情况将有所不同。作为一个大国，我国的出口和技术结构转换将不是纵向的动态比较优势的转型升级，而是横截面的动态比较优势的转型升级，即在同一个时间点上同时出现低端、中端和高端的结构。作为发展中大国，我国整体结构处于中低端；但作为大国，我国可以同时维系和发展一些中、高端的核心技术和商品，如航天、电子和通讯产品，为同时实现传统工业化和进入知识经济的结构转换打下坚实的基础。

要成功地自主开发核心技术，一定要有良好的市场竞争环境来支撑。但目前在这方面仍存在着一些问题。首先，核心技术开发或创新一定要与充分发展的要素市场互动。目前我国在商品市场上，一般竞争性产品的准入、交易或退出基本上实现了市场化。但要素市场的市场化程度较低，其中金融市场的市场化程度最低。在市场形态上，城乡集贸市场、零售市场等低端的市场形态发展较快，商品期货等衍生品市场、资本证券化及风险投资等高端市场发展迟缓，制约着核心技术开发或创新。其次，核心技术开发或创新一定要与统一大市场互动。19世纪中后期，美国的发展超过英国，与美国的大市场有很大关系。英国的轻型加工制造业曾是当时的"世界工厂"，但在发展包括内燃机、电力、汽车等在内的第二次产业革命技术时被美国超越。其中一个重要原因是后者是有明显规模经济效应的资本密集型产业，美国有一个非常大的国内市场，才能发动如此大规模的技术创新和创建如此大规模的现代化生产体系。因此，我国的大市场规模和发展潜力是自主开发核心技术和高端市场的有利条件。但目前地区和行业普遍存在的本位主义、利己主义和机会主义行为分割了统一大市场，偏好洋货的倾向也不利于新生核心技术的研发和成长。

（五）对国外资源的进口依赖不断增加

随着全球范围内工业化水平的不断提高，资源与环境对经济发展的制约影响越来越大，在科学技术没有获得突破性进展的前提下，这种硬性的约束是无法通过市场机制的调节、增加供给来加以解决的。

中国作为后发国家，在资源的拥有量和使用效率方面，在兼顾经济增长和环境保护方面，都处于相对不利的位置。一方面，我国重要资源总体储量不足，而且需求结构与资源供给结构脱节。需求量大的油气、富铁矿、锰、铬、钾盐、铜、铝等大宗矿产储量不足。随着我国进入工业化的中后期阶段，对外部资源、能源的进口依赖程度越来越高。另一方面，我国利用外部资源又存在很大风险。目前我国对外部资源供给的依赖性已相当突出，而资源供应对国际市场高度依赖的最大隐患即在于国家经济安全极易受制于人。由于对许多重要资源性商品的价格决定权不具备发言权，国内企业对于国际市场上原材料价格变动更为敏感，也更加无奈。作为国际资源市场上的新兴大宗买家，中国的采购已经引发国际原材料和海运费价格进一步上涨，进而加大了全球原材料和部分工业品的周期性波动，这也可能为我国对外贸易环境带来隐忧。

目前全球范围内对资源的争夺愈演愈烈，对资源的控制已成为保证经济可持续发展的关键所在。美伊战争深刻地说明了，在战略资源问题上，国家之间存在严重的利益冲突，这种冲突远远超出了市场机制调节的范围。在这一问题上，国家可以不惜动用各种手段，甚至实施军事干预，来保障国家的经济安全。这就说明，在全球范围内对资源进行投资、开采、购买，在国内转变经济增长方式，发展节约型经济，已经是一个关系到我国能否实现全面建设小康的战略目标、能否实现和平发展的大课题。

五、未来中国货物贸易发展展望

（一）中国货物贸易发展面临的国际国内形势

1. 国际形势

从国际发展前景来看，和平与发展仍是当今时代的主题。新的世界大战在可预见的将来不会爆发，可以争取较长的和平国际环境和良好的周边关系，这为加快发展、深化改革、全面提高对外开放水平、加快转变对外贸易增长方式提供了有利的外部环境。

从世界经济形势来看，经济全球化与区域经济一体化趋势相互交织、互为促进，呈现出加速发展之势。尽管当前的世界经济危机对经济全球化产生了很大影响，但不会改变经济全球化的基本趋势。新一轮经济全球化浪潮获得了前所未有的持续动力，包括制度条件与技术条件。其本质是市场经济全球化或全球经济市场化，目前全球几乎所有国家都选择市场经济，这使得全球化获得了前所未有的制度基础。经济全球化给了发展中国家跨国公司发展的舞台，发展中国家跨国公司正在扩大对外投资，对世界贸易市场商品结构的影响越来越大，成为推动世界经济贸易快速增长的因素之一。

从世界科技形势来看，世界科技进步日新月异，新产品、新技术、新产业不断涌现，国际要素重组和产业结构调整明显加快，出现以信息技术为代表的高新技术生产制造环节大规模地向有市场、有成本优势的国家和地区转移之势。为我国主动承接国际产业转移，加快国内产业结构转型，进一步提高产业国际竞争力和国际分工的参与深度提供了有利时机。

从全球贸易环境来看，非关税和非传统的贸易壁垒不断增多，发达国家主要采用技术壁垒、绿色壁垒甚至道德壁垒（如社会责任 SA8000 标准认证）来管理和限制进口。一般制造业已成为全球性供给过剩、边际收益严重递减的成熟技术行业。由于"模块化"的发展，产业内各工序可以在全球范围内进行调整、分割和打包，把低附加值的生产工序转移或委托给发展中国家。竞争空前激烈，一般制成品的贸易条件有不断恶化之势。在这种情况下，我国低附加值和低技术产品的外需拓展难度加大，并将引发激烈的贸易摩擦。

总体上看，未来国际贸易形势总体上有利于我国在更大范围、更广领域、更高层次上参与国际经济技术合作和竞争的，既有机遇又有挑战。国际分工深化，新一轮国际间产业转移给我们带来新的发展机遇，同贸易伙伴的贸易摩擦增多，遭遇越来越多的非关税贸易壁垒将是我国面临的严峻考验。

2. 国内形势

未来20年中国处于实现全面小康，进一步向基本实现现代化转化的阶段；也是基本完成工业化，向后工业化过渡的阶段；也是基本完成城市化，从根本上消除城乡二元分割的社会体制阶段差别，由城乡区域差距扩大，逐步走向协调发展，共同富裕的阶段；中国经济国际化取得巨大进展，确立中国在世界经济中的话语权和影响力的阶段。同时中国也将承担相应的国际责任。我们既有巨大的市场需求和发展空间，又有比较充分的发展要素供给条件。居民消费结构由温饱型向小康型升级，创造了新的市场需求。产业升级打破了原有的结构平衡和供求关系，拓宽了新的增长空间。城市化进程加快，将促进投资需求和消费需求的扩大。改革开放的深化将进一步激发经济活力，提高资源配置效率。生产要素的组合状况比较有利，经济增长具有较强的内源性和较大的回旋余地，突出表现为市场容量巨大、劳动力充裕和居民储蓄水平高。这些都是我国经济持续增长的内在依托，使我国经济在国际竞争中处于比较有利的地位。

但也要看到，我国经济发展中不断出现新矛盾新问题。一方面是出现了以住宅、汽车、电信、旅游、文化娱乐等新消费种类为主的需求结构转换，相应的需求管理、消费促进、市场规范和征信体系等体制和政策不能适应需求结构的变化；另一方面，新消费结构的变化带动了供给结构的变化，拉动了技术和资本含量比较高、投资规模较大、对能源、原材料、运输需求明显增多的重化工和相关产业的发展，出现了阶段性的煤电油运紧张局面，现有宏观经济管理的体制和机制不能满足新结构和新阶段的发展需要。人口、资源和环境之间的矛盾进一步加剧，城乡、区域和社会经济之间的不平衡发展差距进一步扩大，国内发展对国外资源、市场和技术的依赖程度进一步加深，迫切要求处理好人口、资源和环境之间的矛盾，处理好不平衡增长中的诸多矛盾和问题，处理好国内发展和对外开放的统筹协调问题，加快转变经济增长方式，坚持走符合中国具体国情的科技含量高、经济效益好、资源消耗低、环境污染少、人力资源优势得到充分发挥的新型工业化道路，保证经济社会全面、协调和可持续发展的需要。我国作为一个发展中大国，必须始终把扩大内需作为经济发展的基本立足点和长期战略方针，统筹内需与外需，两种资源和两个市场，经济协调和国际合作等重要关系，为实现全面建设小康社会、落实科学发展观做出应有贡献。

（二）未来中国货物贸易发展形势展望

未来20年，中国货物贸易发展的目标是：在基本实现工业化的基础上，外贸增长方式将发生实质性的转变，产业结构将加速变化，高新技术产业和对外贸易将在经济发展中发挥决定性作用，我国参与国际分工的能力将进一步增强，我国货物贸易将保持持续、稳定的增长态势。我国企业将在更大范围、更高层次、更广领域中进行国际经济技术的合作与竞争，对外开放将进入一个新阶段。实现上述目标，意味着我国资源配置和利用效率大大提高，人力资源优势得到较好发挥，主要产业和产品的国际竞争力显著增强，企业通过参与国际竞争将实现较快的技术进步和较好的经济效益，国家的综合国力进一步增强。同时，我国开放型经济格局将基本确立，适应社会主义市场经济和国际规则要求的外经贸管理体制逐步走向完善。货物贸易将更好地发挥对国民经济发展和产业升级的推动作用。其特点主要表现在以下几个方面：

1. 以创新科技为基础的新兴产业和产品的发展，将形成新的出口部门的产品。在中国继续实现工业化的过程中，发达国家已出现从工业经济向知识经济的结构转换，导致中国经济在旧二元经济尚未完全转换的情况下，又出现了新二元经济结构，即以成熟技术为基础的传统工业、农业和以创新科技为基础的新兴产业（包括高新技术制造业和高知识存量的服务业）并存的格局。在这种情况下，中央提出走新型工业化道路的发展战略是针对新二元结构提出的新发展战略。贸易战略将适应走新型工业化道路的发展需要，培养具有自主品牌和知识产权的产品，培养具有自主开发能力的龙头企业和产业群，培养具有专业化分工和差别创新能力的企业，形成从低端向高端结构转换的新增长动力。

2. 形成差异型经济模式和互补型大国竞争战略。在未来相当长一个时期内，我国的产业和企业都将在一个激烈的竞争性国际市场上成长，市场上新老竞争者众多，产品大多属于成熟产业和适用技术，市场需求成长趋缓，产品缺少差异或转换成本，不少产品无论国内还是全球都存在产能大量增加，导致全球性过剩日趋严重、一般工业制成品的贸易条件有长期恶化的可能，市场存在过度价格竞争行为，从而严重影响我国的竞争效率和出口效益。在这种情况下，要综合考虑我国的现有竞争优势与差异化竞争战略之间的有机结合，在国内市场上鼓励差异化竞争而不是低价倾销，在国际市场上鼓励互补性贸易结构，避免在低档市场上与其他发展中国家发生正面冲突。

3. 国内企业真正成为内外贸的主体，加速比较优势转化为国际竞争优势的进程。通过营造内资经济与外资经济公平竞争的体制环境，为各类经济主体平等参与市场竞争提供体制上的保障，培育一批拥有自主知识产权和知名品牌、有较强国际竞争力的优势国内企业。首先，要提高内资企业的国际竞争能力。要扩大对外开放，更要扩大对内开放，消除和减少内外贸易、流通、生产和投资中尚存的对内资各种歧视和不公平对待，大力培育以内资企业为主的出口主体。其次，构筑出口企业的技术创新体系。坚持引进技术和自主开发相结合，更加注重自主创新，发展具有自主知识产权的高新技术和先进适用技术，促进企业之间、产学研之间、国内外研发机构之间的联合研究和成果产业化。积极培养、引进高技术人才和经营管理人才。第三，加快实施"走出去"战略，增强我国企业全球化资源配置能力和全球化综合运作能力。在全球化形势下，新兴跨国公司并不需要具备所有优势才能实现跨国经营，也不是有了很强的竞争力再出去，而只要具备个别优势就出去，只要在全球配置资源中能将原有优势与跨国经营获取的新优势有效整合，就可成功。从国家层面看，要想提升全球分工地位，增强企业全球化资源配置能力和全球化综合运作能力，就必须有自己的跨国公司；而且未来外经贸形势严峻，必须依靠跨国公司寻求资源。所以"走出去"战略对中国未来的发展，非常重要。这主要体现为两个方面：一是便利化。就是消除制约试点企业在全球高效配置资源时体制和管理上的障碍，让资金、信息、管理人员、货物等能通畅地出入境，并向更大范围的企业扩展，让更多企业享受跨国经营的便利；二是集中使用我国已出台的各种扶持"走出去"的政策和资源，提高政策效能。

4. 在统筹协调国内发展和对外开放方面取得突破。一是进一步扩大开放，不仅是扩大对外开放，更要扩大对内开放，消除和减少内外贸易、流通、生产和投资中尚存的各种歧视和不公平对待，大力发展内外经济一体化的"开放型经济"体系。二是进一步改革体制，不仅要继续大力推动经济体制、运行机制和结构逐步与国际并轨，在保持社会主义基本经济制度特性的基础上，引入外来的科学的管理规则、执行程序和监督体系；更要自主改革现已成为进一步发展的阻力的利益机制、产权关系和政府职能，进一步建设能够适应先进生产力发展的体制软环境。三是进一步增强开放条件下的调控协调能力，不仅要进一步完善开放条件下的宏观调控体系，提高汇率、利率、货币和价格等名义总量的宏观调控能力，夯实引导这些名义总量有效起反应的市场基础，完善抵御外汇、金融和商业风险的管理体系；更要加强开放体系的综合协调能力，坚持国内发展是目的，对外开放是手段，对外开放为国内发展服务的基本指导思想，在发展对外贸易、引进来和走出去以及扩大国际经济合作的同时，大力提升国内企业参与国际竞争的能力和实力。

参考文献

1. 国家发改委对外经济研究所课题组：《迈向贸易强国的目标和政策研究》，2005.9。

2. 刘旭等著：《迈向贸易强国之路——转变外贸增长方式研究》，中国计划出版社，2007.5。

3. 王绍熙，王寿椿编著：《中国对外贸易概论》，对外经济贸易大学出版社，1998.10。

4. 石广生：《中国对外经济贸易的发展历程和伟大成就》，http://www.co-fortune.com.cn/moftec_ cn/50y/shi.html.

5. 中共商务部党组：《坚持对外开放基本国策　进一步提高开放型经济水平》，《经济日报》，2008.12.4。

第四章

中国加工贸易发展历程回顾与展望

马　强

一、加工贸易概念及相关理论基础

（一）概念

加工贸易的概念可以从三个层面理解：第一个层面，加工贸易是指国际贸易中的一种国际分工和贸易方式。在这种国际分工中，进行加工贸易的国家从外国进口原材料和中间产品，加工后再将最终产品或半成品出口。这是宏观意义上的加工贸易。第二个层面，加工贸易是指对外贸易厂商从事的一种特定业务形式。厂商在这种业务中进口原材料和中间部件，经加工后再将产品复出口。这是微观意义上的加工贸易。第三个层面，加工贸易是指一国政策给予特殊待遇的那些加工贸易业务形式。这是政策意义上的加工贸易。

（二）加工贸易与一般贸易的区别与联系

1. 区别

第一，从参与贸易的货物来源角度分析，一般贸易货物主要是来自本国的要素资源，符合我国原产地规则。而加工贸易货物主要是来自国外的要素资源，不符合我国的原产地规则，只是在我国进行加工或装配。

第二，从参与贸易的企业收益来看，从事一般贸易的企业收益主要来自生产成本与国际市场价格之间的差价；而从事加工贸易的企业实际上只收取了加工费。

第三，从税收的角度分析，一般贸易的进口要缴进口环节税，出口时在征收增值税后退还部分税收。加工贸易进口料件不征收进口环节税，而实行海关监管保税，出口时也不再征收增值税。

2. 联系

第一，加工贸易的发展必将促进一般贸易的扩大。随着我国对外开放的进一步深化，外商投资迅速增长，加工贸易在国民经济中的比重持续上升。加工贸易企业逐步在国内建立原材料供应商网络，原材料的进口替代比例不断扩大，加工贸易向一般贸易渐进转换。

第二，加工贸易与一般贸易的内在差异将越来越小。一是随着国内经济的发展和政策的完善，加工出口产品所包含的中间要素的比例会不断提高；二是加工出口产品所用国产原材料比重越来越高，其本质是扩大了一般贸易出口；当加工贸易产品使用的国产原材料比例达到了我国原产地规则要求的比例，就可以申请我国的原产地证；三是随着贸易自由化的发展和国内退税政策的完善，加工贸易与一般贸易的政策差距将逐步缩小。

（三）加工贸易方式

不同的政策激励产生不同的加工贸易方式。我国加工贸易具体方式主要表现为进料加工、来料加工、装配业务和协作生产等四种，并以前两种为主。同来料加工企业相比，进料加工企业要承担较大的风险，如产品销路风险、汇率风险等。但进料加工企业的收益比来料企业也高得多。来料加工企业所得仅是工缴费收入，也就是外商所支付的加工费，而进料加工企业是自己组织原材料的进口和产品的出口，所得是两者之间的价差。即进料加工企业的利益所得是贸易的全部利润，而来料加工企业的利益所得——工缴费只是贸易的全部利润的极少一部分。

（四）加工贸易流向

加工贸易作为国际贸易和国际分工的一种新形式，由内向加工贸易和外向加工贸易两部分共同组成。内向加工贸易是指发展中国家从发达国家进口中间产品，在当地加工组装成制成品后再出口到其他国家，即通常所说的加工贸易；外向加工贸易是指发达国家的企业只保留其最具优势的生产环节，将其他环节转移到发展中国家，发达国家将优势中间产品出口，在发展中国家进行加工装配。这也是当前我国正在积极鼓励发展的境外加工贸易方式。图4-1是一个完整的加工贸易流程图。假设某种产品的生产过程被分割成4个生产环节，A国在环节1和2的生产上具有比较优势，B国在环节3和4的生产上具有比较优势。A国将环节2生产出的中间产品出口到B国，B国企业将进口的中间产品进行加工，并将生产的最终产品复出口，出口的目标市场既可以是A国，也可以是第三方市场。其中，A国企业的经营活动构成了外向加工贸易，B国企业的经营活动构成了内向加工贸易。

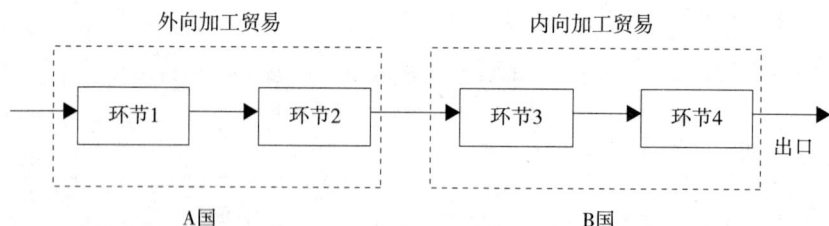

图4-1　加工贸易流程示意图

（五）主要理论基础

1. 产品内分工理论

北京大学中国经济研究中心的卢锋教授提出产品内分工理论来解释加

工贸易的产生及发展（见图4-2），即随着国际生产分工的细化，同一产品不同加工工序在不同国家或地区完成，并通过国际贸易方式实现最终产品在某国组装，表现为加工贸易。

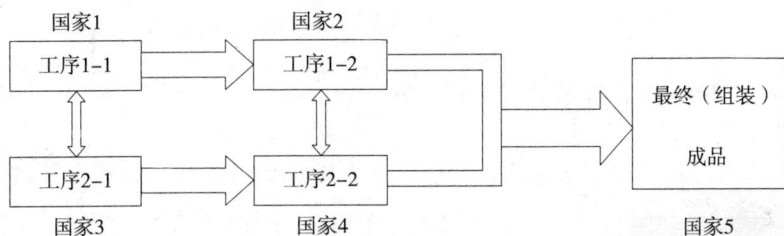

图4-2 产品内分工工序分布

2. 跨国公司主导的价值链理论

跨国公司作为全球投资、生产布局、研发和贸易的主导者处于国际分工价值链的顶端，它们将产品生产的不同环节根据比较优势放在成本最低的国家或地区来完成，最后在某地完成组装出口，不同国家或地区在这条价值链中处于不同增值环节（见图4-3）。

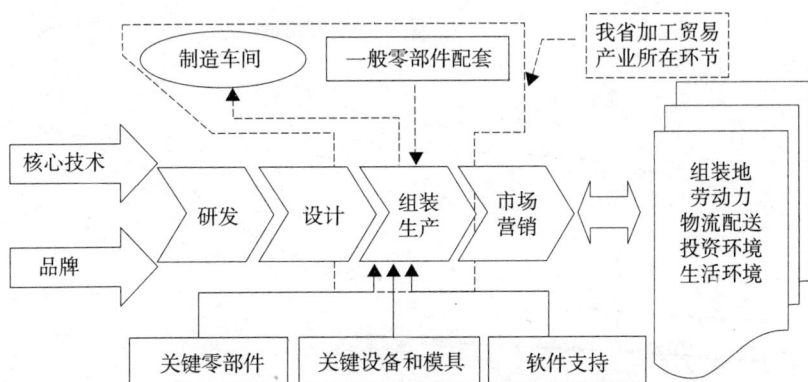

图4-3 广东省加工环节所处位置图

二、世界加工贸易的产生、发展及中国加工贸易的由来

（一）世界加工贸易产生与发展

作为一种新兴贸易形式，现代意义上的加工贸易最早出现在 20 世纪 50 年代初的朝鲜战争。当时，日本、中国台湾的一些工厂以来料加工形式接受为美军加工军需品的订单，赚取工缴费。进入 20 世纪 60 年代后，这种贸易形式在中国香港、中国台湾、韩国等东南亚地区得到了迅速发展。20 世纪 80 年代以来，这种贸易方式蓬勃发展。在国际贸易持续增长背景下，加工贸易在对外贸易中所占的比重越来越高，特别是 90 年代后，加工贸易在一些发展中国家得以快速发展（见图 4－4）。

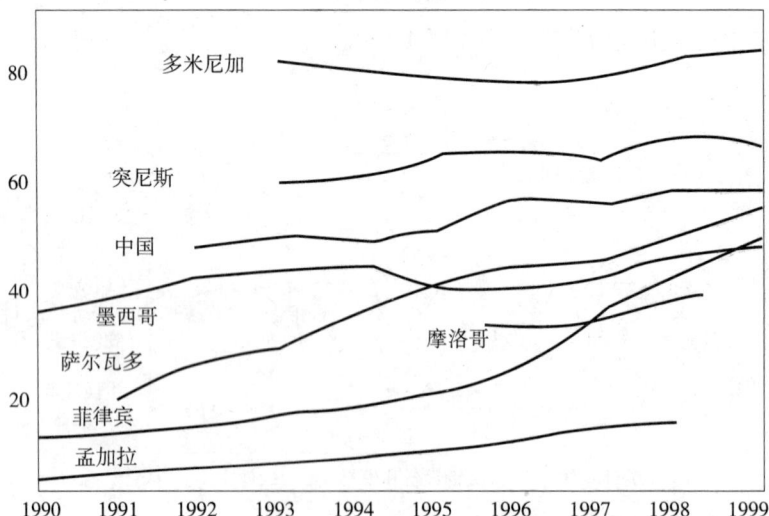

图 4－4　90 年代加工贸易出口占各国总出口比重图

（资料来源：联合国贸发会统计）

（二）我国加工贸易产生背景——出口导向战略的提出及加工贸易的由来

战略决定了制度，制度决定了达成战略目标的发展路径和具体政策。我国出口导向战略和加工贸易就存在着这样一种战略和发展路径之间的辩证统一关系。改革开放之初，我国经常项目和资本项目是双逆差，资金缺口决定了出口导向战略的实施，外经贸领域提出的工作方针是千方百计扩大出口创汇。在此背景下，加工贸易逐步产生，1978 年 8 月，广东省珠海市香洲毛纺厂签订了第一份毛纺织品来料加工协议，揭开了我国加工贸易发展的序幕。1992 年邓小平南方讲话后，源于我国劳动力及资源优势、国际产业转移机遇、加贸优惠政策等有利条件，我国加工贸易得以快速发展，大进大出的加工贸易发展方式成为推动我国出口导向战略实施的重要力量，为我国出口创汇立下了汗马功劳，并在我国对外贸易中占有半壁江山。与此同时，围绕该贸易方式的发展，我国形成了一系列有针对性的具有中国特色的外资、外贸政策。在加工贸易发展和稳步提升的阶段，出口导向战略和加工贸易发展方式相辅相成，相得益彰。

三、中国加工贸易发展的阶段特征

（一）按照加工贸易出口在总出口中所占比重可划分为四个阶段

第一阶段是新生期（1978 年~1985 年），表现为加工出口的比重稳步增长，年增长率在 2 个百分点左右；

第二阶段是高速成长期（1986 年~1991 年），加工贸易开始迅速发展，加工出口在总出口中的份额快速增加，从 1986 年的 18.2% 增加到了 1991 年的 45.1%；

第三阶段是调整期（1992 年～1995 年），这几年加工贸易增幅不大，而且出现上下起伏，属于快速发展后的盘整阶段；

第四阶段是稳定增长期（1996 年至今），1996 年加工贸易的发展取得了决定性突破，在总出口中的比重由上年的 49％ 上升到 55％，成为了首要的贸易方式。此后，加工贸易的份额始终在这一数字附近小幅波动，进入了相对稳定时期（见表 4－1）。

表 4－1　不同年份加工贸易出口占我国总出口比重

年份	加工贸易进出口总额占总进出口额的比重	加工贸易出口总额占出口总额的比重	加工贸易进口总额占进口总额的比重
1981	5.6	4.8	6.5
1982	8.5	6.8	10.4
1983	9.7	8.7	10.6
1984	10.8	10.6	
1985	10.4	11.8	9.5
1986	15.6	16.6	14.9
1987	23.2	22.8	23.6
1988	28.0	29.6	26.6
1989	32.3	37.7	27.7
1990	38.2	40.9	35.0
1991	42.2	45.1	39.2
1992	43.0	46.6	39.1
1993	41.2	48.0	35.0
1994	44.2	47.1	41.1
1995	47.0	49.5	44.2
1996	50.6	55.8	44.9
1997	52.2	54.5	49.3
1998	53.5	56.8	48.9
1999	51.1	56.9	44.4
2000	48.6	55.3	41.1

（资料来源：商务部统计计算）

（二）按照来料和进料两种加工贸易方式的相对地位可划分为
   三个阶段

第一阶段（20世纪80年代中期以前），中国的加工贸易以来料加工装配为主，作为利用外资、扩大出口的启动模式，显示出与吸收外商投资的相关性；

第二阶段（1988—1991年），以进料加工为主，从亚洲"四小龙"向中国转移的劳动密集型产业成为中国加工贸易发展的直接动力。在区域分布和产品构成上与外商直接投资更加趋于一致；

第三阶段（1992年之后），邓小平南方谈话后，以跨国公司为主的外国直接投资，成为推动中国加工贸易发展的主要动力，在产业特点和技术档次以及分工层次上都有较为明显的提升（见图4-5，图4-6）。

（单位：%）

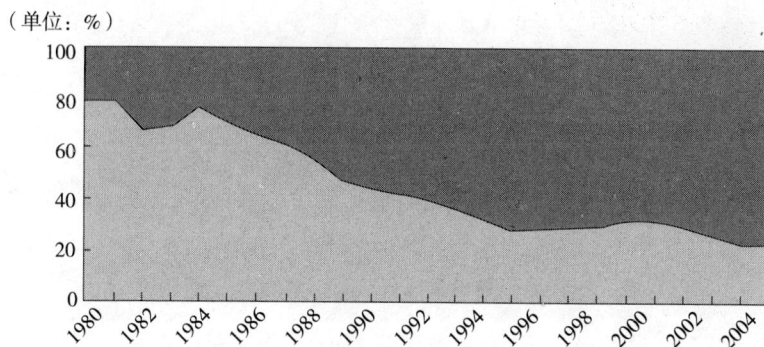

图4-5 来料加工与进料加工在加工贸易中的比重图

注：下面是来料加工比重，上面是进料加工比重

（资料来源：商务部统计计算整理）

1985年机电产品出口贸易方式

2006年机电产品出口贸易方式

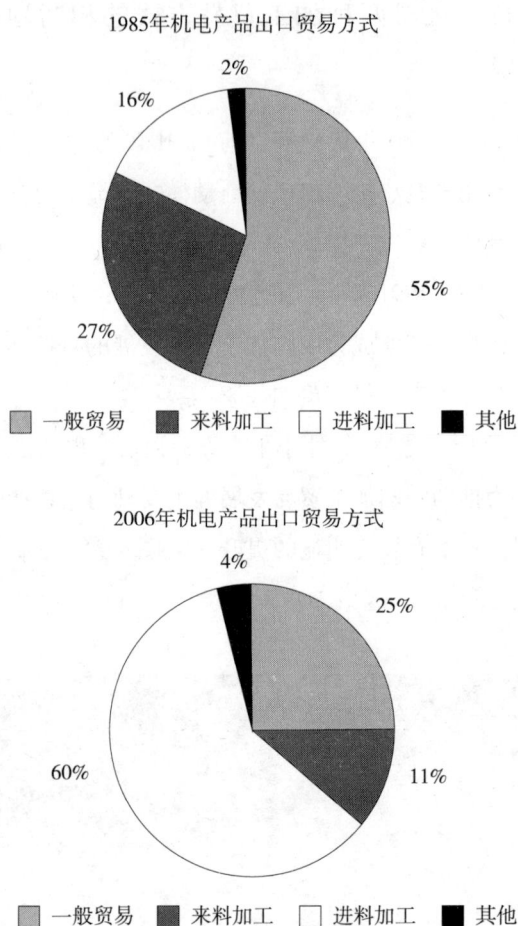

图4-6 机电产品出口贸易方式的变化图

(资料来源：商务部统计计算整理)

(三) 按照加工贸易监管政策演变可划分为试行、鼓励、规范、调整四个阶段

1978～1985年是加工贸易试行阶段。该阶段主要监管政策包括1979年3月国务院颁布《以进养出试行办法》，1979年9月国务院颁布《开展对外加工装配和中小型补偿贸易办法》，1982年8月海关总署出台了《海

关对加工装配和中小型补偿贸易进出口货物监管和免征税实施细则》，
1983年10月海关总署发布了《海关对进料加工保税工厂的管理规定》，
1984年1月和4月发布了《关于中外合作经营企业进出口货物的监管和
征免税的规定》、《关于中外合资经营企业进出口货物的监管和征免税的
规定》，1986年10月发布的《关于鼓励外商投资的规定》中特别指出要
给予产品出口企业优惠，1986年11月海关总署发布了《海关对外商投资
企业履行产品出口合同所需进口料件管理办法》等。

1986～1992年是加工贸易鼓励阶段。该阶段主要监管政策包括1986
年《海关对外商投资企业履行产品出口合同所需进口料件管理办法》、
1987年底国务院办公厅批转外经贸部《关于抓住有利时机进一步发展来
料加工装配业务的请示》。随后，财政部、外经贸部分别于1988年1月和
5月下发了《关于外贸企业开展对外来料加工装配业务有关财务处理问题
的通知》和《关于放宽来料加工装配品种限制及有关问题的规定》，海关
总署和外经贸部分别于1988年4月、5月和7月发布了《海关对加工贸
易保税工厂管理办法》、《海关对进料加工进出口货物管理办法》和《对
外经济贸易部关于加强进料加工复出口管理工作的通知》，1992年海关总
署发布了《海关对外商投资企业进出口货物监管和免征税办法》等。

1993～2000年是加工贸易规范阶段。该阶段出台了一系列政策法规，
对于利用加工贸易走私、骗税等行为进行严厉打击。主要政策包括1995
年国务院出台了保证金台账制度，同年，海关总署、中国银行、国家计
委、国家经贸委、财政部、外经贸部、中国人民银行、国家税务总局联合
发布了《关于对加工贸易进口料件试行银行保证金台账制度暂行管理办
法》，1996年7月海关总署发布了《关于派驻海关监管人员的保税工厂审
批原则》，1997年6月，国务院批准了《保税区海关监管办法》，1999年
国务院批转了《关于进一步完善加工贸易银行保证金台账制度的意见》，
为了落实加工贸易商品和企业分类管理，海关、外经贸部、国家经贸委等
有关部门出台了一系列政策，包括《海关对企业实施分类管理办法》、
《海关对企业实施分类管理办法实施细则》等。为加强对跨关加工贸易结

转深加工的管理，1999 年 5 月海关总署发布了《海关关于加工贸易保税货物跨关区结转深加工的管理办法》，9 月又下发了《海关关于异地加工贸易的管理办法》。为避免加工贸易的漫山遍野带来的监管困难，2000 年我国决定成立出口加工区，4 月国务院批复了《海关对出口加工区监管的暂行办法》。

2001 年以后至今是加工贸易调整阶段，主要内容是结构调整，加工贸易政策从鼓励出口向促进结构优化转变。

（四）加工贸易发展的地理分布

从地理分布看，不同地区表现出不同外资加工贸易发展的比较优势，如广东和福建与港澳台毗邻，易于港澳台加工贸易发展；山东在发展韩资加工贸易上居于有利位置；上海、江苏利于与欧美、日本、台湾经济往来。从加工贸易享受的特殊政策看，1979 年 7 月，中央对广东、福建两省实行特殊改革，并开办了 4 个"经济特区"；1984 年 2 月，中央又开放了大连、秦皇岛、天津、烟台、青岛、福州、连云港、南通、上海、宁波、温州、广州、湛江、北海 14 个沿海港口城市；1987 年又将山东半岛和辽东半岛列入沿海开放地区。这些措施对这些省市加工贸易的发展产生了重大影响。同国内其他地区相比，上述地区占据了发展加工贸易的先发政策优势。

（五）加工贸易产品结构的变化

改革开放之初，加工贸易以来料加工为主，投资主体是与港、台、澳毗邻的东南沿海地区的乡镇企业，主要生产港澳地区转移来的服装、玩具等劳动密集型产品，工艺简单，加工费低廉，经香港的转口贸易占据了相当大的比例。

20 世纪 80 年代后期至 90 年代初，加工贸易以进料加工为主，亚洲"四小龙"成为加工贸易的投资主体，它们向我国转移的劳动密集型产业加工贸易是我国加工贸易发展的直接动力，服装、纺织、皮革制品等传统劳动密集型产业获得了前所未有的发展。

20世纪90年代初期开始，加工贸易进入外商投资发展的新阶段，以跨国公司为主的外商的直接投资成为我国加工贸易发展的主要动力。电子、电气设备、办公用品、通讯、计算机及生物制药等高科技产业的中间产品的生产及制成品的组装业务在东南沿海较发达地区稳步拓展，我国出口商品结构逐步优化，加工贸易由此呈现出劳动密集型行业与资本技术密集型行业并重的态势。20世纪90年代后期，加工贸易中技术和资金密集型产品达到了40%（见表4-2）。

表4-2　不同时期加工贸易产品结构变化

外贸五个阶段	出口商品结构	贸易方式出口比重	出口贸易总额
第一阶段 （1979~1981）	初级产品为主	加工贸易低于20%，一般贸易高于80%	突破200亿美元（220亿）
第二阶段 （1982~1986）	工业制成品超过初级产品		突破300亿美元（300.09亿）
第三阶段 （1987~1991）	劳动密集型产品占主导地位	加工贸易在20%~45%之间	突破700亿美元（718亿）
第四阶段 （1992~2003）	资本技术密集型产品增长迅速	加工贸易比例在46%~55%之间	突破4000亿美元（4383亿）
第五阶段 （2004~2008）	资本技术密集型产品超过劳动密集型产品	加工贸易超过55%，一般贸易降为41.06%	突破5000亿，达到5933亿美元

（资料来源：根据相关资料整理）

四、国内外加工贸易发展模式对比
——以计算机产业为例

（一）国际视角

就计算机产业加工贸易而言，全球品牌制造商主要包括 Dell、HP、

Toshiba、Acer、Lenovo、富士通—西门子、Sony、NEC、Apple、Asus 等。这些品牌商的加工贸易模式大致分为三种：完全代工模式、高自制模式和介于前两者之间的模式。第一种模式以美国 HP、APPLE（广达、华硕代工）公司为代表。这些企业将笔记本电脑委托给中国台湾代工厂家生产，公司的核心竞争优势在于价值链两头，如产品概念生成、品牌管理和销售服务等市场链节。采用这种模式的企业通常不具备制造方面的核心技术优势，没有整合完整供应链的地缘优势，也没有自制的成本优势，但可以充分利用自身品牌、市场力强和模块化生产方式所带来的降低制造成本的好处，实现对供应链的支配力。第二种模式以日本的东芝和富士通—西门子为典型。他们的许多关键零部件，如硬盘，或者自己制造，或者与零部件供应商之间存在着股权关系，经营业务基本覆盖整个价值链，但优势在中间的制造链节。在模块化生产方式下，采用高自制模式的前提是具有一定技术优势，特点是能依靠关键零部件的生产获取较高利润和对供应链的较强支配力，对供应商的管理比较直接，质量能够得到有效的保证。但这种模式不具备 HP 等 100% 委托代工的成本优势，因而市场力相对弱些。第三种模式以 Dell 公司和大多日本企业如 Sony、NEC 等为代表。这种模式经营重点在价值链后段，特别是企业的市场份额，企业一般不具备核心技术，无法利用技术优势形成对供应链的支配，所以对企业的物流管理能力要求较高。其特点是单位产品盈利能力较低，但在模块化生产方式下，市场灵活性最高。

（二）国内视角

目前,我国已形成计算机产业加工制造的三个主要聚集区(见表4-3)，即珠江三角洲以生产台式电脑、外部零部件为主，福州、泉州等东南沿海以生产电脑外设产品为主，长江三角洲以生产笔记本电脑和半导体产业为主。计算机产业加工贸易产品价值链已从低端的键盘、鼠标、机箱外壳升级到高端打印机、扫描仪、显示器，从零部件、配件的生产升级到台式电脑、笔记本电脑、个人数字助理等整机生产，甚至技术含量较高的主板、印刷电路板和芯片。而且，我国计算机加工贸易企业还从生产向设计、营销等战略性价值链环节和高附加值增值活动提升。Intel 公司、IBM 公司、惠普公司、富士康公司等领导厂商纷纷在我国设立了研发机构，为硬件产品开发相应软件，针对本地消费者的需求对产品加以改进或重新设计，或是应国外客户的要求开展来样设计工作。

（三）我国不同外资加工贸易企业的产业分布视角

在外资加工贸易企业中，台资加工贸易企业在机电高新产业（主要是计算机、机械电子等行业）占有优势，港资加工贸易企业在纺织、轻工行业占有优势，日资企业在矿产品行业占有优势，美资和欧洲加工贸易企业在化工行业占有优势，这表明不同国家在不同产品的国际分工地位。从以下 5 种主要加工贸易行业前 100 名企业在我国分布总量来看，台湾加工贸易企业总量居首，其次为香港、美国和日本（见图 4 - 7）。

表 4 - 3　我国计算机加工贸易产业的三个主要生产区域

区域	代表厂商	主要产品
珠江三角洲（深圳、东莞、中山、惠州、珠海）	我国长城计算机深圳股份有限公司、长城国际信息产品深圳有限公司、富士康集团、鑫茂科技（深圳）有限公司、才众电脑（深圳）有限公司、台达电子、技嘉电子、TCL 电脑科技有限公司等	台式电脑、硬盘及磁盘、主板、盘片、鼠标、扫描仪、打印机等
长江三角洲（上海、杭州、无锡、苏州、昆山）	华硕电脑、AMD（苏州）公司、中芯国际、鸿海电子、明基公司、纬创、扬智电子（上海）有限公司、美国国家半导体公司、美国旭电（苏州）公司等	笔记本电脑、芯片、印刷电路板、硬盘驱动器、UPS、显示器、鼠标、打印机、扫描仪等
福建沿海（厦门、漳州、泉州、福州）	戴尔公司、冠捷电子、实达电脑设备公司、中华映管、顺明电子、宏吉电子、NEC 公司、新大陆电脑公司等	台式电脑、喷墨打印机、针式打印机、显示器等

（资料来源：根据相关资料整理）

（单位：家）

	台资	港资	日资	美资	韩资	欧洲	新加坡	内资
机电高新	38	3	12	11	14	5	4	13
纺织	4	19	4	3	3	3	0	62
矿产品	4	10	12	6	3	7	1	55
轻工产品	20	21	0	3	5	2	2	47
化工产品	2	6	11	17	0	17	0	46
合计	68	59	39	40	25	34	7	223

—◆— 机电高新　—■— 纺织　—▲— 矿产品
—✕— 轻工产品　—✳— 化工产品　—●— 合计

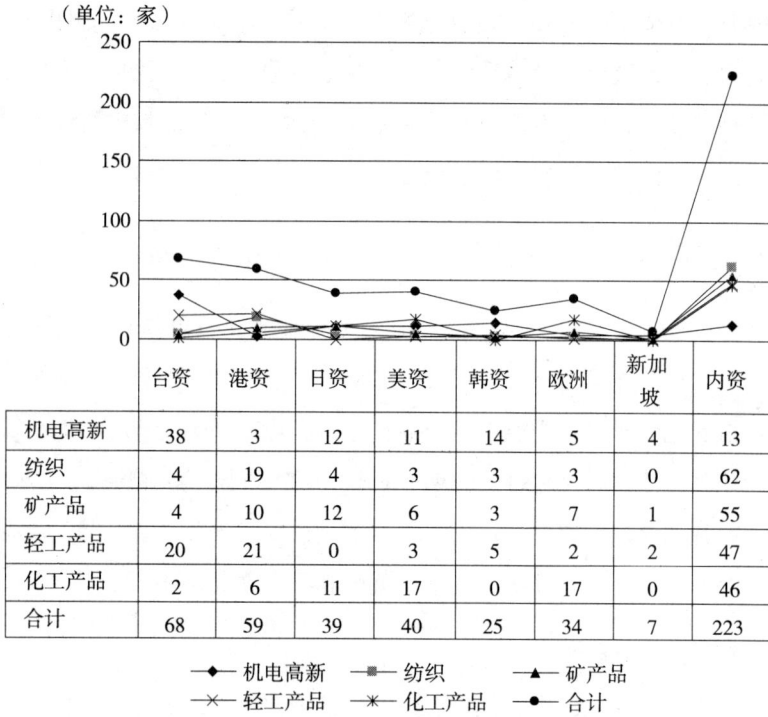

图4-7　2006年分行业前100强加工贸易企业不同性质数量分布图

（资料来源：2006年商务部统计整理。注：表中"欧洲"包括英国、法国、德国、意大利、荷兰、瑞士、比利时等国家；"内资"包括国有、集体、民营等性质的加工贸易企业）

五、加工贸易对中国经济社会发展的贡献

（一）出口

加工贸易出口已占我国出口的半壁江山（见表4-4），对促进我国出口创汇做出了重要贡献。

表4-4　1985~2004年我国加工贸易出口对总出口的贡献

年份	加工贸易出口	加工贸易出口增量	总出口额	总出口增量	加工贸易对出口品贡献率（%）
1985	34		274		
1986	56	18	309	35	51.42
1987	88	32	394	85	37.64
1988	140	52	475	81	64.20
1989	198	58	525	50	116
1990	255	57	621	96	59.38
1991	324	69	719	98	70.41
1992	396	72	849	130	55.38
1993	442.48	46.48	917.4	68.4	67.95
1994	569.8	127.32	1210.1	292.7	43.5
1995	737.03	167.23	1487.8	277.7	60.2
1996	843.34	106.31	1510.5	22.7	468.3
1997	996.02	152.68	1827.9	317.4	48.1
1998	1044.71	48.69	1837.1	9.2	529.2
1999	1108.72	64.01	1949.3	112.2	57.0
2000	1376.52	267.8	2492	542.7	49.3
2001	1474.54	98.02	2661.55	169.55	57.8
2002	1799.4	324.86	3255.7	594.15	54.67
2003	2418.5	619.1	4383.7	1128	54.89
2004	3280	861.5	5934	1550.3	55.6

（资料来源：根据相关资料计算）

（二）GDP

由表4-5可见，除1993年外，加工贸易对我国GDP增长贡献率均为正值。

（三）就业

目前还没有对加工贸易从业人员的统计材料，可用下列公式对当年加工贸易就业人数作一个大致的估计：$N = (X/G) \times M$。其中，N 表示加工贸易从业人员的总数，M 表示工业就业人员的总数，X 表示加工贸易出口额，G 表示工业生产总值。用统计年鉴中的第二产业就业人数减去建筑业从业人员就得到工业部门就业人数。结果显示，加工贸易出口增加1%，就业增加0.4%（见表4-6）。

（四）优化出口产品结构

不同产品加工贸易出口比重的变化显示，加工贸易促进了我国出口产品的结构优化（见表4-7）。

表4-5 1991～2003年加工贸易净出口对我国GDP贡献度

年份	GDP 增量（支出法）	加工贸易净出口增量	贡献度（支出法）	GDP 增长率	贡献率（拉动度）
1991	2338.037			12.34	
1992	3028	24.92	0.8	14.22	0.11
1993	3962	−46.76	−1.18	16.3	−0.19
1994	2559	163.46	.6.39	9.05	0.58
1995	2162.38	186.33	8.62	7.01	0.6
1996	2584.28	233.08	9.02	7.83	0.71
1997	2354.94	279.01	11.85	6.62	0.78
1998	2405.89	283.58	11.79	6.34	0.75
1999	2346.54	80.8	3.44	5.82	0.2
2000	3245.15	335.2	10.33	8.02	0.83
2001	3022.6	333.1	11.02	6.56	0.72
2002	3733.32	199.8	5.35	7.6	0.41
2003	3834.6	242.3	6.31	8.9	0.53

（资料来源：2000年《中国统计年鉴》、2000年、2001年、2002年、2003年国民经济和社会发展统计公报）

表4-6 加工贸易对我国就业的贡献

年份	工业生产总值 G	加工贸易出口额 X	第二产业从业人员	建筑业从业人员	工业就业人员 M	加工贸易就业人员 N	当年就业人员总数	加工贸易占就业人员总数的比例
1992	10284.5	2184.9	14355	1157.5	13197.5	2804	66152	4.24
1993	14143.8	2549.7	14695	1096.7	13598.3	1451	66808	3.70
1994	19359.6	4910.9	15312	1445.9	13866.1	3516	67455	5.21
1995	24718.3	6154.7	145655	1497.9	14157.1	3525	68065	5.18
1996	29082.6	7011.4	16203	2121.9	14081.1	3395	58950	4.92
1997	32412.1	8256.8	16547	2101.5	14445.5	3680	69820	5.27
1998	33387.9	8647.9	16600	2030.0	14570.0	3812	70637	5.40
1999	35087.2	9179.1	16421	2020.1	14400.9	4203	71394	5.89
2000	39047.3	11395.4	16219	1994.3	14224.7	4151	72085	5.76
2001	42374.6	12203.1	16284	2110.7	14173.3	4082	73025	5.59
2002	46535.7	14893.4	15780	2245.2	13534.8	4332	73740	5.87

（资料来源：根据《中国统计年鉴（1992~2003）》整理得出）

表4-7 不同年份加工贸易出口产品比重

	1992	1995	2002
6. 化工	1.37	1.71	1.71
7. 塑胶	3.64	4.05	4.10
8. 皮革	5.19	4.70	3.23
9. 木制品	0.41	0.42	0.47
10. 纸制品	0.64	0.78	0.91
11. 纺织	27.90	20.88	15.52
12. 鞋帽	10.46	8.08	4.98
16. 机电	21.72	28.24	65
17. 车船及运输设备	3.41	3.73	5.78
18. 仪器仪表	5.04	5.23	5.13
20. 杂项制品	10.19	8.45	6.46

（资料来源：商务部统计数据）

六、当前中国加工贸易发展面临的挑战因素

(一) 金融危机

金融危机对我国加工贸易出口带来的困境主要有以下两方面：一是受金融危机影响，占我国出口需求 60% 的美、日、欧三大贸易伙伴的需求急剧减少，国际市场萎缩。二是近期对我国的贸易保护主义抬头，贸易摩擦加剧。受金融危机影响，2008 年我国遭遇了大量贸易壁垒。以贸易救济为例，2008 年美国对我国不锈钢压力管、管线管、厨房器具置物架和挂物架等产品发起 5 起反倾销反补贴合并调查，涉案金额达 5.1 亿美元。欧盟对华钢铁管配件、皮面鞋靴、糖醇、活页环发起 4 起反倾销日落复审。另外，我国还遭到国外技术性贸易壁垒，据统计，近几年我国因遭受国外技术性贸易壁垒每年损失至少几百亿美元，遭受技术性贸易壁垒前五位的国家和地区是美国、欧盟、日本、东盟和俄罗斯。受国外技术性贸易措施影响较大的行业排在前五位的是机电仪器、橡塑皮革、农食产品、纺织鞋帽和化矿金属。受国外技术性贸易措施影响较大的省市排在前五位的是广东省、山东省、江苏省、上海市、河南省。2009 年，受金融危机影响，我国遭受贸易摩擦的情况可能将更加严重，增加出口困难。

(二) 劳动力成本上升和人力资本短缺

《中国统计年鉴》数据显示，1980 年我国制造业年人均名义工资为 752 元，2006 年达到了 17966 元，增长了 22.9 倍，年均增长率为 13.5%。而同期日本，1980 年制造业年人均工资水平为 294 万日元，2006 年达到 501 万日元，仅增长 0.7 倍，年均增长率为 2.2%。从加工贸易视角看，劳动力成本增长的原因在于：一是在我国加工贸易发展较快地区，众多企业聚集在一地，为熟练技术工人的择业创造了条件，"人往高处走"的利

益驱动促使加工企业不得不提高工资。二是即便有大量的来自中西部地区的流动劳动力，但根源于加工贸易转型升级的需要，这些流动劳动力大多不具备加工企业对熟练技术工人的需求，从而产生结构性的需求矛盾，成为加工贸易转型升级的发展障碍。三是随着经济全球化和区域经济一体化进程的加快，特别是周边国家和地区投资环境的不断改善，劳动力成本优势的日益显现，我国加工贸易面临的竞争压力进一步增大。四是我国人口年龄的变化也对我国劳动力成本产生直接影响。2006 年人口普查显示，我国 65 岁以上的老年人口的比率为 9.2%，而 15 岁以下的少年人口比率为 18.5%，劳动人口正在快速变为非劳动人口。

与此同时，由于我国职业教育和高等教育的普及率较低，人力资本供给十分缺乏，因此缺乏处于国际分工产业链高端（上游的研发）和中端（上游的技术开发、设计及下游的营销）领域里的人才比较优势和竞争力，影响了我国加工贸易产业的升级。即便是在低端部分的中间加工制造环节，目前我国劳动生产率也仅为日本的 4.1%、美国的 4.4%、德国的 5.6%、韩国的 9.8%，工业增值率仅为 26% 左右，而发达国家则为 40%～50%。

（三）廉价土地和原材料供应走到尽头

今后，随着城市化的发展和经济的增长，可转让耕地数量越来越少，很可能会达到极限，以前廉价的土地供应走到尽头。同时，政府越来越关注廉价资源的价格合理性问题，试图改变过去控制资源价格的方式，使其上升到一个合理水平。

（四）国货复进口

国货复进口是指在一个国家或地区生产制造，并已运出关境的货物，在尚未进行实质性加工、改变其原产地属性情况下，因某些原因复又转运进境。国货复进口虚增我国外贸进出口额，暴露了我国加工贸易监管中存在的问题。据海关统计，1995 年我国"国货复进口"额为 22.6 亿美元，占当年进口总额的1.7%。近十年来，我国国货复进口规模逐步扩大，在当年进口总额中的比重也稳步上升，到2006年国货复进口额已达到733.6亿美元，占当年进口总额比重为9.3%，我国已成为自己的第七大进口国。主要特点是：以香港为主要中转站的珠三角地区是"国货复进口"的主要集中地，长三角地区增速迅猛；"国货复进口"的主要贸易方式为加工贸易；"国货复进口"主要产品为机电产品；"国货复进口"的企业主要为外资企业。

（五）外资主导

按企业分类，我国外资、国有企业和民营企业呈现出加工贸易发展不平衡的特点，近几年外资企业加工贸易进出口平均占比超过75%，在高新技术产品上占比更大，且外商独资的进料加工贸易趋势增强，而国有企业仅占10%～15%，民营企业比重更少，同时，外资企业加工贸易主要集中在我国加工贸易发展最好的东部沿海地区。这样，不同于日、韩等发达国家加工贸易以本国企业为主的形式，我国加工贸易微观主体是外资企业，国有和民营企业没有成为微观主体。这种局面导致的结果是加工贸易的配套主要在外资企业间进行，人员流动也主要发生在外资企业之间，产业关联和技术的外溢效应有很大的局限性，并且发展区域集中在东部沿海。这样，未来我国加工贸易转型升级的主动权主要掌握在外资企业手中，其发展方向和区域规划会受到外资企业的战略和目标的影响。

（六）加工贸易中间品本地采购率、增值率低

1. 采购率低

外资企业在我国加工贸易中间品的本地化环节上并不理想，以日资企业为例，它们在我国本地采购比重低，从日本进口比重高。在全世界日资企业采购总额中，本地平均采购率占44.1%，从日本进口占33.1%，从第三国进口占22.9%。而美国的日资企业的上述比重各为60.1%、34.8%和5.2%，东南亚的日资企业的上述比重各为45.8%、36.9%和

17.3%，我国日资企业的上述比重各为34.1%、45.8%和20.1%（见表4-8）。可见，日本在世界其他国家和地区，特别是在美国投资的企业的当地采购的比重要明显高于在我国投资的日资企业本地采购比重。

表4-8　日资企业在我国采购率
在华日资企业的采购额分布情况

（每栏左边为企业数，右边为百分比）

部门	本地采购		从日本进口		从第三国进口		合计
农村渔业	9830	95.2	491	4.8			10321
矿业	4	100					4
建筑业	26001	99.9	3	0.1			26004
制造业	120049	29.1	202079	49.1	897.6	21.8	430517
商业	25649	58	13556	30.7	5000	11.3	147282
服务业	784	72.1	304	27.9			1088
其他	2462	84.6	200	6.9	249	8.6	2911
合计	161379	34.1	216633	45.8	9465	20.1	594727

（资料来源：《日本对华直接投资研究》，东北财经大学出版社）

在华日资制造业企业当地采购比率的分布情况

（上行为企业数，下行为百分比）

采购	0~30%	30%~60%	60%~90%	90%~100%
企业分布	98	29	33	97
	37.1%	10.6%	12%	35.3%

在华日资企业第三国采购额

（上行为企业数，下行为百分比）

地区	北美	中南美	亚洲	中东	欧洲	大洋洲
制造业	2131	253	83459	379	427	181
	2.4%	0.3%	93%	0.4%	0.51%	0.2%

（资料来源：同上）

2. 增值率低

目前加工贸易产业链延伸体现为加工贸易企业通过深加工结转、外发加工及原材料和零部件的国内供给，从单一企业加工向多企业的生产联合体深加工方向转变，逐步形成深度关联、相互配套的产业集群，进而不断实现价值增值的过程。这一过程包括研发设计、加工生产、运输仓储、物流配送、营销及售后服务等各个环节（见图4-8）。对一国来说，加工贸易留在国内的加工环节越多，产业链越长，国内增值率就越高，对国民经济发展越有利。而我国加工贸易处于"微笑曲线"的弧底日益加深，反映出我国劳动力与发达国家技术交换时的相对价格（即交易条件）越来越处于不利境地。如2005年苏州地区共出口笔记本电脑1597万台，货值109亿美元，贸易量约占全球的1/4，但这些"苏州造"笔记本电脑几乎全是加工贸易贴牌组装生产，企业并不具备生产技术上的优势，研发设计、特殊材料、关键部件及产品销售均严重依赖外方。组装用的零配件主要通过跨国集团内部采购和调拨，内资企业难以进入料件配套体系，加工贸易企业产业链自主延伸能力弱，利润掌控能力差，增值收益低。

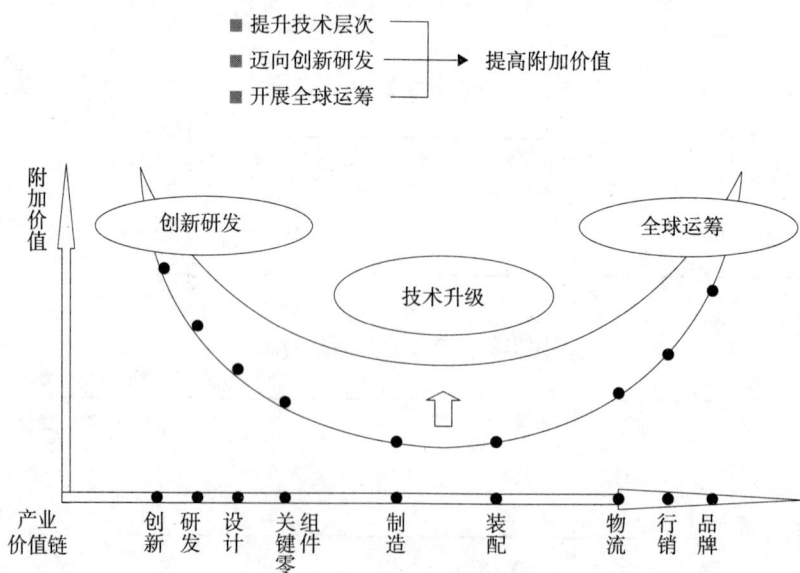

图4-8 加工贸易微笑曲线

（资料来源：弘兼宪史：《大象跳舞的几种方法》，2006年2月）

（七）核心专利技术和自有品牌缺失

国家知识产权局资料显示，我国99%的企业没有自己的专利，拥有商标的企业也仅有40%，国内拥有核心技术自主知识产权的企业仅占万分之三，很多企业"有制造没创造，有知识没产权"；在我国发明专利申请中，来自国外的申请占82%，且技术含量较高；来自国内的申请占18%，且技术含量较低。"82%：18%"凸显加工贸易产业链上延伸路径困难重重。而一些拥有自有品牌的国内企业，在"借船"进入国际市场或陷入经营困境时，往往选择用优良的产能换取外商贴牌订单的"便捷"途径，此后自有品牌通常会被外商"冷藏"，待国内企业站稳脚跟，再图启用自有品牌自主进入国际市场时，才发现当初外商品牌封杀的深谋远虑，老品牌早已被新市场遗忘，产业链的下伸路径已被封堵。产业链上游的技术壁垒，产业链下游的商标控制，都使国内加工企业只能在夹缝中求生存，增值率已成为外商特制的一双"小鞋"，国内企业既无法"赤脚"进入国际市场，穿上"小鞋"又行路艰难。例如，高额的专利费和不断抬升的技术壁垒使我国的 DVD、手机、数码相机等行业都是昙花一现，很快就淹没在增值率急剧滑落的旋涡中。

（八）"三高一资"问题

我国加工贸易进口中作为生产投入品的羊毛、合成纤维、铁矿砂、化工原料、原油等产品无一不是高能耗。我国引进的许多技术与产业是发达国家为逃避本国管制较严的环保法规，将本国内禁止或需支付高昂环境成本污染严重的技术与产业转移到我国境内的，产生大量的外部不经济，尤其在三来一补业务中，外国将农药、染料、化肥、橡胶、医药、石棉、水泥、洗涤用品、化工原料等大量转移入我国生产。

（九）地区发展不平衡，承接加工制造产业和工序转移条件不成熟

我国加工贸易地区间发展很不平衡，东部沿海地区加工贸易基础好、

发展快、规模大，中西部地区无论从规模还是发展速度与之相比，都存在较大差距。从理论上来讲，根据比较优势、规模经济和资源禀赋，我国东部地区现已发展成熟可以将比较优势在逐步削弱的加工产业或是加工工序转移到中西部地区，这既利于降低制造成本，又利于东部地区加工贸易的进一步转型升级。但是，加工制造产业或工序转移的决定因素除比较优势和资源禀赋以外，还取决于行业自身的特点、当地配套产业（包括加工制造和相关服务业）和技术发展状况以及国际市场的竞争局面等其他因素。从现实环境来看，中西部地区承接转移的条件还不成熟，从而影响了我国加工贸易的区域转移和升级。

（十）各种海关特殊监管区政策叠加、功能整合问题

当前，国内各类海关特殊监管区发展面临着政策趋同、功能趋同、地区发展极不平衡的问题，需要进行政策叠加、功能整合，以统一的理念创新海关特殊监管区域的发展模式。

七、中国加工贸易发展展望及政策建议

（一）展望

党的十七大报告已明确提出，要由发展外向型经济向发展开放型经济转变。两者区别在于：外向型经济以出口导向为主，开放型经济则以降低关税壁垒和提高资本自由流动程度为主。在开放型经济中，既出口，也进口，基本不存在孰重孰轻的问题，关键在于发挥比较优势；既吸引外资，也对外投资，对资本流动的限制较少。由此，依据我国加工制造业优势，未来我国加工贸易发展的战略目标应是通过各种政策措施引导加工贸易产业转型升级，构建亚洲加工生产制造网络的总部经济形态，并进一步带动国内区域性加工贸易总部基地的发展。

（二）政策建议

1. 稳步推进长远产业发展政策对加工贸易转型升级的引导作用

针对加工贸易，要结合当地产业结构调整的需要和未来国际产业发展方向，制定专门的外商投资产业指导目录，鼓励加工贸易企业进入国际化生产链条中附加值大、科技含量高的产业或加工工序环节，提升产业发展定位的层次。制定科技含量不等的产业标准和工序环节标准，对符合标准的加工贸易产品、零部件税收予以优惠政策。要鼓励国内有竞争力的企业沿着产业链条和工序链条为跨国公司提供更高层次的合作配套。

2. 稳步推进我国境外加工贸易和海外营销网络的发展

要鼓励国内在设备、技术等方面有较强优势的企业以投资办厂、控股、参股等方式开展境外加工贸易，到新兴市场建立境外生产基地。鼓励企业加快构建海外经贸网络。大型生产企业在自营出口达到一定规模时，应尽快在中心市场设立销售子公司、配送中心和生产装配维修服务点，建立商情、销售和售后服务网络。鼓励企业加强与跨国公司合作，打入跨国公司全球生产、采购和销售体系。鼓励企业在香港投资设立的境外市场营销总部，扩大内地与香港合作。鼓励设立境外贸易公司，改变目前依赖中间商获取订单的状况，从被动接单到主动接单，降低贸易成本。鼓励在境外设立品牌专卖店或品牌加盟店，打造自己的国际知名品牌，拓展国际主流市场，获取销售利润。

（三）稳步推进国内中西部地区承接加工贸易产业转移

要制定东中西部地区区别对待的政策，实行加工贸易的行业准入机制，对一些适合中西部地区发展的加工贸易产业进行政策引导，对中西部地区的出口加工区在政策、建设、管理等方面给予支持。中西部地区在承接加工贸易的梯度转移时要扬长避短，突现特色。要加强宣传力度，除了吸引外资企业，还要让更多的内资企业参与其中。东西部地区还可以通过对口支援，实现加工贸易的梯度转移对接。

（四）稳步推进我国加工贸易先进地区转型升级制度创新

一是鼓励东部沿海加工贸易发展先进地区为中小加工贸易企业转型升级服务的专业化商业或城市银行等金融机构的设立。二是要率先推进先进地区海关电子口岸建设，加快加工贸易企业联网管理。三是要重点支持先进地区加工贸易企业设立研发中心和开展服务贸易领域的外包业务。四是鼓励先进地区现有加工贸易企业注册自主品牌，加大政府对具有自主品牌的加工贸易企业的政府采购力度。五是创新举措，推进该地区加工贸易企业向一般贸易企业转型，把以外资为主导的加工贸易逐步转变成内资为主，支持中、小民营企业发展。六是下放阻碍加工贸易审批效率的各种权限。七是创新加工贸易项目招商引资模式，在认识思路上突出"三个转变"。即在招商引资策略上，从"招商引资"向"择商选资"转变，优先引进高新技术、高附加值、高关联度、高税收、带动能力强、产业链和供应链较长的项目；从"项目招商"向"产业招商"转变，鼓励加工贸易企业更多地进入先进制造技术和新兴制造业领域，重点引进电子工业专用设备、医疗、环保整套设备、电气设备等项目；从"圈地招商"向"节地招商"转变，鼓励现有企业增资扩产和兴建多层厂房，提高土地利用率、产出率和综合效益。

（五）稳步推进加工贸易由"散养"向"圈养"管理方向改革

2000 年批准设立出口加工区伊始，我国便积极实施加工贸易由"散养"向"圈养"的出口加工区布局战略。8 年的发展实践证明，该措施有效促进了我国加工贸易的发展，今后应继续深入推进加工贸易的"圈养"管理改革。

（六）稳步推进我国特殊监管区域向综合保税监管区方向发展

对现有的海关特殊监管区要合理拓展功能，主要包括：一是要继续发挥特殊区域保税加工功能，重点发展现代制造业，延伸产业价值链，提高产品附加值，提升自主创新能力，推动加工贸易转型升级。二是要积极拓展特殊区域保税物流功能，大力发展现代物流业，引进先进的物流管理技术和服务理念，延伸物流供应链，支持大型物流枢纽、区域性物流中心建设。三是要大力扩展特殊区域货物贸易功能，积极吸引跨国企业的全球或地区性采购、销售中心入区，促进生产要素有效积聚、合理流动，使特殊区域成为联接国际、国内两个市场重要的商品集散地和交易平台。四是要积极发展与保税加工、保税物流、货物贸易相关的服务贸易功能，鼓励区内开展研发设计、产品测试、售后维修、设备租赁等业务。支持有条件的特殊区域在国际航运中心、采购分拨中心、营运结算中心以及期货交割中心建设等方面进行改革试验。五是要鼓励在特殊区域内进行与区域功能相关金融改革创新，本着科学、审慎、风险可控的原则，在产业发展基金、创业（风险）投资基金、离岸金融业务、期货交易、结算中心等方面进行试点；进一步完善相关外汇管理制度，保证企业合理用汇。

（七）稳步推进加工贸易企业信誉管理和海关风险管理相结合的新模式

应当依据企业产品性质、业务流程、技术标准及历史经营状况等指标对企业要进行风险评估，给予相应的信用级别，然后将一定信用级别上的企业进行的企业自控管理和海关风险管理结合起来，增强其通关效率。借鉴欧盟经验，海关普遍采用风险控制的手段来管理企业。也就是说，海关对企业是有差别对待的：对于有资信的企业，海关教促企业建立起非常清晰透明的管理平台（包括财务的、库存的以及生产的）进行自管，只要企业做到自管自纠，风险也就不复存在。而海关则集中精力对付那些他们认为风险最大的企业和行为。

（八）稳步推进国货复进口相关管理制度改革

一是应加强国货复进口的分类登记、统计管理和税收补征。二是要调低或取消一些原材料和零部件的出口退税。三是应当将进口环节的增值税和消费税与进口关税脱钩，根据实际情况决定是否予以减免。即使是对于一些减免进口关税的零部件，也可以不减免其进口环节的增值税和消费税，这可以在一定程度上解决对于进口关税恢复征收的措施不能解决的问题。四是对于赊销、国内维修和会展产品等应当根据实际情况，在登记管理中详细记录，并按照一般贸易品进行补税。

（九）稳步推进加工贸易企业农民工"三险一金"管理制度改革，加强对农民工的技能培训，切实维护农民工合法利益

我国加工贸易企业中的工人多是外地农民工，国家规定企业要为农民工缴纳三险一金，以确保农民工利益。从现实来看，农民工缴纳的"三险一金"一半由工资负担，一半是由企业负担，并归口缴纳给企业注册地的当地劳动和社保部门。但是，由于农民工的流动性非常大，没有完整的个人工作档案。这样，一方面，为短期农民工缴纳"三险一金"增加了企业自身的生产成本；另一方面，由于农民工不是本地户口，工作档案缺乏，其缴纳的"三险一金"实际上用不到自己身上。因此，应当改变农民工"三险一金"管理渠道，归口到农民工户口所在地，或是为每一个农民工建立全国统一的账号，由地方劳动部门进行登记，国家主管部门设立专门账户对农民工缴纳的"三险一金"进行统一管理，以切实保障农民工的合法利益。同时，政府应加强对农民工的技能培训。

参考资料目录：

1. 卢锋：《产品内分工：一个分析框架》，2004 年 5 月 28 日，北京大学中国经济研究中心。

2. 张燕生：《我国加工贸易转型升级方向》，《宏观经济研究》，2003。

3. 隆国强等著：《加工贸易——工业化的新道路》，中国发展出版社，2003 年 6 月。

4. 王子先、杨正位、宋刚：《促进落地生根——我国加工贸易转型升级的发展方向》，《国际贸易》，2004 年第 2 期。

5. 喻春娇、喻美辞：《关于加工贸易的经济增长效应的再考察》，《北方经贸》，2005 年第 1 期。

6. 霍伟东、邓国营：《加工贸易战略转移是东西部协调发展的良策吗?》，前沿论坛。2005 年第 1 期。

7. 何玉润、王俊杰：《跨国公司转移定价税制演变中外比较及我国策略选择》，东北财经大学学报，2005 年第 1 期。

8. 马强：《依靠长远产业政策——我国加工贸易转型升级面临的问题和发展方向》，《国际贸易》，2005 年第 2 期。

9. 马强：《我国出口加工区发展研究》，《经济研究参考》，2005 年 10 月期。

10. 路洪超、邓明宇：《农民工争夺战：长三角"未雨绸缪"珠三角"亡羊补牢"》，香港商报，2006 年 2 月 19 日。

11. 袁欣：《加工贸易与比较优势陷阱：来自广东的实证分析》，《宏观经济研究》，2005 年第 9 期。

12. 《中国外贸战略反思》，《瞭望》，2005 年 7 月。

13. 《河北省商务厅副厅长高文志在加工贸易业务培训会上的讲话》，《河北商务》，2005 年 8 月。

14. 王大伟：《利用外资与引导加工贸易转型升级相结合》，《哈尔滨日报》，2005 年 4 月。

15. 杨纯：《出口退税新政发威，加工贸易可能成为新趋势》，中国工业报社，2005 年 5 月。

16. 《耐克自揭有"包身工"是产业链逐步成熟的必然吗?》，中国服装鞋帽网，2005 年 6 月。

17. 商务部研究院：《全球 1000 强跨国公司 2005 年—2007 年对华投资报告》，《商业周刊》，2005 年 2 月。

18. 国研网宏观经济研究部：《大力提高自主创新能力》，国研网《宏观经济》月度分析报告，2005 年 12 月。

19. 吕政：《十一五时期我国工业增长、结构调整与技术创新》课堂资料整理，2005 年 11 月。

20. 《加工贸易期待法律规范》，中国信息报，2005 年 9 月。

21. 《中国企业海外投资模式比较分析》，来源：alibaba，2005 年 10 月。

22. 宋志勇：《"加快转变外贸增长方式"系列研究报告》。

第五章

中国服务贸易发展的成就、主要问题与政策建议

郝　洁

中国服务贸易起步于 20 世纪 80 年代，经过 30 年的发展，取得了巨大的成就。2008 年以来，世界经济形势发生了深刻变化，国际经济环境更趋严峻复杂，金融动荡加剧，经济明显减速；中国经济也面临着新的挑战。在当前服务业对外开放和新一轮国际产业转移的背景下，中国服务贸易已具备了快速发展的条件，同时也会面临国际上更多的挑战。一方面，发达国家在服务贸易领域将长期占据主导地位，另一方面，来自新兴经济体和发展中国家的竞争日趋激烈。中国正处在工业化、城镇化加快发展的阶段，经济增长潜力很大。今后一个比较长的时期，我国发展仍处于重要战略机遇期。我国劳动力和资金供给仍然充裕，国内消费和投资需求持续增长的潜力还很大，市场广阔，企业竞争力和活力不断增强。当前大力发展服务贸易符合科学发展观的要求，有助于加快外贸发展方式的转变，进一步增强中国经济抵御外部经济风险的能力。本章将总结我国服务贸易取得的成就，存在的主要问题以及问题背后的深层次矛盾，并提出政策建议。

一、中国服务贸易发展取得的主要成就

（一）服务贸易规模不断扩大，在国际服务贸易中的地位逐步上升

近 30 年来贸易规模迅速扩大。1982～2008 年，中国的服务贸易进出口总额由 43.4 亿美元增长到 3060 亿美元，增幅超过 70 倍。同时期，中国服务贸易出口总额由 24.8 亿美元增加到 1471 亿美元，增加了 59 倍。

我国在国际服务贸易中的地位不断上升，服务贸易规模居发展中国家之首。1982 年，我国服务贸易进出口额居世界第 34 位，到 2007 年我国服务贸易进出口额居世界第 5 位（见表 5 - 1）。2008 年中国服务贸易进出口规模继续增长，商务部数据显示，2008 年我国服务贸易比 2007 年增长 21.3％，占全球服务贸易进出口总额的比重达到 4.2％，为 1982 年的 7 倍。服务贸易出口排名上升，由 2007 年的第七位上升至第五位，同比增长 20.4％。服务贸易进口稳居世界第五位，同比增长 22.2％。

（二）服务贸易增速远高于世界平均水平

20 世纪 80 年代以来，除个别年份外，我国服务贸易出口增速一直高于同期世界服务贸易平均出口增速和主要出口国家服务贸易平均增速。1982～2005 年，我国服务贸易进出口总额年均增长 16.8％，服务贸易出口年均增长 15.9％，均为同期世界服务贸易平均增速的两倍左右。尤其是加入世界贸易组织以来，我国服务贸易进入一个重要的发展时期，服务贸易出口额年均增长 24.4％，高于同期世界平均 13.8％ 的增速，也高于同期世界主要国家服务贸易出口的增长速度。

（单位：亿美元）　　　　　　　　　　　　　　　　（单位：%）

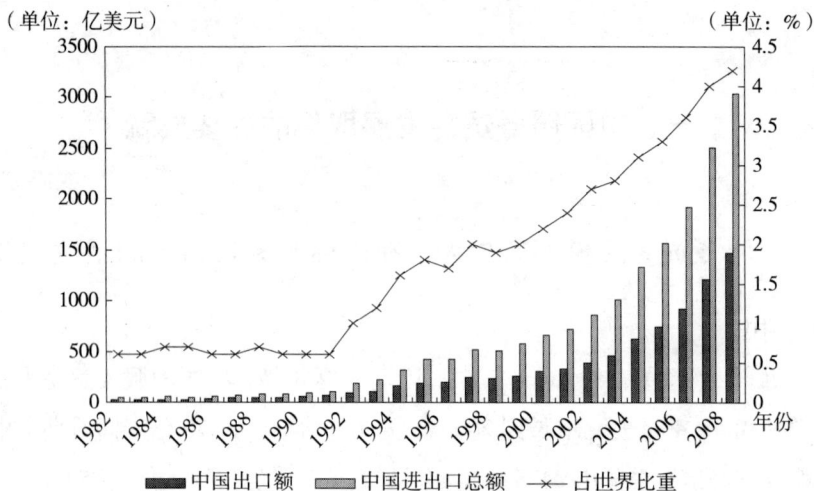

图1　1982～2008年中国服务贸易进出口情况

（资料来源：WTO 国际贸易统计数据库，《中国国际收支平衡表》）

表5-1　1982～2007年服务贸易进出口额居世界前十位国家比较

（单位：亿美元）

位次	1982 年			2007 年		
	国家和地区	贸易额	占世界%	国家和地区	贸易额	占世界%
	世界总计	7674		世界总计	63164	
1	美国	880	11.5	美国	7900	12.5
2	德国	653	8.5	英国	4567	7.2
3	法国	620	8.1	德国	4427	7.0
4	日本	539	7.0	日本	2930	4.6
5	英国	513	6.7	中国	2556	4.0
6	意大利	305	4.0	法国	2505	4.0
7	荷兰	301	3.9	意大利	2255	3.6
8	沙特阿拉伯	219	2.9	西班牙	2243	3.6
9	比利时-卢森堡	193	2.5	荷兰	1799	2.8
10	加拿大	186	2.4	爱尔兰	1796	2.8
34	中国	43	0.6			

（资料来源：世界贸易组织数据库）

（三）中国服务贸易对外开放水平进一步提高

加入 WTO 后，我国服务贸易对外开放的领域不断扩大，到目前为止，已涵盖了《服务贸易总协定》12 个服务大类中的 10 个，涉及总共 160 个小类中的 100 个。其中，银行、保险、证券、电信服务、分销等服务部门均已向外资开放。

中国加入 WTO 后，根据承诺，相继颁布多个开放服务贸易领域的法规和规章，涵盖了金融、贸易、物流、旅游、建设等几十个领域，基本完善了服务贸易领域对外开放的法律体系。从政策上拓展了外国服务者或境外服务者进入中国内地的领域和地域范围，降低了有关行业的准入门槛。随着改革开放的不断深入，我国服务贸易领域的对外开放格局已基本形成。

（四）中国服务贸易全面发展的格局初步形成

改革开放之初，我国传统服务贸易出口占比接近五分之四，高附加值服务贸易出口所占份额甚微。经过 30 年的发展，我国服务贸易全面发展的格局初步形成，2007 年旅游、运输等传统服务贸易出口的比重下降至56.4%，通讯、保险、金融、计算机和信息服务、咨询、广告等迅速发展。从高附加值服务贸易看，1997 年我国计算机和信息服务出口额仅0.84 亿美元，到 2007 年出口额达到 43.4 亿美元，增长了近 51 倍，年均增长 48.4%；咨询服务 1997 年出口 3.5 亿美元，2007 年出口达 115.8 亿美元，增长了 32.4 倍，年均增长 42%。高附加值服务贸易的迅猛发展促进了产业结构和外贸增长方式调整。当前我国运输、旅游等传统服务贸易部门继续稳步发展，通讯、保险、金融、专有权使用和特许、计算机信息服务、咨询、广告等新兴服务贸易部门正在迅速兴起。

二、中国服务贸易发展存在的主要问题

（一）中国服务贸易发展水平相对货物贸易长期偏低

我国服务贸易规模不及货物贸易的 11%。1982～2007 年，中国服务贸易出口额在全部出口总额中的比重一直保持在 10% 以下，远低于 25% 的世界平均水平。

（二）传统服务贸易仍占主导地位

从我国服务贸易的结构来看，仍主要集中于运输和旅游项目。全球贸易量最大的金融、保险、咨询等技术密集和知识密集服务行业，在我国还是一个薄弱环节，仍处于初级发展阶段。2008 年，运输和旅游两项收入总额占服务贸易收入的 53.8%；支出总额占 54.4%，占比与上年同期基本持平。

（三）中国服务贸易的长期逆差与货物贸易巨额顺差形成鲜明对比

20 世纪 90 年代中期以来，我国服务贸易长期保持逆差，并持续扩大（见图 5－2）。我国服务贸易逆差主要集中在运输服务、保险服务、专利使用费和特许费等行业。其中占服务贸易总额比重最大的运输服务的逆差额也最多，表明中国随着货物贸易扩大，运输服务提高得相对不够快，而不得不依靠服务贸易进口。

2008 年中国服务贸易进口增速高于出口，逆差规模进一步扩大。当年服务贸易逆差 118.1 亿美元，比上年增长 51.9%。从行业来看，运输、保险、金融、专有权利使用费和特许费这 4 个服务贸易行业出现逆差。其中，运输逆差为 119.1 亿美元，与上年基本持平；保险逆差为 113.6 亿美

（单位：亿美元）

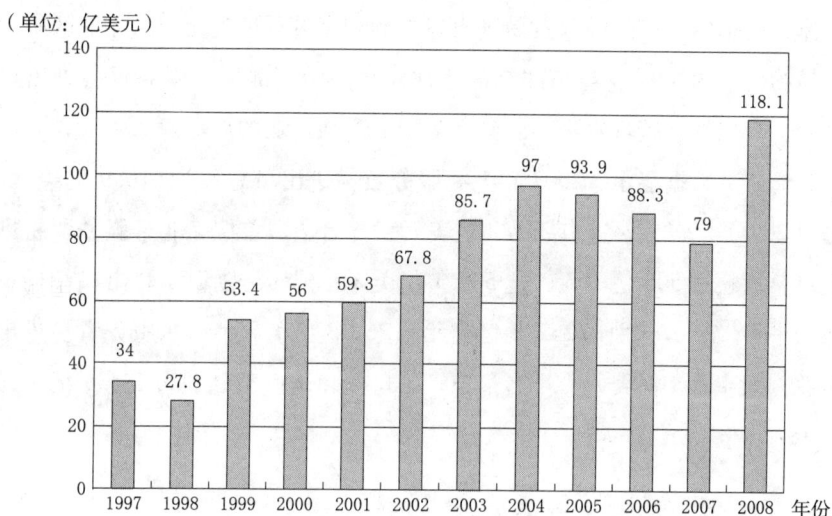

图 5 - 2　1997～2008 年中国服务贸易逆差

（资料来源：国家外汇管理局统计数据）

元，同比增长 16.4%；专有权利使用费和特许费逆差为 97.5 亿美元，同比增长 24.2%；金融逆差为 2.5 亿美元，同比减少 23.9%。2008 年中国服务贸易有 8 个行业实现顺差，其中建筑、旅游、咨询、计算机和信息、其他商业服务为顺差规模前 5 的行业，合计实现顺差 212.3 亿美元。

　　我国要寻求对外贸易长期的稳定平衡，服务贸易"减逆差"至关重要。而扭转服务贸易比重过低和长期逆差局面，需要有国内服务业的快速成长作坚强后盾。

　　目前中国服务业整体对外开放加速，服务业结构调整升级将加快，但由于中国服务业与服务贸易基础薄弱，短时间内还难以提高大部分服务行业的对外竞争力，特别是金融、保险、专有技术和技术咨询等高附加值服务产业。主要逆差项目短期内仍将维持逆差局面。

（四）服务贸易区域发展不平衡

　　东部各省为我国服务贸易主要进出口地区。2007 年上海、北京和广东三地服务贸易进出口总额合计占全国的 60.6%。此外，江苏、浙江、天津、山东四省市的服务贸易进出口总额均超过百亿美元，东部地区服务贸易约占全国80%。与东部地区相比，我国中西部地区服务贸易进出口总量规模仍处于较低水平，服务贸易形成东强西弱的局势。

商务部数据显示，2007 年上海服务贸易进出口总额为 610.9 亿美元，出口 269.1 亿美元，进口 341.8 亿美元，均居全国首位。北京服务贸易进出口总额超过 500 亿美元，达 503.1 亿美元，位居全国第二；出口和进口较为平衡发展，分别达 252.8 亿美元和 250.3 亿美元。广东服务贸易进出口总额为 407.4 亿美元，排名第三；出口额和进口额分别为 224.6 亿美元和 182.8 亿美元。

（五）服务贸易整体竞争力水平不高

与发达国家相比，我国服务贸易总体水平低，整体竞争力不高。目前，我国服务贸易有优势的部门主要是运输、旅游、建筑等传统的劳动密集型部门和资源禀赋优势部门，而全球贸易中发展迅速的金融、保险、咨询、电信等技术密集型和知识密集型服务业在我国还处于初步发展阶段，现阶段劳动力成本优势还是我国服务贸易竞争力的主要来源。以下运用相对显示性比较优势重点分析中美两国间的服务贸易竞争力。

RCA 指标可以反映一个国家服务贸易出口与世界平均出口水平的相对优势，其计算方法为：$RCA = (Xij/Yj) / (Xiw/Yw)$。其中，"$Xij$"代表 j 国 i 种服务的出口额，"$Yj$"代表 i 国所有货物和服务的出口额；"$Xiw$"代表世界 i 种服务的出口额，"$Yw$"代表世界所有货物和服务的出口总额。

为了更直接地了解中美两国的比较优势，可计算中美的相对 RCA 指数，即先分别计算中国与美国各自的 RCA 指标，再将两者相比：

相对 $RCA = $ 中国 RCA 指标/美国 RCA 指标

$$= [(Xij/Yj) / (Xiw/Yiw)] / [(Xim/Ym) / (Xiw/Yiw)]$$

$$= (Xij/Yj) / (Xim/Ym)$$

其中，"Xij"代表 j 国 i 种服务的出口额，"Yj"代表 j 国货物与服务总出口额;"Xim"代表 m 国 i 种服务的出口额,"Ym"代表 m 国货物与服务总出口额。

相对 RCA 指数表示的是两国相互之间服务贸易出口水平的优势比较,其与竞争力的关系是:

第一,相对 RCA 指数持续大于 1,表明该国此种服务具有静态比较优势,相对 RCA 指数越高,竞争力越明显;

第二,虽然相对 RCA 指数小于 1,但呈现不断上升趋势,表明该国此种服务具有动态比较优势;

第三,相对 RCA 指数持续小于 1,且没有明显上升趋势,表明该国此种服务具有比较劣势。

表 5-2 中国对美国服务贸易分部门的相对 RCA 指数

	2000 年	2001 年	2002 年	2003 年	2004 年	2005 年	2006 年
运输	0.28	0.34	0.33	0.35	0.38	0.37	0.58
旅游	0.64	0.68	0.65	0.44	0.48	0.44	0.61
其他服务	0.28	0.25	0.23	0.27	0.23	0.22	0.29
通讯服务	1.26	0.20	0.36	0.29	0.17	0.15	0.21
建筑服务	0.96	0.95	1.43	1.03	0.72	0.96	0.96
计算机和信息服务	0.24	0.29	0.32	0.37	0.42	0.47	0.74
保险服务	0.11	0.22	0.13	0.11	0.10	0.12	0.11
金融服务	0.02	0.02	0.01	0.02	0.01	0.01	0.01
专有权利使用费特许费	0.01	0.01	0.01	0.01	0.01	0.01	0.01
其他商业服务①	0.61	0.55	0.49	0.61	0.55	0.49	0.64
个人、文化和休闲②	0.01	0.01	0.01	0.01	0.01	0.03	0.03

(资料来源:根据 UNCTAD handbook of statistics on-line 数据计算)

---

① "其他商业服务"包括咨询、广告等。

② 包括电影、音像等。

表5－2显示，我国尚没有对美国具有静态比较优势的服务部门，相对比较具有优势的是建筑服务，相对 RCA 指数基本接近1，2002 年与2003 年曾经大于1，已经显示出一定的竞争力，但仍不能说明具有稳定优势。目前，我国对美国具有初步动态比较优势的服务部门为运输、计算机和信息服务。这两个部门的相对 RCA 指数六年来呈现比较稳定的上升趋势，尤其是 2006 年两部门指数超过 0.5。说明这两部门相对于美国同部门的竞争力虽然还有较大差距，但已有一定提升。我国大部分服务部门对美国呈现比较劣势，其中劣势最为显著的有金融、保险、专有权利使用费和特许费以及个人、文化和休闲。

根据商务部《2007 年中国服务贸易发展报告》中公布的 TC① 数据，也可以得出我国的服务贸易在劳动密集型的部门如旅游、建筑行业具有较强的国际竞争力，而在资本和技术密集型服务部门的出口竞争力极弱，特别是在知识和技术高度密集的保险、金融和专利权领域，几乎没有任何竞争优势。服务贸易内部结构的失衡严重制约了服务贸易整体竞争力的提升。

三、中国服务贸易发展的制约因素

服务业是服务贸易的基础。没有发达的服务业就不可能产生强大的服务贸易。我国服务贸易发展最主要的制约因素就是没有一个发达的服务业作为后盾，而当前我国扩大服务贸易与促进国内服务业发展仍存在若干不协调之处，这些不协调成为制约我国服务贸易发展的深层次原因。

---

① 是对一国（地区）服务贸易国际竞争力分析时较常使用的测度指标之一，它表示一国进出口贸易的差额占其进出口贸易总额的比重，常用于测定一国某一产业的国际竞争力。该指标作为一个与贸易总额的相对值，剔除了经济膨胀、通货膨胀等宏观方面波动的影响，即无论进出口的绝对量是多少，它均在 ±1 之间。指数值越接近 0 表示竞争力越接近于平均水平；指数值越接近于 1 则竞争力越大，等于 1 时表示该产业只出口不进口；指数值越接近于 -1 表示竞争力越薄弱，等于 -1 表示该产业只进口不出口。

（一）我国服务业整体发展水平与全球相比有很大差距

改革开放以来中国服务业有了长足的发展。如图 5-3 显示，服务业增加值及指数呈现快速增长势头，其增长趋势与工业增长都是比较陡峭的，但比工业略低。1978 年至 2005 年服务业平均增速超过了 10%。但我国服务业的整体水平与全球服务业发展相比仍有很大差距。目前全球服务业增加值占国内生产总值平均值达 67.7%，主要发达国家达到 70% 以上，即使是中低收入国家也达到了 43% 的平均水平。

（单位：亿元）

（单位：亿元）

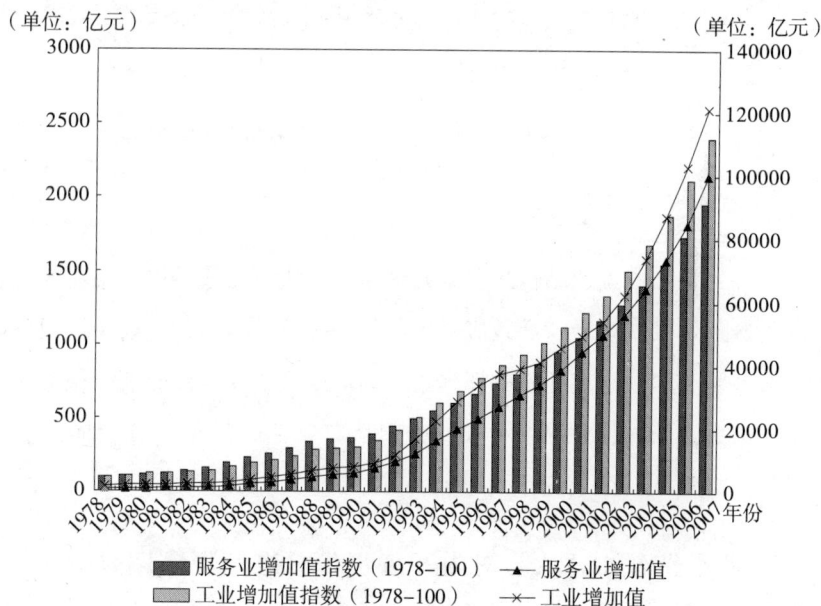

图 5-3　1978~2007 年服务业及工业增加值及指数

（资料来源：国家统计局历年《中国统计年鉴》）

我国服务业对其他国家的差距主要表现在服务业占 GDP 比重偏低（见图 5-4），基本保持在 40% 以下。1978 年以来，我国服务业增加值占 GDP 比重总体呈上升趋势，由 20% 上升到 40%，但各年比重均低于第二产业，尤其是 2002 年以来，服务业比重出现了下降和持平的趋势。

（单位：%）

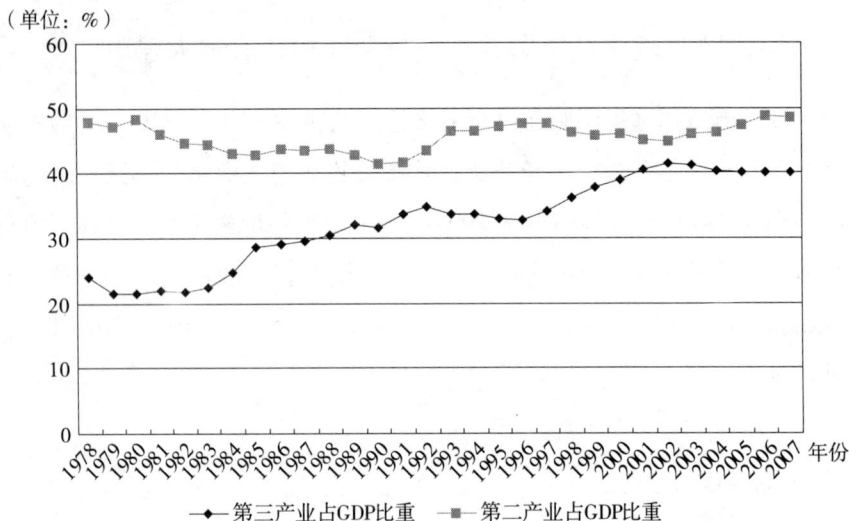

图 5 - 4 1978～2007 年第二、第三产业增加值占 GDP 比重

（资料来源：国家统计局历年《中国统计年鉴》）

另外，中国服务业结构扭曲，升级速度不快，尤其是以信息化为代表的现代服务业发展缓慢，导致服务贸易的国际竞争力弱。当前中国服务业的发展并没有像预计或期盼的那样进入高速或跨越式发展时期，服务业发展相对滞后的局面将会继续存在，中国从"工业经济型"社会向"服务经济型"社会的转变还任重而道远。

（二）服务业对外开放与对内开放步伐需进一步协调

加入 WTO 以来，中国服务业对外开放的领域不断扩大，而对内开放却明显不足。部分地方、部门观念转变滞后，相关法律法规不完善；市场准入方面还存在一些不适当的限制，民营企业的行业准入问题还存在着"玻璃门"现象，即"看得见、进不去"。或者即使费尽周折进去了，由于垄断企业的非市场化操作，民营企业还是无力抗衡。另外中小民营企业融资难一直是个老问题，尽管政府出台了许多政策，但由于金融机构还是按照自己的规矩开展业务，解决中小企业的融资难问题任重而道远。此外，社会服务体系不健全，政府监管和服务不到位。

党的十五大特别是十六大以来，中央提出了一系列促进民营经济发展的方针政策，宪法修正案明确了完善保护私有财产法律制度，2005 年国务院发布了《鼓励非公经济发展的若干意见》，明确提出了贯彻平等准入、公平待遇原则。允许非公有资本进入法律法规未禁入的行业和领域。允许外资进入的行业和领域，也允许国内非公有资本进入，并放宽股权比例限制等方面的条件。在投资核准、融资服务、财税政策、土地使用、对外贸易和经济技术合作等方面，对非公有制企业与其他所有制企业一视同仁，实行同等待遇。允许非公有资本进入垄断行业和领域、公用事业和基础设施领域、社会事业领域、金融服务业。2007 年国务院发布《关于加快发展服务业的若干意见》，提出要建立公开、平等、规范的服务业准入制度。鼓励社会资金投入服务业，大力发展非公有制服务企业，提高非公有制经济在服务业中的比重。凡是法律法规没有明令禁入的服务领域，都要向社会资本开放；凡是向外资开放的领域，都要向内资开放。

以上政策出台后，民营经济发展的外部环境日益改善。但服务业对内开放不足的问题仍然存在。我国服务业固定资产投资仍以国有投资为主导。

从制造业的情况看，2006 年固定资产投资中私人投资比重已经上升为第一位，2007 年有继续扩大的趋势。2004 年以来，我国制造业国有控股企业的固定资产投资呈明显下降趋势（见图 5-5），占总固定资产投资比例由 2004 年的 52.4% 下降到 2007 年的 26%，与此同时，制造业私人控股企业的固定资产投资比例迅速上升；由 2004 年的 14.2% 上升到 2007年的 56.1%。2006 年私人控股企业首次成为制造业领域固定资产投资比例最高的类型。与制造业相比我国服务业固定资产投资仍以国有投资为主（图 5-6）。2004 年以来国有控股投资比例有所下降，由 76.7% 下降到2007 年的 59.4%，同期私人控股企业固定资产投资由 14% 上升到32.9%，而外资企业固定资产投资比例则出现了小幅下降。

（单位：亿元）　　　　　　　　　　　　　　　　　　（单位：%）

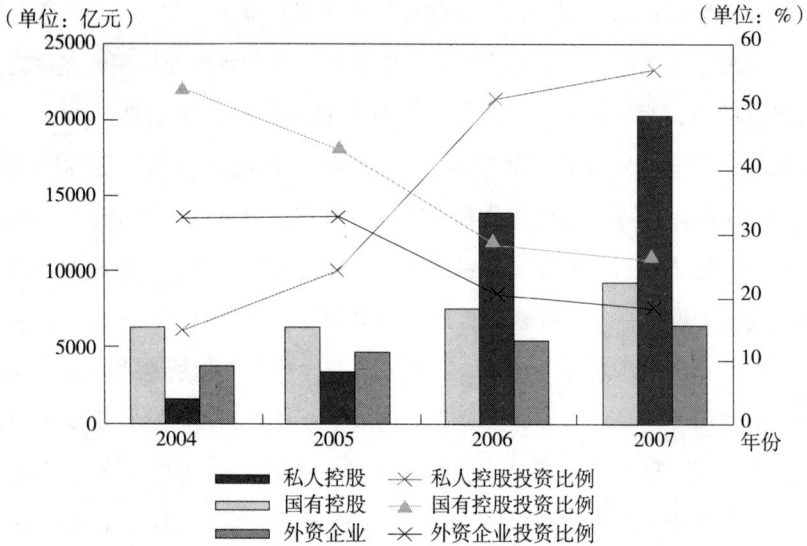

图 5-5　2004～2007 年制造业国有控股、私人控股和
　　　　外资企业固定资产投资及比例

（资料来源：国家统计局《中国统计年鉴 2005 年、2006 年、2007 年》）

（单位：亿元）　　　　　　　　　　　　　　　　　　（单位：%）

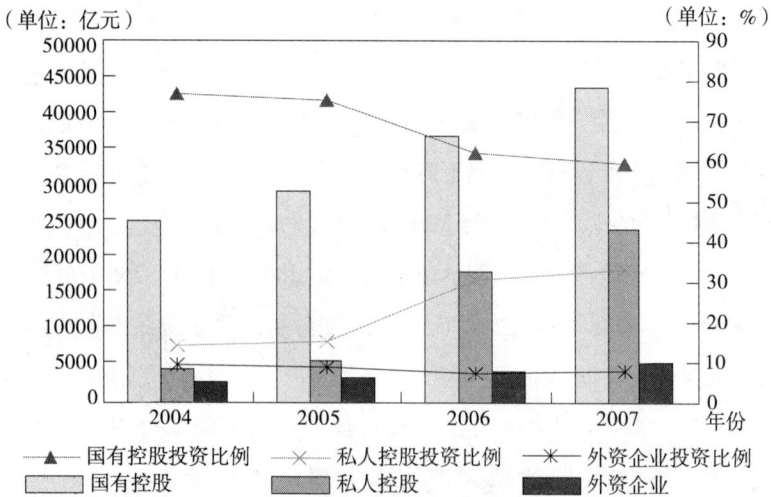

图 5-6　2004～2007 年服务业国有控股、私人控股和
　　　　外资企业固定资产投资及比例

（资料来源：国家统计局《中国统计年鉴》）

从服务业内部看，多数行业依然是国有投资主导（见图5-7）。主要包括金融业、交通运输、仓储邮政业、信息传输和计算机服务业、科学研究和技术服务业、水利环境和公共设施、电力燃气和水的供应设施、教育、卫生以及文化体育领域等。特别是在信息传输和计算机服务业，私人控股企业的固定资产投资甚至低于外资企业。从2006年的数据看，私人投资比例比较高的行业只有房地产业、批发零售业和住宿餐饮业，在服务业的其他领域均是国有投资为主导。

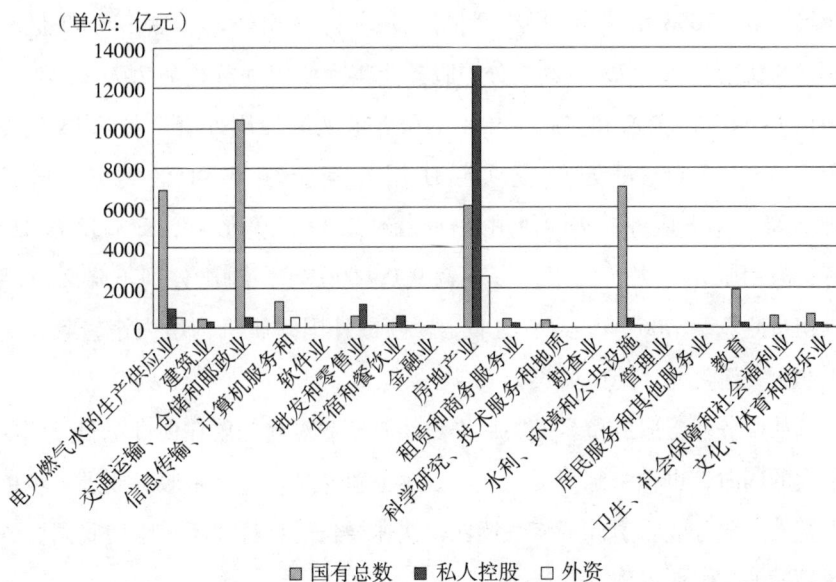

图5-7　2006年服务业各行业国有控股、私人控股及外资企业固定资产投资

（资料来源：国家统计局《中国统计年鉴2007年》）

（三）服务业吸引外资与服务贸易国际收支平衡间的不协调

从中国服务业吸引外资的情况看，外商投资于中国服务业的资本占其总投资资本的比重还不高，特别是与制造业相比，但外商在服务业的投资正在逐年增加，而且增长速度较快。入世是中国服务业吸引外资的一个分

水岭。入世后，中国服务业无论是吸引外资的总量还是结构都发生了相当大的变化；服务业吸引外资的增长速度明显高于其他产业，服务业从而有望取代制造业成为中国吸引外资的主要领域。从全球500强在中国投资设立的企业来看有两种趋势，一方面服务业跨国公司进入中国的数量越来越多，另一方面非服务业跨国公司在中国设立的企业中，从事商业、金融保险、资产管理、研发、咨询、技术培训等服务业务的也越来越多。

我国非金融服务贸易领域吸收外资主要集中于运输服务业、计算机应用服务业、分销服务业、旅游和与旅游相关的服务业、建筑业及金融服务业等领域。2006年非金融服务贸易领域实际使用外资金额146.92亿美元，同比增长25.79%。其中分销服务业实际使用外资金额7.73亿美元，增长48.46%；旅游和与旅游相关的服务业实际使用外资金额7.13亿美元，增长25.68%；建筑业实际使用外资金额6.88亿美元，增长40.35%。运输服务业实际使用外资金额12.39亿美元，增长3.43%；计算机应用服务业实际使用外资金额9.06亿美元，同比分别下降2.4%。据初步测算，2006年中国境内非金融领域外国附属机构境内销售收入达到913.2亿美元，同比增长23.5%。

从服务业与服务贸易的关系来看，服务业对外开放在促进了服务贸易扩大的同时，也在一定程度上加剧了服务贸易进口。未来服务业进一步扩大开放，服务业吸引外资将继续保持快速增长的趋势，不排除使我国服务贸易逆差扩大的可能。

外资企业管理和技术较为先进，跨国营销网络较为完备，熟悉国外市场，因此在服务贸易中具有较为明显的竞争优势。近年来我国外资企业跨境服务贸易规模不断扩大。2001～2006年，外资企业服务贸易总额从115亿美元增长到480亿美元，增长了3倍多，在我国企业服务贸易总额中的占比从37.7%上升到42.4%。交通运输仓储及通信业，以及制造业外资企业的服务贸易进出口构成了外资企业跨境服务贸易的主体。随着外商来华投资规模不断扩大，与境外经济交往日益密切，外资企业服务贸易进口也上升较快，从2001年的71亿美元上升到2006年的226亿美元，年均增速为 26%。2006 年我国服务贸易进口为 1008 亿美元，外资企业服务贸易进口占 22.4%。

2001～2006 年，外资企业在制造业、交通运输、仓储及通信业、社会服务业、批发和零售贸易餐饮业，以及科学研究和综合技术服务业跨境服务贸易进口所占比重较大，并且增长迅速。外资制造业企业跨境服务贸易进口从 2001 年的 45.03 亿美元增长到 2006 年的 123.53 亿美元；外资交通运输，仓储及通信企业从 13.58 亿美元增长到 72.52 亿美元；外资社会服务业企业由 2.59 亿美元增长到 7.57 亿美元；外资批发和零售贸易餐饮业企业从 1.71 亿美元增长到 6.41 亿美元；外资科学研究和综合技术服务业企业从 0.71 亿美元增长到 4.66 亿美元；外资金融保险业企业从 0.25 亿美元增长到 2.74 亿美元。

外资服务企业跨境服务贸易进口在我国跨境服务贸易总进口中的比重不断提高。外商制造业企业跨境服务贸易除 2004 年有 9.55 亿美元顺差外，其余年份均为逆差，而且逆差有扩大趋势。这说明我国与制造业相关的生产性服务业发展滞后。另外 2001～2006 年外资企业专有权利使用费及特许费和咨询服务均保持逆差，说明我国这两个行业发展落后。

（四）生产性服务业发展不足导致我国服务贸易结构不平衡

随着生产性服务业的发展和对生产提供服务的增加，服务业与制造业的边界变得模糊起来，出现了服务业与制造业的融合生长，并形成服务业与制造业一体化体系的趋势。生产性服务相对于生活性服务有更强的非本土性和可贸易性，从发达国家的情况看，一国生产性服务的发达程度往往决定了服务贸易发展快慢与份额大小。

目前全球生产型服务业的发展已经出现了大都市集群化的发展趋势，而且生产性服务业的国际转移趋势正在加快，并且跨国公司已经成为生产性服务业国际转移最重要的载体。目前生产性服务业投资已成为国家直接投资的主流之一，特别是发达国家生产性服务业转移趋势有所加快，而流向发展中国家的部分也在明显增加。以 OECD 国家为例，其 FDI 中服务业投资的总额明显高于制造业投资总额，而且主要集中在金融服务、商务服务等生产型服务领域。尤其是大型跨国服务企业以其质量高、创新快等优势，创造出新的管理方式、经营理念和发展模式，占据了行业的高端和主要市场份额。

近年来，我国服务业在保持较快发展速度的同时，内部结构也有所改善，物流、金融、信息服务等生产性服务业的带动作用开始显现。但总体来看，生产性服务业增加值的比重仍然较低，内部结构不合理，高端生产性服务业发展不快。2005 年我国生产性服务业增加值占全部服务业比重为 47.8%（见表 5-3）。而发达国家的生产性服务业占整个服务业的比重大约在 70% 以上，占 GDP 比重为 30% 左右。

表 5-3   2004～2005 年我国生产性服务业内部各行业增加值情况

（单位：亿元,%）

行业分类	2004 年		2005 年		变动	
	规模	比重	规模	比重	增幅	比重增加
服务业总计	64561.3	100	73432.9	100	13.7	0
交通运输、仓储和邮政业	9304.4	14.4	10835.7	14.7	16.5	0.3
信息传输、计算机服务与软件	4236.3	6.4	4768	6.5	12.6	0.1
金融业	5393	8.4	6307.2	8.6	16.9	0.2
房地产业	7174.1	11.1	8243.8	11.2	14.9	0.1
租赁和商务服务业	2627.5	4	2912.4	4	10.8	0
科学研究、技术服务和地质勘察	1759.5	1.2	2050.6	2.8	16.5	1.6
生产性服务业总计	30494.8	45.5	35117.7	47.8	15.2	2.3

（资料来源：《中国统计年鉴 2006 年、2007 年》）

从我国生产性服务业的内部结构来看，我国在高端生产性服务业方面与发达国家的差距更大。我国以金融、综合研究和科学技术、软件和信息服务业为核心内容的现代生产性服务业在全部生产性服务业中的比重只有

40%，占主体地位的仍然是交通运输和仓储业等传统生产性服务业。同时我国租赁与商务服务业发展也比较缓慢，份额偏低。

目前我国生产性服务业发展的主要制约因素有两个：一是由于体制和政策等原因，生产性服务业的市场准入门槛高于制造业，市场化程度偏低。银行、保险、电信、铁路、教育、新闻出版、广播电视等行业，仍保持严格的市场准入限制。二是外资制造业与本地生产性服务业关联程度不高，外资制造业中加工型、出口型企业偏多，多数属于跨国公司全球生产组织体系中的封闭环节。这些外资企业对本地金融机构的信贷服务需求少，对本地研发技术服务需求少，其所需要的高级管理人员培训、物流服务、法律服务、广告策划、市场调研等商务服务也表现出不同程度的外向化特征。外资制造业产业链向本地服务业增值部分的延伸受到抑制。

由于我国生产性服务业发展滞后，而制造业保持着大规模快速增长的势头，在本地生产性服务业不能满足制造业发展对服务业的需求的情况下，必然有一部分服务由进口来替代，这样就形成了我国服务贸易长期保持较大逆差的局面。

（五）服务业自主出口能力不足　服务外包亟须进一步发展

服务外包的本质是企业以价值链为基础，将非核心业务通过合同方式发包、分包或转包给本企业之外的服务提供者，以提高生产要素和资源配置效率的跨国生产组织模式。主要包括信息技术外包[①]（Information Technology Outsourcing，ITO）、业务流程外包[②]（Business Process Outsourcing，

[①] 指发包企业以合同方式委托信息服务供应商提供信息技术服务，包括软件开发运营、数据处理和数据库服务、IT支持服务、应用程序扩展及维护、系统集成、网络服务、企业综合解决方案、互联网接入服务、应用软件服务供应商等。

[②] 指打破企业各垂直职能业务之间的障碍，企业以长期合同的形式将部分业务委托给专业的服务提供商，充分利用外部技术和资源，由其按照合同的要求进行管理、运营和维护，包括销售服务、客户呼叫中心、财务处理、人力资源管理、薪酬服务、仓储物流及存货管理、供应链管理、产品设计与开发等。

BPO）和知识流程外包①（Knowledge Process Outsourcing，KPO）随着新一轮全球产业转移浪潮的到来，以服务业外包和高科技、高附加值的高端制造及研发环节转移为主要特征的新一轮全球产业结果调整正在兴起。发达国家的跨国公司中服务外包模式已发展得相当成熟，广泛应用于 IT 产业、金融保险、研究开发人力资源管理、会计法律等专业技术服务领域。制造型跨国公司正在向服务型转变，成为离岸服务外包最重要的载体。从国际贸易的角度看，离岸服务外包是一种新兴的加工贸易，即服务加工贸易。目前发展较快的部门主要有：软件开发、电脑信息、通讯、人力资源、媒体公关、金融、保险、医疗、文化、分销等。目前的离岸服务外包已经从最初的主要限于发达国家之间的水平分工，发展到在发达国家与发展中国家之间形成垂直分工的结构。

承接服务离岸外包业务，可以增加服务出口收入。因为服务业离岸外包主体大多是跨国公司，这些跨国公司通过建立分支机构承接有关联服务离岸外包业务，在推动承接国服务贸易出口中的作用很大，服务贸易存在逆差的发展中国家可以借此极大改善国际收支状况。

与服务外包相关的外商直接投资一方面可以扩大服务出口，另一方面也可以满足国内市场需求，尤其是承接出口导向新服务业的外国直接投资，可以给东道国带来良好的社会发展利益，包括提升产业结构、增加出口收入、创造就业、提高员工技能水平等。

从全球离岸服务外包情况看，发包方主要集中在美国、西欧和日本，主要的服务外包业务集中在这些有实力的跨国公司。从承接国看，澳大利亚、加拿大、爱尔兰和印度被视为发展最成熟的 ITO 与 BPO 接包市场，中国、菲律宾、墨西哥以及中东欧地区成为了强有力的竞争者。

从我国承接服务离岸外包业务的状况看，总体市场规模较小，但发展速度较快。美国和日本是最重要的服务外包出口市场，其次是中国香港和

---

① 是针对企业价值链的高端环节，主要涉及市场调研、投资评估分析、业务咨询、法律及保险服务、软件设计、专利申请以及系统嵌入等 RD 业务等。

欧洲。我国承接的服务外包类型主要集中在和制造业相联系的软件和 IT 服务外包方面。2006 年中国 IT 服务市场规模达到 595 亿美元，比 2005 年增长 17.8%。

虽然近年来在服务质量与资质认证方面，企业服务能力有所增强，但中国服务外包企业总体竞争力不足，缺乏有国际竞争实力的大型外包服务企业。服务企业管理粗放，开发流程有待细分，技术人员不成规模。相对于制造业，我国服务业市场化和国际化程度较低，生产性服务业及现代服务业发展滞后，导致服务外包成本很高，国内服务外包市场的市场主体和市场环境均处于发展的初级阶段，限制了我国服务企业承接国际服务外包的能力。另外，当前我国与服务外包相关的政策远不能满足服务外包发展的需要，如跨国并购的管制政策，项目外包的税收政策等与国际服务外包的发展并不配套。

目前我国技术水平高，合同金额大的高端服务外包业务，基本上都发生在外资企业，尤其是大型跨国公司。跨国公司已成为我国服务外包中高端市场的重要力量。总体上还没有真正意义上的本土服务提供商承接外国企业内部业务流程，基本上是跨国公司通过直接投资在中国建立共享服务中心，承接本企业或其他企业的业务流程外包。

四、政策建议

（一）统筹服务业对外与对内开放加大对民营资本开放

应积极推进国有资本在服务业的置换，推动民营资本进入中国的现代服务业"垄断"性行业。在自然垄断性质的服务行业引入市场机制，允许民营资本以"参股"等方式进入，形成投资主体及企业产权主体多元化的局面。对于非自然垄断服务行业，如民航、铁路等，应根据竞争规则，加快对非国有资本开放。应分步骤放松对现代服务业投资项目的行政审批，打破市场壁垒，改变部分服务行业垄断经营严重、市场准入限制过严的透明度低的状况。按照市场主体资质和服务标准，逐步形成公开透明、管理规范和全行业统一的市场准入制度。

应当根据不同服务行业的特征制定合理的市场准入门槛。市场准入门槛决定产业的组织形式和平均规模。根据不同产业发展特征确定合理的市场准入门槛，对于产业的健康发展至关重要。

（二）大力发展生产性服务业

应当明确通过大力发展生产性服务业带动整个服务业升级的思路，确定不同时期支持发展的重点服务行业，鼓励生产性服务业专业化发展，深化生产性服务业与制造业的协调发展。同时要注重垄断性生产服务业的改革，实行公平、公正的市场准入，合理引导民营资本及外资参与生产性服务业国有企业改组。积极推进电信体制改革，加快铁路投融资体制改革，深化国有银行、证券、保险等金融企业通过股权并购，多元参股的方式完善所有制结构和公司治理结构。

同时要配套和完善支持生产性服务业发展的政策体系。在税收政策方面，可以考虑将消费税的征税范围扩展到高档的消费性服务业，如娱乐业，这样可以引导社会资源向养老、教育、社区等消费性服务业和生产性服务业流动，以促进这些产业的发展。还应增加对生产性服务业的信贷支持，同时鼓励符合条件的服务企业通过发行股票、企业债券等直接融资渠道筹集资金，鼓励知识密集型生产性服务业企业创业投资。应重视和鼓励高新技术在交通运输、批发零售等传统服务业的渗透与运用，加快改造升级的步伐。在科技政策方面，关键是激活创新主体的动力与市场意识，建立以企业为主体的科研开发、技术创新机制。

由于生产性服务业，特别是高端生产性服务业大多是密集型行业，人力开发是生产性服务业健康发展的保证。因此应改革和创新目前的职业教育体制，树立职业教育必须面向市场的理念，将加强服务业人才培养作为职业教育的重要目标，努力创新服务业的人才培养机制，以培养大批高层次、高技能并熟悉现代管理的服务业专门人才为目标。

（三）将服务外包发展提高到战略高度

应当从战略上重视服务外包的发展。明确通过发展离岸服务外包，进而发展出口导向的服务业，将出口重心由加工制造业向加工服务业发展，优化服务贸易出口结构的思路。

我国承接离岸服务外包起步较晚，目前现实的选择是首先发展有关联的离岸服务外包，这必然涉及跨国服务企业的对外直接投资，在承接有关联的离岸服务外包达到一定规模后，与制造业加工贸易相类似，外资服务业企业将在服务外包中占主要地位。通过外资服务企业的外溢效应，逐步带动本地企业提高服务能力，进一步发展无关联的离岸服务外包。

要充分利用现有的制造业基础，发展生产性服务业外包，鼓励在华跨国公司发展在岸的服务外包，同时吸引有实力的服务外包企业来华投资，提升我国对第三方服务外包的承接能力。

在积极发展有关联的离岸服务外包的同时也要注重发展本地服务外包。对于我国企业的服务外包，应鼓励企业采取在岸服务外包的形式，扩大与国内服务业的关联度。近期可以重点发展的服务外包行业主要是以货物贸易为基础的服务业，如运输业、金融保险业、营销行业等。

应当鼓励本地服务业与国外外包企业建立战略性合作关系。鼓励有条件的企业制定服务外包输出战略，与大型跨国公司进行分包合作，时机成熟后可以到国外设立分公司，通过在海外承接业务分包给国内企业发展间接离岸服务外包。

（四）加快服务业与制造业的融合

从制造业与服务业的互动关系看，制造业是服务业发展的前提和基础。特别是生产性服务业的发展依赖于制造业的发展，制造业是服务业产出的重要需求部门，服务业产出的相当比例是用于制造业部门生产的中间需求。另一方面，制造业的良性发展离不开生产者服务业的有力支撑。许多生产者服务部门，如金融、保险、电信、会计、技术服务、咨询、R&D、物流等，都是支持制造业发展的重要部门。生产者服务能够提高制造业劳动生产率和产品的附加值，形成具有较强竞争力的制造业部门。因此，制造业整体水平和产品品质的提升，依赖于服务的附加和服务业的整合。服务作为一种软性生产资料正越来越多地进入生产领域，对提高经济效率和竞争力产生重要影响。

深化制造业与服务业的专业分工，既可以为生产性服务业的发展提供巨大的空间，也有助于提升制造业自身的竞争力。因此应当积极推动制造业服务化的趋势，促进两者的融合与互动发展，为生产性服务业的发展创造出广阔的市场需求。应鼓励制造业企业实现业务主辅分离，将非核心业务外包，以实现专业化经营。

（五）建立促进服务业和服务贸易发展的管理协调机制

我国服务业和服务贸易的管理一直处于各自为政的状态，各职能部门多头、交叉管理，条块分割现象十分严重。这既不利于国内服务业的发展和对内开放，也不利于我国服务贸易的对外谈判和对外开放。所以，应该尽快建立促进服务业和服务贸易发展的管理协调机制，明确服务贸易的管理范畴，建立国际服务贸易管理的组织机构和协调机制。服务贸易涉及诸多部门，有必要成立全国性的服务贸易管理组织。对服务业的管理并非政府通过经济或行政手段直接干预服务贸易市场，而是在政府的相关法规、政策引导下，对服务业进行法制化管理，并通过一些半官方和非官方的行业协会、同业组织引导和监督服务业进行自我约束和自我管理。

（六）加大服务业人才培养力度

大力培养和引进适应全球化发展的服务业人才，提高从业人员素质，培养熟悉国际服务贸易的复合型人才。加强对服务业人员的短期培训，使其尽快了解和熟悉《服务贸易总协定》的有关条款及中国服务业面临的挑战和机遇，以提高国际服务贸易的市场竞争力。

（七）加速企业自主创新

加速服务业企业的自主创新，培育有国际竞争力的服务业企业，提高服务业研究和基础设施的投入。引导企业积极参与国际服务业竞争，继续开放服务市场，积极有效利用外资，有序承接国际现代服务业转移，还要改进外汇与资本流动管理，支持有条件的服务企业到境外投资。

参考资料目录：

1. 裴长洪，彭磊著：《中国服务业与服务贸易》，社会科学文献出版社，2008 年版。

2. 刘庆林：《应对服务贸易开放的几点思考》，《求是》2004 年第 6 期。

3. 沈明其：《我国服务贸易国际竞争力弱的成因及对策》，《商业研究》2008 年第 1 期。

4. 汪素芹，胡玲玲：《我国生产性服务贸易的发展及国际竞争力分析》，《国际商务——对外经济贸易大学学报》2007 年第 6 期。

第六章

加入GPA对我国政府
采购制度的影响及应对
谈判的原则建议

王　悦

一、WTO《政府采购协定》主要概况

（一）WTO《政府采购协定》的背景与由来

国际上对政府采购（Government Procurement）没有通用的定义，从国际通行规定看，通常是用法律形式确定的适用范围来对政府采购进行规定。政府采购的范围由三个要素构成：采购实体范围、采购行为范围及采购对象范围。关贸总协定（GATT）将政府采购规定为：政府机构采购供政府公用、非商业转售或非用以生产供商业销售的物品（见 1994GATT 第3.8（a）条）。WTO《政府采购协定》中对政府采购的适用范围做了详细的规定，概括为：中央政府采购机构、下级中央政府采购机构和其他采购机构租赁、购买货物、服务、工程（见《政府采购协定》2007 年文本第二条适用范围）。联合国国际贸易法委员会《贸易法委员会货物工程和服务采购示范法》中将政府采购规定为：一国从事采购的任何政府部门、

机构、机关或其他单位或其任何下属机构以任何方式获取货物、工程或服务的行为（见《贸易法委员会货物、工程和服务采购示范法》第 2 条）。采购实体范围主要指公共部门，这是确定政府采购范围的前提条件。采购实体既有政府机构又有公用事业单位，有的国家甚至包括国有企业和政府扶植的私人企业；采购行为包括购买、租赁、雇佣等方式；采购对象既有货物和服务，也包括工程。

政府采购不仅仅是指具体的采购过程，还包括采购政策、采购方式、采购程序、监督机制、救济途径等采购规范的总称，是一种对公共采购进行规范管理的制度。

在市场经济条件下，政府采购的功能具有两面性，从微观层次上看，政府采购是一种市场行为，他与私人采购一样，追求效益最大化，体现市场经济的竞争原则。从宏观层次上看，他是一种宏观调控手段，发挥重要杠杆作用，以实现政府多种经济目标，如政府采购可以优先购买国货来保护民族产业；通过对中小企业放松市场准入条件，增加中小企业中标机会来促进中小企业的发展；通过调整采购内容，重点扶持某些产业发展；在需求不足时，扩大政府采购规模来扩大内需，拉动经济增长等等。

1946 年在起草《关税与贸易总协定》时，由于当时政府采购的市场份额和规模还不大，因此将其作为例外，排除在总协定约束范围之外。但是随着政府采购规模越来越大，其对国际贸易发展的影响日渐显著，由于政府采购不受关贸总协定国民待遇的限制，造成大量歧视性的政府采购，政府常常通过它的采购决策实现某些国内政策目标，例如，在扶植本国某些行业部门或商业集团时规定禁止采购外国产品或服务，或者以不太公开的措施或策略排挤外国的产品、服务和供应商参与国内政府采购市场的竞争机会，等等。这种歧视性的政府采购和实践成为一种新型贸易壁垒。

随着经济全球化和贸易自由化的逐步发展，以及对歧视性政府采购政策的贸易约束的后果的不断了解，为规范各国采购体系，GATT 中的一些发达国家于 1979 年在 GATT 东京回合谈判中正式签署了第一部《政府采购协议》（GPA），并在 1981 年正式生效。它是各参加方对外开放政府采购市场，以实现政府采购国际化和自由化的法律文件。该协议只约束签字接受它的 GATT 缔约方，未加入该协议的缔约方无需承担协议所规定的义务。从 1987 年开始，历经 7 年谈判，GPA 各缔约方于 1994 年 4 月在摩洛哥马拉喀什签署了修改后的协议，即《政府采购协议（1994）》（GPA），简称"1994 协议"。该协议成为 WTO 乌拉圭回合谈判框架内四个诸边协议①中的一个，于 1996 年 1 月正式生效。当时，WTO 成员方中只有一小部分接受了 GPA，共有 13 个缔约方和 20 个观察方，而且几乎全是发达成员。为吸引更多 WTO 成员加入 GPA，自 1998 年又开始在增加发展中国家特殊差别待遇、进一步扩大市场准入水平等方面对 1994 协议进行修订。具体谈判内容包括成员方增加受 GPA 管辖的政府团体，提高 GPA 项下采购合同的价值门槛要求，进一步降低发展中国家和最不发达国家的适用门槛要求等。2006 年 12 月 8 日，WTO 政府采购委员会针对 1994 协议中"非市场准入"条文的修改达成初步共识，并将这项协议列为"封存文件"，待与市场准入有关的内容修改完成后，一并成为新协议内容，即WTO《政府采购协议（2007）》（简称"2007 协议"）。新协议的谈判定于 2007 年年底结束，目前协议各方仍就扩大政府采购的范围继续谈判。GPA 委员会为此同时提出了 1994 协议与 2007 协议共存时期的过渡安排②。2007 协议将是未来新加入成员的谈判基础。

概括地说，我国加入 GPA 意味着：在非歧视原则下，我国要向其他成员的供应商开放政府采购市场，同时我国的企业也可以进入其他成员的政府采购市场，享受与其本国企业同等的"国民待遇"。

（二）目前 GPA 主要签约国与签约情况

截止到目前，GPA 共有 40 个成员方，覆盖了主要发达国家和地区。

---

① 诸边协议由世界贸易组织成员参加，仅对签字成员具有约束力。四个诸边协议是政府采购、民用航空器、牛肉和奶制品协议，其中，牛肉和奶制品协议已经于 1997 年到期结束，目前仅保留了两个诸边协定，即《政府采购协议》和《民用航空器协议》。
② 见附表和附录本文附录 1《1994 协议》同《2007 协议》共存时期的安排。

已经提出了申请、正在加入 GPA 进程中的有 9 个国家和地区。目前取得观察员资格的国家和地区有 19 个，另外还有 4 个国际组织也是 GPA 的观察员①。我国目前具有 GPA 观察员资格，并在 2007 年 12 月 28 日向 GPA 递交申请书及出价清单。

（三）WTO《政府采购协议》主要内容概述

WTO《政府采购协议》的目标主要有两方面：一是通过建立一个有效的关于政府采购的法律、规则、程序和措施方面的权利与义务的多边框架，实现世界贸易的扩大和更大程度的自由化，改善并协调世界贸易现行的环境。二是通过政府采购中竞争的扩大，加强透明度和客观性，促进政府采购程序的经济性和高效率。

GPA 主要由两大部分组成，第一部分包括序言和 24 个条款，第二部分为 GPA 的附录，其体现的基本原则可以归纳以下几方面。

（1）国民待遇与非歧视待遇原则。各缔约方不得通过拟订、采取或实施政府采购的法律、规则、程序和做法来保护国内产品或供应商而歧视外国产品或供应商。

（2）公开性原则。各缔约方应公开政府采购相关的法律、规则、程序和做法。

（3）对发展中国家的特殊和差别待遇原则。考虑到发展中国家的经济和社会发展目标、国际收支状况等，有关缔约方应向发展中成员、尤其是最不发达国家提供特殊待遇和差别待遇，以照顾其发展、财政和贸易的需求。

（4）例外原则。对涉及各国国家安全的采购，包括武器、弹药、战略物资的采购，或与国家安全及国防密切相关的连带采购，以及涉及维护公共道德、公共秩序、公共安全、人民与动植物的生命或健康、知识产权、保护残疾人组织、慈善机构或劳改产品等方面的采购，不适用 GPA。

---

① 见附表和附录 2 表 1.1 截至 2009 年初 GPA 主要签约方与签约情况一览表。

其主要内容包括：

第一，采购实体。GPA 规定的采购实体是"政府或直接或基本上受政府控制的实体或其他由政府指定的实体"。加入 GPA 的缔约方将提供一份采购实体清单，并列入协议附录一①的附件 1"中央政府实体"、附件 2"地方政府实体"和附件 3"其他采购实体"。只有列入清单的单位才接受"协议"的约束和支配，名单以外的其他政府部门或地方政府的采购则不受约束。

第二，采购对象。GPA 规定的采购对象主要指货物以及附录一中附件 4、附件 5 所列的服务和工程采购。清单以外的项目以及例外原则中所涉及项目的采购不适用 GPA。

第三，门槛价。政府采购的合同价值要达到协议或成员方经谈判达成的最低限额，才受协议约束。总体来说，附件 1 中所列中央政府采购实体购买总价值在 13 万特别提款权（SDR）以上的货物和服务，以及 500 万特别提款权（SDR）以上的工程服务，在附件 2 和 3 中所列的地方政府和其他采购主体的起点金额较高。在附件 4、5 中列明服务和工程采购的适用范围②。低于门槛价的政府采购不受 GPA 约束。

第四，采购方式。GPA 规定采购方式主要有以下四类：

（1）公开招标采购。

（2）选择性招标采购。

（3）限制性招标采购。

（4）谈判式采购。

第五，质疑程序。GPA 主要规定了磋商、质疑与争端解决三个方面：

（1）磋商。GPA 规定了供应商可以对违反的情况提出质疑，每一成员应鼓励供应商通过与采购实体进行磋商来解决所质疑的问题。

（2）质疑。GPA 规定，每一成员应提供一套非歧视的、及时、透明

---

① 1994 协议附录一的具体内容包括：附件 1 中央政府实体、附件 2 地方政府实体、附件 3 其他实体和企业、附件 4 服务、附件 5 工程服务。

② 见附录和附表 3 表 1.2GPA 部分成员方不同采购实体和不同采购对象门槛价。

且有效的质疑程序。GPA 第 20 条规定，当一供应商对违反 GPA 的某项采购提出质疑时，每一缔约方应鼓励该供应商通过与采购实体进行磋商来解决质疑；有关供应商应在知道或应当知道该项质疑之日起 10 天内开始质疑程序，并通知采购实体；各项质疑应由一家法院或与采购结果无关的独立公正的审议机构进行审理；为纠正违反 GPA 的行为，确保商业机会，质疑程序中可以采取暂时的果断措施，在决定是否采取这种可能造成该采购过程中断的措施时，应考虑可能对有关利益包括公共利益产生的重大不利后果。同时，为维护商业和其他有关方面的利益，质疑程序一般应及时结束。

（3）争端解决。GPA 规定各成员之间争议的磋商和解决，除了 GPA 中的一些特别规定外，其他均适用 WTO 争端解决机制。

（四）2007 协议与 1994 协议的主要区别

2006 年 12 月，世界贸易组织政府采购委员会通过了对 GPA 的全面修订，形成了"2007 协议"。此次修订是 GPA 自 1981 年实施以来的第三次重要修改。能否在 GPA 框架下开放更多的政府采购市场，是各方关注的一个焦点。而 GPA2007 通过后，所有加入 GPA 的谈判都应以此为准。GPA2007 与我国的加入休戚相关。一方面发展中国家的门槛降低，有利于我国的加入，另一方面缔约方需扩大政府采购的范围，这对我们又是一种挑战。

2007 协议主要做了以下几个方面的修订：

一是通过澄清，使得 GPA 的文字更为透明和易读。如将"涵盖的采购"定义为符合以下条件、并为政府用途所做的采购：列于缔约方附录一的采购实体；缔约方附录一内列出的货物及服务；不用于商业销售或转售，也不用于生产或供给商业销售或转售目的而需要的货物或服务；价值等于或超出适用门槛价的采购以及未另外排除的其他所有采购。

二是重排条款次序，使其更加符合采购程序的实际操作顺序。比如，修订后的 GPA 采购程序是按照通告、供应商资格、技术规格及招标文件、评标和合同授予、国内审议程序依次排列的，这与政府采购实际操作程序相吻合。

三是包含了一些新规定，以适应政府采购实践中出现的新情况。例如，缩短了一般性采购商品和服务的招标期限，由原先的40天缩短为13天。再如，使用和鼓励使用电子化手段进行采购。

四是扩大并澄清了发展中成员适用的过渡措施，主要包括：可以对国产产品给予价格优惠①、允许发展中成员采用贸易补偿②、逐渐增加受GPA约束的采购实体或行业，在过渡期内允许采用更高的门槛价。这些措施要以各方谈判结果为基础。

五是延长了发展中成员履行协议义务的期限。最不发达国家为其加入本协议5年后，当履行其相应义务。发展中成员为其加入协议后，履行义务的过渡时间不能超过3年。

六是改善了修改涵盖范围的流程，以配合新内容的制订。如，一成员方意欲从附录一撤出某采购实体，而各方对该实体所受的政府控制或影响是否已经消除出现分歧，可通过仲裁程序解决。

七是2007年版本的GPA还将政府采购过程中避免利益冲突和打击腐败行为纳入序言当中，并且作为立法宗旨。

（五）中国加入《政府采购协定》的进展情况

中国政府履行加入世贸组织时的承诺，于2007年12月28日向GPA递交申请书和出价清单。我国GPA初步出价清单由四个附件和总备注构成。其中，附件一包括外交部、国家发展和改革委员会、教育部等50个

---

① 价格优惠，即在国内外产品性能相同的情况下，允许给予国内产品价格优惠，优先购买本国产品。如欧盟于1993年1月规定，自来水、能源、运输及通讯等公共事业在采购时，必须采购当地产品50%以上，凡3%价格差异以内的，应优先采购欧盟产品。

② 贸易补偿，即采购国为了培育当地产业或是为了改善国际收支，要求得标的外国供应商需达到某个比例的国内采购，或者必须转移某项技术，或者需在国内建厂制造等。如美国，根据1991年的道路运输效率法规定，各州接受联邦运输部补助采购包括轨道车辆等大众运输机械时，在其采购成本中必须有60%以上的美国产品，而且车辆最后须在美国国内组装。

中央部委，附件三包括新华通讯社、中国科学院、中国社会科学院等 14 个中央事业单位，附件四是设备和机械租赁、国外培训等两类服务项目，附件五是公用房和住房建设两类工程项目，总备注主要是载明我国与 GPA 成员谈判的基本原则以及不适用于 GPA 的情形等。其中，GPA 出价清单中附件二，用于载明开放的省级地区采购实体，但我国的首份出价清单暂未编列附件二。

根据这份出价清单，我国中央采购实体货物、服务和工程项目的政府采购门槛价分别为 50 万特别提款权、400 万特别提款权和 2 亿特别提款权；其他采购实体的门槛价则是 90 万特别提款权以上的货物项目和 3 亿特别提款权以上的工程项目。

2008 年 2 月中方在日内瓦与 GPA 成员方进行了首轮会谈，讨论了出价清单和中国要享受的待遇，并在政府采购委员会会议上作了多边答辩。我国已经进入加入 GPA 的谈判阶段。

在首轮谈判中，虽然 WTO 秘书处和 GPA 成员对我国按时按承诺提交申请和初步出价清单给予高度肯定，但 GPA 成员普遍认为我国出价过于保守，不同程度地表示失望。主要有以下几点：一是认为中国不是发展中国家，不应享受补偿贸易等特别待遇，要求按照其他 GPA 成员的开放水平出价；二是认为我国出价与他们的期望差距太大，要求我方将门槛价降至合理水平，增加省级采购实体和国有企业，扩大货物、服务和工程开放项目，减少例外情形，取消或缩短过渡期，货物、服务和工程采用通用分类标准；三是认为我国应尽快提交国情报告，以便他们全面了解我国政府采购法律、政府组织结构和行政管理体制等情况，从而更有效地开展谈判。

2009 年度，财政部的主要工作是根据程序，完成并提交政府采购国情报告，同时将举办一系列培训班，请欧美专家来华授课，加强中央单位和地方有关人员对 GPA 的认识和了解，为开展 GPA 研究和谈判应对提供借鉴。其中，与欧盟联合举办的两期政府采购研讨会已经圆满结束。

2009 年 GPA 谈判工作组的工作任务主要包括四个方面：1. 加强基础

性研究；2. 研究提出加入 GPA 谈判的长期工作规划；3. 研究提出配套改革建议；4. 研究提出 2009 年谈判预案。为了提高工作效率，增强研究工作的针对性，工作组成员单位划分为综合组、工程组、服务组、企业组和军事组 5 个小组，把任务分解到每个小组，并对每个小组提出工作时间表和工作要求。

按照世界贸易组织的指导性规定，此类谈判需在 18 个月内结束，但事实上即便发达国家也极少能在 18 个月内完成谈判。从目前掌握的最新情况看，GPA 成员认为，我国提交的初步出价与他们的期望存在较大差异，尤其是对地方政府和国有企业未列入清单反应强烈，中国加入 GPA 的谈判恐怕很难如期结束。

二、加入《政府采购协议》对中国现行制度的影响

（一）中国现行政府采购制度评价

政府采购制度作为公共财政制度的重要组成部分，在西方国家已有二百多年的历史。但我国是在确立要建设适合社会主义市场经济体制的公共财政体系后，才逐步开展，不断完善这一制度的。客观评价我国现行的政府采购制度，对了解与政府采购国际惯例的差异与不足有重要意义。

起步较晚。我国政府采购工作试点始于 1995 年，1995 年上海市财政局首先开始进行采购试点，自 1998 年扩大试点。2000 年起在全国铺开。

采购规模急速增大。根据财政部曾经公布的全国政府采购统计信息，1999 年为 130 亿元，2006 年扩大到 3681 亿元，2008 年为 5900 亿元。2002～2008 年，政府实际采购规模年平均增长 34%①。

---

① 以当年价格计算，详见附表和附录表 1.3　1998～2008 年我国政府实际采购规模增长情况。

政府采购的范围不断扩大。由单纯的货物类扩大到工程类和服务类。货物采购由车辆、计算机设备、医疗设备等标准商品逐步扩大到电梯、取暖用煤、建材等非标准商品。工程采购项目由办公楼建造、房屋装修维修扩大到道路修建、市政设施等大型建设项目。服务项目由会议接待、车辆加油扩大到网络开发、项目设计等技术含量较高的领域。2008 年内蒙古、黑龙江、安徽、广西等省将工程采购纳入政府采购管理。河北、辽宁、吉林、河南等省还将中小学义务免费教科书、农机和农险采购等都纳入了政府采购范围。2009 年扩大内需 4 万亿元投资计划中的 10 项措施，绝大部分都与政府采购密切相关，预计未来几年采购规模和范围将会大幅增长。

重视政府采购立法工作。1999 年我国颁布了《中华人民共和国招标投标法》。2002 年 6 月 29 日《中华人民共和国政府采购法》由全国人大常委会审议通过，自 2003 年 1 月 1 日正式生效，我国采购制度领域有了自己的基本大法。围绕《政府采购法》这一核心初步形成了政府采购制度法律框架。2007 年继续修改和审议的有《中华人民共和国政府采购法实施条例》；修订的有《政府采购货物和服务招投标管理办法》、《政府采购供应商投诉处理办法》；制定的有《政府采购非招标采购方式管理办法》、《政府采购分散采购管理办法》等几个具体管理办法。《政府采购法实施条例》目前已列入《国务院 2009 年立法工作计划》力争年内完成。

组织建设较完备。1998 年，国务院根据建立政府采购制度的需要和国际惯例，明确财政部为政府采购的主管部门，履行拟订和执行政府采购政策的职能。随后，地方各级人民政府也相继在财政部门设立或明确了政府采购管理机构，负责制定政府采购政策，监督管理政府采购活动。目前，各地政府采购机构建设已基本完成，绝大多数地方政府设立了政府采购管理机构和执行机构。2003 年 1 月 1 日开始实施的《中华人民共和国政府采购法》进一步以法律的方式界定了：各级人民政府财政部门和其他有关部门为政府采购相关活动的监督管理部门。

政府采购信息管理系统框架初步建成，电子信息手段逐步应用。为了实现政府采购工作的公开和透明，并按照国际惯例，财政部门已指定

"中国财政报"、"中国政府采购杂志"、"中国政府采购网"为全国政府采购的信息发布媒体。各地政府采购部门都建立了地方政府采购网站,建立起市场调查和信息处理系统,部分政府采购网实现了网上招标投标。北京、浙江、河南、广东、福建等省份,山东烟台、河北邯郸、江苏苏州等地市,建立了涵盖全省(市)政府采购管理交易全过程各个环节的电子化系统。2008 年,通过"政府采购网上监管系统",对已发生的 1567 项政府采购项目实施了全程监控,预先发现可能存在的问题 231 项,经过提醒纠正了 221 项。

部分政府采购已采用国际规则,积累了国际招标的可贵经验。虽然我国没有开放政府采购市场,但由于国际金融组织贷款的采购必须按照国际规则,实行国际竞争招标,因此在国际招标方面已积累了可贵的经验。

(二)《政府采购协议》(GPA)与中国政府采购制度的差异

建立在市场经济自由竞争理论和公共财政原理基础上的《政府采购协议》(GPA)与我国刚刚建立的政府采购制度有较大的差异。

首先,从资金来源看。我国按《政府采购法》开展采购活动的采购项目,其项目资金应当为财政性资金。资金来源是界定我国政府采购项目的主要标准之一。而国际惯例中资金来源不作为标准,因为实行政府采购制度的发达国家,市场发育程度高,政府职能和事权清晰,政府行为和市场行为界定严格,财政资金供给范围与政府职能和事权对应紧密。因此,对采购主体作出规定,也就对资金作了规定,不需要再强调资金来源。

其次,从采购主体看。我国《政府采购法》规定的采购主体不包括以国有资产运作的国有企业和国家控股公司。而按照 GPA 的原则,凡是用政府财政支出中的政府消费支出和投资支出项目或凡是具有公共职能性质的采购,无论采购主体是政府单位、公共机关还是国有企业或者民营企业,都要纳入政府采购法所规范的主体范围。

第三,从采购对象看。根据我国《政府采购法》第二条规定,政府采购的对象包括货物、工程和服务三大类。其中的物品,包括原材料、燃料、设备、产品等；工程是指建设工程，包括建筑物和构筑物的新建、改建、扩建、装修、拆除、修缮等，不包括网络工程、信息工程等与土建无关的工程项目①；服务是指除货物和工程以外的其他政府采购对象，包括专业服务、技术服务、维修、培训和劳动力等。而 GPA 的对象范围更加广泛，几乎涵盖了所有的货物，同时包括了知识产权、专利技术等知识经济条件下的交易内容。尤其是 2007 协议对采购对象作了更加广泛的定义。如工程服务是指"按照联合国核心产品分类法第 51 部分中以任何手段进行市政或建筑物建设"，而不仅仅是与土建有关的建设工程。

第四，政府采购最低限额看。GPA 规定各缔约方经谈判确定采购实体清单、采购对象清单②和采购合同的限额。依据国际惯例，地方政府的采购合同起始限额均高于中央政府采购合同的起始限额。只有同时在清单内和在限额以上的政府采购活动才受 GPA 协议约束。我国对政府采购活动规定了两个标准：一是纳入集中采购目录的采购项目；二是排除在集中采购目录之外，但在规定的采购限额标准以上的采购项目。集中采购目录的确定方法在我国《政府采购法》第七条中作了规定，其中，属于中央预算的政府采购项目，其集中采购目录由国务院确定并公布；属于地方预算的政府采购预算项目，其集中采购目录由省、自治区、直辖市人民政府或者其授权的机构确定并公布。限额标准的确定方法在我国《政府采购法》第八条作了规定，即属于中央预算的政府采购项目，由国务院确定并颁布；属于地方预算的政府采购项目，由省、自治区、直辖市人民政府或者其授权的机构确定并公布。如中央预算单位 2007 ~ 2008 年政府采购目录及标准（见国办发［2007］30 号文件 2007 年 5 月 9 日印发）规定：政府集中采购目录中所列项目必须按规定委托集中采购机构代理采购；部

① 政府采购法知识问答＞＞＞总则＞＞＞适用范围 http://www.ccgp.gov.cn/web/cgf/zongze2.asp

② 采购实体清单指 GPA 附录一中的附件 1　中央政府实体、附件 2　地方政府实体、附件 3　其他实体和企业。采购对象清单指附件 4　服务、附件 5　工程服务。2007 年协议缔约方仍在考虑是否对附录 1 增加一个关于货物的附件。

门集中采购项目中项目原则上应当实行部门集中采购。部门集中采购由部门自行组织，可以委托集中采购机构或政府采购代理机构采购；除政府集中采购目录和部门集中采购项目外，各部门自行采购（单项或批量）达到 50 万元以上的货物和服务的项目、60 万元以上的工程项目应执行《中华人民共和国政府采购法》和《中华人民共和国招标投标法》有关规定。政府采购货物或服务的项目，单项或批量采购金额一次性达到 120 万元以上的，必须采用公开招标采购方式。政府采购工程公开招标数额标准按照国务院有关规定执行。200 万元以上的工程项目应采用公开招标方式。

第五，从采购方式看。我国《政府采购法》规定，政府采购的方式包括公开招标、邀请招标、竞争性谈判、单一来源采购、询价以及国务院政府采购监督管理部门认定的其他采购方式，并明确规定公开招标应作为政府采购的主要采购方式（第二十六条）。比较来看，GPA 规定的三种采购方式，即公开招标、选择性招标和限制招标，虽然在概念上与我国的政府采购法所规定的采购方式有所不同，但是其适用条件和基本程序是一致的。差距在于 GPA 对采用何种采购方式有严格的条件限制。它具体规定了有关采购信息的发布（招标公告或投标邀请的公布及采购结果的公布）、招标文件（招标文件的内容、技术规格的编写要求）、投标截止期限、投标开标和授予合同（投标方式、投标迟到的处理、开标、授予合同）、招标过程中的谈判、透明度、资料提供义务（采购实体的资料提供义务与缔约方政府的资料提供义务）等事项。

第六，从质疑程序方面看。我国《政府采购法》对质疑程序也做出了相应的规定。但没有明确规定投诉的程序、投诉的期限、质疑受理机构及采购过程中断等问题等。质疑过程中，质疑先请求采购人，再请求政府采购监督管理部门的答复或处理，最后进行行政复议或司法诉讼的进程，最后救济方式可能是行政的，也可能是司法的途径。申诉的环节冗长而复杂，不利于快速有效地解决政府采购贸易纠纷。GPA 规定了从质疑到磋商，先适用国内法，最后通过 WTO 争端解决机制来解决成员间的相关纠纷的程序。

（三）加入 GPA 对中国政府采购制度的影响

加入 GPA 受冲击最大的不是国内民族产业，也不是国内市场，而是目前处于转型时期的政府采购体制，包括现行法律制度、政府采购体制和管理方式。

1. 对现行法律制度的冲击

一般来说，政府采购立法有两个核心任务，第一个是建立起以竞争为特色的高效、廉洁、公平、公开的政府采购制度；第二个是在加入 GPA 之后为本国民族产业提供合法的保护，推动和扶植相关民族产业的发展。我国政府采购法律法规是在市场封闭的环境下制定的，面对加入 GPA 所带来的冲击，我国立法在两个核心任务方面都存在不足。

首先，为加强对政府采购的管理和监督，提高政府采购制度对国内市场和产业的保护，各发达国家都备有一套完整的法律体系。以美国为例，美国国会为了管理联邦政府的采购行为，通过了一系列管理政府采购的基本法律。这些基本法律主要包括 1949 年《联邦财产与行政服务法》和 1948 年《武装部队采购法》。另外，国会还制定了与政府采购相关的配套法律，如 1933 年通过《购买美国产品法》，对美国的采购市场进行保护；《小企业法案》要求在政府采购中对小企业进行优惠。而我国一旦开放国内政府采购市场，就会面临缺乏配套的法律法规保护和扶植本国市场和产业的问题。

其次，我国《政府采购法》对采购对象的适用范围过窄。政府采购对象适用范围宽，规范面越广，发挥政府采购政策性调控作用的力度就越大，在加入 WTO《政府采购协议》谈判时也可增加谈判筹码，同时可以加强利用政府采购手段保护国内企业的能力。如果适用范围小，大量应当受到约束的采购行为就得不到规范，国内企业也得不到应有保护。

第三，我国《政府采购法》政府采购与商业采购等采购行为的界定范围不清楚。世贸组织在 1994 年 GATT 第三条第 8 款 a 项的规定：政府采购应当是以政府机构为最终用户，不以商业转售或者不用于生产供商业销售为目的的采购行为。而从《政府采购法》第二条关于"政府采购"定义的规定中可以看出，我们只考虑到了采购主体、采购资金、采购对象三个构成要素，并没有提及"非商业性目的性"这一政府采购的根本法律特征。这无疑为实践中区分政府采购行为与其他采购行为、政府采购行为与政府投资行为埋下了隐患，目前对国有企业采购性质的争论一定程度上就源于这个原因。

第四，目前，我国规范政府采购活动主要法律是《中华人民共和国招标投标法》和《中华人民共和国政府采购法》。1999年8月颁布的《招标投标法》（2000年1月1日生效）规定了重大建设项目由原国家计委、现国家发展和改革委员会来负责招标投标的相关事宜。《招标投标法》的适用范围原则上是中华人民共和国境内工程建设项目的招标投标行为。2003年1月1日开始实施的《中华人民共和国政府采购法》，规定了由财政部负责政府采购的相关事宜。《政府采购法》第四条对工程项目适用《招标投标法》的情况进行了规定。原则上只有达到国务院规定的招标限额以上的工程项目在采取招标投标方式时，才执行《招标投标法》规定。对于招标限额以下的工程项目，本身不适用《招标投标法》，应当按照《政府采购法》有关规定开展采购活动。对于货物和服务采购采取招标投标方式的，是否执行《招标投标法》没有强制性的规定。而在GPA中招标投标只是采购方式的一种，合同双方可以就任何交易对象（货物、服务、工程）选择是否采用这种交易方式。我国在加入GPA的过程中要充分考虑国际协议与国内法律的衔接和适用问题。

第五，我国各地区政府采购中心基本都由各地财政部门组建，有同体监督的情况。同时出现合同纠纷时，甲方与乙方地位不平等，供应商的平等地位难以保证，救济制度实施困难。

第六，至今我国尚未制定国货标准，这对加入GPA后，合法保护国内民族产业十分不利。

综上所述，我国有必要对内要加紧研究和制定与《政府采购法》配套的法律、法规，最大限度地确保在开放环境下，起到对政府采购的监管作用和对国内市场、产业的保护作用。对外要深入研究国际法规和通行惯例，进一步适应开放市场对法律法规的要求，实现与国际市场的接轨。

2. 对政府采购体制和管理方式的冲击

加入 GPA 要求我国根据市场经济的要求，建立政府公共预算体系，开放政府采购市场。这对于我国正在建立的政府采购制度来说，无疑意味着多方面的冲击。

首先，我国目前正处于经济体制转轨时期，我国的政府采购改革和立法才刚刚开始。而且它不是一项孤立的活动，它涉及预算管理改革乃至整个政府和市场管理体制的根本性变革，也涉及政府参与市场交易活动方式的根本变革。虽然我们可以大胆借鉴发达国家政府采购的理论和方法，但同时要顾及我国经济体制转轨时期许多问题的特殊性和不确定性。这一系列的变革需要一个过程。

其次，目前改革多元化走向，加大了完善政府采购体制的难度。我国正处于向市场经济转型的过渡阶段，行政事业单位和国有企业改革呈现出多元化走向，这增加了编制政府采购实体清单的难度。

第三，一些地方和部门对建立在公共财政基础上的政府采购尚不了解。目前计划经济时期形成的一些思想观念在一部分人的头脑中依然存在，形成了重审批、轻管理的制度模式，注重采购审批程序和对采购进行监督的权力归属，忽视对采购过程实质性的管理和监督，不能确保采购的公平、公正、公开。

第四，专业的采购人才匮乏。加入 GPA 后，我国政府采购不仅要开放国内市场，还要拓展国际市场。我们在政府采购各环节上缺乏相应的人才贮备。而在 GPA 成员中，政府采购人员都要进行专门培训，包括采购专业知识、审计、会计、成本核算、仓库管理等；对高级工作人员还要进行高级谈判课程、采购技巧以及采购法律课程等；派遣高级职员参加本地及国际论坛和会议，掌握国际上政府采购发展的最新动态。

第五，面对国际采购市场，我国信息发布不畅，信息发布与接收不对称。外国政府采购在采用了电子技术的同时，还注意提高信息服务质量，满足各类需求。相比之下，我国不仅采购信息的发布渠道少，而且对外国采购信息接收的障碍更多，无端失去很多参与公平竞争的机会。同时，政府采购信息的开放意味着我国政府采购市场在全球领域的开放，这将对国家信息安全、网络安全乃至经济安全提出新的挑战，我国信息安全将面临技术、设备、管理、人才等更多问题和更高要求。

三、中国应对 GPA 谈判的策略与建议

（一）中国应对 GPA 谈判的基本原则

1. 在对外开放的同时对国内市场实施有效保护

发达国家迫切希望我国签署 GPA 的主要原因，是盯住了我国数额巨大、前景广阔的政府采购市场。尽管中国政府采购的金额目前还难以用精确的数字来表达，但如果以一般政府采购规模占 GDP10% 的比例来衡量，2006 年中国政府采购金额超过 2 万亿元。考虑到我国财政支出相当一部分还承担着建设性支出的功能，实际数额可能还要大。在建立和完善社会主义市场经济的过程中，随着政府职能的转换和公共财政管理体制的建立，财政支出的结构将进一步得到调整，采购支出的比重将会不断提高。如此巨大的采购市场及潜力，对那些技术先进，但国内市场饱和、经济增长率较低的发达国家无疑充满了诱惑。总体上看，我国产业竞争力还不是很强，在资本、技术及服务等方面很难与发达国家竞争，加入 GPA 后，在短期内对我国产业发展的冲击将是比较大的。

2. 逐步、适度地开放政府采购市场

政府采购市场的开放是必然趋势，但市场的开放一定要讲究渐进性和次序性。我国政府采购市场的开放应根据我国经济发展水平、各行业的发展状况和产业政策的需要，科学地确定政府采购市场的开放次序与程度，逐步、适度地开放政府采购市场。具体而言：（1）在开放的时间上，遵

循循序渐进的原则；（2）在开放的地区上，按对等的原则由经济较发达的沿海地区向内陆推进；（3）在市场开放结构方面，根据我国政府采购市场的结构特点与市场开放的风险状况，实行结构性开放策略。对我国有一定竞争优势、能与跨国公司相抗衡并能抵御外资入侵的行业和部门，可先行开放；对我国比较重要而又比较落后的一些产业，则禁止或限制外国供应商进入，以提供政策上的缓冲期，待条件成熟后再逐步与国际政府采购市场接轨。（4）市场规模的对等问题。与国外其他国家相比，中国国有企业比重较高，不能将所有的国有企业全列入开放范围，否则政府采购开放的市场规模过大。

3. 早日进入国际政府采购市场

政府市场开放是对等的，我们在对外开放的同时也取得了进入国际政府采购市场的机会。应充分利用国际产业分工，大力发展我国在国际政府采购市场竞争处于有利位置的行业，增加国内企业的国际竞争力，不仅从国内促进它们发展，还帮助它们打开国际政府采购市场大门。因此，在中国加入 GPA 谈判时，要本着主动出击的态度，一方面研究如何充分利用世贸组织的有关规定作自我保护；另一方面，应当研究中国政府采购的国际利益所在，积极制定在国际上维护国家利益和扩大进入国外政府采购市场的策略和战术。

（二）谈判建议

1. 采购实体

关于政府采购实体的法律规定，就目前我国有关国家和地方的政府采购法规看，其采购实体仅限于国家机关、事业单位和社会团体，而将国有企业排除在外。但在 GPA 中，政府采购实体概念的外延较广泛，不仅包括政府及其分支机构、事业单位、社会团体，还包括政府控制的国有企业，以及涉及公共利益的公共企业，如供电、供水、通讯等。

（1）中央政府层面

中央政府层面的采购实体应当确定为中央政府下属的各部委，同时明确采购资金来源。中央政府实体原则上都应当纳入到开放清单里来，这一点在 GPA 谈判中基本不作争议。但中央政府采购实体的确定标准以及中央实体设在地方的分支机构是否纳入开放范围是可以谈判的问题。建议首次谈判中央政府开放范围主限定在行政机构，与国家安全、国防安全相关的部门和机构要限制其购买行为。

（2）地方政府层面

中央以下政府实体谈判的余地很大。目前，40 个 GPA 成员方在地方实体上的承诺很不一致。所以，在谈判出价上是可以进行讨价还价的。建议地方政府采购实体的范围则应仅限于各类立法机关、司法机关和行政机关，且对地方政府的范围仅限定于东部发达地区的部分省市，而不包括中西部地区的省市和东部发达地区的计划单列市。

（3）各类行政事业单位

按照国家事业单位改革的总体要求，今后事业单位将分为完全或部分使用财政资金以及完全自主经营、独立核算等三类单位。建议第一类事业单位全部（或部分）纳入政府采购范围，后两类事业单位则予以排除。

（4）国有企业层面

在我国，国有和国有控股企业在国民经济中占有较大的比例，GPA 国家相对来说要低得多，谈判中应把握有利的范围和尺度，需要区别不同等级的国有企业、垄断和竞争不同环节、优势与劣势等因素，最后在谈判中确定采购实体界定范围。

我国从 1992 年开始建立社会主义市场经济，并已经取得了相当显著的效果，市场体系已经初步形成，国有企业也都基本按照市场经济原则建立了现代企业制度，并完全按照市场规则在进行运作，可以说，我国的国有企业虽然还是以国有资本为主，但是从意义上已经不同于西方国家的国有公司以及基金会的公益性质的组织。根据 GPA 定义，将国有企业排除在外。

2. 对门槛价的建议

所谓"门槛价"，是指符合政府采购制度适用范围的支出单位，其采购规模达到规定的金额必须采取政府统一招标采购的价格，也是竞争性招标的最低限额。由于各国国情不一，其人均 GDP 水平差别较大，各国在确定"门槛价"时，其使用的标准大相径庭；就是在同一国家内部，中央与地方政府之间、地方各级政府之间所使用的"门槛价"标准也不一样。对于我国来说，由于各地区财政经济水平存在较大差异，因此，在我国加入 GPA 时，在政府采购的"门槛价"方面也不应搞"一刀切"，应允许中央与地方政府之间、地方各级政府之间的采购"门槛价"存在一定差别，例如发达省市的门槛价可以相对高一些；同时，应充分利用2006 年 12 月新修订的 GPA 条款，利用我国作为发展中国家的地位，确定一个略高于 13 万特别提款权的中央政府采购门槛价，例如 15～20 万特别提款权，在此基础上，借鉴 GPA 签署国的经验，地方政府和其他实体采购门槛价要更高，并针对产品、服务和工程分别提出相应的门槛价，一般情况下，产品和服务的门槛价相同，而工程项目的门槛价要高。

　　3. 对运用例外条款的建议

　　一方面，根据 GPA 第 23 条规定，缔约方为保护其根本安全利益，在对武器、弹药或战争物资采购，或对国家安全或国防目的的必要采购，可以不遵从 GPA 的约定；此外，缔约方为维护公共道德、秩序或安全、人类及动植物生命或健康、知识产权的需要，或因保护残疾人、慈善机构或劳改人员生产的产品或服务时，可采取必要措施；另一方面，根据 2006年 12 月修订的 GPA 中"发展中国家"条款的规定，"在 GPA 加入谈判和执行管理中，各成员方要考虑到保证发展中国家（包括最不发达国家）在符合其发展、财政和贸易需求的条件下能够遵守本协议（应考虑到各个国家情况的不同），根据本条款，各成员应给予最不发达国家和任何其他发展中国家特殊和差别待遇，以满足这些国家发展需要"。为确保发展中国家优惠的落实，GPA 要求政府采购委员会每年对发展中国家特殊和差别待遇条款的实施情况和有效性进行审定，并依据各签署方在实施期间3 年一次的审定和评估结果报告，决定修改或延长发展中国家优惠和差别待遇。

我国可以运用例外条款的方面。首先，我国可以请求政府采购委员会对其适用范围清单中给予包含的部分实体、产品和服务给予国民待遇例外（一般收回首次出价所列实体十分困难），如特别强调对中小企业、少数民族企业、妇女企业等的支持。其次，我国在加入 GPA 时，可以就抵偿条件（所谓抵偿就是指各采购实体在对供应商产品或服务进行资格审查、评估投标或授予合同时，通过规定当地成分、技术许可、投资要求和补偿贸易等要求以促进该国产业发展或改善国际收支）进行谈判，但此谈判仅局限于采购资格审查过程，不得用作授予合同的标准。另外，我国还可以根据"维护公共道德、秩序或安全、人类及动植物生命或健康、知识产权的需要"对我国生物产业进行一定程度上的保护。第三，在对发达国家政府采购协议的适用范围清单进行谈判时，要求发达国家给予我国一定的技术援助，如要求发达国家建立资料中心并提供中文版本，不仅可以满足我国政府获得并学习签署方的政府采购法律、规章、程序，而且还可以使我国企业及时掌握签署方政府采购的采购意向、采购要求（包括质量和数量要求）。

（四）以产业竞争力为依据确立不同产业在谈判中的地位、方法和作用

应根据我国不同产业竞争力状况，特别是通过实体、门槛价以及例外条款的运用，尽量将竞争力差的敏感产品排除在外。

1. 汽车

我国加入《政府采购协议》后，汽车作为政府采购的重点产品，汽车产业必然是率先受到影响的产业之一。（1）排气量大于 2.5 升的高档轿车。中国排气量大于 2.5 升的高档轿车在国内市场上由于基本上不具有价格优势，国际竞争力比较差。（2）排气量在 1.5—2.5 升的中档轿车。中国该类车型在国内市场上并无明显价格优势。同时由于该类车型也是政府采购的主要生产车型，有可能出现加入 GPA 后影响中国供应商的局面。（3）越野车。目前我国越野车产品整体上竞争力很低。（4）专用车。从

总体上来看，我国专用车产品竞争力较弱，其中：无线电通信车、放射线检查车、环境监测车、飞机加油车、调温车、除冰车等竞争力明显较低，救火车、混凝土搅拌车、医疗车、扫雪车、石油测井车、压裂车、混沙车等竞争力一般。

在上述产品中，轿车、越野车属于集中采购机构采购项目，建议如果可能，将采购量最大的部门排除在实体之外。而特种车涉及公安、武警、海关、税务、质量检测、卫生、环保等部门采购的各种特殊车辆，建议在实体中尽量将这些部门排除在外。

2. 医药产品

根据政府采购的相关规定，在医药产品领域，可能涉及政府采购的主要有国家医药储备产品、计划生育避孕药具和生殖健康技术装备、预防接种的第一类疫苗和艾滋病、结核病、乙肝、血吸虫病等传染病的治疗药物及检测诊断试剂、设备等方面。由于政府采购以价格因素为主，目前国内医药产品在成本和价格上竞争力较强，采购的医药产品国内基本能够自供，国外企业和进口产品由于采购规模小等原因一般参与较少。但随着我国下一步医疗体制改革的进行，未来我国在公共卫生和基本医疗领域实施的政府采购的规模和产品范围有可能进一步扩大，部分领域可能会有更多进口产品参与，因此建议卫生部门等与医药采购有关的部门不列入实体范围。

3. 电子信息产品

我国政府采购的电子信息产品比较多，涉及计算机、通信设备、软件与信息服务、电子元器件、视听产品、办公自动化处理设备等各个方面。

在电子信息行业，有三类高度敏感产品。一是涉及国家安全的领域，如密码设备和部件、航空用雷达设备等。二是电子信息核心基础产业，目前国内产业竞争力较弱，但对国计民生和产业发展十分重要，是具备发展潜力的领域，如电子元器件、集成电路、软件等。三是目前在世界范围内仍处于成长期的产业，虽然现在技术尚不成熟、规模也不是很大，但发展速度很快，未来发展前景良好，需要积极扶持和培育的产业，如燃料电池及部件、太阳能电力系统等。

除上述产品外，还有三类较敏感产品。一是产品在部分部门应用时，可能会涉及泄密和国家安全问题，如路由器、交换机、电话和电缆设备、电传打字机和传真设备等。二是国内产业非常弱小，无论开放与否，目前只能采用国外企业的产品，如系统软件中的微软操作系统等。三是占政府采购份额较大，国内企业竞争力较强的领域，如打字机和办公机器、办公室数据处理设备等。

上述两类电子信息产品一部分应用在对信息安全防护有特殊需求的部门或行业，如保密局、军方、安全部等部门，其余部分分布在有关部门中，建议将这些部门排除在实体清单之外。

4. 生物产业

目前，我国生物产业产品主要包括疫苗与诊断试剂、创新药物、现代中药、生物医学工程、农业良种、绿色农用生物产品、海洋生物资源、燃料乙醇、生物柴油、生物基产品、微生物制造、污染生物治理、生态环境改良等行业的相关产品。我国政府采购的主要生物产业产品也将包括上述相关行业的相关产品。生物安全已成为国家安全最重要的内容之一。我国生物产业总体规模和技术基础与发达国家相比仍存在较大差距，产业集聚度不高，产业结构不合理，企业规模小；生物资源流失和外来物种入侵比较严重，生物安全存在比较大的隐患，有些生物医药产品无论政府采购市场是否开放，只能采用国外企业的产品，因此，缔约国有权根据 GPA 规定的例外，即采购为国家安全或国防目的所需的物资等方面采取其认为必要的行动；缔约方政府有权采取必要措施以维护公共道德、秩序或安全，人类、动植物的生命与健康，知识产权或为保护残疾人、慈善机构或劳改产品而采取必要措施，将生物产业产品列为敏感产品，通过有关采购较多的实体设法排除。

5. 航空产业

我国在航空产业中总体竞争力不强，除小型支线飞机、农用飞机等有少量出口、具备初步竞争力外，在主要的产品领域，如大型载客飞机、通用飞机、专用飞机等都缺乏竞争力，产品主要依靠从国外进口。与此同时，我国已经确定大飞机的研制计划，该计划的实现需要未来国内市场对本国大飞机采购的支持。因此，对航空产业而言，虽然在一段时间内，国内的大型载客飞机等还主要通过进口满足需求，但在 GPA 谈判中，应该将大型载客飞机、通用飞机、专用飞机等作为敏感产品，由于上述这些飞机采购部门相对集中（如民航总局），可以通过实体方式将其排除。

6. 服务与工程

与发达国家相比，我国服务与工程总体竞争力较低。目前，中国服务贸易有优势的部门主要是运输、旅游、劳务出口等传统的劳动密集型部门和资源禀赋优势部门，而全球贸易中发展迅速的金融、保险、咨询、电信等技术密集型和知识密集型服务业在我国还处于初步发展阶段，现阶段劳动力成本优势还是我国服务贸易竞争力的主要来源。加入 GPA，应当坚持合理有限开放的原则，设定一个正面的小清单，仅纳入相对比较有竞争力的部门，以及虽然竞争力不突出但政府采购需求不多的部门。对于仅具备初步动态优势的部门则应设定较长的过渡期。

1）有限开放的领域

运输。从各成员承诺的情况看，多数成员的清单中包括运输，但都限制了一定的范围，而以色列则没有开放运输服务。可以考虑内陆运输和铁路运输，因其具有一定的竞争力可以考虑有条件纳入谈判清单。

建筑。我国建筑产业总体的国际竞争力并不强，但在劳动力资源要素和国内市场需求条件方面有比较明显的优势，在国际市场占有方面也显示出较大的提升潜力。因此，目前在 GPA 谈判中开放建筑服务，不会对我国建筑产业造成破坏性冲击。

旅游服务。我国对韩国有一定的竞争优势，而多数 GPA 成员并没有将旅游纳入政府采购清单，新加坡和加拿大虽将之列入清单，但也只是将旅行社和导游服务纳入，但由于我国旅游的政府采购量不大，将其纳入清单不会对我国政府采购产生很大影响，建议我国旅游服务可以有限制的开放。

在工程清单方面，虽然与国际大公司相比还有一定的差距，但是作为发展中国家的公司，中国工程承包企业已开始具备在国际市场上竞争的能力。可以考虑纳入建筑工程和部分油气工程。

2）不对外开放的领域

将敏感产业排除在清单之外，包括：金融、保险、电信服务、建筑、环境服务（除环境咨询之外）、维修、租赁、印刷。

附表和附录

附表

表1 截至2009年初GPA主要签约国与签约情况一览表

类别	国家和地区
GPA 成员方（2007年1月）国家和地区（共计13个）	加拿大 欧共体（共有27个成员方）：奥地利、比利时、塞浦路斯、捷克共和国、丹麦、爱沙尼亚、芬兰、法国、德国、希腊、匈牙利、爱尔兰、意大利、拉脱维亚、立陶宛、卢森堡、马耳他、荷兰、波兰、葡萄牙、斯洛伐克共和国、斯洛文尼亚、西班牙、瑞典、英国、保加利亚、罗马尼亚） 中国香港、冰岛、以色列、日本、韩国、列支敦士登、荷属阿鲁巴岛、挪威、新加坡、瑞士、美国
正在进行加入GPA谈判的国家和地区（共计9个）	格鲁吉亚、约旦、中国台北、阿尔巴尼亚、吉尔吉斯共和国、摩尔多瓦、阿曼、巴拿马、中国
已加入WTO并承诺加入GPA的国家和地区（共计4个）	克罗地亚、前南斯拉夫马其顿共和国、蒙古、亚美尼亚共和国
成为GPA观察员的国家和地区（共计19个）	阿尔巴尼亚、阿根廷、澳大利亚、喀麦隆、智利、中国、哥伦比亚、克罗地亚、乔治亚、约旦、吉尔吉斯共和国、摩尔多瓦、蒙古、阿曼、巴拿马、亚美尼亚共和国、斯里兰卡、中国台北、土耳其
取得GPA观察员资格的国际组织（共计4个）	国际货币基金组织（IMF）、经济合作与发展组织（OECD）、联合国贸易与发展会议（UNCTAD）、国际贸易中心

表2　GPA 部分成员方不同采购实体和不同采购对象的门槛价

附件号	门槛价 特别提款权 (SDR)	美国	欧共体	加拿大	日本	韩国	中国香港	新加坡	挪威	以色列	瑞士
附件 1 中央政府采购实体名录	货物和服务:	13 万	13 万	13 万	13 万	13 万	13 万	13 万	13 万	13 万	13 万
	工程:	500 万	500 万	500 万	450 万	500 万	500 万	500 万	500 万	850 万	500 万
附件 2 地方政府采购实体名录	货物和服务:	35.5 万	20 万	35.5 万	20 万	20 万	无地方政府	无地方政府	20 万	25 万	20 万
	工程:	500 万	500 万	500 万	1500 万	1500 万			500 万	850 万	500 万
附件 3 其他采购实体的名录	货物和服务:	40 万	40 万	35.5 万	13 万	45 万	40 万	40 万	40 万	35.5 万	40 万
	工程:	500 万	500 万	500 万	A 组 450 万 A 组其他实体 1500 万工程 B 组 450 万工程	1500 万	500 万	500 万	500 万	850 万	500 万
附件 4 服务业及其他适用范围											
附件 5 工程建筑服务采购适用范围											

167

表 3　1998～2008 年我国政府实际采购规模增长情况

年份	1998	1999	2000	2001	2002	2003	2004	2005	2006	2007	2008
实际政府采购规模（亿元）	31	130	328	653.2	1009.6	1659.4	2135.7	2927.6	3681	4660.9	5900
比上年增长（%）	0	319	152	99	55	64	29	37.1	19.6	26.6	26.6

附录

《1994 协议》同《2007 协议》共存时期的安排

〔（决议草案）〕

政府采购委员会：

鉴于 1994 年 4 月 15 日《政府采购协议》（以下称 1994 协议）的某些缔约方未有加入 2007 年《政府采购协议》（以下称 2007 协议）并对其生效，考虑到 1994 协议同 2007 协议的共存时期，1994 协议方中，已加入 2007 协议的，有权依照 2007 协议规定行事，尽管其中某些条款与 1994 协议存在不符，1994 协议方并非都是 2007 协议方，更考虑到此共存期间，1994 协议方中，已经成为 2007 协议方的，没有法定义务将其 2007 协议下的利益惠及尚未加入 2007 协议的 1994 协议方。

决议如下：

1. 同为 1994 协议和 2007 协议的缔约方，可以维持和采用符合 2007 协议条款的任何措施，尽管 1994 条款仍然存在，但其缔约方只有在 2007 协议对其生效时才成为 2007 协议缔约方。

2. 同为 1994 协议和 2007 协议的缔约方，对于尚未加入 2007 协议的 1994 协议缔约方的产品、服务和供应商不负任何义务，其在 2007 协议中保证的承诺和义务也不惠及他们。

3. 1994 协议中第二十条和第二十二条不再适用于第 1 款提到的措施。

4. 本决议于 2007 协议生效时生效。

参考资料目录：

1. 国家发改委：《GPA 资料文集》。

2.《中企国外招标须考虑国际政治因素影响》，国匙网：http://old. echinakey.

3.《加入＜政府采购协议＞背景下，我国产业竞争力研究》，国家发改委对外经济研究所课题组。

4.《进一步贯彻落实科学发展观，深入推进政府采购制度改革》——财政部张通部长助理在 2009 年全国政府采购工作会议上的讲话（2009 年 4 月 22 日）财政部网站 http://gks. mof. gov. cn。

5.《认真贯彻落实科学发展观推动政府采购制度改革深入发展》——财政部部长助理张通在全国政府采购工作会议上的讲话（2008 年 1 月 25 日）http://gks. mof. gov. cn。

6.《学习和实践科学发展观，推动中央单位政府采购制度改革向纵深发展》——财政部部长助理张通在中央单位政府采购工作会议上的讲话（2008 年 5 月 6 日）http://gks. mof. gov. cn。

第七章
国际收支

陈长缨

　　国际收支是指一经济体居民与所有其他经济体居民在一定时期内所有经济交易所产生的货币收入和支付。从国际收支的定义可以看出，国际收支是一个流量概念，它反映的内容是经济交易，包括商品和劳务的买卖、物物交换、金融资产之间的交换、无偿的单向商品和劳务的转移、无偿的单向金融资产的转移等，同时国际收支反映的经济交易是居民（包括个人、企业、非营利机构和政府等）与非居民之间发生的。国际收支通常用国际收支平衡表反映，国际收支平衡表包括经常项目交易、资本与金融项目交易和国际储备资产变动等，它是分析一个经济体对外经济交易的规模、结构及其变化和制定对外经济政策的重要工具。

　　目前，我国国际收支平衡表把国际收支分为三大类交易项目：经常项目、资本和金融项目、储备资产①。经常项目在国际收支中具有最重要、

---

① 1997年，我国对国际收支平衡表的结构进行了调整。在1982~1996年，我国国际收支是按原有的平衡表编制的，也分三大类交易项目，即经常账户、资本往来账户和储备资产，这三大类项目与1997年之后的平衡表具有可比性。但各子项目内容有较大差别，其中，经常账户的子项目分为对外贸易、非贸易往来、无偿转让，资本往来项目的子项目分别是长期资本往来和短期资本往来。子项目和1997年之后的平衡表不具有直接可比性。我们在下面的分析中，1982~1996年使用的是原有的国际收支平衡表，1997~2008年使用的是现有的国际收支平衡表。

最基本的地位，它包括三个子项目：货物和服务、收益、经常转移。资本和金融项目包括资本项目和金融项目。其中，资本项目包括资本转移和其他非金融资产的获得与处置，金融项目包括直接投资、证券投资和其他投资。储备资产包括货币黄金、特别提款权、在基金组织的储备头寸、外汇和其他债权。此外，统计误差被记为错误与遗漏项目。

一、中国改革开放以前的国际收支

在 1949 年新中国成立到 1981 年改革开放初期的这段时间内，我国基本上采取了内向型发展战略，对外经济交往非常有限，对外贸易和利用外资只起到"调剂余缺"的作用，对国内经济影响有限。另外，在这段时间，我国没有编制国际收支平衡表，因此缺乏对国际收支的详细记录。在此，我们只能通过国际收支中的两个重要组成部分——货物贸易和利用外资来大致反映这段时期内我国国际收支的基本概况。

1949 年新中国成立以来直到改革开放前的 1978 年，我国对外经济发展大体经历了三个阶段。

（一）20 世纪 50 年代对社会主义国家"一边倒"政策下的国际收支

第一阶段是 20 世纪 50 年代。新中国成立后不久，1950 年 6 月，美国发动了朝鲜战争，并操纵联合国对我国实行贸易禁运。在这种情况下，我国不得不实行"一边倒"的贸易政策，也就是对苏联为首的社会主义国家开放，发展和这些国家的贸易和经济合作。

在对外贸易方面，1950 年我国进出口总额为 11.35 亿美元，1959 年增加到 43.8 亿美元，增长了 3.8 倍；其中同期出口由 5.52 亿美元增加到 22.61 亿美元，增长了 4.1 倍，进口由 5.38 亿美元增加到 21.2 亿美元，增长了 3. 64 倍。贸易差额经历了先逆差后顺差的阶段，1950～1955 年连续出现了 6 年逆差，而 1956～1959 年则连续出现了 4 年顺差。整体来看，1950～1959 年，我国累计逆差为 11. 48 亿美元。

在利用外资方面，20 世纪 50 年代主要是对苏联政府的低息借款，共计借款金额 12. 47 亿美元，这些借款主要用于购买苏联成套设备，支持新中国经济建设项目。

（二）20 世纪 60 年代自我封闭状态下的国际收支

20 世纪 60 年代，是我国内外部经济环境恶化的十年。20 世纪 50 年代末 60 年代初，中苏关系破裂，接着经历了 3 年自然灾害，此后国民经济经过三年时间的调整刚刚有所恢复，又爆发了"文化大革命"，国民经济陷于混乱之中。由于这一时期，我国在政治上既面临与美国为首的西方资本主义阵营、又面临与苏联的东欧社会主义阵营作战的任务，在对外经济方面，基本关上了对外开放的大门，处于自我封闭状态，对外贸易基本停滞、利用外资基本停止。

在对外贸易方面，1960 年进出口开始连续三年下降，1962 年降低到 26. 6 亿美元，还不到 1955 年的水平，其中出口降低到 14. 9 亿美元，进口更是大幅降低到 11. 7 亿美元。1963 年到"文化大革命"爆发时的 1966 年，国民经济经过调整有所恢复，进出口也不断上升，贸易流向也由原来的苏联东欧国家转向西方资本主义国家。1966 年，我国进出口达到 46. 1 亿美元，其中出口增加到 23. 7 亿美元，进口增加到 22. 5 亿美元。但"文化大革命"爆发之后，我国进出口又开始连续出现 3 年的下降，到 1969 年进出口总额降低到 40. 3 亿美元，其中出口降低到 22 亿美元，进口降低到 18. 3 亿美元。可见在整个 20 世纪 60 年代，进出口贸易虽然经过了几轮反复，但整体上处于停滞状态，1969 年的贸易额甚至比 1959 年还减少 3 亿多美元。在 1960～1969 年的十年中，除 1960 年略有贸易逆差外，其余年份都出现了贸易顺差，但顺差金额不大，整个 60 年代只有 20 亿美元。

在 20 世纪 60 年代，在还清原有外债之后，我国采取既不对外也不对内负债的方针，利用国外资金几乎停止。在中苏关系破裂后，我国在六七十年代少量利用外资，一方面通过中国银行在港、澳吸收存款，另一方面利用西方国家银行的卖方信贷进行了技术引进，以延期付款的方式从法国、英国等国家引进先进技术设备，但总金额很少，总共只有 2.8 亿美元。

（三）20 世纪 70 年代逐步走出动乱开始改革开放下的国际收支

20 世纪 70 年代，我国对外关系取得了突破性的进展。1971 年，我国恢复了在联合国的合法席位，1972 年美国总统尼克松访华并恢复了中美贸易关系，此后中日实现了邦交正常化，我国与很多西方国家建立了外交关系。在这种背景下，我国重新启动了对外开放的步伐，对外经贸关系有所发展。

表 7 - 1　1950～1981 年我国货物贸易进出口

年份	进出口额	出口额	进口额	货物贸易差额
1950	11.35	5.52	5.83	-0.31
1951	19.55	7.57	11.98	-4.41
1952	19.41	8.23	11.18	-2.95
1953	23.68	10.22	13.46	-3.24
1954	24.33	11.46	12.87	-1.41
1955	31.45	14.12	17.33	-3.21
1956	32.08	16.45	15.63	0.82
1957	31.03	15.97	15.06	0.91
1958	38.71	19.81	18.90	0.91
1959	43.81	22.61	21.20	1.41
1960	38.09	18.56	19.53	-0.97
1961	29.36	14.91	14.45	0.46
1962	26.63	14.90	11.73	3.17
1963	29.15	16.49	12.66	3.83
1964	34.63	19.16	15.47	3.69

续表

年份	进出口额	出口额	进口额	货物贸易差额
1965	42. 45	22. 28	20. 17	2. 11
1966	46. 14	23. 66	22. 48	1. 18
1967	41. 55	21. 35	20. 20	1. 15
1968	40. 48	21. 03	19. 45	1. 58
1969	40. 29	22. 04	18. 25	3. 79
1970	45. 86	22. 60	23. 26	−0. 66
1971	48. 41	26. 36	22. 05	4. 31
1972	63. 01	34. 43	28. 58	5. 85
1973	109. 76	58. 19	51. 57	6. 62
1974	145. 68	69. 49	76. 19	−6. 7
1975	147. 51	72. 64	74. 87	−2. 23
1976	134. 33	68. 55	65. 78	2. 77
1977	148. 04	75. 90	72. 14	3. 76
1978	206. 38	97. 45	108. 93	−11. 48
1979	293. 30	136. 60	156. 80	−20. 2
1980	378. 20	182. 70	195. 50	−12. 8
1981	440. 20	220. 10	220. 20	−0. 1

（资料来源：《新中国五十年统计资料汇编》）

1970 年，我国对外贸易较上年有所增长，进出口达到 45.9 亿美元，其中出口 22.6 亿美元，进口 23.3 亿美元，如表 7−1 所示。之后，对外贸易在 1970～1975 年之间出现了一段持续增长的时期。1975 年，我国进出口达到 147.5 亿美元，是 1970 年的 3.2 倍，其中出口 69.5 亿美元，进口 75.2 亿美元。20 世纪 70 年代是全球贸易增长最快的十年，虽然我国外贸增速加快，但在全球贸易的份额不断降低，1976 年我国占全球出口的比重仅为 0.69%，居全球第 34 位，是新中国成立以来最低的。1976 年"文革"结束后到 1978 年，我国对外贸易又出现了较快增长，1978 年我国进出口达到 206.4 亿美元，当时国内为加快经济增长，举债进行工业投资，也大大增加了工业品的进口，因此导致进口超过出口，进口为 108.9 亿美元，出口为

97.5 亿美元，1978 年贸易逆差为 11.5 亿美元。总体来看，从 1970～1978 年，我国对外贸易顺差和逆差年份交替出现，累计贸易顺差为 2.24 亿美元。

可以看出，改革开放以前，由于国际环境的限制和国内指导思想的束缚，我国对外经济发展非常缓慢，国际收支规模很小，对整个国民经济的作用可以忽略不计。国际收支规模小也造成国家外汇储备规模很低，到 1978 年外汇储备仅有 8.4 亿美元，远低于同期的韩国（27.4 亿美元）、泰国（19.7 亿美元）和菲律宾（17.5 亿美元）外汇储备的水平。国际收支规模小、外汇储备低，限制了我国从国外进口资本品的能力，不利于我国利用国外资源发展本国经济。

二、中国改革开放以来的国际收支

1978 年 12 月，党的十一届三中全会确立了改革开放的基本国策。1979 年 7 月，党中央、国务院决定对广东和福建的对外经济活动实行特殊政策和优惠措施，1980 年 5 月，国家决定在深圳、珠海、汕头、厦门设立经济特区。这标志着我国对外开放进入起步阶段。

1979～1981 年，我国对外贸易经历了一个较快的发展阶段。进出口规模从 1979 年的 293.3 亿美元增加到 1981 年的 440.2 亿美元，其中出口由 136.6 亿美元增加到 220.1 亿美元，进口因国内经济建设的需要由 156.8 亿美元增加到 220.2 亿美元。在这 3 年时间内，贸易一直维持逆差状态，但逆差规模逐渐缩小。

我国自 1982 年开始编制国际收支平衡表，自此我国国际收支开始有了完整的记录。从 1978 年到 2008 年，我国对外开放取得了举世瞩目的重大成就，从改革前几乎是一个封闭型经济走向全方位的开放型经济。随着对外开放进程的不断推进，我国国际收支状况也发生了重大变化，国际收支对整个国民经济的影响不断增加。

表7-2 1982~1996年我国国际收支平衡状况简表

(亿美元)

	1982	1983	1984	1985	1986	1987	1988	1989	1990	1991	1992	1993	1994	1995	1996
经常账户差额	56.74	42.4	20.3	-114.17	-70.34	3	-38.02	-43.17	119.97	132.72	64.02	-119.02	69.08	16.18	72.34
对外贸易	42.49	19.9	0.14	-131.23	-91.4	-16.61	-53.15	-56.2	91.65	87.43	51.82	-106.55	72.90	180.5	195.35
非贸易往来	9.39	17.39	15.74	14.63	17.27	17.37	10.93	9.23	25.58	36.98	0.63	-24.2	-9.69	-178.66	-144.22
无偿转让	4.86		4.42	2.43	3.79	2.24	4.2	3.8	2.74	8.31	11.57	11.73	11.37	14.35	21.29
资本账户差额	3.38	-2.66	-10.03	89.72	59.43	60.02	71.32	34.41	32.55	80.32	-2.50	234.72	326.45	386.74	399.67
长期资本	3.89	0.49	-1.13	67.01	82.38	57.9	70.56	49.5	64.54	76.7	6.56	274.11	357.56	382.49	415.54
短期资本	-0.51	-2.75	-8.9	22.71	-22.95	2.12	0.76	-12.27	-31.98	3.62	-9.06	-39.39	-10.55	4.25	-15.87
错误遗漏账户	2.79	-3.66	-9.32	0.92	-1.84	-14.5	-10.94	3.25	-31.34	-67.92	-82.74	-98.04	-37.02	-178.10	-155.59
储备资产增减	-62.91	-36.48	-0.95	23.53	12.75	-48.52	-22.36	5.51	-121.22	-145.12	21.22	-17.67	-305.27	-224.81	-316.43

注：按照国际收支平衡表记账法，储备资产或外汇储备增加记负号（－），减少记正（＋）；

我国在1997年对国际收支平衡表结构进行了调整，这是按目前结构编制的国际收支平衡表。

（资料来源：国家外汇管理局公布的1982~2008年《中国国际收支平衡表》整理）

表7-3 1997~2008年我国国际收支平衡状况简表

(亿美元)

	1997	1998	1999	2000	2001	2002	2003	2004	2005	2006	2007	2008
经常账户差额	297.17	293.23	156.67	205.19	174.05	354.22	458.75	686.59	1608.18	2498.66	3718.33	4261.07
货物	462.22	466.13	362.06	344.73	340.17	441.67	446.52	589.82	1341.89	2177.46	3153.81	3606.82
服务	-57.25	-49.25	-75.09	-56.00	-59.31	-67.84	-85.73	-96.99	-93.91	-88.34	-79.05	-118.11
收益	-159.22	-166.43	-179.73	-146.66	-191.73	-149.45	-78.38	-35.23	106.35	117.55	256.88	314.38
资本与金融账户差额	229.58	-63.21	76.42	19.22	347.75	322.91	527.26	1106.59	629.64	100.37	735.09	186.64
直接投资	442.36	437.51	387.52	383.99	468.46	527.43	472.29	531.31	678.21	780.95	1214.18	943.2
证券投资	68.04	-37.32	-112.34	-39.31	-194.06	-103.42	114.27	196.7	-49.33	-675.58	186.72	426.6
其他投资	-275.80	-436.60	-180.06	-315.34	168.79	-41.06	-58.81	379.08	-40.26	133.09	-696.8	-1210.67
错误遗漏账户	-169.52	-165.76	-148.04	-118.93	-48.55	77.94	184.22	270.45	-167.66	-128.77	164.02	-260.94
外汇储备变动	-348.62	-50.69	-97.16	-108.98	-465.91	-742.42	-1168.44	-2066.81	-2089.4	-2474.72	-4619.05	-4177.8

注:我国在1997年对国际收支平衡表结构进行了调整,这是按目前结构编制的国际收支平衡表。

(资料来源:国家外汇管理局公布的1982~2008年《中国国际收支平衡表》整理)

（一）1982～1993 年，国际收支顺差逆差交替出现

从 1982 年到 1993 年，我国国际收支规模不断扩大，国际收支波动较大，顺差、逆差情况交替出现，外汇储备在波动中不断增加。

1. 国际收支的基本情况

1982～1993 年，我国国际收支呈顺差逆差交替出现的状况，其中又可以划分为几个阶段。

第一个阶段是 1982～1984 年国际收支顺差阶段。该阶段国际收支主要特征是，一方面是经常账户顺差较大，经常账户顺差的来源是货物贸易顺差和非贸易往来顺差，另一方面是由于当时尚未提出利用国外资金的战略，资本账户规模很小。因此，货物贸易和非贸易往来构成了国际收支的主体，并带来储备资产的增加，1982 年和 1983 年，我国储备资产分别增加了 63 亿美元和 36 亿美元，1984 年储备资产变化不大。

第二个阶段是 1985～1989 年货物贸易逆差与资本账户顺差同时存在的阶段。这个阶段，我国国际收支出现了较明显的变化，一是货物贸易由前几年的顺差转为持续五年的逆差，1985 年和 1986 年货物贸易逆差规模较大，货物贸易是决定经常账户状况的主体；二是非贸易往来账户中以服务贸易为主，由于对外旅游业发展较早，旅游项目一直保持较大顺差，而其他运输、邮电通讯等项目，虽然我国国际竞争力不强，但受发展阶段和水平限制，这些账户往来收支规模不大，因此服务项目以至非贸易往来项目都呈现出顺差的状态，这种情况一直到 20 世纪 90 年代中期之后才发生变化；三是 1985 年开始，我国利用外资发生了明显变化，资本账户不但转为持续顺差，而且顺差规模较大，从资本账户内部看，长期资本净流入是导致我国资本账户顺差的主要因素；四是在货物贸易账户持续逆差、资本账户持续顺差的情况下，两者的对比情况就决定了整个国际收支的情况和储备资产的增减，1985 年和 1986 年，我国国际收支整体逆差、储备资产减少，1987 年和 1988 年，我国国际收支整体顺差、储备资产增加，而1989 年国际收支基本平衡。

第三个阶段是 1990～1993 年国际收支波动加大的阶段。这个阶段，我国经常账户顺差经历了由较大规模顺差转为逆差的变化，顺差先由 1990 年的 120 亿美元增加到 1991 年的 132.7 亿美元，此后开始减少，1993 年转为 119 亿美元的逆差，造成经常账户波动的主要原因是货物贸易的变化，同时服务贸易也出现了较大的变化，非贸易往来账户在经历了两年的增长后，1992 年出现了显著的下降，1993 年开始第一次转为逆差。资本账户同样出现了较大的波动，但总体上基本保持顺差状态，只是在 1992 年出现了 2.5 亿美元的小规模逆差。资本账户中的长期和短期资本也出现了较大的波动，其中长期资本在保持两年顺差后，1992 年大幅减少，1993 年又迅速增加到 274 亿美元，短期资本差额也发生了较大的波动。由于该阶段经常账户和资本账户都出现了较大波动，整个国际收支也相应发生了较大波动，以储备资产衡量，1990 年、1991 年增加了 121 亿美元和 145 亿美元的储备，1992 年和 1993 年则出现了储备资产小幅减少和小幅增加的情况。

2. 国际收支的形成原因

改革开放直到 1993 年，在我国处于工业化前期、总供给小于总需求的背景下，困扰我国经济发展的主要因素是资本不足和外汇不足，也即是发展中国家所遇到的"两缺口"。由于当时国内储蓄小于投资，投资和消费需求很大，经济发展需要大量进口先进的技术、设备、重要原材料和消费品，而我国出口换汇能力不强，外汇成为非常短缺的资源。为了保证国家外汇支出、主要是进口需要，我国制定了奖出限入的贸易和外汇管理政策，一方面对人民币不断贬值，尤其是在 1985 年以后对人民币汇率做了较大幅度的贬值，由 1985 年的 2.8 元人民币/美元贬值到 1990 年的 5.2 元人民币/美元，此外还采取了补贴、出口退税等多种鼓励出口的政策，另一方面采取了严格的国际收支管理措施，不但经常账户和资本账户都没有开放，而且对外贸和外汇收支都采取了较严格的管制。但即使在这种情况下，从 1978 年到 1989 年，我国除在 1982 年、1983 年略有顺差外，其他年份贸易账户基本上都是逆差状态。在资本账户方面，基本上维持顺差状态，当时主要以对外借款方式弥补经常账户逆差，外商直接投资在利用外资中所占比重并不高。在这个时期，外汇储备余额增长缓慢，1979 年我国外汇储备余额为 8 亿美元，到 1989 年才增加到 56 亿美元，而且 1984 年到 1986 年我国还连续三年出现了外汇储备净减少状况。

可见，在 1993 年以前，我国国际收支的基本特征是"经常账户逆差、资本账户顺差、外汇储备增长缓慢"，这一阶段国际收支呈现失衡状态，并主要是以贸易逆差形式表现的，是由我国资金和外汇两缺口所造成的。这是一种在外汇管理很严格、外汇储备很少情况下的比较脆弱的国际收支结构，只要一放松进口管制，贸易账户逆差会迅速扩大并容易导致整个国际收支的恶化。

（二）1994 ~ 2008 年，国际收支持续保持"双顺差"状态，失衡状况扩大

1. 国际收支的基本情况

1993 年以来，随着邓小平同志南方谈话以来对外开放程度的进一步扩大和 2001 年我国加入世界贸易组织，我国对外经济进入了一个快速发展的时期，国际收支也发生了重大变化。在这个阶段，我国国际收支总体呈现顺差，除 1998 年出现一次资本和金融项目逆差外，其余年份国际收支均呈现"双顺差"结构特征，并由此导致外汇储备快速增长。

这个阶段的国际收支突出特征是，主要账户（包括货物贸易、服务贸易、直接投资）基本稳定，其他账户出现波动，外汇储备持续增长。

从货物贸易账户看，1994 年起我国进出口贸易开始稳步增长，除 1998 年受亚洲金融危机影响略有下降外，其余年份都保持了较快的增长速度。2001 年，我国进出口达到 5096.5 亿美元，是 1994 年 2366.2 亿美元的 2 倍多，年均增长 11.6%，在此期间，出口持续大于进口导致贸易顺差，货物顺差规模累计 1941 亿美元。2001 年年底，我国加入世界贸易组织，对外开放达到了一个新的水平，加之全球经济进入了一个新的增长周期，此后进出口增速大大加快。2008 年，进出口总额达到 25616.3 亿美

元，是 2001 年的 5 倍多，年均增长 25.9%。与此同时，进出口贸易继续持续顺差，并且从 2005 年开始，顺差规模急剧扩大，2005～2008 年，顺差规模分别为 1020 亿美元、1774.8 亿美元、2618.3 亿美元和 2954.6 亿美元。

服务贸易账户呈稳定逆差状态。从 20 世纪 90 年代中期开始，我国服务贸易开始出现逆差。其主要原因是，随着我国经济发展和对外开放水平的提高，运输、金融保险、专利权使用的规模不断扩大，但我国在这些行业中缺乏国际竞争力而产生大量逆差，虽然旅游贸易仍保持顺差，但越来越不足以抵补其他服务贸易的逆差。总体来看，服务贸易逆差呈现稳定增长的趋势，1997 年服务贸易逆差为 57.3 亿美元，2008 年扩大到 118.1 亿美元。

直接投资账户保持较大规模顺差。邓小平同志南方谈话后，我国利用外资出现了爆发式增长，我国成为世界直接投资的热点和跨国公司对外投资的首选地。其中，1992～1997 年，我国利用外资经历了持续高速发展阶段，实际吸收外资达到 1967.9 亿美元，是 1982～1991 年利用外资的近 8 倍。1998～2001 年，受亚洲金融危机的冲击，国际资本流动下降，跨国公司也减少了对发展中国家的投资，我国利用外资也基本陷入停滞。2001年之后，随着我国加入世界贸易组织后对外开放程度的进一步提高，以及全球经济保持较快增长所带来的国际资本流动增加，加之我国持续较快的经济增速，对跨国公司吸引力越来越大。2002～2008 年，我国实际利用外资达到 4797 亿美元。相比之下，我国对外直接投资虽然随着"走出去"战略的实施有了很大的发展，2008 年非金融类对外投资达到 406.5亿美元，但与外商直接投资流入规模相比，仍然具有很大差距，因此决定直接投资账户差额的仍是我国利用外资的情况。

1994～2008 年这段时间，经常账户下的收益子项目，资本和金融账户下的证券投资和其他投资子项目是变动较大的国际收支项目。收益项目反映的是一个经济体在境外投资的收益或外国在本经济体的投资收益，1997～2004 年，外国收益项目持续是逆差状态，这主要是因为国外在我国的投资存量很大所产生了较多收益。2005 年以后，我国收益项目转为顺差，其原因既与我国在海外投资存量增加、收益增多有关，同时也和人民币升值预期下，一些境外资本通过该账户向我国境内转移资产以期获得人民币升值收益有关。决定证券投资和其他投资的因素很多，如境内外资金的利率差、境内外股票市场的表现、人民币与主要国际货币的汇率波动、人民币升贬值预期、国内外汇资金的充裕程度以及资本账户的开放进程等。总体来看，资金的利差、股市表现、人民币汇率预期和政策调整是决定这两个子项目变动的主要因素。1994～2005 年，这两个子项目虽然经常波动，但波动幅度相对不大，而 2006～2008 年，这两个子项目波动幅度很大，其原因是 2005 年人民币采取渐进升值政策后，市场上存在进一步升值的预期，同时我国与国外在利率政策、股市表现的不一致性等方面也有所扩大。

综上所述，从 1994 年到 2008 年，我国国际收支的主要特征是"双顺差"结构不断强化。我国连续 15 年出现了贸易顺差，并且顺差规模呈逐渐扩大的趋势，贸易不平衡特征比较明显。资本账户方面，除 1998 年受亚洲金融危机影响出现过一年逆差外，资本账户也都是顺差状态，而资本账户长期顺差又主要源于直接投资账户外资的持续不断流入。国际收支"双顺差"导致外汇储备迅速扩大。1993 年年底，我国外汇储备余额只有212 亿美元，到 2000 年年底迅速增加到 1656 亿美元，进入新世纪以来外汇储备增长进一步加快，2004～2006 年每年增长超过 2000 亿美元，2007年、2008 年每年增长甚至超过了 4000 亿美元。2008 年年底，我国外汇储备达到 19460 亿美元，稳居全球第一。

从 1994 年到 2008 年，国际收支"双顺差"结构导致了我国国际收支失衡不断加大。从国际收支平衡的角度看，可以分为经常账户平衡、资本账户平衡和综合平衡，前两个平衡反映的是对应账户的平衡，后一个反映的是由前两个账户加总而成的整体平衡，通常可以用储备资产波动反映。1993 年前，我国国际收支失衡主要表现为经常账户逆差，但由于资本账户大多数是顺差，可以起到弥补经常账户逆差的作用，因此在这个阶段，我国国际收支的综合平衡还是可以实现的。1994 年后，我国国际收支失衡表现为"双顺差"结构，国际收支的综合平衡也没有出现。

2. 国际收支失衡扩大的主要原因

这一阶段国际收支失衡不同于一般市场经济国家的失衡，后者的失衡主要是由外部冲击等短期宏观经济因素所造成的，而我国外部经济失衡的原因除了宏观经济所造成的失衡外，更重要的原因在于我国改革开放以来外向型经济发展战略长期累积作用的结果。

（1）外向型发展战略

改革开放以来，我国经济发展战略进行了重大调整，逐步放弃了以计划经济体制为核心的内向型工业化发展战略。改革开放之初，我国在东部沿海地区设立了四个经济特区，其中发展最好的是深圳特区，而深圳的发展与其毗邻香港有很大关系，与香港形成了制造业"前店后厂"的分工关系，通过深圳特区，中国还学习到了亚洲"四小龙"的发展经验。因此，深圳特区的成功经验使我国在发展战略选择上较多地受亚洲"四小龙"外向型发展模式的影响。从"四小龙"的成功经验看，它们利用自身劳动力资源丰富的比较优势，集中发展出口导向型经济，主动承接发达国家劳动密集型产业的转移，使经济在短短的二十多年的时间内出现了持续快速增长，并扩大了本身的资本和技术积累，为以后的产业升级创造了条件。在政策方面，"四小龙"基本上依靠市场机制，利用价格机制反映要素稀缺资源程度配置资源，但也采取了一些鼓励外向型部门优先发展的政策，其中又以出口政策和外资政策为核心。其中出口政策的目的是扩大出口，解决国内市场需求不足的瓶颈；而利用外资政策的目的则是弥补在经济起飞阶段所面临的资本和外汇缺口。

从 20 世纪 80 年代举办经济特区开始，我国外向型经济发展战略开始初步形成。在 20 世纪 90 年代中期以后，这种外向型的发展思路不但确立而且逐步深化。外向型发展战略实际上是一种对外部门优先发展的不平衡开放发展战略，对我国这样一个大国而言，在经济"起飞"阶段采取这种战略是对发展经济是有益的。从实践看，外向型经济发展战略在我国经济发展过程中发挥了重要的积极作用，如弥补了资本和外汇的缺口、使我国企业出现了由为计划生产到为市场生产再到为国际市场生产的转变、引进外来压力促进国内改革等。

（2）为外向型经济部门制定了优惠政策

外向型经济发展战略的基本特征就是鼓励对外部门的发展，它通过特殊的激励性政策安排，调节社会资源的分配，以达到促进外向型经济部门、尤其是促进出口发展的作用。在20世纪90年代中前期，我国市场化改革已经取得很大进展，市场在资源配置中的作用日益突出。因此从这个阶段开始，外向型发展战略的贯彻实施就不能通过传统计划经济体制下以政府为主导的配置资源方式进行，而必须主要通过市场化的方式进行，也就是政府通过制定特殊的、鼓励外向型经济发展的政策使国内资源更多地配置到对外经济部门，即采取了一种非中性、有偏的对外开放政策。外向型经济发展战略的政策支撑主要体现在贸易政策和外资政策方面，政策工具包括金融、财税等多种手段。

在贸易方面，我国采取了以鼓励出口为核心的政策体系：一是积极参与国际多边或双边贸易协定、积极参与全球经济一体化进程，如我国积极加入WTO，以争取其他经济体降低对我国出口产品的关税；二是1985年开始我国对大部分产品出口采取了出口退税政策，甚至很多出口产品一度达到了全额退税；三是鼓励我国"两头在外、大进大出"加工贸易的发展，我国不但对加工贸易产品进口采取保税政策，而且在国内很多区域专门设立了出口加工区等海关特殊监管区域，鼓励加工贸易企业进入这些区域；四是采取了人民币汇率低估政策，为保证汇率低估政策可以顺利实施，还制定了能保证政府可以起主导作用的汇率制度安排。此外，我国还使用过出口补贴、出口奖励等政策来鼓励企业的出口行为，但是这些政策在20世纪90年代后期就基本停止使用了。

在外资方面，我国也采取了大量鼓励外商直接投资的政策：一是对外资多种形式的税收优惠，使外资企业的实际税负明显低于内资企业；二是对外采取优惠或优先配置生产要素，例如对外资企业给予土地价格优惠，对外资项目的配套资金优先安排，对外资的水电气等优先供应等；三是政府对外资企业监管放宽或监管不到位，如对外资企业的劳工标准、劳动标准、环境的监管标准大大低于发达国家；四是一些地方将招商引资作为政绩和官员考核的重要手段，导致不惜用低价来吸引外资。

（3）外向型经济部门迅速发展

政府鼓励出口和外资的政策是通过影响价格方式实现的，在很大程度上降低了对外部门发展的成本，大致体现在以下几个方面。一是低估汇率水平，1994 年实行汇率并轨之后，人民币官方汇率由 5.3 元人民币/美元贬值为 8.7 元人民币/美元，后来在升值到 8.3 元人民币/美元以后，一直到 2005 年新一轮汇率体制改革前人民币名义汇率基本没有变化，而在这个阶段内，我国产品竞争力已经有了很大提升，人民币汇率在一定程度上被低估，从而达到鼓励出口、限制进口的作用，同时人民币汇率低估也使同等金额的外资在境内能持有更多的人民币资产，对外商直接投资也起到一定的刺激作用。二是财税政策降低了出口产品成本和外资企业的生产成本，其中在出口方面，国内销售的产品都要征收 17% 的增值税，而出口产品则要退掉全部或部分增值税，使出口产品可以获得更多的利润，在外资方面，在国内外企业所得税并轨前，据分析外资企业的实际税负约比内资企业低 10% 以上，外资的回报率高于同类内资企业。三是生产出口产品和外资企业所使用的要素价格偏低，如部分出口产品可以享有特殊的信贷优惠，外资企业的土地使用价格普遍低于内资企业，甚至可以享受到零地价的优惠。四是出口产品和外资企业生产成本没有充分补偿环境、社会等外部成本，例如外资企业内的一般工人工资水平很低且增长缓慢，不足以补偿劳动力的社会保障成本，部分外资企业生产污染严重，没有支付足够的环保成本等。

（三）国际收支的影响和长期调整策略

1. 国际收支失衡扩大对我国经济负面影响不断扩大

2005 年以后，我国国际收支规模显著扩大，但更重要的特点是国际收支失衡状况加剧。这个阶段国际收支的变化虽然在促进经济增长、加强应对外部冲击能力、提升我国国际地位等方面有一定的积极作用，但对国内经济的负面作用也逐渐加大。

第一，外汇储备大量增加，削弱了货币政策的独立性和有效性，增大了物价水平上升的压力。外汇储备增加引起的外汇占款引发了大量基础货币投放，央行的对冲操作难度越来越大。例如，大规模持续对冲会导致市场利率上升，在人民币存在很强的升值预期下，以套利套汇为目的的国际资本会大量流入我国，不但抵消了对冲的政策效果，而且进一步加剧了国际收支的失衡。外汇储备所引发的大量基础货币投放，成为国内流动性过剩的重要原因，不但是导致近年资产价格大幅上升的一个重要原因，而且对物价水平也形成了上涨压力。

第二，抑制了国内需求，不利于经济协调、可持续发展。国际收支"双顺差"结构反映了鼓励出口和外资的政策安排。从内需和外需的关系看，这种发展战略和政策安排没有鼓励内需、尤其是没有鼓励国内消费，例如对国内需求的鼓励政策不及对出口的鼓励，因此外需在我国经济增长的贡献最大，而国内消费对我国经济增长的贡献最小，我国经济增长形成了对出口的过度依赖，这种情况并不符合一般大国的经济发展规律。从投资内部关系看，外向型发展战略鼓励了外商投资，而没有对我国民间投资采取足够的鼓励政策，使外资和国内民间资本处于事实的不平等竞争环境，外资对国内投资存在一定的挤出效应。

第三，导致国民经济净福利损失。例如，为促进出口部门发展，我国出口产品价格被低估，进口产品价格被高估，国内要用较多的产品才能换取国外的产品。再如，外资企业的平均工资长期以来被压到最低限度，尤其是部分沿海地区对一般工人工资仅维持在最低工资水平，没有分享我国改革开放以来经济发展所取得的成果。又如外资政策在鼓励发展劳动密集型产业的同时，也吸引了不少资源消耗大、环境污染严重的产业，不但使我国成为资源的净出口国，而且污染了我国的环境。

2. 调整我国国际收支的政策思路

从长期看，我国比较理想的国际收支结构应该是，国际收支综合平衡、经常项目略有顺差、资本项目略有逆差。为促进我国国际收支结构的转变，需要从机制和战略上进行深刻的调整。在未来五年左右的时间内，国际收支政策的重点调节方向有以下几个方面。

第一，需要增加汇率的灵活性，使汇率能在促进国际收支平衡和内外部均衡方面发挥重要作用。

从理论上说，由于长期把国际收支平衡作为宏观调控的目标，需要增加相应的政策工具，而汇率是调节国际收支和内外部经济均衡的最佳工具，从1994～1996年和2005年以来汇率变动对国际收支和内外均衡的影响情况看，其调控效果也较为明显。因此，应该在有管理浮动汇率制度的前提下，扩大汇率波动的范围，使汇率波动不但更多地反映出外汇市场真实的供需情况，而且可以灵活调整内外经济均衡。

第二，改革汇率形成机制，使汇率形成机制由原来鼓励外汇储备增加的政策安排转向促进国际收支相对平衡的政策安排。

在目前情况下，应该按照"藏富于民"的思路，避免将增加的外汇储备都集中到人民银行的外汇储备资产上来，而应该由人民银行的"官方外汇储备"、其他政府机构的"其他国家外汇资产"和居民的"非官方外汇资产"共同分担增加的外汇储备。一是可考虑参照其他经济体的做法，建立外汇平准基金。外汇平准基金可由财政部向社会（而不是中央银行）发行类似"外汇基金债券"筹集人民币资金，再用这些资金在外汇市场上购买外汇。外汇平准基金的功能，首先是可以隔断外汇储备与央行基础货币发行之间的联系，即外汇储备增量不再转化为央行发行的基础货币，而转化成为外汇平准基金所拥有的外汇资产，外汇资产以流动性强的外币资产投资为主，这样就可以在一定程度上使利率政策与汇率政策相互独立，增加我国货币政策的独立性；其次是外汇平准基金参与外汇市场，可以有效地调整人民币汇率水平，避免由人民银行一家操作所带来的问题。二是建立外汇投资基金。外汇投资基金的资金筹集方式与外汇平准基金大体相当，但其外汇资产主要以营利性投资为主。三是改革企业强制性结售汇制，变目前的强制性结售汇制为自愿性结售汇制，以免外汇收入都变为央行的外汇储备。

第三，加快资本项目开放进程，扩大资本流出渠道。

在我国经济国际化程度不断提高、国际收支失衡加剧、外汇储备迅速增加的情况下，促进境内外资本的双向流动不但有助于实现国际收支相对平衡，而且也符合全球化条件下大国一般经济规律。目前我国尚未实现资本项目开放，整体上我国对资本项目实行的是鼓励流入、限制流出的政策。在直接投资项目方面，我国虽然近年来增加了境外直接投资的规模，但这种投资在很大程度上是与政府相关的、以国有企业为主的行为，非国有企业、尤其是中小型企业境外投资不但受到一定的限制，而且境外投资手续复杂。在证券投资项目方面，我国尚存在较严格的管制，其中对证券投资流出的限制又大于对流入的限制，在一定程度上鼓励了短期资本净流入，助长了国际收支失衡状况。因此，在直接投资方面简化境外直接投资的手续、扩大境外投资的主体，在证券投资方面应放宽直至取消对境外证券投资的限制，最终也就是要加快资本项目开放和推进人民币汇率自由化改革。资本项目开放后，境内外金融资本双向流动将大幅提高，由私人部门主导的、基于市场供求关系形成的、以对境外直接投资和购买境外证券为主的投资机会将大大提高，从而增加了资本流出的渠道，对促进国际收支的相对平衡有积极作用。但是，由于资本流动、尤其是证券投资等短期资本流动更容易受一些偶发投机性因素的影响，有可能导致汇率水平的过度波动，并对国际收支甚至国内经济造成一定的不利影响，因此资本项目开放后，要加强对资本流动的监管，如资本流动出现大规模逆转并损害国内经济时，在必要时可以暂时停止部分项目的兑换。

第四，从更长期看，调整我国国际收支相对平衡的方式是逐步调整我国发展战略，即由外向型发展战略向开放性发展战略，促进内需和外需，消费、投资、出口三者协调发展。

为此，应该将由"有偏"的、鼓励对外部门优先发展的政策向相对

"中性"的、内外部门统一的政策转变。这种调整将使我国由长期的"内部均衡、外部失衡"的搭配逐渐转为符合大国发展规律、"内外部相对均衡"的搭配，将使我国经济增长和就业对外需的依赖程度下降，这种做法也可以减少国际经济、尤其是美国经济失衡状况出现大的变化甚至逆转对我国经济造成的冲击。为此，一是要逐渐减少对外向型经济的政策鼓励程度，在外贸方面，逐渐降低对出口的鼓励政策，如出口退税、加工贸易、海关特殊监管区等优惠政策，在外资方面，除已实行的内外资企业所得税外，还要取消对外资企业的低地价政策，在工人福利、环境保护等方面实行和内资企业相同的标准。二是人民币汇率水平逐渐中性化，不再通过低估汇率作为鼓励出口发展的手段。三是提高内需、减少对外需的依赖，为此应该采取鼓励国内居民消费的政策。例如在需求方面，应该采取收入政策增加居民收入，提高居民收入占国民收入的比重；调整收入分配政策，提高低收入者的收入水平，扩大中等收入者的规模；扩大财政对教育、医疗卫生、社会保障的投入，引导居民将预防性储蓄转移到消费上；调整与消费有关的税收，增加居民的消费意愿等。在供给方面，应该重点培育与未来内需结构升级相适应的经济结构，如鼓励发展服务业。四是发展国内金融市场，使国内储蓄转化为国内投资，尤其是民间投资、人力资本投资、自主创新投资等，以构建有利于长期经济增长的格局。

参考资料目录：

1. 王子先主编：《中国对外开放与对外经贸 30 年》，经济管理出版社 2008 年第 1 版。

2. 陈文敬等：《振兴之路—中国对外开放 30 年》，中国经济出版社 2008 年第 1 版。

第八章

改革开放以来FDI在中国经济增长和经济发展中的作用研究

张建平　李大伟　李肖祎

作为中国改革开放的一个重要标志和重要途径，引进和利用外资对中国近三十年来的经济增长和经济发展发挥了积极作用，做出了重大贡献。改革开放初期中国利用外资的主要目的是缓解国内资本和外汇短缺、加快体制转轨和推动经济发展。当前，中国吸引外商直接投资更重要的目的在于引入外来竞争压力，培育和完善市场经济环境。中国巨大的市场需求和经济高速成长正在使全球 FDI 加速流入中国。对外国公司而言，吸引其投资中国的主要原因是中国市场逐步开放和巨大市场潜力，以及大量的廉价劳动力供应。FDI 对中国的经济增长、产业和技术发展水平、市场竞争环境等各个方面都在发挥越来越重要的影响。

一、中国利用 FDI 的五个阶段

根据中国利用外商直接投资的规模与特点，大体可分为五个阶段

（见图 8 - 1）：

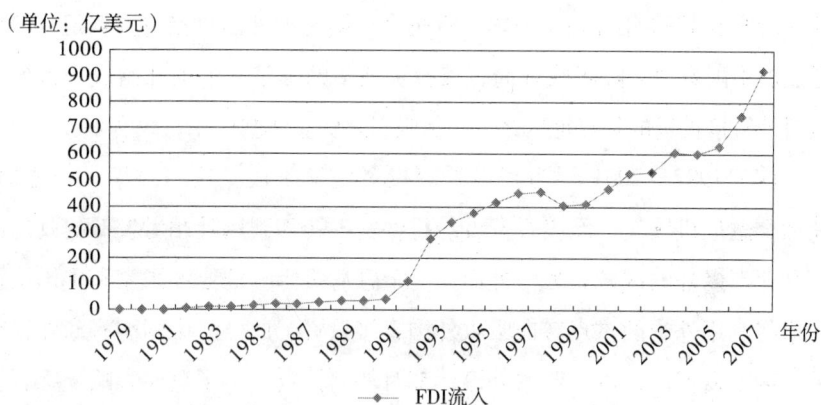

（单位：亿美元）

图 8 - 1　我国实际利用外资年度规模

（资料来源：UNCTAD 和商务部网站）

（1）1979~1986 年间为起步阶段。1979 年 7 月，第五届全国人民代表大会第二次全体会议审议通过并颁布了《中华人民共和国中外合资经营企业法》。1979~1980 年中央批准设立 4 个经济特区。1983 年 5 月，国务院召开了第一次全国利用外资工作会议，进一步放宽了利用外资的政策。1984 年以后，国家又先后开放了沿海 14 个港口城市和 13 个沿海经济开发区，对其利用外资实行优惠政策，扩大地方外商投资审批权限等。这些政策、措施使外商对华直接投资逐步发展起来。

（2）1987~1991 年间为稳步发展阶段。1986 年 10 月，国务院颁布了《关于鼓励外商投资的规定》，推进改善外商投资环境，并在税收等方面对外商投资与产品出口企业和先进技术企业给予优惠待遇。1987 年 12 月，国家有关部门制定了指导外商投资方向的有关规定，旨在创造良好的外商直接投资环境并改善外商投资结构。这一阶段外商对华直接投资出现持续稳步发展。

（3）1992~1996 年间为持续快速增长阶段。自 1992 年邓小平南方谈话开始，国务院又开放了 6 个沿江港口城市、13 个内陆边境城市和 18 个内陆省会城市，外商直接投资较前一阶段大幅增长，同时外商投资领域多元化。这一阶段自 1993 年开始，中国一直是世界第二大外国直接投资东道国，也是发展中国家中实际吸收外商直接投资最多的国家。中国开始成为世界各国对外直接投资的热点地区之一，但吸引外资总体规模还比较有限。

（4）1997~2001 年为利用外商投资调整阶段。这一时期，一方面，亚洲金融危机爆发，欧美投资者纷纷将资本转移到风险相对较低的发达国家和亚洲以外的区域；另一方面，受金融危机影响的亚洲国家和中国周边国家将利用外资的重点转向吸收外国直接投资。此外，中国国有商业银行的巨额不良资产，以及资本外流，都对外商投资产生了负面影响。综合上述因素，本阶段中国利用外国直接投资开始放缓并出现下降。但是，由于政府针对以往在投资方面存在的问题制定了相应政策予以规范和协调；在税收方面鼓励外商投资企业的技术创新；以及由于加入 WTO 的需要，对商业、金融、保险、电信、旅游等部门在一定程度上实行了国民待遇；使外商投资规模保持了稳定。

（5）2002 年至今为外商直接投资的加速增长阶段。首先，加入 WTO 后，国家重新修订了《外商投资产业指导目录》，颁布了《企业所得税法》、《外商投资商业领域管理办法》、《外商投资项目核准暂行管理办法》、《外国投资者并购境内企业规定》等法律法规，根据 WTO 承诺开放了部分服务贸易领域，吸引了更多领域的外国投资者。其次，外商投资的结构出现与以往不同的调整。由于中国劳动力、自然资源价格上升，原有的集中于加工、制造行业的外商投资开始撤出中国市场，而在金融等服务领域的外国投资开始增加。自 2006 年开始，中国吸收外商投资统计数据开始包括金融部门的数据：2006 年为 694.68 亿美元，2007 年为 826.58 亿美元，2008 年为 923.95 亿美元。与不包括金融部门数据的 630.21 亿美元（2006年）和 747.68 亿美元（2007 年）相比较，年增长幅度加大，而金融部门的外商投资增长幅度大于外商投资的年增长率。最后，跨国公司在华投资踊跃，外商独资企业增加，并购开始成为跨国公司在华投资的主要方式。

二、中国利用外资的规模及来源分布

（一）FDI 的流量和存量

从 1979 年中国实施改革开放 30 年来，随着中国市场对外开放程度不断提高，中国引进的外资规模日益增加。特别是从 1992 年起，中国吸收的 FDI 开始有较大幅度上升，此后一直处于稳步增长状态。截至 2007 年中国吸收的 FDI 已达到 3270.87 亿美元。截至 2008 年 5 月，中国实际利用外商直接投资达 8294.1 亿美元。近年全国新设立外商投资企业数量有所下降，但是实际利用外资数额仍逐年增加（见图 8 - 2）。

（单位：亿美元）

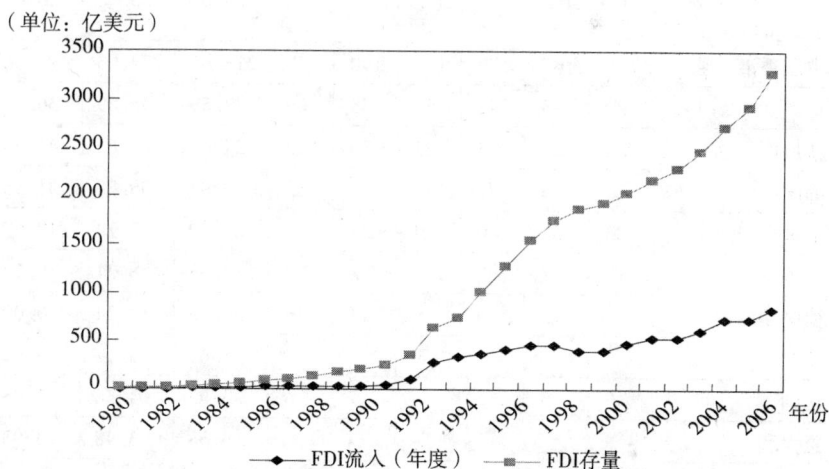

图 8 - 2　改革开放以来中国吸收 FDI 流量和存量数据

（资料来源：UNCTAD 和商务部网站）

（二）FDI 的主要来源国家和地区

改革开放初期，中国的外商直接投资来源地以中国香港为主。随着投资环境的改善和开放程度的增加，中国台湾、新加坡、韩国等亚洲国家和地区的外商直接投资纷纷进入中国。在对华直接投资国家和地区中，发展中国家和地区一直占主要地位，其中中国香港、英属维尔京群岛、中国台湾、新加坡、韩国占据了主要位置。特别是中国香港一直居主要地位，有很长一段时期，来自中国香港的 FDI 占中国利用 FDI 的 70%，近年来这一比重逐渐下降，至 2008 年已经降至 50% 左右，但仍然是中国 FDI 的第一大来源地。由于英属维尔京群岛和开曼群岛为避税地，吸引众多公司将总部设在该地区，所以这些国家的对华直接投资也占据了外商对华直接投资的大部分份额。在对华进行直接投资的发达国家和地区中，美国、日本、欧盟占主要地位，近年德国对华直接投资也开始增长（见表 8-1）。

表 8-1　FDI 实际使用金额（按主要国家和地区分）

（单位：亿美元）

国家和地区 \ 年份	2000	2001	2002	2003	2004	2005	2006	2007	2008
中国香港	155	167	179	177	190	179	213.07	277.03	410.36
日本	29	43	42	51	55	65	47.59	35.89	36.52
新加坡	22	21	23	21	20	22	24.63	31.85	44.35
韩国	15	22	27	45	62	52	39.93	36.78	31.35
中国台湾	23	30	40	34	31	22	22.30	17.74	18.99
英国	12	11	9	7	8	10	7.55	8.31	9.14
德国	10	12	9	9	11	15	20.03	7.34	9.00
荷兰							8.65	6.17	8.62
法国	9	5	6	6	7	6	3.95	4.56	5.88
意大利							3.58	3.48	4.93
开曼群岛	6	11	12	9	20	19	21.32	25.71	31.44
毛里求斯							11.06	13.33	14.93
英属维尔京群岛	38	50	61	58	67	90	116.77	165.52	159.54
萨摩亚							16.20	21.70	25.50
加拿大	3	4	6	6	6	5	4.42	3.97	5.43
美国	44	44	54	42	39	31	30.00	26.16	29.44

（资料来源：商务部外资司）

（三）绿地投资和跨国并购

跨国并购是国际直接投资的主要方式。2000 年跨国并购达到 11438.2 亿美元，约占当年全球外国直接投资流入额的 81%。但在中国，自改革开放以来的外商直接投资基本为绿地投资。绿地投资主要包括两种形式：一是建立国际独资企业，其形式有国外分公司、国外子公司和国外避税地公司；二是建立国际合资企业，其形式有股权式合资企业和契约式合资企业。中国各个省区、特别是东南沿海地区在发展外向型经济和开放型经济的过程中，各地竞相完善基础设施和投资环境，大力招商引资，利用外商绿地投资带动当地经济发展。

经过 30 年的发展，FDI 绿地投资在中国已经形成了很大规模。许多地区由于土地资源紧张、生态环境要求标准提升等各方面条件的制约，开始转向鼓励外商以并购的方式进行直接投资。跨国公司等投资主体通过并购取得中国某现有企业的全部或部分资产的所有权，也可以达到开拓国际同类市场、取得产品商标、品牌和已有行销网络、保证原材料供应和产品销售市场、经营领域和资产多元化等目的。近年来中国外资并购数量呈逐年上升的态势，但在中国外资并购规模相对较小。据商务部统计，2007 年外资并购占全国设立外商投资企业总数、合同外资和实际使用外资金额的比重分别为 3.34%、2.98% 和 2.78%，还处于发展的初期阶段。同时，中国国内有实力的企业也开始以并购方式开展对外投资。据商务部统计，2006 年，通过并购方式实现对外直接投资 47.4 亿美元，占同期对外直接投资总量的 36.7%；并购主要集中在资源、电信、家电、石化、纺织、汽车等领域。

（四）FDI 在制造业和服务业的分布

2002 年之前，进入中国的 FDI 70% 主要集中在制造业领域，近 30% 投资服务业，投资农业的比重微乎其微（见图 8-4 和图 8-5）。自 2002 年以来，外商直接投资在第二产业中的比重开始下降。项目数比重由

（单位：亿美元）

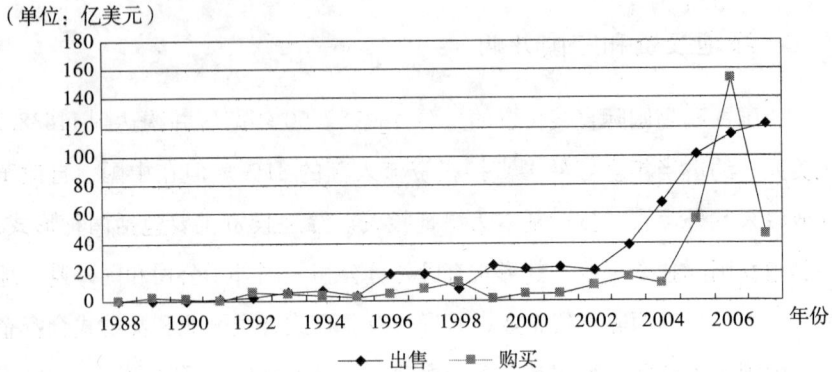

图 8-3　中国境内发生的跨国并购

（资料来源：联合国贸发会议（UNCTAD））

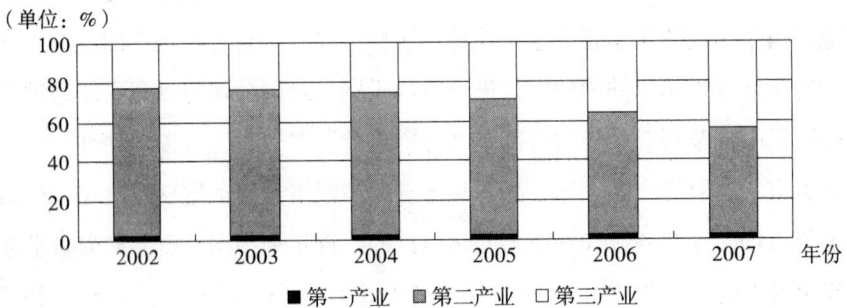

图 8-4　外商直接投资产业结构（项目数比重）

（资料来源：商务部网站）

2002 年的 73.98% 下降为 2007 年的 53.01%；实际使用外资金额比重也由 2002 年的 73.48% 下降为 2007 年的 51.32%。服务业投资比重开始增加，2002 年，外商直接投资的第三产业项目数为 7917，占总项目数的 23.17%，实际使用外资金额 129.59 亿美元，占实际使用金额的 24.57%；到 2007 年，项目数增长为 16757 个，占项目总数的 44.22%，实际使用外资金额为 397.37 亿美元，占实际使用金额的 47.58%。

　　从具体产业看，截至 2007 年，在第二产业中外商直接投资占比最大的为制造业（94.55%），这与中国具有完整的工业部类、良好的基础设

（单位：%）

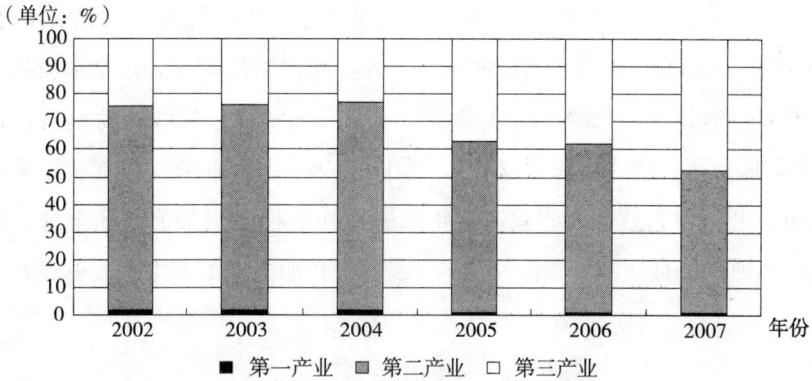

图 8 - 5　外商直接投资产业结构（实际使用金额）

（资料来源：商务部网站）

施、以及劳动力资源比较优势有很大关系。这些优势与外国投资带来的技术创新，国际销售网络和比较成熟的管理技术相结合形成了优化组合，使中国制造业产生了强大的国际竞争力（见图 8 - 6）。

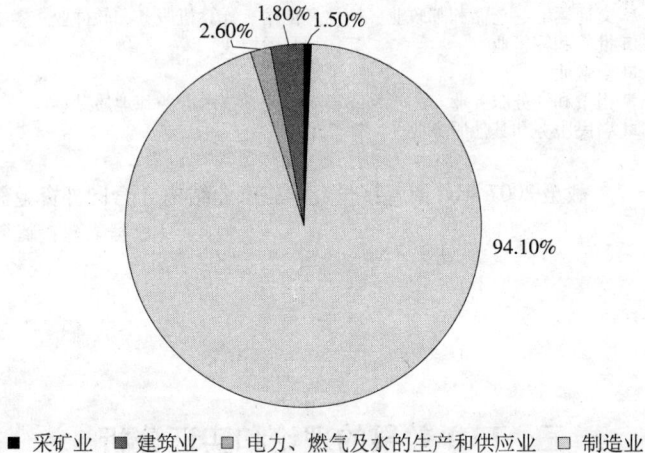

图 8 - 6　截至 2007 年外商直接投资第二产业结构（合同外资金额）

（数据来源：商务部网站）

近年来外资在中国的产业结构出现新变化，服务业正在逐渐成为吸收外资的主要领域。2008 年全国实际吸收外资 1083 亿美元，同比增长 29.7%。制造业实际吸收外资 499 亿美元，同比增长 22%，占全部吸收外资的 46.1%。全口径服务业（含银行、证券、保险）吸收外商直接投资 540.2 亿美元，同比增长 25.6%，占同期全国吸收外商直接投资实际使用金额的 49.9%，数据表明政府近年来引导外资投向附加值高的金融、物流、连锁、信息技术、软件及技术研发等现代服务业的努力已取得成效。

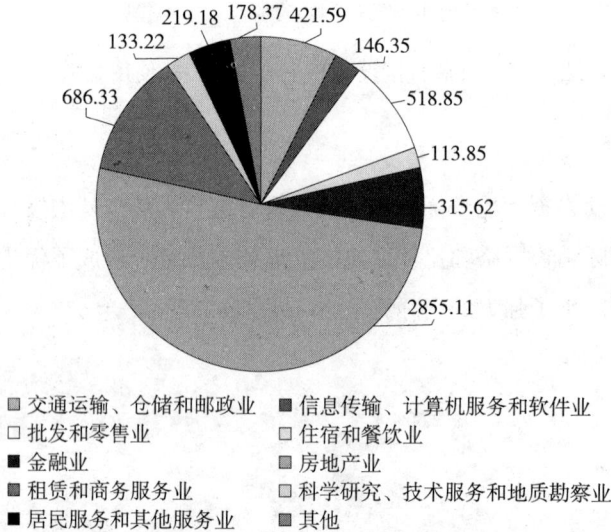

图 8－7　截至 2007 年外商直接投资第三产业结构（合同外资金额）

（数据来源：商务部网站）

三、FDI 效果的理论和实证分析

（一）就业、资本形成和 GDP 增长

首先，目前中国的外商直接投资以绿地投资为主，创造了大量的就业

岗位，有助于解决中国劳动力就业问题。2006 年，在外商投资企业（包括港澳台投资企业）中就业人数为 1407 万人。由于外商直接投资主体为跨国公司，其拥有一套完整、成熟的人力资源管理制度，一方面，通过对东道国雇员的培训，使之具备较高的工作素质，提高了东道国整体的劳动力素质；另一方面，东道国企业可以通过对成功跨国公司的人力资源管理模式的学习和借鉴，结合本国实际，发展出对自身更有效率的机制，提高管理水平和经营效率。

其次，外商直接投资对东道国的资本积累具有直接效应，FDI 与中国国内资本形成之间存在互补性。实证研究结果表明，FDI 每增加 1%，会带动约为 0.204% 中国国内资本形成的增加。外商投资企业必然会增加本国的资本积累，也与 GDP 增长呈正相关关系，形成投资方与东道国企业的良性互动，实现双赢。

（二）FDI 对增加值的贡献

总体而言，外商投资企业工业产值占全国工业总产值以及外商投资企业工业增加值都在稳步提高，其所占比重和增长幅度也在逐渐增加。可以看出外商投资企业对中国的工业发展起到了重要作用。但是也必须注意到中国的外商直接投资的产业结构分布严重偏斜，加重了我国产业结构的偏斜，使产业结构偏向工业生产，在一定程度上阻碍了中国的产业结构调整以及资源的合理利用。同时，外商投资企业在中国工业生产中的比重不断提高，也在一定程度上加强了中国对外资的依赖，可能会对本国经济安全造成影响。

表 8 - 2　外商投资企业工业产值占全国工业总产值（可比价）比重表

年份	全国工业总产值（亿元人民币）	外商投资企业工业产值	所占比重（%）
1990	19701.04	448.95	2.28
1991	23135.56	1223.32	5.29
1992	29149.25	2065.59	7.09
1993	40513.68	3704.35	9.15

年份	全国工业总产值（亿元人民币）	外商投资企业工业产值	所占比重（%）
1994	76867.25	8649.39	11.26
1995	91963.28	13154.16	14.31
1996	99595.55	15077.53	15.14
1997	56149.70	10427	18.57
1998	58195.23	14162	24
1999	63775.24	17696	27.75
2000	73964.94	23145.59	22.51
2001	94751.78	26515.66	28.05
2002	101198.73	33771.09	33.37
2003	128306.14	46019.55	35.87
2004	187220.66	58847.08	31.43
2005	249625	78399.4	31.41
2006	315630.14	99420.83	31.50
2007	404489.06	125036.94	30.91

（资料来源：商务部外资司网站）

表8-3 外商投资企业工业增加值

年份	经济指标	金额（亿元人民币）	所占比重（%）	增幅（%）
2002	全国工业增加值	45935.0		10.2
	其中：外商投资企业工业增加值	8091	25.70	13.2
2003	全国工业增加值	41045.0		17
	其中：外商投资企业工业增加值	11174	27.22	20
2004	全国工业增加值	54805		16.7
	其中：外商投资企业工业增加值	15240	27.81	18.8
2005	全国工业增加值	66425		16.4
	其中：外商投资企业工业增加值	18976.7	28.57	16.4
2006	全国工业增加值	79752		16.6
	其中：外商投资企业工业增加值	22502	28.21	16.9
2007	全国工业增加值	87987.5		27.8
	其中：外商投资企业工业增加值	24464.9	30.91	24.4

（资料来源：商务部外资司网站）

（三）跨国公司的生产率

根据比较优势理论和国际分工理论，跨国公司选择进入东道国是有利的。首先，跨国公司进入中国后，可以利用中国廉价的劳动力制造产品或提供服务，同时也把产品直接销售到中国的市场上从而避免了进口关税。其次，中国的大多数企业没有自主的技术或知识产权，跨国公司进入中国，通过对外转让技术获得高额利润，并且可以对分、子公司进行技术控制。第三，跨国公司雇员的本土化使之更适应东道国的市场和社会，并且可以在东道国发现更多的人才，实现其在东道国的发展。在中国，跨国公司内的人才需求重点从简单的制造工人向研发人员和高级管理人员转变。例如，微软、诺基亚等跨国公司面对中国加入 WTO 的第一反应便是加强在中国的研发力量和对技术和管理人才的争夺。

（四）外商直接投资的溢出效应实证研究

在外商直接投资理论中，FDI 对东道国相关行业及上下游行业的劳动生产率、就业情况以及对外贸易均可能产生积极影响，即溢出效应。本部分将主要采用面板数据模型，对外商直接投资对我国上述三个方面的溢出效应进行分析。

1. 外商直接投资对平均劳动生产率的溢出效应模型

本节将采取平均劳动生产率这一指标对 FDI 在第二产业的技术溢出效应进行测算。考虑到中国经济的实际情况，我们选取全行业平均劳动生产率、国有企业平均劳动生产率、私人企业平均劳动生产率进行分别检验。参考相关文献，结合中国工业企业的实际情况，本模型选取如下变量作为解释变量和被解释变量：

1）行业平均劳动生产率（LP）。被解释变量，用以反映行业的平均技术管理水平。以工业增加值和年末从业人员数的比值的自然对数计算。

2）行业国有企业平均劳动生产率（NLP）。被解释变量，用以反映该行业国有企业的平均技术管理水平。以国有企业工业增加值和国有企业年末从业人员数的比值的自然对数计算。

3）行业本土企业平均劳动生产率（MLP）。被解释变量，用以反映该行业本土企业的平均技术管理水平。由于《中国统计年鉴》没有专门对本土企业进行统计，因此在本文中采取（行业工业增加值 – 三资企业工业增加值）／（行业人员数 – 三资企业从业人员数）的自然对数的方法进行计算。后文中所提到的其他关于本土企业的指标计算方法类似。

4）FDI 所占比例（FDIRATE）。用以反映 FDI 在某一行业中的地位，以该行业三资企业总资产和行业总资产的比值的自然对数计算。

5）市场化程度（ZDEGREE）。计算方法为国有企业占总行业的比重的自然对数。ZDEGREE 的数值越高，表明市场化程度越低。理论上较高的市场化程度会对企业技术管理水平的提升有促进作用。

6）平均企业规模（SIZE）。计算方法为行业总资产和行业企业数量的比值的自然对数。理论上规模较大的企业一般具有较高的技术管理水平，因此行业的平均企业规模对技术管理水平可能有正向影响。

7）资本密集度（KLRATE）。计算方法为行业总资产和行业劳动力人数的比值的自然对数。理论上资本密集度较高的行业具有较高的技术管理水平。

8）FDI 的后向溢出效应（ZBACK）。本文根据 Javorcik（2004）的定义，将第 j 行业产品所供应各行业外资企业所占比重的线性组合作为后向效应的代理变量。具体计算方法如下列公式所示：

$$ZBACK_{jt} = \sum_{k\,if\,k \neq j} \frac{a_{jk}}{\sum_{k\,if\,k \neq j} a_{jk}} FDIRATE_{kt}$$

其中 $FDIRATE_{kt}$ 为上文所提到的 FDI 所占比例，a_{jk} 为根据投入产出表所计算得到的直接分配系数。采用上述公式计算后取自然对数放入模型。

由于目前 2007 年中国投入产出表尚未颁布，因此本文在计算 1999～2001 年的 a_{jk} 时，以 1997 年投入产出表为基准计算分配系数；而在计算 2002～2006 年的 a_{jk} 时，以 2002 年投入产出表作为基础。

9）FDI 的前向溢出效应（ZFRONT）。本文同样根据 Javorcik（2004）

的定义，将第 j 行业单位产出所需要各行业外资企业所占比重的线性组合作为前向效应的代理变量。具体计算方法如下列公式所示：

$$ZFRONT_{jt} = \sum_{m\ if\ m\neq j} \frac{\sigma_{jm}}{\sum\limits_{m\ if\ m\neq j} \sigma_{jm}} FDIRATE_{mt}$$

其中 $FDIRATE_{mt}$ 为上文所提到的 FDI 所占比例，σ_{jm} 为根据投入产出表所计算得到的直接消耗系数。采用上述公式计算后取自然对数放入模型。

同样，由于目前 2007 年中国投入产出表尚未颁布，因此本文在计算 1999 ~ 2001 年的 σ_{jm} 时，以 1997 年投入产出表为基准计算直接消耗系数；而在计算 2002 ~ 2006 年的 σ_{jm} 时，以 2002 年投入产出表作为基础。

上述所有原始数据样本为第二产业下属 34 个行业 1999 ~ 2006 年的年度数据，所有数据根据《中国统计年鉴》计算得到。

按照上文的分析，本文分别针对行业平均劳动生产率、行业国有企业平均劳动生产率和行业本土企业平均劳动生产率三个变量建立面板数据模型，模型形式如下：

$$LP_{it} = f(FDIRATE_{it}, KLRATE_{it}, SIZE_{it}, ZDEGREE_{it},$$
$$ZFRONT_{it}, ZBACK_{it})$$

$$MLT_{it} = f(FDIRATE_{it}, KLRATE_{it}, SIZE_{it}, ZDEGREE_{it},$$
$$ZFRONT_{it}, ZBACK_{it})$$

$$NLP_{it} = f(FDIRATE_{it}, KLRATE_{it}, SIZE_{it}, ZDEGREE_{it},$$
$$ZFRONT_{it}, ZBACK_{it})$$

其中 i = 1, 2, ……N, t = 1, 2, ……T。Hausman 检验结果表明，本模型适合用固定效应模型检验。由于本节主要关心的是外资对中国第二产业的技术溢出效应在行业间是否存在差异，因此首先要对模型形式做 F 检验。检验结果得到行业平均劳动生产率的 $F_2 = 3.90$，$F_1 = 0.28$；本土企业劳动生产率的 $F_2 = 4.42$，$F_1 = 0.27$；国有企业劳动生产率的 $F_2 = 6.49$，$F_1 = 0.15$。因此，行业整体、本土企业和国有企业的模型形式均为变截距模型。

为消除异方差性，采用 GLS 估计方法计算三个模型。计算检验结果如表 8-4（常数项相关统计指标和本文研究对象关系不大，故省略，下同）。

表 8-4　基于平均劳动生产率的技术溢出效应模型估计结果

变量名	行业平均劳动生产率			本土企业平均劳动生产率			国有企业平均劳动生产率		
	系数	t 检验值	或然概率	系数	t 检验值	或然概率	系数	t 检验值	或然概率
FDIRATE	0.099	5.81	0.00	0.083	3.44	0.00	0.066	1.843	0.066
KLRATE	1.642	35.40	0.00	1.582	29.21	0.00	1.698	15.94	0.00
SIZE	−0.411	−9.07	0.00	−0.491	7.86	0.00	−0.29	−2.95	0.00
ZDEGREE	−0.198	−10.42	0.00	−108448.90	−9.617	0.00	−0.11	−2.33	0.00
ZFRONT	−0.096	−1.49	0.14	0.086	1.122	0.26	−0.24	−1.53	0.13
ZBACK	0.054	0.82	0.41	0.176	2.095	0.03	0.57	4.16	0.00

从上述检验结果可以看出，FDI 的流入对行业和本土企业的平均劳动生产率的水平溢出效应较为显著，而对国有企业平均劳动生产率的影响则在 5% 的显著性水平下不显著；而 FDI 的流入对行业、本土企业和国有企业的前向溢出效应均不显著；FDI 的流入对行业、本土企业的后向溢出效应也不显著。

这一检验结果是和我国外资企业经济的实际情况有关的。按照 CAVES（1974）的观点，外商直接投资对东道国本土企业溢出效应的三种形式：分配效率、技术效率以及技术转让。其中分配效率是指东道国原本的市场结构很可能存在不利于本土企业进一步发展的因素，而外资的进入可以适当减轻甚至消除这些因素的负面影响；技术效率是指由于外资企业在生产过程中所采用的技术和管理方法要明显先进于本土企业，因此本土企业可以通过学习这些先进的技术来提高自身；而技术转让是指东道国的本土企业从跨国公司的分公司购买先进技术要从母公司购买更为容易。其中学界一般将行业内的溢出效应称为竞争与示范效应，又称"水平"溢出效应，即指跨国企业的进入会促进东道国企业提高自身效率；将行业间的溢出效应称为"上下游"关联效应，又称"垂直"溢出效应，主要指跨国企业通过和本国供应商之间的合作提高当地供应商的生产效率。一方面，由于外资企业的劳动生产率一般要高于我国民营企业，因此本行业民营企业在与外资企业的竞争中可以通过分配效率、技术效率以及技术转让提高自身的劳动生产率，即外资企业对我国企业的水平溢出效应是存在的。但在我国外资企业中，从事加工贸易的企业一直占据较高的比例，2008 年外资企业加工贸易额占加工贸易总额的 84.53%。由于加工贸易具有明显的"两头在外"性质，在我国国境内的增值链相对较短，因此与我国内地各上下游行业的关系并不是非常紧密，因此我国外资企业的垂直溢出效应并不明显。

外资企业对中国国有企业的技术溢出效应弱于全行业，甚至不显著也是可以解释的。中国国有企业主要分布于基础工业，特别是电力、石油、钢铁等重工业。而流入中国的 FDI 目前则多投资于计算机与通信设备制造、纺织、文化办公用品制造等行业。因此在中国国有企业占比重较高的行业中外资企业较少，溢出效应也并不明显。同时，中国国有企业在很多行业中处于行政垄断地位，因此出于竞争目的改进自身的技术管理水平的动力相对较低，也不利于外资企业技术溢出效应的发生。

在三个模型中，其他几个指标的系数也与相关经济理论和我们的常识也比较吻合。如资本密集度对平均劳动生产率在三个模型中都呈现明显的正向关系；而市场化程度的上升也有利于行业整体技术水平的提高。由于目前外资企业的平均劳动生产率仍明显高出行业平均劳动生产率，因此外资企业与行业平均劳动生产率之间差距的扩大有可能不利于溢出效应的发生。

2. 外资企业对我国就业影响的溢出效应模型

本节将采取平均劳动生产率这一指标对 FDI 在第二产业的技术溢出效应进行测算，以与下一节所提到的模型进行对比。参考相关文献，结合中国工业企业的实际情况，本模型选取如下变量作为解释变量和被解释变量：

1）行业就业情况（AE）。被解释变量，以年末从业人员数计算。

2）行业国有企业就业情况（NAE）。被解释变量，以国有企业年末从业人员数计算。

3）FDI 所占比例（FDIRATE）。用以反映 FDI 在某一行业中的地位，以三资企业总资产和行业总资产的比值计算。

4）市场化程度（ZDEGREE）。计算方法同前一章。

5）平均企业规模（SIZE）。计算方法为行业总资产和行业企业数量的比值。理论上规模较大的企业一般具有较高的技术管理水平，因此行业的平均企业规模对技术管理水平可能有正向影响。

6）资本密集度（KLRATE）。计算方法为行业总资产和行业劳动力人数的比值。理论上资本密集度较高的行业具有较高的技术管理水平。

与上个模型类似，所有变量均取自然对数。

上述所有数据样本为第二产业下属 34 个行业 1999～2006 年的年度数据，所有数据根据《中国统计年鉴》计算得到。

参考相关的参考文献，本文分别针对行业就业情况和国有企业就业情况两个变量建立面板数据模型，模型形式如下：

$$AE_{it} = f(FDIRATE_{it}, ZDEGREE_{it}, SIZE_{it}, KLRATE_{it})$$

$$NAE_{it} = f(FDIRATE_{it}, ZDEGREE_{it}, SIZE_{it}, KLRATE_{it})$$

检验结果表明，我国整体行业就业情况的 $F_2 = 2.88$，$F_1 = 0.42$；国有企业行业就业情况的 $F_2 = 2.91$，$F_1 = 0.38$，检验结果为变截距模型。为消除异方差性，采用 GLS 估计方法计算两个模型。计算检验结果如表 8-5。

表 8-5　FDI 对我国就业情况溢出效应的估计结果

变量名	国有企业就业情况			行业就业情况		
	系数	T 检验值	或然概率	系数	T 检验值	或然概率
FDIRATE	-1.08	-2.61	0.01	2.86	3.01	0
KLRATE	0.001	0.625	0.53	0.02	1.65	0.11
SIZE	-0.04	-2.12	0.03	0.76	3.08	0
ZDEGREE	3.16	20.67	0	-0.74	-1.34	0.19

该结果比较符合我国经济的真实情况。近年来，我国以加工贸易为主要经营方式的外资企业发展非常迅速，且相关企业多从事劳动密集型行业和资本密集型行业中的低附加值加工部分（如手机组装），对吸引我国劳动力就业发挥了重要的作用。而 2008 年下半年爆发的国际金融危机，在一定程度上降低了欧美发达国家对我国相关产品的需求，对相关领域的外资企业的经营也有一定的消极影响，从而导致了我国出现了较大范围内的农民工失业现象。而平均企业规模较大的行业更容易吸引就业，因此也有利于提高该行业的就业状况。因此，外资企业对相关行业就业状况有明显提升作用是符合我国实际情况的。虽然我国从业人员数并没有将大部分农民工放入统计，但从业人员数的变动趋势和整体就业的变动趋势是一致的，因此上述结果是可信的。

然而，我国外资企业对相关行业国有企业就业情况却不但没有正向的影响，而且似乎存在负面的影响。这一结论也是符合我国经济的实际情况的。其原因在于，外资企业对相关行业就业状况的提升主要通过外资企业雇佣当地员工来实现。而我国国有企业在 20 世纪末存在着大量的人浮于事现象。外资企业的进入在提高效率的同时，也间接地使我国国有企业中的大量冗员向外资企业和民营企业流动。因此近年来我国国有企业的生产率大幅度上升，但从业人员数出现明显下降，明显受到了外资企业的冲击。

3. 外商直接投资对我国出口的溢出效应模型

据产业经济学的理论，一个行业的出口程度受多种因素影响。一般而言，如果一个国家在劳动力上具有比较优势，那么应进口资本密集型产品、出口劳动密集型产品。在这一前提下，资本密集度（以资本规模和劳动力规模的比值计算）越低的行业更容易存在相对较高的贸易顺差。而因为大型企业的出口渠道、产品成本都优于小型企业，因此行业平均规模（以每个企业平均的劳动力数目计算）也会对该行业的贸易平衡程度有一定影响。FDI 作为中国贸易顺差的重要来源之一，对中国贸易不平衡程度必然也有一定的影响。据许多学者研究的结果，流入中国的 FDI 既有市场驱动型，也有出口导向型。市场驱动型 FDI 流入较高的行业并不会增加该行业的贸易不平衡程度，但出口导向型 FDI 的流入则会通过加工贸易等形式显著提高该行业的顺差。

与大多数国家不同，加工贸易在我国对外贸易中占据重要比重，这一特点在建立模型时必须充分考虑。在纺织、皮革、计算机和通信设备制造等劳动密集型行业（其中计算机和通信设备制造虽然资本密集度相对较高，但由于在我国的部分主要为垂直化分工中的加工和组装工序等低附加值部分，因此更类似于劳动密集型行业）中，我国外资企业所主导的加工贸易出口在出口中占据了较高比例；而在钢铁、有色等重化工行业中，外资企业出口所占比例并不高。鉴于我国对外贸易的这一特殊性，因此本文分别针对劳动密集型和资本密集型行业建立面板数据模型分析 FDI 对中国不同行业出口额的影响。

劳动密集型行业如下：

皮革毛皮、羽毛及其制品业、纺织服装、鞋、帽制造业、文教体育用品制造业、家具制造业、木材加工及木、竹等制品业、纺织业、金属制品业、塑料制品业、橡胶制品业、非金属矿物制品业、仪器仪表及文化办公用机械制造业、食品加工和制造业、通信设备、计算机及其他电子设备制造业。

资本密集型行业如下：

通用设备制造业、专用设备制造业、电器机械及器材制造业、造纸及纸制品业、饮料制造业、化工制造业、医药制造业、交通运输设备制造业、有色金属冶炼及加工业、化学纤维制造业、黑色金属冶炼及加工业、石油加工、炼焦及核燃料加工业以及印刷业。

所选择的变量如下：

1）出口额（EIRATE）。以各行业出口额的自然对数计算。

2）FDI 所占比例（FDIRATE）。计算方法同前。

3）资本密集度（KLRATE）。计算方法同前。

4）平均企业规模（SIZE）。计算方法同前。

本文所用数据为我国 2002～2006 年的对外贸易数据。选择这一样本区间的原因在于消除加入 WTO 对我国对外贸易结构的影响。在计算各行业贸易数据时，首先根据海关所提供的各类商品数据，并将 HS 六位编码和国民经济行业进行归类，最后计算出各行业的对外贸易出口额。其他数据来自《中国统计年鉴》。

按照上一节的介绍，中国对美国出口和中国对欧盟出口是中国出口的最重要组成部分，美国曾多次以此为借口要求加快人民币汇率改革。在这一背景下，同样可以将本模型应用于研究中美贸易和中欧贸易，三个模型的形式分别如下：

$$EIRATE_{it} = f(FDIRATE_{it}, SIZE_{it}, KLRATE_{it})$$

$$USEIRATE_{it} = f(FDIRATE_{it}, SIZE_{it}, KLRATE_{it})$$

$$EUEIRATE_{it} = f(FDIRATE_{it}, SIZE_{it}, KLRATE_{it})$$

其中 i = 1，2，……N，t = 1，2，……T，USEIRATE 和 EUEIRATE 分别代表中国对美国和欧盟的出口，测算方法与 EIRATE 类似。首先对三组（整体、中美、中欧）模型进行 F 检验，检验结果如表 8 - 6 所示。

表 8 - 6　中国出口行业模型的 F 检验结果

	整体		中欧		中美	
	劳动密集型	资本密集型	劳动密集型	资本密集型	劳动密集型	资本密集型
F2	1.56	3.23	6.63	0.11	0.67	1.06
F1	0.28	0.17	0.29	0.07	0.10	0.02
模型类型	混合	变截距	变截距	混合	混合	混合

从检验结果中可以看出，六个模型中有四个模型属于混合模型，另外两个属于变截距模型。三组模型的对比测算结果如表 8 - 7 所示。

表 8 - 7　三组贸易平衡模型的对比测算结果

模型类型	变量	劳动			资本		
整体	KLRATE	−1.087809	−5.314802	0	—	—	—
	SIZE	1.546124	2.664325	0.0099	0.017901	1.762693	0.0842
	FDIRATE	38.88279	9.600928	0	—	—	—
中欧	KLRATE	—	—	—	—	—	—
	SIZE	—	—	—	71.07259	2.16078	0.0346
	FDIRATE	34.22223	14.2345	0	—	—	—
中美	KLRATE	−5.781905	−5.872565	0	0.127723	5.905197	0
	SIZE	8.607824	3.595843	0.0006	−0.211309	−5.317119	0
	FDIRATE	201.3798	7.651592	0	—	—	—

从表 8 - 7 中的计量结果中可以得到如下结论：

（1）在劳动密集型行业中，FDI 所占比例显著提高了中国对外贸易总出口、中国对美出口以及中国对欧出口。

（2）在资本密集型行业中，FDI 所占比例对中国对外贸易整体出口、中美贸易和中欧贸易不平衡程度的影响均不显著。

（3）在劳动密集型行业中，资本密集度越低，中国总出口额和中国对美出口额越高；但资本密集度对中国对欧出口额的影响不显著。

（4）在资本密集型行业中，资本密集度越低，中国对美出口额越低；但资本密集度对中国总出口额和对欧出口额的影响不显著。

（5）在劳动密集型行业中，平均企业规模对中国对欧出口额没有影响，但对中国总出口额和对美出口额的影响显著为正。

（6）在资本密集型行业中，平均企业规模对中国对欧出口额和总出口额影响为正，但对中国对美出口额的影响显著为负。

总体来看，在劳动密集型行业中外资所占比例对我国出口影响显著为正，但在资本密集型行业中外资所占比例对我国出口没有显著影响；在劳动密集型行业中资本密集度越低，出口额越高，而在资本密集型行业中，资本密集度与出口额呈现明显的正向相关关系；平均企业规模对出口额的影响不大，且在中欧贸易和中美贸易中影响机制可能不同。

上述结论是符合中国经济实际情况的。中国劳动密集型行业下属绝大多数行业，如陶瓷、玩具、纺织、木材、金属制造等行业均属于中国出口优势行业，因此流入这些行业的 FDI 多属于出口导向型，因此 FDI 所占比例的提高会显著提高该行业的贸易不平衡度；在这些行业中，出口优势主要依靠大量劳动力投入所带来的规模收益，技术和资本的边际效益相对较低，因此资本密集度较低的行业的出口额反而会更高；同样，在这些行业中，大企业所带来的技术、资金上优势对出口的促进作用也有限。而资本密集型行业的对外贸易情况则与劳动密集型行业显著不同，其他行业的贸易不平衡程度均相对较低。从整体来看，中国资本密集型行业在国际分工中并不处于优势地位，因此流入中国资本密集型行业的 FDI 市场驱动型比例相对较高，对行业出口额的影响并不显著。在这类行业中，出口优势主要依靠资本和技术的规模，因此资本密集度的上升会提高出口额。平均企业规模对行业贸易不平衡程度影响不显著，说明价格优势和数量优势仍然是中国对外贸易的主要优势，而利用大企业、大集团进行拓展海外市场，建立有效的营销渠道等现代国际贸易手段尚未得到全面有效的推行。

需要特别指出的是，之所以将通信设备、计算机及其他电子设备制造业放入劳动密集型行业的原因在于，通信设备、计算机及其他电子设备制造业虽然属于高新技术行业，资本密集度和技术水平均较高，但其垂直专门化程度也显著高于化工、医药等其他高新技术行业。该行业部分子行业，特备是下游产业（如整机装配等）附加值较其上游行业相对较低，与劳动密集型行业存在一定的相似性。因此，流入中国该行业的 FDI 在一定程度上也带有明显的出口导向型特征。在中国的制造业中，信息产业下属的电子元件制造业是中国逆差第一大行业，而电子元件正是生产计算机、程控交换机等信息产业最终产品的中间环节。因此，中国通信设备、计算机及其他电子设备制造业出口同样带有很强的加工贸易特征。

综上所述，FDI 对中国出口额的影响机制在不同行业中是有所差异的，并不能认定流入中国的 FDI 一定提高了中国的出口额。因此，通过产业政策和外资政策调整，完全可能在提升外资利用的同时达到扩大对外开放、缓解对外贸易失衡的效果。

4. 外商直接投资对平均劳动生产率增长率的溢出效应模型

本节将采取平均劳动生产率的增长率这一指标对 FDI 在第二产业的技术溢出效应进行测算。与第一部分类似，我们选取全行业平均劳动生产率、国有企业平均劳动生产率、私人企业平均劳动生产率进行分别检验。参考相关文献，结合中国工业企业的实际情况，本模型选取如下变量作为解释变量和被解释变量：

1）行业平均劳动生产率的增长率（LPGROWTH）。被解释变量，用以反映行业的平均技术管理水平。以（当年工业增加值和年末从业人员数的比值）／（前一年工业增加值和年末从业人员数的比值）的自然对数计算。

2）行业国有企业平均劳动生产率（NLPGROWTH）。被解释变量，用以反映该行业国有企业的平均技术管理水平。计算方法与上文类似。

3）行业本土企业平均劳动生产率（MLP）。被解释变量，用以反映该行业本土企业的平均技术管理水平。计算方法与上文类似。

其他被解释变量与第一部分的模型基本相似。

上述所有原始数据样本为第二产业下属 34 个行业 1999～2006 年的年度数据，所有数据根据《中国统计年鉴》计算得到。

按照上文的分析，本文分别针对行业平均劳动生产率、行业国有企业平均劳动生产率和行业本土企业平均劳动生产率三个变量建立面板数据模型，模型形式如下：

$$LPGROWTH_{it} = f(FDIRATE_{it}, KLRATE_{it}, SIZE_{it}, ZDEGREE_{it},$$
$$ZFRONT_{it}, ZBACK_{it})$$

$$MLPGROWTH_{it} = f(FDIRATE_{it}, KLRATE_{it}, SIZE_{it}, ZDEGREE_{it},$$
$$ZFRONT_{it}, ZBACK_{it})$$

$$NLPGROWTH_{it} = f(FDIRATE_{it}, KLRATE_{it}, SIZE_{it}, ZDEGREE_{it},$$
$$ZFRONT_{it}, ZBACK_{it})$$

其中 i = 1, 2, ……N, t = 1, 2, ……T。Hausman 检验结果表明，本模型适合用固定效应模型检验。由于本节主要关心的是外资对中国第二产业的技术溢出效应在行业间是否存在差异，因此首先要对模型形式做 F 检验。检验结果得到行业平均劳动生产率的 $F_2 = 5.30$，$F_1 = 0.19$；本土企业劳动生产率的 $F_2 = 4.62$，$F_1 = 0.17$；国有企业劳动生产率的 $F_2 = 2.69$，$F_1 = 0.25$。因此，与第一个模型类似，行业整体、本土企业和国有企业的模型形式均为变截距模型。

为消除异方差性，采用 GLS 估计方法计算三个模型。计算检验结果如表 8 - 8：

表 8 - 8　基于平均劳动生产率增长率的技术溢出效应模型估计结果

变量名	行业平均劳动生产率			本土企业平均劳动生产率			国有企业平均劳动生产率		
	系数	t 检验值	或然概率	系数	t 检验值	或然概率	系数	t 检验值	或然概率
FDIRATE	0.08	2.60	0.01	0.007	0.14	0.89	0.223	1.32	0.19
KLRATE	−0.006	−0.08	0.93	0.21	1.55	0.12	−0.45	−1.03	0.30
SIZE	−0.07	−0.93	0.35	−0.32	−2.71	0.01	0.26	−0.67	0.50
ZDEGREE	−0.063	2.01	0.04	0.17	3.37	0.00	−0.02	0.11	0.92
ZFRONT	−0.24	2.05	0.04	0.17	0.88	0.38	−0.52	0.82	0.41
ZBACK	0.0009	0.007	0.99	0.21	1.09	0.43	−0.07	−0.10	0.92

从表 8 - 8 中可以看出，采用平均劳动生产率增长率的估计结果与采用平均劳动生产率类似，但其检验效果相对要差一些。其中对于本土企业和国有企业的水平和垂直溢出效应均不显著，但对于全行业平均劳动生产率的技术溢出效应是显著的。因此，基本上可以验证，我国外资企业虽然对本行业具有一定的水平溢出效应，但其垂直溢出效应水平则非常不明显。

根据各个模型的研究，可以得出以下几点结论：

1）FDI 对中国本土企业的水平溢出效应是存在的。采用两种方法所建立的多个模型均表明，FDI 对中国全行业技术管理水平的提升有着一定的促进作用。

2）FDI 对国有企业的技术溢出效应可能要弱于民营企业。由于《中国统计年鉴》没有提供 2004 年之前的民营企业数据，因此本文没有对 FDI 对民营企业的技术溢出效应进行测算，只是通过对本土企业和国有企业技术溢出效应的对比进行推论。由于在第一个模型中，FDI 对本土企业的技术溢出效应要明显好于国有企业，且两个模型中对国有企业的技术溢出效应不显著，因此可以推测 FDI 对国有企业的技术溢出效应可能会弱于民营企业。

3）资本密集度、市场化程度对技术效率的提高同样有正向影响。第一个模型检验结果清楚地表明了这一点。

4）FDI 的垂直溢出效应要明显弱于水平溢出效应。各个模型的结论均证明，我国 FDI 对上下游行业的垂直溢出效应要明显弱于水平溢出效应。

5）FDI 对我国就业有明显的积极影响。模型结果显示，FDI 显著促进了我国全行业的就业，但对我国国有企业的就业反而有负面影响。

6）FDI 对我国出口的影响具有鲜明的行业特征。在资本密集型行业中，FDI 对该行业出口的影响不明显；而在劳动密集型行业（包括通信设备制造业的下游行业中）则相反。

这些结论和中国经济的现实比较吻合。由于外资的技术和管理水平明显高于中国本土企业，因此其技术溢出效应存在是合理的。中国信息产业、化工、机械等产业的发展过程中，外资企业的进入确实有效地刺激了国内企业技术管理水平的提高，涌现出一系列如联想、海尔等的国际大企业。特别是对于更接近于技术效率的管理水平而言，由于其属于软实力，外资企业的示范效应还是很大的，突出表现在，在近年来中国管理咨询业的迅速发展和现代企业制度逐渐完善的大背景下，中国企业的管理方式已经在很大程度上接近了国际惯例。而国有企业和私营企业的行业分布有很大差别。目前国有企业仍然主要集中于重化工等基础行业，这些行业外资比例不高，因此外资的技术溢出效应并不明显。完善的市场机制有利于生产无效性的减少。相当一部分生产的无效性是由于中国经济中还存在许多非市场化的因素。资本密集度较高说明该行业的产业链相对较长，处于相对下游和高端的位置，因此也有利于企业技术效率的上升。特别对于国有企业而言，工业基础实力和国有企业管理者的重视程度对其技术效率的上升具有明显的作用。而中国工业基础实力较强的行业的资本密集度均较高（如钢铁、石化等），因此检验结果显示资本密集度对国有企业的技术效率的影响要更大一些。

而 FDI 对我国对外贸易和就业的影响也完全符合我国的现实。FDI 大多投向加工贸易领域，具有显著地拉动就业的效果，同时也有利于国企中的剩余劳动力向外资企业转移。而我国加工贸易免关税等优惠政策也使得我国对外贸易具有很强的行业性特征，从而使得 FDI 对我国对外贸易的影响在两大类行业中存在明显差异。

（单位：亿美元）

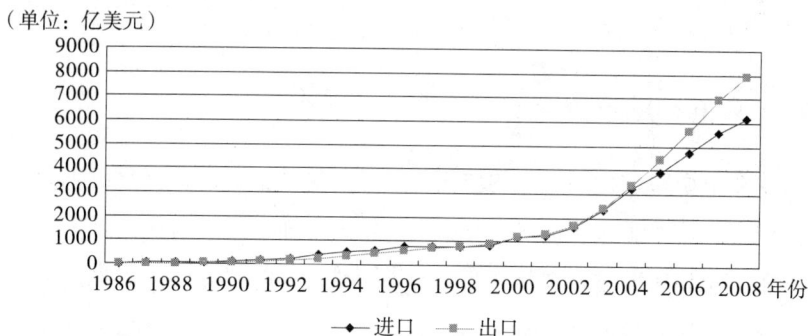

图 8 - 8　1986 ~ 2008 年外商投资企业进出口商品总值

（资料来源：商务部网站）

（五）贸易效应：投资替代还是贸易创造

中国的外商投资企业进出口商品总值稳步增加，1986 年外商投资企业进口总额为 24.03 亿美元，占全国进口总额的 5.60%；出口总额仅为 5.82 亿美元，占全国出口总额的 1.88%。1998 年外商投资企业的出口额首次超过进口额。到 2008 年，外商投资企业进口总额上升为 6199.56 亿美元，占全国比重的 54.71%；出口总额上升至 7906.20 亿美元，占全国比重的 55.34%（见图 8-8）。外商直接投资促进了中国的进出口贸易的增长，这是由于外国投资者将中国作为生产加工基地，从别国进口零部件出口制成品造成的。

中国的外贸顺差主要来自外资企业的加工贸易，而一般贸易顺差的比例很小。2007 年，外商投资企业一般贸易进出口总值 2990.16 亿美元，占外商投资企业进出口总值的 23.83%；外商投资企业加工贸易进出口总值 8311.27 亿美元，占外商投资企业进出口总值的 66.23%。导致中国贸易顺差过大，所以中国政府鼓励外资企业发展一般贸易，减少加工贸易比重。随着近年来中国人民币对美元汇率逐步稳定升值，2006 年和 2007 年中国政府先后多次大幅降低或取消出口产品退税，2008 年中国实施了新的《劳动合同法》。这些政策措施的目的之一就是希望促进中国的对外贸易从以加工贸易为主向以一般贸易为主转型升级。

（六）竞争和反竞争效应

就竞争而言，跨国公司的作用无疑是讨论的焦点。跨国公司所拥有的强大资本、技术和品牌优势，在中国的本土企业还未发展成熟时，已经在一些制造业领域形成较高的产业集中度，增加了部分外资企业行业垄断的可能性。外商利用种种垄断优势，加之中国的劳动力成本较低，使其在与国内厂商的竞争中更具优势。在中国的很多行业中，外商投资企业都占据了较大市场份额。例如宝洁公司，拥有家用日化产品的大部分市场份额；美国的可口可乐和百事可乐已经几乎垄断了中国的碳酸饮料市场。在其要垄断中国的国内市场的趋势下，跨国公司还要挤垮中国企业对外国的出口。跨国公司存在的原因之一就是将先进技术保有在公司内部，减少经营成本，因此本身就具有垄断的倾向。所以在中国的反垄断法律法规并未完善的现阶段，外商投资企业，特别是跨国公司的进入无疑会加剧本国企业与外国投资企业间的竞争，同时又在很大程度上形成外商投资企业的垄断局面。2008 年中国政府颁布了《反垄断法》，重大企业并购需要经过政府部门的反垄断审查，将对维护市场公平竞争发挥重要作用。

（七）通过 FDI 流入的外国资本

目前，中国实施资本项目管制，资本账户没有完全开放使国际资本并不能自由进出中国金融市场和资本市场。在中国金融市场制度还不完善的情况下，这一举措可以防止资金大规模流出造成金融危机。实践证明，依靠资本账户不开放的防火墙机制，中国有效地抵御了 1998 年的亚洲金融危机和 2008 年的全球金融危机，为中国经济稳定健康发展赢得了宝贵的时间和机遇。近年来，随着中国经济高速成长，特别是随着国际资本市场对人民币汇率升值和资产价值不断提升的预期，大量国际热钱和投机资本纷纷想方设法涌入中国。根据中国人民银行的估计，投机资本可能"通过外商投资企业"的渠道流入中国国内。外商投资企业主要通过利润留存、直接投资折旧和外债等三种途径来将资金汇入中国。而国际游资也可以通过投资一些回收方便、固定资产投资较少的服务行业的方式进入中国市场，获取利润。近年来，中国国际资本净流入中，有一定比例的投机资本，尽管识别这种资本非常困难。特别是在当前国际金融危机背景下，尽管中国的外贸顺差已经急剧降低、国际 FDI 增速急剧下降，但中国仍出现资本净流入和外汇储备增加的情况，也在一定程度上说明这个问题。

在进入中国的 FDI 中存在部分国际投机资本。尤其是 2005 年 7 月人民币兑美元开始逐步升值，加大了国际游资进入中国的动力。从 2007 年 12 月开始，对华外商直接投资出现了异常增长。新批设立外商投资企业数量下降但实际利用外资金额却大幅攀升。根据商务部的统计数字，2008 年 1～5 月，全国新批设立外商投资企业 11915 家，同比下降 20.95%；实际使用外资金额 427.78 亿美元，同比增长 54.97%。目前，还很难区分这些 FDI 中的真正长期投资的资本和短期投机游资。但毫无疑问，在人民币升值预期和全球经济放缓的大背景下，至少在 2008 年上半年国际热钱大量涌入中国是公认的事实。但就流入热钱的规模和流入渠道，则存在很大的争议。

四、制约吸引 FDI 的主要因素

（一）基础设施仍存在不足

中国在基础设施建设方面发展迅速。根据商务部公布的数据，截至 2007 年年底我国公路通车总里程达 357.3 万公里，其中高速公路 5.36 万公里。有 21 个省区市高速公路里程超过 1000 公里，其中，河南、山东两省突破 4000 公里；江苏、广东两省突破 3000 公里。目前中国在基础设施方面的主要瓶颈：一是铁路建设滞后于经济发展需要。美国目前拥有 27 万公里铁路通车里程，中国只有 7 万公里。二是在特大型城市中轨道交通设施建设滞后，制约着城市经济效率的提升。虽然中、西部较东部有更丰富的自然资源和更廉价的劳动力，但是基础设施不完善限制了其吸引外资的能力。东部基础设施较为完善，有便捷的通讯设施、道路交通以及各类外商投资企业所需的相关服务业。综合考虑成本因素，外商投资于东部更有利于降低经营和生产的成本。2007 年，东部地区外商直接投资项目数为 32516 个，占全国比重的 85.81%；实际使用外资金额比重也占到 78.59%。中部地区和西部地区项目数分别为 3653 个和 1702 个，比重分别为 9.64% 和 4.49%；实际使用外资比重也仅为 6.53% 和 4.41%。

（二）人力资源素质有待提高

人力资源是影响外商投资企业选址的重要因素。外商投资企业在中国不仅需要大量的一般劳动力，为了研发和管理，还需要大批高端人才。劳动力素质包括文化素质、观念、身体素质和技能。综合来看，东部地区的人力资源要比中、西部地区丰富。改革开放至今，在东部地区投资的外资企业大部分以加工制造业为主，只需要大批熟练的工人，只需要有熟练的技能和良好的身体就可以了，中、西部地区提供了大量的此种劳动力。而近年部分跨国公司在中国建立了研发基地，需要大量本土化高素质研发人才，以及高级管理经营人才，这是东部地区的优势。东部已经基本形成了人才与机遇的良性循环。

五、政府鼓励 FDI 的政策

中国政府对外商对华直接投资十分重视，发布了一系列法律、法规来规范外商投资的行为。根据加入 WTO 时的承诺，对服务贸易，在包括银行和保险、法律以及其他专业服务、电信和旅游在内的许多领域，中国都确保通过透明的许可程序给予外商进入这些服务领域的许可。鼓励外资投向以商务服务、物流等生产性服务业和以改善民生为重点的社会服务业。

在投资产业方面有《外商投资产业指导目录》，分为鼓励外商投资产业目录、限制外商投资产业目录和禁止外商投资产业目录三部分。根据中国不同阶段经济发展的需要，国家发展和改革委员会和商务部定期对《外商投资产业指导目录》进行修订，用以引导和调整外商对华直接投资的产业方向，达到利用外资的最优状态。

为了促进和规范外国投资者来华投资，引进国外的先进技术和管理经验，提高利用外资的水平，实现资源的合理配置，中国政府制定了《关于外国投资者并购境内企业的规定》。也有对具体行业的规定，例如《外商投资建设工程服务企业管理规定》，规范了对外商投资建设工程服务企业的管理；《中华人民共和国外资银行管理条例》，加强和完善了对外资银行的监督管理，以促进银行业的稳健运行。

在外商投资企业税收方面有《中华人民共和国企业所得税法》。中国政府通过调整《中华人民共和国企业所得税法》等政策法规，对符合条件的小型微利企业和重点扶持的高新技术企业分别征收 20% 和 15% 的企业所得税。同时，中国通过对出口退税和出口关税的调整引导外商直接投资的方向。税收调整的目的，是鼓励外资在华设立研发、设计、管理和销售机构，延伸产业链，提高产品附加值和技术含量；鼓励外商投资装备制造、新材料制造等高新技术产业；鼓励外商投资企业在引进先进技术基础上加大研发投入，鼓励跨国公司与中国企业和科研院所合作，引导本地配套企业与行业龙头企业的合作。

从企业所得税看，过去中国对 FDI 实施了很多税收优惠政策。为吸收外商投资，对设在经济特区、经济技术开发区等地区的生产性外资企业实行 24% 和 15% 的优惠税率；投资港口码头和能源类的外资企业享受企业所得税"五免五减半"的优惠税率；以及生产性外商投资企业享受企业所得税"两免三减半"的优惠税率。目前中国正在逐步对外商投资企业给予国民待遇。根据 2007 年 3 月 16 日通过、2008 年 1 月 1 日起施行《中华人民共和国企业所得税法》规定，对国内企业和外商投资企业实施统一的税收标准，"非居民企业取得本法第三条第三款规定的所得，适用税率为 20%"。虽然外商投资企业的所得税从 15% 提高到了 25%，但新的税法对于"符合条件的小型微利企业，减按 20% 的税率征收企业所得税。国家需要重点扶持的高新技术企业，减按 15% 的税率征收企业所得税"；经济特区和西部地区仍享受税收优惠；同时《中华人民共和国企业所得税法》公布前已经批准设立的企业，依照当时的税收法律、行政法规规定，享受低税率优惠的，按照国务院规定，可以在本法施行后 5 年内，逐步过渡到本法规定的税率；享受定期减免税优惠的，按照国务院规定，可以在本法施行后继续享受到期满为止。新税法使非高科技外资企业的实际税负较前期略有提高。

从出口退税政策看，自 2007 年 6 月 1 日起，中国对 142 项商品加征出口关税。其中对 80 多种钢铁产品进一步加征 5% 至 10% 的出口关税。自 2007 年 7 月 1 日起，根据《国家税务总局关于调低部分商品出口退税率的通知》，调整 2831 项商品的出口退税政策；出口退税率结构由原 17%、13%、11%、8% 和 5% 五档调整为 17%、13%、11%、9% 和 5% 五档。取消了 553 项"高耗能、高污染、资源性"产品的出口退税；降低了 2268 项容易引起贸易摩擦的商品的出口退税率；将 10 项商品的出口退税改为出口免税政策。目的是引导企业减少"高耗能、高污染、资源性"产品的出口；减少低附加值、低技术含量产品的出口；加大高附加值、高技术含量产品的出口；引导企业调整投资方向。

根据中国"十一五"利用外资规划，未来中国利用外资的指导思想是"处理好利用外资与国际收支平衡、利用外资与用好国内资金之间的关系，促进国内产业结构、区域经济结构的调整优化，切实提高利用外资的质量；推动建立更加开放的自主创新体系，增强集成创新能力和引进消化吸收再创新能力；在扩大开放中积极主动抵御和化解各类风险，切实保障国家经济安全；进一步巩固、发挥和创造我国的比较优势，实施互利共赢的开放战略，在更大范围、更广领域和更高层次上积极参与国际经济科技合作与竞争"。

利用外资的重点是引导外商投资产业结构优化和升级、建立更加开放的自主创新体系、促进区域经济协调发展、实现利用外资方式多样化和提高利用国外贷款的质量和效益。还需要建立更加公平、完善的外商投资环境；加强对外商投资产业和区域投向的政策引导；强化落实节约资源和保护环境；引导多种形式的内外资技术合作与联合创新；维护国家经济安全和公共利益；积极参与国际经济规则的制定和协调。

中国鼓励外商投资于中西部地区，特别是结合当地实际、符合环境要求的农牧业、国家重点生态工程后续产业开发、矿业、制造业、旅游业等等。自 2004 年 9 月 1 日起施行的《中西部地区外商投资优势产业目录（2004 年修订）》规定，对于目录内的外商投资项目，享受《指导外商投资方向规定》的鼓励类项目的相关政策及《国务院办公厅转发外经贸部等部门关于当前进一步鼓励外商投资意见的通知》中的有关优惠政策。

为了提升中国服务业的发展水平，中国目前大力鼓励外资进入中国的服务业领域，增强市场竞争，提高服务业效率。特别是要用符合市场需求的服务来促进居民消费水平的提升，促进制造业生产效率的提升，从而达到优化产业结构、实现以内需拉动经济增长的中长期战略目标。

六、政策建议

（一）在新的经济形势下，调整和转变利用外资的战略方向

利用外资是中国对外开放和加快市场经济建设的重要组成部分，也是顺应经济全球化趋势、主动参与国际分工的重要举措。今后为使外资更好地服务于中国经济发展，提升中国的国际分工地位，利用外资的战略方向应从单纯鼓励投资制造业，走向鼓励投资制造业和服务业并重；从鼓励绿地投资走向鼓励外资并购；鼓励外资在华设立研发、设计、管理和销售机构，延伸产业链，提高产品附加值和技术含量。推动跨国公司加快本地化进程，利用当地配套。鼓励外商投资中西部地区，推动中国中西部地区大发展，开拓中国内陆市场。鼓励外资企业发展一般贸易，减少加工贸易比重。

（二）处理好利用外资和内资的关系

中国作为大国经济体，出口导向型经济增长模式难以长期持续，我国经济的发展应主要依靠国内市场，依靠内需。扩大内需是拉动我国经济增长的持久动力。在充满挑战和机遇的国际经济环境中，依靠自身力量，又紧密和国际联系，应充分利用国际国内两个市场、内资和外资两种资本共同促进我国经济发展，避免外资对国内资本产生挤出效应。

（三）进一步完善投资软环境

改革开放以来，我国投资硬环境得到了很大改善。与周边国家投资环

境相比，我国吸引外资的投资环境优势更加明显。同时，中国的巨大市场和良好投资环境将使我国继续保持对外资的吸引力。未来中国应更加注重投资软环境改善，尤其是相关法律法规的建立与规范，不断提高政策法规和政府行政透明度，加大执法力度。通过统一内外资企业所得税制度、加强环境保护、颁布实施劳动合同法和实施反垄断法等措施，营造公平竞争的市场环境。

（四）优化外商直接投资结构，促进我国产业结构优化升级

金融危机引发的全球经济危机必然带来全球产业结构调整和新的分工。我国应抓住机遇，引入人才、推动技术创新。鼓励外商在我国设立技术研发中心，突破制约我国发展的技术瓶颈，加快产业结构升级。注重提高引资质量，利用外资加快我国相关产业的结构升级。鼓励外资更多投入高科技新型制造业，鼓励外资进入现代服务业和绿色生态农业领域。通过引导外资投向，改善地区间结构失衡状况。利用中西部地区劳动力多、资源丰富等特点引导外资企业中的劳动密集型产业和一般加工工业投向中西部。

参考资料目录：

1. Aitken B. & Harrison A. E, Do domestic firms benefit from direct foreign investment? Evidence from Venezuela, *American Economic Review*, 1999, 89: p. 605 - 618.

2. Blalock G. & Francisco M. , Imports, productivity growth and supply chain learning, World Development, 2007, 35: p. 1134 - 1151.

3. Blomstrom M. & Kokko A. , The impact of foreign investment on host countries: A review of the empirical evidence, World Bank Policy Research Paper, 1997, No. 1745.

4. Blomstrom M. & Kikko A. , Policies to encourage inflows of technology through foreign multinationals, World Development, 1995, 23: p. 459 - 468.

5. Caves R. E. , Multinational firms, competition and productivity in host-country markets, Economica, 1974, 41: p. 176 - 193.

6. Dunning J. H. , Explaining International Production, Unwin Hyman, 1988.

7. Duning J. H. , Globalization, Trade and Foreign Direct Investment,

Elsevier, 1998.

8. Dunning J. H., Multinational Enterprises and the Global Economy, Addison-Wesley, 1993.

9. Javorick B. S., Does Foreign Direct Investment Increase the Productivity of Domestic Firms? In Search of Spillovers through Backward Linkages, *American Economic Review*, 2004, 3: p. 605 - 627.

10. K. C. Fung & Lawrence J. Lau, Adjusted estimates of United States-China bilateral trade balances: 1995 - 2002, Journal of Asian Economics, 2003, 14: p. 489 - 496.

11. K. C. Fung, Lawrence J. Lau & Joseph Lee, U. S. Direct Investment in China, AEI Press, 2004.

12. Wenhui Wei, China and India: any difference in their FDI performances, *Journal of Asian Economics*, 2005, 16: p. 719 - 736.

13. 向铁梅:《国际贸易与直接投资的关系及其中国情况的实证分析》,《世界经济研究》2003 年第 3 期。

14. 陈涛涛:《外商直接投资行业内溢出效应》,经济科学出版社 2004 年版。

15. 江小涓:《中国的外资经济——对增长、结构升级和竞争力的贡献》,中国人民大学出版社 2002 年版。

16. 王林佳:《绿地投资与跨国并购的比较研究》,《商业现代化》2007 年 6 月中旬刊。

17. 赵复元:《外商直接投资对我国经济的影响综述》, http://www.crifs.org.cn。

18. 姜瑾、朱桂龙:《外商直接投资,垂直联系与技术溢出效应——来自中国工业部门的经验证据》,《南方经济》2007 年第 2 期。

19. 赵敏:《改善内陆环境 引导外商直接投资》,《财经界》2007 年第 4 期。

20. 刘刚:《外商直接投资行为分析及对策研究》,《上海科学管理》2003 年第 4 期。

22. 罗雨泽、罗来军:《外商直接投资在中国的空间外溢效应研究》,《数量经济技术经济研究》2007 年第 6 期。

23. 孙海霞:《外商直接投资对中国就业总量的影响——理论与实证分析》,《经济与管理》2007 年第 8 期。

第九章
借用国外贷款

姚淑梅

新中国成立以来，中国借用国外贷款走过了一段不平凡的路程。改革开放前，中国仅借过很少外债。改革开放之初，中国依然把"既无内债，又无外债"看做是社会主义取得的一项伟大成就，看做是社会主义优越性的一个体现，是贯彻独立自主方针的重要成果。直到党的十一届三中全会以后，中央毅然决然地做出借用国外贷款、促进社会主义建设的重大决策，揭开了中国改革开放的大幕。可以说，借用国外贷款是我国解放思想、转变观念、实行改革开放、改变封闭半封闭状态、充分利用"两种资源、两个市场"所采取的重大决策。如果没有这个重大决策，我国对外开放就很难较快地打开局面，也就很难吸引外商直接投资进入，经济特区也就无法起步。所以，借用国外贷款具有非常重要的经济政治意义。

一、中国借用国外贷款的简要历程

第一阶段：1950～1955 年

新中国成立后，以美国为首的西方国家对新中国实行了敌视和封锁政策。当时，中国国内资金不足，缺乏必要的技术力量和机器设备。在财政经济极端困难的条件下，为推动国民经济的快速恢复和发展、保障"一五"计划的顺利实施，从 1950~1955 年为止，我国向苏联借款 56.63 亿卢布，折合人民币 51.67 亿元。在苏联的帮助下，中国顺利进行了以 156 项重点工程为重点的"一五"计划建设，主要项目集中在冶金、化学、机械加工、能源、军事等工业部门，使中国走上了优先发展重工业的工业化模式的轨道，为中国建立独立完整的工业体系奠定了一定的基础。之后，由于各种复杂的原因，中苏两国关系走向破裂。1960 年 7 月，苏联政府单方面决定撤回全部在华专家 1390 人，撕毁了 243 个专家合同和合同补充书，废除了 257 个科学技术项目。此外，还在贸易方面对中国实行限制和歧视政策。

第二阶段：1973~1977 年

20 世纪 70 年代初，随着中国在联合国的合法席位的恢复以及中美建交，中国对外经济关系也有了很大发展，同中国进行经济技术贸易的国家日益增多，中国的外贸活动空间大大拓展，为大规模引进外资创造了良好的国际环境。与此同时，国内局势基本稳定，周恩来总理主持工作，重新把经济建设工作提到了重要日程。但是，国内的技术设备大都落后于国际先进水平，急需进行技术更新改造。为此，中国开始大规模进口机器设备：主要包括进口成套化纤、化肥技术设备，进口一米七连续式轧板机进口成套化工设备。在这些项目顺利进行的基础上，1973 年 1 月，国务院批准了"四三"方案，即从国外进口 43 亿美元成套设备和单机的方案。之后，又陆续追加了一批项目，使"四三"方案项目资金总额达 51.4 亿美元。但这些项目并没有全部实现，到 1977 年年底实际对外签约成交 39.6 亿美元。除单机按现汇交易支付外，成套设备项目，大部分采用延期付款方式，签订卖方信贷合同。贷方对象中：日本占 28%，法国占 17%，联邦德国占 14%，美国占 7%，英国占 7%，意大利占 5%，荷兰、丹麦、加拿大、比利时、瑞典、挪威等合占 22%。到 1979 年年底，这些引进项目绝大部分都已建成投产，完成基本建设投资（包括国内配套工程在内）约 240 亿元。这些项目的引进对加速中国现代化建设发挥了积极作用，但由于经验不足，工作中也存在不少值得吸取的教训。主要是：扎堆引进，缺乏计划性；脱离国内产业基础，引进后国内没有配套能力；重复进口但没有掌握制造技术；每年不得不花上千万美元进口配件；只注重引进设备，忽视了管理水平和技术服务能力水平。

第三阶段：1978～1979 年

"四人帮"垮台后，中国国内经济和国际环境得到重大改善。中国重新把实现四个现代化作为自己的最高目标，积极寻求利用外部资源（包括资金、技术、设备、管理经验）来提升自己的发展水平。为达到"把世界最新的科技成果作为自己的起点"的目的，中国与日本、美国、西德等国签订了 22个大中型引进项目，主要是钢铁、化工等重工业项目，希望在较短的时间内通过大规模引进来实现中国的工业化。由于缺乏规划和协调，大规模引进大大超过国家财力、物力所能承担的界限，造成了外汇和人民币的双重紧张局面，中国不得不向国际金融市场借了 70 多亿美元的现汇，以应急需。

第四阶段：1980 年至今

1979 年 4 月召开的中共中央工作会议指出，要适合国情量力而行，循序渐进，经过论证，讲求实效，在坚持独立自主、自力更生的基础上，积极开展对外经济合作和技术交流。1979 年 12 月，国务院做出决定，要求借外债必须纳入国家财政计划。从此，中国的对外借款工作逐渐走上了正规化的轨道。此后 30 年，中国借用国外贷款从探索、发展，逐步走向成熟，已形成了"借、用、还"的良性循环。筹资渠道不断拓宽，筹资方式日趋多元化，中国已同世界银行、亚洲开发银行等国际金融组织确立了长期稳定的合作机制，与 20 多个国家建立了双边政府贷款关系，并同国外金融机构开展了多种方式的商业贷款业务。自 1979 年至 2008 年，中国借用中长期国外贷款[①]累计约 3000 亿美元[②]，主要用于水电、火电和核

---

① 本文研究的国外借款是指贷款期限在一年以上的国外借款，但不包括外商投资企业的国外借款。

② 国外贷款的统计很不完善，《中国统计年鉴》自 2000 年以后不再统计对外借款数据，之前的统计与主管部门的统计差距甚大。此外，从 2000 年以后的统计数据看，由于统计口径的差异，无论流量还是存量，本文中的国外借款统计数据与外债统计数据中的中长期外债并不相符。报告中所引用的数据，如无特殊说明，都来自于国家发改委"国外贷款项目管理信息系统"提供的数据。

电等能源基础设施，铁路、公路、港口和机场等交通基础设施，钢铁、有色金属、石化、建材等原材料工业，机械、电子、轻工、纺织等加工工业，以及农业、林业、水利、通讯、城建、环保、教育和卫生等领域，绝大多数国外贷款项目达到了预期目的，取得较好的经济和社会效益，得到国际金融组织等国外贷款机构的高度评价，维护和增强了我国的对外信誉，有力地促进了我国国民经济和社会事业的发展，促进了我国的改革开放。

二、中国借用国外贷款的资金来源情况

改革开放以来，我国借用国外贷款主要来自国际金融组织贷款、外国政府贷款和国际商业贷款。

（一）中国借用国际金融组织贷款情况

国际金融组织贷款主要包括来自世界银行、亚洲开发银行、国际货币基金组织、欧洲投资银行和国际农发基金。

世界银行。1980 年，中国恢复了在世界银行和国际货币基金组织的合法席位，1981 年，世界银行向中国提供第一笔教育发展贷款。截至 2008 年，中国接受世行贷款累计 452 亿美元，支持了 304 个项目。241 个项目已经完成，63 个项目在实施。

亚洲开发银行。1986 年中国正式成为亚洲开发银行成员。截至 2005 年，中国累计接受亚洲开发银行贷款 162 亿美元，贷款项目 114 个；获亚洲开发银行承诺技术援助赠款 2.6 亿美元，技援项目 482 个①。中国是亚

---

① 亚行技术援助项目涉及的领域主要包括金融、清洁发展机制、可再生能源、水资源管理等。这些项目提出了一些政策建议供政府参考，具体包括农村合作医疗新体制的试点、农村最低生活保障制度、以及免除农村地区义务教育学杂费等。

行成员国中贷款规模最大、项目执行情况最好的国家之一，中国项目的执行情况一直好于亚行总体平均水平。

国际货币基金组织。中国先后于 1981 年和 1986 年，从国际货币基金组织借入 7.6 亿特别提款权（约合 8.8 亿美元）和 6 亿特别提款权（约合 7.3 亿美元）的贷款，用于弥补国际收支逆差，支持经济结构调整和经济体制改革。到 20 世纪 90 年代初，上述两笔贷款已全部提前归还。此后，随着经济实力增强和宏观经济管理水平提高，中国不仅没有再向国际货币基金组织提出新的借款要求，而且成为国际货币基金组织的净债权国。

国际农发基金。国际农业发展基金组织专门为发展中国家提供优惠贷款，以支持发展农业、加强粮食生产。中国从 1981 年起开始借用国际农发基金会贷款，到 2005 年，实施项目 19 个，贷款总额达到 4.3 亿美元。

欧洲投资银行。中国自 1990 年开始借用欧洲投资银行贷款，截至 2005 年，项目共 13 个，贷款金额 7.66 亿美元。贷款项目主要包括机场建设、机械、轻工、通讯、钢铁、电力和卫生等。

（二）我国借用外国政府贷款情况

外国政府贷款是指一国政府向另一国政府提供的，具有一定赠与性质的优惠贷款。根据经济合作和发展组织（OECD）的有关规定，政府贷款主要用于城市基础设施、环境保护等非营利项目，若用于工业等营利性项目，则贷款总额不得超过 200 万特别提款权。贷款额在 200 万特别提款权以上或赠与成分在 80% 以下的项目，则由贷款国提交 OECD 审核。外国政府贷款的特点：（1）属主权外债，强调贷款的偿还。利用外国政府贷款首先是一种外债，是我国政府对外借用的一种债务。除经国家发展改革委、财政部审查确认，并经国务院批准由国家统还者外，其余由项目业主偿还且多数由地方财政担保。（2）贷款条件相对优惠，其中赠与成分一般在 35% 以上。（3）有限制性采购的要求。贷款货币币种由贷款国指定，汇率风险较大。（4）使用投向具有一定限制，主要用于政府主导型项目建设，领域集中在基础设施、社会发展和环境保护等。（5）带有一定的政府间接援助性质，易受贷款国外交、财政政策的影响。①

我国利用外国政府贷款始于 1979 年，先后同日本、德国、法国、西班牙、意大利、加拿大、英国、奥地利、澳大利亚、瑞典、科威特、荷兰、芬兰、丹麦、挪威、瑞士、比利时、韩国、以色列、俄罗斯、卢森堡、波兰及北欧投资银行、北欧发展基金、法国开发署共 25 个国家及机构建立了政府（双边）贷款关系。随着我国国民经济的持续快速发展，部分外国政府在对华贷款政策方面也发生了一些变化，英国、俄罗斯、加拿大、澳大利亚、卢森堡、北欧发展基金、加拿大、瑞士等八个国家和组织已经停止向我国提供政府贷款，韩国政府贷款也基本没有实质性进展，外国政府贷款最大资金来源日元贷款也于 2008 年停止。但与此同时，我国政府一直努力开拓新的贷款渠道，并取得了积极成果。如法国开发署开始与我国建立政府贷款合作，支持能源领域项目；意大利政府贷款的合作领域得到扩大，和中方共同成立了中意发展合作项目管理办公室，加强了机构建设；波兰政府贷款的规模预计将有较大幅度增加；与阿联酋开展政府贷款合作在积极商谈中。此外，一些条件相对优惠的准政府贷款融资也取得了进展，如美国进出口银行贷款已经国务院批准，双方正在商讨实施细节；在传统德国政府贷款的基础上，德国复兴信贷银行开始提供促进贷款，初步承诺今后 5 年每年提供 3 亿欧元。除贷款外，德国政府每年提供赠款，规模稳定在 100 万欧元左右②。

实行改革开放政策 30 年来，我国利用外国政府贷款实施了近 2200 个项目，协议金额近 500 亿美元，贷款项目遍及全国（除台湾以外），涉及农业水利、教育、医疗、交通、能源、环境保护和社会基础设施等诸多领域。这些项目的实施弥补了我国建设资金不足，为促进我国经济快速增长

---

① 该资料来自国家发展和改革委员会网站。

② 该信息来自国家财政部网站。

和社会全面发展发挥了重要的作用。

（三）我国借用国际商业贷款情况

国际商业贷款是指境内机构以商业性条件在国际金融市场筹措，并以外国货币承担契约性偿还义务的资金。主要包括：外国银行（机构）贷款，出口信贷，发行外币债券、可转换债券及大额可转让存单和中期票据等股票以外的有价证券，国际融资租赁，以现汇方式返还的补偿贸易，项目融资，境外居民在境内的存款及其他形式的商业性筹融资。国际商业贷款具有筹融资方式多，资金使用落实灵活方便，贷款较快，自主性强，贷款附加条件较少等优点，但其贷款成本较政府贷款为高，同时存在较高的利率风险。

为吸取一些国家债务危机的经验教训，进一步提高国际商业贷款的使用效益，防止外债失控，避免发生外债危机，我国对借用国际商业贷款实行较为严格的管理，对国有商业银行举借中长期国际商业贷款实行余额管理，余额由国家发展和改革委员会会同有关部门审核后报国务院审批。境内中资等机构举借中长期国际商业贷款，须经国家发展和改革委员会批准。对境内中资机构举借短期国际商业贷款实行余额管理，余额由国家外汇管理局核定。管理原则为：（1）适度。主要是控制借用规模，特别是短期资金。（2）严格控制投向，坚持用于生产开发型项目。中长期商业贷款，主要用于固定资产投资项目建设，以有出口创汇能力的建设项目为主，主要用于购买国内不能生产制造的，必须从国外引进的设备与技术。不能用国际商业贷款进口消费品。一年以下（含一年）的短期商业贷款，主要作为流动资金。（3）未经国家批准，不得结汇。（4）风险管理。强调借用还、责权利相统一，注意借款项目自身的风险主体地位，确保债务的如期偿还。（5）地方政府不得对外举债①。

---

① 资料来源：国家发展和改革委员会网站。

1979 年至 2005 年，我国累计借用国际商业贷款约 1250 亿美元①，主要用于国家重点项目和部分地方项目引进国外先进设备，支持符合国家产业政策的交通、能源、工业项目等以及银行等金融机构的发展②。借款主体以大型国有企业为主，区域分布主要集中在东部沿海地区。利用国际商业贷款建设的国家重点项目有：长江三峡水利枢纽工程，广东大亚湾、岭澳及浙江秦山、江苏田湾核电站，大连、丹东、南通等电厂，大庆、齐鲁、扬子等 30 万吨乙烯，宝钢三期、邯钢、珠钢、包钢薄板坯连铸连轧、攀钢扩建，海洋石油的惠州、陆丰等油田开发。

三、中国国外贷款的使用情况及特点

（一）国外贷款安排使用的主要特点

我国一直注重对国外贷款的"借用还"实行严格管理和控制。在贷款安排使用方面呈现以下突出特点：

1. 借用国外贷款的行业和领域投向重点，由政府依据国家的发展战略和产业政策，结合不同渠道贷款资金的特点，相应进行调整。20 世纪 80 年代，国外贷款主要用于交通、能源和重要原材料领域；90 年代，在继续重点投向交通、能源和原材料领域的同时，增加了对农业、林业和水利的投入，并开始注重环境保护和社会发展领域；2000 年以后，进一步加大了对环境保护、清洁能源和可再生能源、资源节约、医疗卫生、文化教育的倾斜力度。

2. 随着国家对区域发展战略的调整，国外贷款的区域投向也相应变化。我国借用国外贷款几乎涉及所有省（自治区、直辖市），其中东部沿

---

① 指中长期国际商业贷款。
② 外商投资企业借入的境外商业贷款部分也属于国际商业贷款，本文数据中未包含此部分。

海地区约占54%①，中部地区21%，西部地区25%。20世纪80年代到90年代中期，我国实行东部沿海地区率先发展的区域战略，国外贷款重点投向东部沿海地区，加快了该地区基础设施建设和基础产业的发展，加速了投资环境的改善，为该地区经济的腾飞创造了条件。20世纪90年代中期以后，为了配合国家"西部大开发"、"中部崛起"、"振兴东北等老工业基地"等区域发展战略的实施，国外优惠贷款开始向中西部地区大幅度倾斜。"九五"② 计划期间，国际金融组织和外国政府贷款60%以上投向中西部地区，"十五"计划期间，这一比例提高到70%以上。

3. 高度重视外债安全。30年来，我国始终保持了适度的外债规模和合理的外债结构，做到了借之有道，用之有效，还之有信，有效防范了外债风险。截至2008年年末，我国外债余额为3746.61亿美元（不包括香港特区、澳门特区和台湾地区对外负债，下同），其中，中长期外债余额为1638.76亿美元，占外债余额的43.74%；短期外债余额为2107.85亿美元，占外债余额的56.26%。根据国家外管局初步计算，2008年我国外债偿债率为1.78%，债务率为23.69%，负债率为8.65%，短期外债与外汇储备之比为10.83%，均在国际标准安全线之内③。

4. 严格管理和监督。经过多年的实践和探索，我国逐步形成了比较完整的借用国外贷款宏观管理体系和微观监管机制。在国外贷款规划管理、项目和财务管理、外债管理和统计监测，以及贷款使用的审计、稽查等方面，建立和实行了职能明确、责任落实、配合协调、运转高效的工作

---

① 东部地区包括北京、天津、河北、上海、江苏、浙江、福建、山东、广东、海南、辽宁11个省（直辖市），中部地区包括山西、安徽、江西、河南、湖南、湖北、黑龙江、吉林8个省，西部地区包括广西、重庆、四川、贵州、云南、西藏、陕西、甘肃、青海、宁夏、新疆、内蒙古12个省（自治区和直辖市）。

② "九五"计划指政府制定的国民经济和社会发展第九个五年计划。

③ 按照国际经验，衡量外债规模通常有三大指标：一是外债偿债率，即年度外债本息偿还额与当年贸易和非贸易外汇收入之比（按不同国家，参考线约为20%至30%）；二是负债率，即外债余额与当年国内生产总值之比（按不同国家，参考线约为20%至30%）；三是债务率，即外债余额与当年贸易和非贸易外汇收入之比（按不同国家，参考线约为100%至165%）。

机制。

（二）国外贷款的具体使用情况

1979 年 1 月，第一笔国际商业贷款正式签约，拉开了通过借用国外贷款、引进国外资金和技术，加快我国国民经济发展步伐的序幕。30 年来，我国借用国外贷款随着国民经济发展在规模、行业、区域等方面不断进行调整。

1. 探索起步阶段（1979～1985 年）

改革开放初期我国经济基础薄弱，急需大量资金进行经济建设。1979年 1 月，由国家统借的第一笔国际商业贷款正式签约，共安排了 22 个项目，自此，我国迈出了利用国外资金支持国民经济和社会建设的重要一步。

"六五"计划（1981～1985 年）提出国家基本建设投资的重点要用于能源及交通运输建设。围绕国家的战略部署，借用国外贷款有效地弥补了国内建设资金不足，大量国外贷款重点投向能源、交通、原材料，以及现有企业技术改造和设备更新。短短几年间，我国利用国外贷款兴建了一批大型钢铁、石化、煤炭基地项目，建设了兖石线、京秦线、北同蒲电气化等铁路干线。

2. 加速发展阶段（1986～1990 年）

"七五"计划期间（1986～1990 年），我国加快了改革和开放的步伐，借用国外贷款呈现加速发展态势。借用国外贷款签约额 479 亿美元，实际使用额 373 亿美元，比"六五"计划时期增加了近 6 倍。根据"七五"计划提出的利用外资重点，即"一是能源、交通、通信和原材料特别是电力、港口、石油等方面的建设，以及机械电子等行业的技术改造；二是有利于扩大出口创汇能力和实行进口替代的行业"，国外贷款重点投向了交通和通讯、能源、原材料、机械、电子等领域。

从 1984 年开始，我国出现经济过热局面，政府出台一系列控制社会固定资产投资和消费过快增长的措施。为了保证能源、交通、原材料等领域重点项目建设，缓解国民经济发展的"瓶颈"制约，仍然扩大借用国外贷款的规模，国外贷款成为一些重大项目投资的重要来源。"七五"计划期间国外贷款与中央政府预算内投资之比约为 56∶100，占全社会固定资产投资的比重约为 9%，为实现"七五"计划期间经济的平稳发展做出了重要贡献，并为"八五"计划期间吸收外商直接投资大幅增长以及经济快速发展发挥了重要作用。

1989 年"六四"政治风波后，西方主要国家暂停了对华优惠贷款。面对这一严峻形势，我国继续坚持改革开放。通过艰苦努力，我国坚定不移推进改革开放的态度得到国际社会的认同和支持。1989 年 11 月，日本政府恢复了对华无偿援助。1990 年 11 月，日本正式决定恢复第三批日元贷款。此后，其他外国政府陆续恢复了对华贷款。

3. 持续增长阶段（1991～1995 年）

"八五"计划期间（1991～1995 年），以 1992 年邓小平同志重要谈话和党的十四大为标志，我国改革开放和社会主义现代化建设进入了新的发展阶段。社会生产力、综合国力和人民生活水平上了一个新台阶，在各方面都取得了很大的成就。借用国外贷款持续快速增长，是我国借用国外贷款规模最大的一个五年计划时期。借用国外贷款签约额 836 亿美元，实际使用额 681 亿美元，比"七五"增加了 11 倍。

在贷款投向上，国际金融组织贷款和外国政府贷款特别是条件比较优惠的贷款，重点用于加强农业、林业、水利、能源、交通、通信、重要原材料、环境保护等项目建设。国际商业贷款主要用于进口技术和设备，支持符合国家产业政策的交通、能源和工业项目。此外，部分国际商业贷款还用于支持"中小企业"转制，促进非公经济发展。

从 1991 年开始，我国利用国际金融组织贷款进入了高速发展时期，尤其是 1993～1995 年利用世行和亚行贷款金额达到了空前的高峰，年贷款额 40 亿美元以上。自 1992 年起，我国曾连续多年保持世界银行第一大借款国地位，1994 年成为亚洲开发银行第一大借款国。

4. 平稳发展阶段（1996～2000 年）

"九五"计划时期（1996～2000 年），我国克服了亚洲金融危机的不利影响，借用国外贷款总体呈现平稳发展。

在项目安排上，加大国外优惠贷款对水利、生态保护、交通、环境、城市公用工程等基础设施的投资力度，压缩工业、能源项目，注重在引进国外先进设备、技术的同时，提高引进国外设备的国产化比率。"九五"计划期间，优惠贷款开始向中西部地区倾斜，国际金融组织和外国政府贷款 60% 以上用于中西部地区。此外，从 1996 年开始，民营企业允许借用国际金融组织贷款和外国政府贷款。

自 1996 年 4 月起，借用国外贷款实行全口径管理，国际商业贷款取消了指令性计划和指导性计划，全部纳入外债全口径计划管理。1997 年亚洲金融危机爆发后，为防范金融风险，我国严格控制外债总量，利用外资工作重点转向以吸收外商直接投资为主，注重优化结构；积极争取国外优惠贷款，严格控制借用国际商业贷款的规模。借用国际商业贷款大幅下降，尤其是借用外国银行和金融机构贷款比"八五"计划时期减少了 50%。由于我国对借用国外贷款始终采取严格规范的管理，注重防范外债风险，经受住了亚洲金融危机的考验，借用国外贷款保持了平稳发展。

5. 协调发展阶段（2000 年至今）

2000 年以来，我国国内建设和对外开放步伐加快，基本形成了全方位、多层次、宽领域的对外开放格局。2001 年 12 月，我国正式加入 WTO，我国经济开始融入世界经济一体化浪潮中。经济持续快速发展给能源、交通、环境等带来巨大压力，地区经济发展不平衡问题更加突出。借用国外贷款注重促进国内经济协调发展，注重与国债、扶贫等专项资金结合使用，70% 以上的优惠贷款投向了中西部地区和东北等老工业基地，使其更加符合我国产业结构调整、西部大开发和"振兴东北等老工业基地"的要求。借用国际金融组织贷款方式进行了创新，允许国际金融组织首次发行人民币债券，筹集资金为其在我国的项目进行融资，为我国资本市场的改革和开放进行了有益的探索。

四、中国借用国外贷款取得的成就

在"积极、合理、有效"的利用外资方针的指引下，我国借用国外贷款取得了巨大成就，弥补了国内建设资金不足、引进了先进的发展理念、有力地促进了国民经济的快速发展，推动了改革开放，促进了技术进步和创新，产生了较大的经济、社会、环境等效益，对促进国民经济和社会全面协调可持续发展，建立、完善我国社会主义市场经济体制发挥了重要作用。

（一）有效弥补了国内建设资金不足，为缓解长期制约国民经济发展的能源、交通等"瓶颈"问题和改善国际收支状况做出了重要贡献

改革开放初期，我国是一个既缺资金、又缺外汇的典型"双缺口"经济体，长期以来，能源和一些主要原材料供应紧张，交通运输特别是铁路运输能力严重不足，成为制约经济发展的"瓶颈"。国外贷款对这些"瓶颈"产业进行了针对性的投资倾斜，建设了一大批电厂、铁路、公路、港口等能源交通基础设施以及钢铁、有色、石化、建材等原材料基础产业的项目。

这一时期，我国国际收支状况同样面临巨大压力。1979年我国外汇储备只有0.84亿美元，1980年我国出现国际收支不平衡，外汇储备为－1.3亿美元，增加出口创汇成为经济工作的重要目标。国外贷款用于进口重要原材料和关键技术设备，一方面直接弥补了国内外汇不足；另一方面，通过支持出口企业技术改造和升级，提高国际竞争力，增强了出口创汇能力，此外，还通过借用国际货币基金组织贷款直接用于弥补国际收支逆差，为平衡国际收支发挥了不可替代的作用。

（二） 引入了先进的发展理念，进行了大量改革创新的探索实践，有力地促进了多个领域的改革与开放

从改革开放之初到 1991 年，借用国外贷款是中国利用外资的主要方式。通过与国际金融组织、外国政府及国外金融机构的贷款合作，拓展了视野，了解了国外先进的发展理念，逐步熟悉了有关的国际规则和国际通行做法。

借用国外贷款在进行项目建设的同时，注重推动相关领域的体制改革和创新。通过实施国际金融组织贷款项目，直接促进了相关领域的体制改革和政策调整，如世界银行城市供水贷款项目的实施促进了城市供水体制市场化改革、水价政策调整和水务公司治理结构的完善。国际金融公司（IFC）对民营企业的股权融资及贷款支持，对于改善民营企业公司治理结构，以及引入无担保的项目融资方式起到了积极的作用。围绕贷款项目的相关领域，国际金融组织贷款提出多项制度性改革建议。如在社会保障、政府治理结构、金融、国有企业、财政、环境保护等多个领域，国际金融组织专家发表很多有关我国的研究报告，为我国改革和发展提供了重要的参考意见。

借用国外贷款工作自身也在不断进行着创新的探索和实践，如国际商业贷款，从传统的银行贷款、出口信贷等方式延伸到项目融资、BOT、海外债券融资、可转股债券以及允许国际金融机构发行人民币债券等方式，一系列利用外资方式的新探索推动了我国金融业的改革和开放。

（三） 改善了投资环境，为中国大量利用外商直接投资奠定了坚实的基础

中国借用国外贷款对能源、交通、通讯、机场、港口、宾馆、供排水等基础设施进行了大量投入，极大地改善了投资环境。随着投资环境的改善，吸引了大量外商直接投资。自 1992 年开始，中国吸收外商直接投资超过借用国外贷款成为中国利用外资的主要方式。

（四）对促进环境保护、区域协调发展和减少贫困作出了积极贡献

借用国外贷款最早关注环境问题，引入环保理念，并在该领域进行了很多超前性和创新性的探索和实践。国际金融组织贷款在农业、能源、交通和城市建设等行业的项目中，都加入了对环境保护的要求，提高全社会的环境保护意识，促进了项目地区在环保方面的投入。特别是国际金融组织贷款项目要求出具环境影响评价报告的做法，已在我国国内投资项目中广泛采用；其在环保领域的投资项目及技术援助项目，改善了生态环境，对我国环保领域的政策和制度改革起到了一定的促进作用。

20 世纪 90 年代中后期，国外优惠贷款加大了对中西部地区的倾斜力度，1997~2005 年，世行贷款的 72%、亚行贷款的 48% 都投向了中西部地区，国际农发基金贷款几乎全部投向了中西部地区，用于支持不发达地区的粮农生产。国外优惠贷款的投入，支持了中西部地区的基础设施建设，改善了投资环境，对促进区域经济协调发展作出了积极贡献。

在扶贫领域，国际金融组织贷款增加了我国扶贫开发投入总量，补充了项目区扶贫资金的不足，加快了项目区扶贫开发的进程。其贷款项目采用综合性扶贫方式，取得良好的社会效益，西南、秦巴山区和西部扶贫世行贷款项目的成功实施，不仅充分验证了综合性扶贫开发模式的有效性，而且通过项目活动的开展，引进了新的发展理念和管理模式，对我国扶贫开发的理论、政策、方法、制度建设等产生了积极影响，有力地推动了我国扶贫的管理改善和制度创新。

（五）促进了自主创新能力建设，提升了产业技术水平，增强了企业竞争力

借用国外贷款通过对科技领域的投资，加强了我国科学技术创新的基础能力建设。如世行贷款对重点学科发展项目，支持了 132 个重点实验室和专业实验室建设，改善了科研基础条件，形成很多具有自主知识产权的

研究成果和产品。通过国产化比率要求，推动企业对引进技术的消化吸收，提高了对先进设备的制造和设计能力，促进了企业自主创新能力的建设。

通过各个领域的国外贷款项目建设，引进了大量国内急需的先进技术和关键设备，如大型发电设备、大型养路机械、铁路技术装备、雷达系统装备等，建设了一大批基础设施和重要原材料工业项目，提高了相关行业的装备和技术水平，对推动我国产业结构调整、提升产业技术水平起到积极的促进作用。

国内企业通过国外优惠贷款的支持，以及可转换债、融资租赁等多种方式引进了大量资金、先进技术和科学管理经验，进行了升级换代的技术改造、资本扩张和扩大市场占领份额，提高了企业竞争力，部分企业逐步具备了利用国际资本市场、优化资源配置和进行国际化经营的能力。

（六）引进先进的管理经验，培养了管理人才，推动了项目管理制度的改革

国外贷款项目的实施引入了国际先进的项目建设和管理经验，并与我国国情相结合，形成一套行之有效、与国际接轨的项目管理规范和体系，推动了国内建设项目管理制度的改革。

通过项目的管理和实施，培养了一大批熟悉国际规则和惯例的管理人才。我国对国际金融组织从贷款受援国逐步转变为战略合作伙伴，从只能接受外资选择到可以选择外资，从被动接受外国贷款条件到共同商谈部分条件，从单一方式引进外资到"走出去"，以多种方式进入国际金融市场融资，充分显示出我国利用国外贷款能力的提高，说明我国已培养出一批较高素质的专业人才，基本具备了与国际投资者平等对话的能力，在促进对外交流和合作中发挥着积极作用。

（七）丰富了中国国际合作的内容，扩大了中国的国际影响力

借用国外贷款是我国与国际社会交流合作的重要渠道之一，大批国外

企业家及各个领域的专家、专业技术人员，通过项目咨询、设备采购、工程监理等各个环节，以贷款项目为载体，参与了中国的经济建设，增进了对中国的了解，也拓展了其在中国市场的发展空间。

中国借用国际金融组织贷款项目成功率较高，受到世行、亚行的高度评价。世行贷款黄土高原水土保持项目被世界银行誉为农业项目的"旗帜工程"，荣获 2003 年度世行"杰出成就行长奖"。中国一些成功的贷款管理模式如"三年滚动规划"①，世界银行已经在其他国家推广。中国减贫的巨大成就，为全球减少贫困提供了大量经验和成功案例，对其他发展中国家提供了有益借鉴，扩大了中国的国际影响力。

五、中国借用国外贷款的经验和教训

（一）主要经验

1. 坚持"积极、合理、有效"的利用外资方针

30 年来，借用国外贷款积极拓展融资渠道，与世界银行、亚洲开发银行、国际农发基金会、欧洲投资银行等国际金融组织建立稳定的合作机制，与 20 多个国家建立双边政府贷款关系；勇于探索利用国际商业贷款的多种方式，通过境外银行贷款、发行境外债券、可转换债券、出口信贷、项目融资、融资租赁、中期债券等多种形式取得融资；不断创新借用国外贷款新模式，如国际金融组织的"APL"贷款、国际开发机构发行人民币债券等等，保障了我国对国外资金需求的稳定性和灵活性。

借用国外贷款的规模首先根据国内经济建设需求、国内配套能力、偿还能力和消化能力确定，并根据经济实际运行情况进行调整。根据国际资

---

① "三年滚动规划"指主管部门和地方上报项目规划时要一次（每年）上报三年的计划，连续滚动。其优点是项目准备充足，具有前瞻性，可以根据年度新情况随时调整，保持了项目的实效性，确保项目实施质量，提高了管理效率。

本市场形势的变化，适时调整不同类别资金的组合。积极利用国外优惠贷款，严格控制商业贷款。保持了借用国外贷款规模和结构的合理性。

在使用方面，借用国外贷款始终围绕国民经济发展的战略重点，安排和调整国外贷款的行业和地区投向，充分发挥国外贷款的使用效率。由于始终坚持"积极、合理、有效"的方针，做到三者的有机结合，国外贷款取得了较大的经济效益和社会效益的同时，我国外债状况一直比较安全。

2. 坚持以我为主，正确发挥政府主导作用

借用国外贷款是促进改革开放与经济发展的手段。在贷款使用过程中，坚持以我为主，确定了以我国经济需要为主导、为我国发展战略服务的政策导向。注重将国外贷款项目的设计实施与国家发展战略、国家经济建设的需要紧密结合，同时学习借鉴国际发展理论和经验，但不盲从照搬，注重国际经验与我国实践相结合。

在国外贷款投向中，我国政府始终起主导作用，依据国家发展战略和总体规划，确定借用国外贷款的规模、结构和投向，并列入地区规划和专项规划，以利于项目建设的统筹协调。根据国外贷款资金来源的不同性质、不同条件安排贷款投向，如农业领域全部安排使用国际金融组织、外国政府和农发基金贷款，教育卫生领域主要使用世界银行贷款，城建环保主要使用世界银行和外国政府贷款，电力行业使用国际金融组织和外国政府贷款，另一半使用是国际商业贷款，民航主要使用国际融资租赁等。事实证明，正确发挥政府主导作用，统筹考虑资金性质、贷款条件、各领域还贷能力和社会效益，由政府根据经济发展需要进行统一计划、统一安排、集中使用，国外贷款才能最大限度地发挥规模效益。

3. 坚持国外贷款用于开发性项目投资，坚持经济效益与社会效益兼顾

吸取拉美国家20世纪80年代债务危机的教训，我国借用国外贷款始终坚持用于开发性项目投资，而不是用于消费等其他方面，保证了对外举债直接服务于经济建设，也在总体上保障了外债的偿付能力。

在注重经济效益的同时，也注意将一定比例的国外贷款投向社会发展部门，实施了大学发展项目、短期职大项目、农村教育科研项目、师范教育、职业教育、人才培养，农村卫生项目、传染病防治和疾病预防项目①等。高度重视项目的减贫效应、环保效应、能源节约效应等，城市建设中大量投资集中到城市污水处理和城市垃圾处理，通过节能项目促进能源的节约使用，道路建设关注对贫困地区经济的带动作用，在农业、能源、交通和城市建设等行业的项目中，通过对环境保护的强制性要求，提高了全社会的环境保护意识，取得了良好的社会效益，对促进可持续发展和社会和谐作出了积极贡献。

4. 坚持量力而行，始终注重防范外债风险

我国借用国外贷款不仅考虑国内需求，而是综合考虑国内资金配套能力、外汇平衡及外债偿还能力，量力而行，确定合理的贷款规模。为保障国外贷款的有效使用，在项目管理方面，建立了一套行之有效的制度，对国内配套资金、项目建设进度和贷款支付、物资设备采购进度衔接以及项目效益问题等统筹考虑，严密监控，不仅重视贷款的借用，而且重视贷款使用和偿还，严格控制债务风险。

从 1996 年起，我国对借用国外贷款实行全口径计划管理，统筹考虑借、用、还，减少盲目性。经过 20 多年的实践，我国已初步建立了国家外债管理和统计监测体系。通过综合运用计划、法律、经济手段，如借新还旧、借低还高、买汇提前偿债等方式，充分发挥国际商业贷款的"阀门"作用，调节外债的规模和结构。保持外债总量与结构的合理性，有效防范外债风险。

（二）主要教训

改革开放 30 年来，中国借用国外贷款取得令人瞩目的成就，但由于改革开放初期对国际资本市场变动的应对能力和经验不足，对市场经济认

---

① 2003 年"非典"后，利用外国政府贷款实施了 10 个省的疾病控制中心和传染病防治项目。

识不充分，致使借用国外贷款工作出现一些失误，带来一些教训。此外，监管和项目管理制度还存在一些不完善的地方。

1. 对资本市场的认识及风险管理能力建设滞后于借用国外贷款实践的发展，致使一些项目因国际资本市场变动而蒙受损失

改革开放初期，由于对国际资本市场的利率走势缺乏准确判断，也不熟悉规避利率风险的金融工具，在国际资本市场利率上升时期，部分浮动利率贷款遭受一定损失；而部分固定利率贷款在利率下降时期也错失了降低贷款成本的机会。在逐步认识到国际资本市场风险后，思想上已高度重视，但有利于企业积极防范外债风险的制度安排仍不够健全，也缺乏熟悉国际资本运作的人才，导致部分项目又蒙受了较大的汇率损失。20 世纪80 年代中期，我国安排部分项目借用条件优惠的日元贷款，当时贷款全部由银行转贷。在日元快速升值过程中，虽然转贷银行已及时对冲了汇率风险，但项目实施单位缺乏防范汇率风险的意识和积极性，管理部门也未及时提供指导帮助，日元升值给这些项目单位带来巨大汇率损失，部分项目难以为继，一些企业破产倒闭。

2. 对市场经济认识不充分，部分项目承担较大的政策风险，未能实现预期目标

在计划经济向市场经济转轨过程中，政府安排国外贷款投向的指导思想受计划经济传统思维的影响，认为加工工业项目最有效益，最有偿还能力。因此，20 世纪90 年代以前，曾安排了不少加工工业项目借用外国政府贷款和国际商业贷款。随着市场经济体制改革的推进，企业面临的政策和市场环境发生了重大变化，一些贷款企业在日益激烈的市场竞争中未能实现贷款项目的预期收益，甚至被淘汰。人民币汇率调整、汇率制度改革、内外贸体制改革、财税制度、价格制度改革等也使一些贷款项目承担了政策性损失，如1994 年人民币汇率并轨进一步加重了遭受日元汇率损失企业的债务负担。

参考资料目录：

1. 刘旭红：《借用国外贷款管理与实务》，中国计划出版社 2001 年 4 月版。

2. 姜长青：《中国改革开放前的三次引进高潮》，《党史文苑》2005 年第 13 期。

3. 郝洁：《国外贷款类别情况》，《1979—2005 中国借用国外贷款》，中国计划出版社 2009 年 1 月版。

4. 国家发改委：《国外贷款项目管理信息系统》。

5. 国家外汇管理局网站、国家发展和改革委员会网站以及国家财政部网站。

第十章

中国企业"走出去"现状分析及风险研究

李大伟

　　随着中国经济的不断发展，中国企业的综合实力也不断加强，发达地区的部分企业以及大型国有企业已经初步具备了在全球范围内布置生产要素的能力。因此，加入 WTO 以来，中国企业逐步开始了对外直接投资（通称"走出去"）的步伐。金融危机的爆发为我国企业对外直接投资提供了新的机遇，但中国企业目前对外投资过程中仍面临着国际化经营能力弱、投资盲目性较强等问题。本文将在对我国企业"走出去"现状分析的基础上，重点分析中国企业"走出去"所面临的风险，并给出相应的对策。

一、中国企业"走出去"现状分析

（一）中国对外直接投资整体规模变化趋势分析

　　对外直接投资规模直接依赖于本土企业的综合竞争力。因此，在中国企业竞争力相对较弱的 20 世纪，中国对外直接投资规模一直处于较低水平。但加入 WTO 之后，特别是 2005 年以来，中国对外直接投资出现了高速增长的趋势。图 1 给出了 1996 年以来我国对外直接投资的变化情况（由于 2002 年之前我国并未统计对外投资数据，因此本文采用了联合国贸发署所发布的世界投资报告中的数据，因此 2002 年之后与我国统计部门公布数据可能存在差异）。从中可以看出，2005 年以来，我国对外直接投资的增长速度明显高于 2005 年之前水平。根据商务部最新公布的数据，2008 年我国非金融类对外直接投资额达 406.5 亿美元，同比增长 63.6%，金融类对外直接投资额达 115 亿美元，是 2007 年的 6.88 倍。

2005 年以来我国对外直接投资规模持续上升的原因主要有如下几个方面：首先，我国企业经过多年的发展，特别是在加入 WTO 之后和发达国家跨国公司的竞争中增强了自身的实力，出现了联想、华为等一系列具有国际先进水平的大型企业；其次，大量跨国公司将制造业低端转移到我国的战略客观上导致我国出现了大量的贸易顺差，客观上加强了国内企业资本流出的动机；再次，日益高涨的能矿等大宗商品价格和我国国内资源相对匮乏的现实也使得国内的大型资源型企业对外投资；最后，我们对香港和其他自由港的投资具有一定的特殊性。一方面，我国多家大型企业在香港设立了分公司以应用其在市场环境、法律环境和国际化方面的优势；另一方面，这些资本也有一部分并非真实的对外投资，而是为了获取外资企业所享受的优惠待遇而将资本先向维尔京群岛、香港特别行政区等自由港转移，再以外资企业的身份进行返程投资所形成。这类对外直接投资的性质和传统国际直接投资理论中的并购投资和绿地投资两大类均有明显差别。

（二）中国对外直接投资目的地结构现状分析

一般而言，各国对外投资仍主要优先选择距离相对较近和文化差异相对较小的地区。我国的情形与之类似，亚洲地区一直是我国对外投资的主要目的地。根据商务部公布的数据，2007 年我国对外直接投资中，对亚洲地区的投资所占比重达到了 62.6%，对拉丁美洲、非洲、欧洲、北美洲的投资所占比重分别仅占 18.5%、5.9%、5.8% 和 4.3%。表 10 - 1 给出了 2007 年我国对外投资详细的国别结构。

（单位：亿美元）

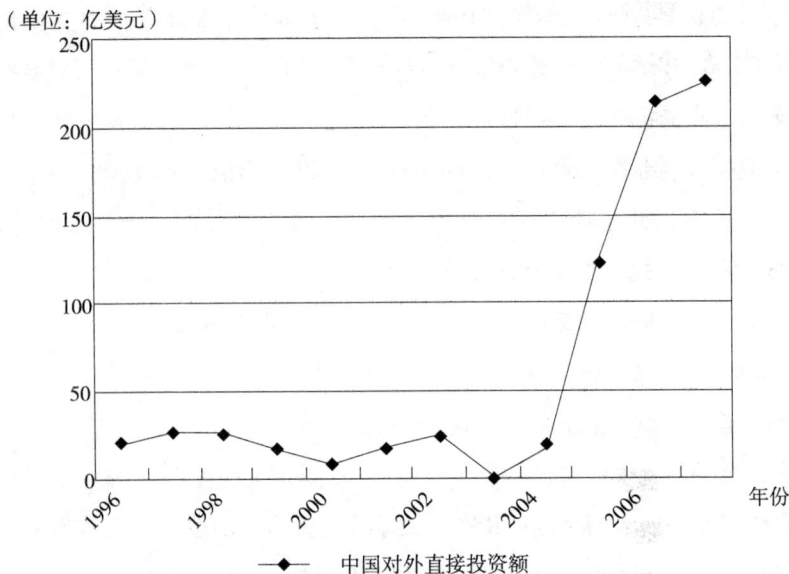

图 10 - 1　1996～2007 年我国对外投资流量变化表

（资料来源：《World Investment Report》，联合国贸发署出版）

表 10 - 1　2007 年我国对外直接投资排名前十位的目的地投资规模

（单位：亿美元）

目的地	我国对外直接投资金额（2007 年）
中国香港	137.32
开曼群岛	26.02
维尔京群岛	18.76
加拿大	10.33
巴基斯坦	9.1
英国	5.66
澳大利亚	5.31
俄罗斯	4.77
南非	4.54
新加坡	3.98

（资料来源：《2007 年我国对外直接投资统计公报》）

从我国对外直接投资的存量来看，我国对外直接投资的整体目的地结构在近期并未发生明显变化，中国香港、开曼群岛和维尔京群岛仍位居我国对外直接投资存量的前三位。

表 10 - 2　2007 年年末我国对外直接投资存量排名前十位的目的地

（单位：亿美元）

目的地	我国对外直接投资存量（2007 年年末）
中国香港	687.8
开曼群岛	168.1
维尔京群岛	66.3
美国	18.8
澳大利亚	14.4
新加坡	14.4
俄罗斯联邦	14.2
加拿大	12.5
韩国	12.1
巴基斯坦	10.7

（资料来源：《2007 年我国对外直接投资统计公报》）

从上述数据中可以看出我国对外直接投资有以下两个重要特征：

1. 自由港在我国对外直接投资中占据主要地位，但已有下降趋势。据统计，2007 年年末，我国在香港特别行政区、开曼群岛和维尔京群岛的对外直接投资存量达 922.2 亿美元，占我国对外直接投资存量总额的78.2%。亚洲和拉丁美洲在我国对外直接投资之所以占据较高比重，其中自由港是一个主要因素。但从流量上看，自由港在我国对外直接投资中的比重已有下降趋势。根据商务部统计口径，2005 年我国对外直接投资中79.6% 流向三大自由港，而 2007 年这一比例已下降到 68.7%。

2. 资源大国是我国对外直接投资的重点。澳大利亚、俄罗斯、加拿大、南非均属于资源型大国，在我国对外直接投资的流量和存量中均位居前列。

这一结果和传统的国际资本流动理论是有差异的。显然，自由港并不能提供一个较大的当地市场，也不能够提供较低的劳动力成本和要素成本，所能提供的是较为完备的投资便利化措施和较低的税率，因此成为离岸公司的天堂。从发达国家的经验来看，自由港在其对外直接投资中的比重也很小。如根据美国商务部公布的数据，2008年年底美国对外直接投资存量的57%分布在欧洲，而在百慕大群岛的对外直接投资存量仅占总额的5%。

因此，我国对自由港的对外直接投资和对其他国家的直接投资在功能和运作机理上可能是存在差异的，主要表现在以下两个方面：一是香港在我国经济发展中具有重要地位。香港特别行政区的整体市场环境、融资环境和国际化水平目前仍明显高于内地。因此大量内地企业，特别是中国移动等国有大中型企业近年来纷纷在香港设立子公司，以谋求融资便利、减少税负和提升企业绩效，这也使得我国对香港的直接投资规模高速增长。二是返程投资问题。由于我国一直给予外资企业较高的优惠待遇，即便在"两税合一"取消之后，外资企业在我国所享受的便利化措施仍然要高于内资企业。与此同时，由于我国整体金融体系的运作能力要落后于发达国家，加之发展中国家资本监管程度和税负要明显高于自由港，因此我国内资企业通过在自由港设立离岸公司等形式再进行返程投资的行为近年来有明显上升。从数据看，2005年以来，香港等三大自由港对我国的外商直接投资规模同样迅速增长。这可能间接说明我国对自由港的直接投资并非是绿地或并购这两种传统的直接投资形式，而在一定程度上是国内资本逃避监管和谋求优惠待遇以降低生产成本的结果。这类对外直接投资并不能真正反映我国企业的国际化水平和综合实力。

（三）中国对外直接投资行业分布现状分析

根据商务部公布的数据，我国对外直接投资主要分布于以下六个行业：批发零售业、商务服务业、交通运输仓储业、采矿业、制造业和金融业。表10-3给出了2007年我国对外直接投资流量及存量的行业结构。

表 10-3 我国对外直接投资流量及存量行业结构

（单位：亿美元）

行业	2007 年流量	2007 年年底存量
批发零售业	66.0	305.2
商务服务业	56.1	202.3
交通运输仓储业	40.7	120.6
采矿业	40.6	150.1
制造业	25.3	95.4
金融业	16.7	162.7

（资料来源：《2007 年我国对外直接投资统计公报》）

我国对外直接投资的六大主要行业的具体模式是不同的，具体表现在以下方面：

1. 我国金融业对外投资的主体仍然是大型国有银行。根据《中国银行业监督管理委员会 2007 年年报》显示，截至 2007 年年底，我国共有 5 家中资银行控股、参股 9 家外资金融机构，中资银行业金融机构在海外设立 60 家分支机构。这些金融机构大多为国内的大型国有银行。

2. 香港是我国内地批发零售业和商务服务业的主要投资对象。据统计，2007 年年末，我国内地对香港地区的商务服务业和批发零售业投资存量分别为 178.8 亿美元和 171.26 亿美元，占这两个行业我国对外直接投资总存量的 58.5% 和 84.6%。这一现象的原因在于，一方面香港的商务服务等高端服务业水平的发展的外部环境要明显好于内地，因此内地的大型企业更倾向于将其服务业的相关部门放在香港，如 2007 年年底中国境外资产存量最大的中国移动通信集团公司就在香港全资设立了中国移动（香港）集团有限公司；另一方面香港作为中国对外贸易的主要渠道之一，国内的大型对外贸易企业（包括外资企业）如招商局集团有限公司、华润（集团公司）等也会将对外贸易服务部门放在香港。

3. 我国制造业投资更倾向于投向劳动力成本较低的地区。据统计，2007 年年底我国对外制造业投资存量中，东盟约为 9.3 亿美元，俄罗斯约为 1.5 亿美元，澳大利亚约为 1 亿美元，欧盟约为 6.6 亿美元，美国约为 4.6 亿美元，香港特别行政区约为 20 亿美元。而我国对外东盟投资存量中制造业所占比例达 23.5%，处于较高水平。

（四）中国对外直接投资的方式和投资主体结构分析

在金融危机全面爆发之前，我国对外直接投资中，新增股本所占的比例并不高。据统计，2007 年我国对外直接投资流量中，仅有 32.8% 属于新增股本，而属于当期利润再投资和其他投资（多为境内投资主体提供给境外分公司的贷款）则分别占 36.9% 和 30.3%。而与之相对应的是，我国对外直接投资中并购所占比例也相对较低，2007 年我国对外直接投资中并购所占比例仅为 23.8%，远远低于全球对外直接投资。

在投资主体方面，国有企业，特别是央企仍然是我国对外直接投资的主体。一方面，从存量上看，2007 年年底非金融类对外直接投资存量中，中央企业占 78.5%，地方企业占 21.5%。而 2007 年非金融类对外直接投资流量中，中央企业所占比例达到了 79%。另一方面，虽然 2007 年从流量上看，有限责任公司在各类投资主体中所占比重已经达到了 43.3%，但从统计数据来看，2007 年年底我国对外直接投资存量位居前列的有限公司中国有股仍占据主要地位，如中粮集团有限公司、中国有色矿业集团有限公司、上海海外联合投资股份有限公司、宝钢集团有限公司、中国联合通信有限公司等均为大型国有企业集团。

（五）对外直接投资在中国对外投资中的地位

对外直接投资是对外投资的一种形式。从整体来看，我国对外投资中，对外直接投资所占比例还相对较低，远远逊色于欧美发达国家和日本。表 10-4 给出了 2007 年年底中国和日本国际投资头寸表之间的对比。从中可以看出，我国对外投资的主要形式为外汇储备投资，证券投资和对外直接投资的比重很小。而日本的证券投资在其对外投资中占据绝对优势地位，对外直接投资所占比例也要明显高于我国。而从利润率来看，证券投资的利润率要高于对外直接投资和外汇储备投资。如三资企业在我国投资的利润率约为20%，而我国外汇储备如投资10年期美国国债，则利润率仅为2.5%左右。我国与发达国家对外投资结构上的差异严重制约了我国拥有的国际资产的赢利能力。

表10-4　2007年年底中国和日本国际投资头寸表对比

（单位：亿美元）

项目	中国	日本
净头寸	10220	21250
A. 资产	22881	51846
1. 在国外直接投资	1076	5253
2. 证券投资	2395	24432
2.1 股本证券	189	5552
2.2 债务证券	2206	18880
3. 其他投资	4061	12418
4. 储备资产	15349	9366
B. 负债	12661	30596
1. 外国来华直接投资	7424	1286
2. 证券投资	1426	18810
2.1 股本证券	1250	12062
2.2 债务证券	176	6748
3. 其他投资	3810	10078

（资料来源：中国国家外汇管理局，日本财务省）

（六）金融危机以来中国对外直接投资的新趋势

在金融危机以来，我国对外直接投资的趋势有了一些新的变化，具体体现在以下几个方面：

1. 跨国并购在我国对外直接投资中的地位更加显著。我国对外直接投资中采取并购方式的比例明显上升，据商务部初步统计，2008年我国对外并购投资金额约为205亿美元，占2008年对外直接投资总额的一半左右。2009 年我国对外并购规模仍不断扩大，目前已经成功或接近成功的案例就有中石油收购新加坡石油公司 45.5% 股权，五矿以 13.86 亿美元收购澳大利亚 OZ 公司部分资产以及腾中重工购买通用悍马等。参与跨国并购的主体除传统的国有大中型企业，特别是资源型央企外，民营企业也开始涉足这一领域。

2. 制造业和采矿业的对外投资所占比例有所上升。在我国整体经济实力逐渐增强的背景下，加之国际能矿价格持续处于高位和我国资源型企业多为央企，具有较强的综合竞争力，金融危机以来我国制造业和采矿业对外直接投资，特别是并购投资的规模逐渐上升。从目前情况看，虽然目前我国内地在香港设立的大型分支机构仍然在我国对外直接投资存量中占据主要位置，但制造业和采矿业的对外投资所占比例已经有明显上升。

3. 自由港在我国对外直接投资中的比例可能有所下降。我国对自由港的投资与我国长期的外向型经济战略有密切关联。一方面，我国内地在港设立大型分支机构主要是利用香港在市场环境、人才、金融和国际化等方面的优势；另一方面，近年来大量民营企业，特别是广东、浙江等地的民营中小企业对自由港的投资规模有所上升，2007 年广东、浙江对外直接投资额分别达 11 亿美元和 4 亿美元。这些投资中有很大一部分属于返程投资的范畴。金融危机爆发以来，欧美发达国家经济持续低迷，我国的外向型经济战略也将逐步转变为外需和内需并重的发展战略。由于我国内地对自由港的直接投资带有较为鲜明的外向型经济色彩，因此未来所占比例将会有所下降。

（七）小结

综上所述，近年来我国对外直接投资具有以下几方面的特征：

1. 我国对外直接投资能力有了显著的增强。从总量上看，我国各行业的对外直接投资均保持了高速增长趋势；从结构上看，我国对外直接投资中并购所占比例逐渐上升；从投资主体上看，我国民营企业已经涉足对外直接投资领域，并取得了一定的成绩。这些都说明我国对外直接投资的能力有了显著的增强。

2. 要理性看待近年来我国对外直接投资规模的高速增长。如前所述，2005年以来，我国对外直接投资的高速增长中有很大一部分是由中国香港、开曼群岛和维尔京群岛等三大自由港创造。而内地对中国香港、开曼群岛和维尔京群岛的投资规模的高速增长很大程度上是得益于香港和内地的紧密经济联系以及自由港的税收优惠和投资便利，这并不能真正表明我国内地企业已经具备了相当强的竞争力。

3. 我国对外投资仍面临较大风险。在自由港之外的投资目的地中，澳大利亚、加拿大、南非等资源型大国占据相当比例。而采矿业也是我国对外直接投资各行业中排名靠前的行业，其对外直接投资规模明显高于制造业。目前在这一领域我国对外直接投资的主体仍是大型央企。由于矿产资源属于国家战略资源范畴，我国大型央企对外投资时将面临欧美发达国家，甚至部分发展中国家在经济、政治、社会各个层面的阻碍，仍然有着很大的投资风险。

4. 我国对外直接投资仍然存在一定的盲目性。目前我国企业对外直接投资过程中，常常过于偏重短期效应，对对外直接投资中面临的风险缺乏防范意识，缺乏长期的战略考虑，因此也产生了一系列失败的案例，如TCL就曾在2004~2005年间过于重视战略扩张而忽视了自身品牌建设和资源有效整合，导致了严重的亏损。这也折射出我国企业整体对外直接投资能力，特别是经营能力还有待提高。

二、中国企业"走出去"所面临的风险分析

（一）中国企业"走出去"的风险分析框架

近年来，在我国企业"走出去"过程中，未取得预期收益，甚至遭

受巨额损失的事件时有发生。其原因在于，由于企业"走出去"要适应新的制度环境、商业环境和文化环境，所面临的风险相较国内的投资行为要复杂得多。特别对我国采矿业和制造业企业而言，由于其对外投资常常涉及外方所认为的敏感领域，其投资要综合面临社会、政治和经济各方面的压力，因此其风险更值得关注。

从一般情况来看，由于矿业企业和制造业企业的海外投资项目的运作周期较长，因此可以将其"走出去"的过程划分为三个主要阶段：准备阶段、实施阶段和运营阶段，在不同阶段矿业企业所需要关注的主要风险不同，所造成的损失也有很大区别。"走出去"的准备阶段指企业搜集国外企业信息，特别是矿产资源信息，进行项目可行性分析。至于企业合作谈判的阶段，这个阶段企业一般特别需要关注资源国的政治、政策及法律环境等对企业的决策产生重要影响，企业需要重点关注政治风险、政策风险和法律风险，但该阶段风险所带来的直接损失则相对较小；企业"走出去"的实施阶段指矿产矿业企业项目建设的阶段，该阶段企业除上述风险仍然存在外，由于项目建设会产生非常具体的对技术和资金的各种需求，因此也会面临技术风险和资金风险。一般而言，如果企业采取并购模式进行投资，则技术风险相对较小，但资金风险可能更大；企业的运营阶段指企业正式投入运营（如矿产资源的开发、冶炼和运输以及制造业的生产和销售）后的发展阶段，在这一阶段生产及经营管理过程中的各种风险，包括经营管理风险、环保风险和成本风险将成为企业关注的新热点。

具体而言，上述各类风险并不是在每个阶段均会出现的，且在不同国家、不同行业的程度也有明显差异，具体如下：

1. 政治风险、政策风险和法律风险是贯穿企业整个"走出去"活动始终的。其原因在于，一国的政治环境、相关政策和法律体系不是一成不变的。特别是对于一些政治社会环境相对不稳定的国家，在企业"走出去"的每一个阶段均需要重点关注这类风险。

这类风险具有三个显著特点：第一，不可抗性极强。由于矿产资源和制造业企业投资规模大，周期长的特点，在其实施过程中东道国的政治、法律等环境变化可能直接使得其原有的经营计划完全中止，且企业很难发挥自身的能力去引导这些环境的变化，因此不可抗力非常强，造成的损失也很严重。第二，造成损失最严重的时期并非在准备阶段，而是在实施阶段的末期和运营阶段的前期。这是由于矿产企业投入和产出具有相当长的时滞所决定的。第三，可能诱发其他风险。外贸、外汇、外资、环保、劳工保护等各方面的政策变动均可能严重影响企业的经营决策。因此，这类风险一般是企业关注的重点。

2. 技术风险和资金风险主要体现在实施阶段。其原因在于，虽然企业在任何时候均可能面临技术风险和资金风险，但在准备阶段具体的投资行为尚未发生，企业主要根据自己的分析和预测决定技术和资金的投入，因此不会产生很大的风险；而在生产运营阶段中，企业已经有了一套较为成熟的运营机制，其技术和资金的风险要小得多。该领域风险最大的部分主要是在长时间的项目实施过程中。

虽然这两类风险表面上主要属于商业层面，与政治关系不大，但需要说明的是，政治风险、政策风险和法律风险也会引发技术风险和资金风险。法律环境和政策的变化可能会对投资者在技术和资金上提出新的要求。例如，在投资实施过程中，在一个法律环境相对较弱的国家，对方在实施过程中要求变更合同的可能性相对要大得多；科技、环境等政策的颁布也可能对投资者提出新的技术要求。

这两类风险的不可抗性要小于上述三种风险。技术和资金上的限制无论原因如何，但毕竟位于商业层面，企业所能采取的措施和谈判的筹码要相对多一些。企业关注这类风险的时候，有必要充分考虑东道国政策变动所引发的风险。

3. 经营管理风险等三类风险主要体现在运营阶段。这三类风险中，除环保风险的原因可能由东道国政策所引起外，另外两类风险基本上属于商业风险范畴，与在国内投资所面临的风险有很多相似性。但需要注意的是，其经营管理风险有可能是由于当地员工和国内员工的文化差异造成，成本风险在很大程度上也可能是主要生产原料价格波动过大所致。

按照上述分析框架，我国企业"走出去"不同阶段和所面临风险之间的具体情况如表10-5所示。

表10-5 我国企业"走出去"不同阶段面临风险分析

风险类型	风险程度		
	准备阶段	实施阶段	运营阶段
政治风险	轻	重	较重
政策风险	轻	重	较重
法律风险	轻	重	较重
技术风险	很轻	重	较重
资金风险	很轻	重	较重
经营管理风险	无	轻	较重
环保风险	无	轻	较重
成本风险	无	轻	较重

表10-6 我国企业"走出去"所面临的风险联系

	政治风险	政策风险	法律风险	技术风险	资金风险	经营管理风险	环保风险	成本风险
政治风险		是	是	是	是	是	是	是
政策风险				是	是	是	是	是
法律风险		是		是	是	是	是	是
技术风险					是	是	是	是
资金风险						是	是	是
经营管理风险					是			是
环保风险					是	是		是
成本风险					是			

除此之外，根据上文的分析，表10-6中的矩阵描述了各类风险之间的联系（"是"表示纵栏中的风险可以引发横栏中的风险）。

（二）我国企业"走出去"所面临的各类风险的案例分析

1. 政治风险

政治风险是指当一国发生的政治事件或一国与其他国家的政治关系发生变化时对企业造成不利影响的可能性。在东道国投资的政治风险主要来源于两个方面：一为东道国国内政治动荡所带来的政治风险；一为投资国和东道国之间国际关系发生严重变化所带来的政治风险。

由于政治风险可能会导致我国矿业企业海外投资环境的突然恶化，因此，从风险管理的角度看，矿业企业在进行项目可行性分析时，须将政治风险作为首要因素来考虑。

政治风险对我国对外投资企业的具体负面影响一般有两种：第一种是由于东道国政治格局的大幅度波动导致我国对外直接投资无法进行或直接造成我国对外直接投资的损失；第二种是由于东道国出于国家安全的政治层面考虑，通过各种方式阻止外资企业收购本国企业。在现实中，第二种较为常见。如近期中铝收购力拓失败就是一个典型的案例。

案例一　中铝收购力拓失败

2009 年以来，中铝并购澳大利亚重要铁矿石企业——力拓公司的并购案吸引了国内各界的诸多目光。

一开始合作进行得较为顺利。2009 年 2 月 12 日，中铝与力拓达成战略合作协议，中铝将投资 195 亿美元给力拓，具体方案包括：123 亿美元用于与力拓集团组建铁、铜、铝等资产层面的合资企业；以 72 亿美元认购力拓集团发行的次级可转债。

但随着谈判的逐渐深入，中铝遇到了越来越多的困难。虽然中铝陆续获得了澳大利亚竞争与消费者保护委员会、德国联邦企业联合管理局、美国外国投资委员会等各国监管机构的批准，但最后这一交易仍然未能成功。2009 年 6 月 5 日，力拓宣布与中铝 195 亿美元的交易方案不再进行，同时，与同为澳大利亚矿商的必和必拓（BHP）就合资经营西澳铁矿石生产项目签署非约束性协议。并将通过全权承销的配股方式筹集总额约 152 亿美元资金。

虽然力拓负责人称此次合作未能成功的原因在于金融市场显著改善使得力拓与中铝交易条款的价值显著下降，但多位专家在分析中均提到了政治风险因素。如科尔尼管理咨询公司副总裁、中国研究中心主任张天兵认为，力拓欢迎的是来自中国的资本，而不想要的是中国的控制。而中国商务部研究院外资研究部主任马宇表示，铁矿石作为特殊行业，澳大利亚政府对其管控很严，也是此次交易失败的重要原因。

中铝并购力拓的失败，其主要原因固然是澳方的保护主义，但中铝自身对政治风险的防范不足也值得反思。2008 年以来，我国多家企业进入澳大利亚进行铁矿石投资，从客观上已经加大了澳方对这一行业进行严密管控的可能性。而此时中铝的高调进入更容易使得澳方加大对这一并购案例的外部干预力度，从而加剧了政治风险。

这一案例与 2004 年中海油收购优尼科失败具有相似性。两次并购案发生前，均出现中国多家企业收购东道国企业的事件（2004 年是联想收购 IBM），且并购案均发生在较为敏感的能矿类产业。而并购均在很大程度上受到了外界政治压力的影响。这两起案件说明，在对外直接投资的过程中，必须把防范政治风险放在首要位置。

2. 法律和政策风险

法律和政策风险对我国对外直接投资的影响非常显著。特别是对于能矿类和制造类投资而言，近年来各资源型大国均加大了对外直接投资的控制力度。以哈萨克斯坦为例，在其 2003 年颁布了新的《哈萨克斯坦共和国投资法》（简称"新投资法"），哈萨克斯坦根据自己的国情，新投资法采用"一视同仁"的政策，给外国人以国民待遇。但对特惠政策的实施期限，从原来的 10 年，缩减至 5 年。在关税方面，立足于开发和使用本国产品,所以减免税仅限于哈萨克斯坦无法生产的设备上。新投资法明确规定了投资争议可以通过国际仲裁法庭解决。再如,2007 年,政府已经对那些没有签订产品分成协议的矿产资源开采商开征了出口税,2008 年 5 月 17 日开始对原油出口商征收 109.91 美元/吨的出口关税。哈萨克斯坦现行的 2007 年《地下资源与地下资源利用法》几经修订,增加了政府的优先购买权和扩大了政府变更合同的依据范围。而哈萨克斯坦 2005 年修改的《矿产法》规定,国家不仅可以优先购买矿产开发企业所转让的开发权或股份,还可以优先购买能对该企业直接或间接做出决策影响的企业所转让的开发权或股份。

虽然法律风险和政策风险对我国企业海外投资的影响很大,但并不是不可以防范的。中石油并购哈萨克斯坦 PK 公司就是一个典型的案例。

案例二 中石油并购哈萨克斯坦 PK 公司

2005 年,中石油在几经挫折之后,终于成功并购了哈萨克斯坦 PK 公司,在这一过程中,既有许多经验,也有一定的教训。

这场迄今为止中国公司完成的最大一起跨境并购,涉及的金额高达 41.8 亿美元,历经 2 个月,过程一波三折。中国石油企业在海外拓展的谈判接连受挫,北里海油田、优尼科,都是到最后关头,因政治问题导致中国企业收购失败。另外,油价问题成为了社会热点,人们对中石油充满了期待。

一方面,在整个收购过程中,多方竞争者始终与中石油激烈对抗。中石油在 2005 年 8 月中旬向 PK 公司发出了 32 亿美元的收购要约,作为中石油竞争对手的印度石油,则联合该国钢铁巨头"米塔尔钢铁公司",放出消息愿意出资 36 亿美元收购 PK 公司。

中石油的另外一个竞争对手俄罗斯卢克石油公司曾经和 PK 公司在该地成立了一家名为图尔盖石油的合资企业。由于双方各占 50% 的股份,卢克石油公司拥有图尔盖石油公司 50% 股权的优先购买权，因此卢克公司的举动极有对中石油的交易产生影响。而且，卢克石油与 PK 公司近年来的合作并不顺畅，卢克石油认为 PK 公司背着自己获取了图尔盖油田的大部分利润，并对卢克公司参与图尔盖油田的管理进行限制。4 月俄罗斯人已经将 PK 公司告上哈萨克斯坦当地法院，并提出了 2.2 亿美元的索赔要求。可见，在整个收购过程中，俄罗斯卢克公司给予的阻力也是有其渊源和背景。这些竞争者和利益相关者无疑将使得中石油同 PK 公司的交易更加复杂化。

另一方面，PK 公司与哈政府之间的貌合神离，也是一个重要变数。因为 PK 公司和当地政府在哈国最大的炼油厂——什姆肯特炼油厂的产权问题上有过不愉快的经历，哈萨克斯坦政府强迫该公司削减产量 1/3 以上，以遵守环保法规。此外，哈政府还要求 PK 公司必须以折扣价供油，并在收获季节禁止出口。但都遭到了 PK 公司的拒绝，由于摩擦不断，双方关系一度相当紧张，哈政府甚至威胁说要吊销其经营执照。因此，与政府之间的不和谐关系，成为并购中的一大变数。

面对竞争者和政府双方面的挑战，在战略上的灵活性是中石油此次收购成功的重要因素。它不仅多次成功制止了俄罗斯卢克石油公司的进攻，印度国有能源公司最后也主动退出，其他几家公司也得到解决，其中最为关键的是，中国石油将 PK33% 的股份出售给哈萨克斯坦国有石油公司 KazMunaiGaz，由此获得哈萨克斯坦政府方面的认同，从而为最终完成收购铺平了道路。主要有四个方面的原因：

1. 按照竞购规则，中石油集团 41.8 亿美元的价码，打动了 PK 公司董事会。

2. 中哈两国石油企业的长期合作，哈政府的支持，使另外两家外资公司的野心也受到抑制。

3. 中石油突然公布的申明也让股东在投票之前得到保证。

就在股东大会即将召开的时刻,中石油果断决定,要把与哈萨克斯坦国家石油公司合作的消息向外公布,有助于PK股东做出一个明智的决定,起到了关键的作用。

4. 中石油在政治上做好充分工作。在PK公司股东大会表决之前,哈萨克斯坦国家石油公司与中国石油天然气集团公司所属的中油国际公司签署了《相互谅解备忘录》,以解决哈萨克斯坦国家石油公司参与购买哈萨克斯坦PK公司股份事宜。两国总理也对双方的互利合作给予了有力支持。

这一案例完全属于由哈国法律政策变化对我国海外并购所带来的困难。但中石油在整体并购过程中,通过其灵活的并购策略以及政治上工作的完善(《相互谅解备忘录》的签订),加之我国政府的大力支持,最终使这一并购得以成功完成。

但在这次收购中,中石油同样有一些教训。如印度和俄罗斯相关企业的介入使得其收购价明显高于当时的资产价值,造成了不必要的损失;更为重要的是,在哈国国有化政策的作用下,中石油不得不将该公司1/3的股份转让给哈国的国有企业。由于在备忘录中明确宣布,哈方是将该合资企业所获得的利润用于支付这部分股权,因此实际上中石油的收购成本要高于41.8亿美元。由于铀矿相较石油更具有战略资源的性质,因此我方企业对哈国铀矿企业的收购可能会受更多的国有化法律限制。

3. 技术和资金风险

在对外投资过程中,技术和资金上的优势对对外直接投资的最终成功在对外投资领域有着非常重要的地位。下文以日本和俄罗斯在铀矿领域的投资加以说明。

案例三 日本、俄罗斯投资哈铀矿合作技术开道

2007年5月,日本和哈萨克斯坦就人员培训、反应堆技术、铀矿开采等领域签署了大批双边协议,日方在哈的铀矿投资取得了很好的成果。其原因主要在于以下几个方面：

1. 大量的金融支持。日本与哈萨克斯坦所签署的大批协议中，包含了多项金融合作协议，其中日本 NEXI 公司为哈萨克斯坦国家原子能公司提供了 5 亿美元巨额投资贷款，可帮助其轻松地从西方银行获得贷款。

2. 技术转让和人才培训。根据所签协议，日本将与哈萨克斯坦共同开展核能技术的研究开发，参与哈萨克斯坦轻水反应核电站的建设，并帮助哈国培养相关技术人才。这些举措巧妙地迎合了哈萨克斯坦提出的实现经济多元化、发展创新经济等目标。据日方人员称，这一合作可使哈企业所产铀产品附加值提高 1—2 倍。

俄罗斯也不甘落后。2007 年俄罗斯和哈萨克斯坦同样签署了两国共同建立铀浓缩中心的政府间协议。该项目向加入国提供可靠的核燃料供应。该项目进展顺利的原因在于，俄罗斯拥有全球约 50% 的浓缩生产能力，而哈萨克斯坦虽然有丰富的铀资源，但却没有国内浓缩生产能力。

从这个案例中可以看出，在核能这样一个技术水平要求相对较高的领域，技术水平很可能是并购能否成功的关键。日本和俄罗斯之所以能够在一个较为敏感的领域（核电）较快地与东道国达成协议，其大量的金融支持和较高的技术水平是一个关键。

我国企业在"走出去"的过程中，技术和资金的缺乏是对外投资失利的一个重要原因。一方面，我国企业的技术能力可能逊色于发达国家的能矿企业和制造业；另一方面，我国企业的技术水平可能不足以为发展中国家提供足够的吸引力。而政治、政策、法律风险都可能以资金风险的形式出现，要求我国企业提高收购价格。由于我国企业的整体融资能力相对较弱，因此也较易受资金约束而缺少谈判筹码，最终被迫放弃投资。

4. 经营管理、环保与成本风险

我国企业的经营管理风险主要体现在企业收购之后能否稳定地为投资

方和当地政府带来利润和税收收入。在这一点上，中石油的做法有可取之处，见案例四。

案例四　中石油国际PK公司获最佳企业奖银奖

在中石油收购PK公司后，中石油非常重视其经营管理工作。2008年12月，中油国际PK公司从296家哈萨克斯坦企业和外资企业中脱颖而出，获得哈萨克斯坦政府首次评选的"最佳企业奖"银奖。

这次获得"最佳企业奖"金奖的是哈萨克斯坦的两个当地企业，PK公司在获奖的29个企业中排名第三，是所有参评油气行业企业中获得的最好成绩，由壳牌、AGP等七大西方财团组成的里海大陆架集团和雪佛龙田吉兹公司排名第四位和第十一位。

评委会认为，PK公司作为一家在积极贯彻和履行社会责任，关爱、支持员工和健康安全环保方面是表现最为出色的企业，在为员工提供良好薪酬福利、保障员工职业稳定、提供完善专业培训和在职再培训等方面做出突出的成绩，为哈萨克斯坦其他企业树立了良好的典范。

哈萨克斯坦总统纳扎尔巴耶夫于2008年1月23日签署法令，决定设立"最佳企业奖"，用于表彰那些在哈境内履行社会责任方面成绩突出的企业，每年评选一次。此次评选也是该奖项设立以来的第一次评选。

2008年12月23日，"最佳企业奖"颁奖典礼在哈萨克斯坦首都阿斯塔纳隆重举行，纳扎尔巴耶夫总统出席典礼并发表热情洋溢的讲话，PK公司高级副总裁卫玉祥先生代表公司领奖。

评选结果揭晓后，哈萨克斯坦各大媒体纷纷对这一事件进行报道，并给予PK公司很高的评价。PK公司的社会知名度和企业美誉度进一步得到提升。

从这一案例可以看出，中石油的经营管理包括履行社会责任、当地员工薪酬以及再就业等多个方面。这些做法对中石油未来在哈萨克斯坦的发展有着重要的帮助。我国企业在对外直接投资时可参考上述做法，重视当地员工的福利和薪酬，以及积极承担相关的社会责任，如为当地医院投资，为当地老干部、老红军的安置尽力，组织孩子的夏令营等。

由于制造业的生产和矿产资源的采选、冶炼、运输等过程中，都存在着对生态平衡和环境破坏的问题，例如矿产资源开发"三废"的排放可能会诱发地质灾害，引发地下水位、水质的变化等。随着环境污染、生态破坏等问题日益突出，环境问题已成为当今国际社会普遍关注的问题，世界各国对危害环境的事件声讨之声日隆，对环境破坏的罚单越开越大，我国企业在运营阶段，同样不能忽视环保风险。

我国制造企业在对外投资过程中，如果需要技术革新，同样需要追加资金，提升生产成本。而在大宗商品价格大幅度波动的背景下，我国企业在运营阶段所面临的原材料价格可能与其开始投资时有较大差别，这也会导致生产成本的大幅度变动。而矿产企业在境外投资矿产资源项目时，由于矿产资源埋藏在地下，品质需要技术甄别，同时运输矿产资源需要配套的基础设施，这均会增加企业的投资成本，因此企业对外投资的成本风险也不能够忽视。

三、促进中国企业进一步"走出去"的政策建议

（一）企业对外直接投资时宜以长远的经济利益为出发点，减少盲目扩张行为

我国部分企业对外直接投资时存在着一定的投机心理。而我国能矿类企业对外直接投资时也在一定程度上存在着偏重政治影响和社会口碑，而

忽视商业战略的行为。需要明确的是，虽然企业，特别是能矿类企业对外直接投资承担着维护我国能源和矿产资源安全的功能，但企业对外直接投资的最根本目的是自身的健康发展和国际化经营战略的稳步推进。因此，我国企业，特别是民营企业对外直接投资时宜更多地考虑自身的长远发展思路，制定切实可行的对外直接投资战略，减少投资的盲目性。建立矿产资源信息与风险预警系统，降低政策风险和法律风险。

（二）加强对投资国的跟踪、监测和预警，降低政策、法律和政治风险

我国企业在"走出去"的过程中，常常因为不了解资源国的投资政策和相关法律法规而遭受损失。因此，相关管理部门应在要求我国驻外机构及时提供投资国资源状况、投资政策、法律法规等信息的基础上，并由政府相关部门联合组织或建立专门机构研究国外投资环境，并将这一行为常态化和规范化，建立企业与政府信息研究和信息服务的沟通渠道；对于风险较大的矿产资源类对外直接投资，政府相关部门应建立风险预警系统，加强国外矿产资源风险预测预报工作，及时发布风险预警信息，并建立矿业投资风险预警处理机制。

（三）进一步拓宽融资渠道，降低金融风险

投资项目具有投资大、风险高、周期长的特点，而我国企业目前国内融资渠道有限，参与国际资本运作的能力不强，增加了我国矿业企业"走出去"的难度。因此可逐步设立国家海外矿产资源地质调查和风险勘察专项资金或基金；建立和完善多层次的资本市场，成立专门服务于民营企业融资的信贷机构，支持矿业企业的境外资源勘探开发活动；推动我国矿业企业间的相互合作，提高我国企业"走出去"的金融风险抵抗能力；采取多种方式将外汇储备转化为可以运用的外汇资产，灵活采用股权投资和债券投资等形式，推动我国企业"走出去"。

（四） 加强中国企业的现代企业制度建设和文化建设，减少经营管理风险

逐步实施本地化经营策略，充分利用当地企业的原有分销渠道，降低生产成本；进一步完善科学的企业管理制度，吸收发达国家企业治理结构的先进因素，推动国有企业体制改革进一步深化，增强对外直接投资主体的公司治理水平；重视东道国企业的文化因素，吸收西方企业文化中的先进成分，有效地运用文化整合东道国的相关资源，增强企业竞争力。

第十一章

对国际金融危机中暴露的几个重要问题的认识和思考——兼论人民币国际化

叶辅靖

    这次发端于美国的国际金融危机给世界经济造成了巨大冲击，暴露了许多深层次的问题，如透支消费问题、实体经济与虚拟经济背离问题、美元本位的货币体系问题等等，对这些问题进行全面反思，深究危机根源、检讨发展理念、认清未来趋势、审视危机对策，对于继续应对危机和避免类似危机在今后重演，具有十分重要的意义。虽然今后必定还会发生形形色色的金融危机、经济危机，但是，这并不会降低对本次危机进行多层面反省的重要性。对起源于最发达国家的危机进行深度思考，不仅可以为今后避免危机、应对危机增添更多的智慧，积累更丰富的经验，创造更多的手段，而且可以为后进国家重新调整发展路径、修正发展模式、避免重蹈覆辙提供可资借鉴的规范。实际上，对 20 世纪 30 年代大危机教训的吸取，不仅降低了此后恶性危机爆发的频率和危害程度，而且也为应对本次危机提供了诸多的经验。

一、如何看待美国的透支消费问题

美国这次金融危机很大程度上是透支消费引发的危机，是过度消费难以持续的危机。也就是说，透支消费、过度消费是这次金融危机的重要原因。这与30年代大危机有重要区别，那次大危机是典型的生产过剩和有效需求不足的危机。

美国过度消费、透支消费是怎样发生的？什么因素造就了美国的过度消费模式？金融危机能否终结美国过度消费的总体行为？无疑，资本主义本性、福利制度、强大的工会势力和文化传统都是美国透支消费模式赖以存在的重要因素，但深究起来，这些因素却不是美国透支消费的根本原因。确实，在资本主义制度下，政府为了讨好选民，福利制度具有"能高不能低"的"刚性"，助长了敢于消费的风气。但是，日本、韩国都是资本主义国家，却是高储蓄国家。完善的社会保障制度和强大的工会力量在很大程度上解除了多数中下层人民的后顾之忧，有利于扩大消费，但未必会导致透支消费，因为就社会保障的完善程度和工会的影响力而言，北欧和西欧才是从"摇篮到坟墓"的典型福利国家，那里工会力量比美国更强大，与它们相比，美国只能算低福利国家，可是欧洲并没有美国式的透支消费、过度消费。另外，也很难说，透支消费根植于美国文化传统。作为文化大熔炉，美国文化来自全世界，但主流文化来自欧洲，来自基督教特别是新教，而新教崇尚的是勤俭、禁欲和积累，这可从马克斯·韦伯《新教伦理和资本主义精神》一书中得到印证。[①] 实际上，美国透支消费并不久远，主要是最近几十年特别是20世纪90年代中期以后的事，至多可以追溯至大危机后，与凯恩斯主义同生共起。过去美国崇尚节俭，以至

---

① 参见清华大学秦晖教授文章：《美国的病因，中国的良药》。

于萨缪尔森等著名经济学家都要在经济学教科书中辟专节讨论"节俭的是非论"问题。

敢于消费与透支消费所依赖的条件是不同的，社会保障制度完善和金融市场发达是敢于消费的条件但不是透支消费的前提。无所不在的社会保障制度能够打消居民消费的顾虑，而发达的金融信用能够成倍放大消费能力，但都无法抵充透支能力。

宏观经济意义上的透支消费，在封闭条件下是无法持续的，因为会导致生产的不断萎缩，所谓"坐吃山空"。在开放条件下[1]，在一定时间段内透支消费能够持续但需要有严格的前提条件：第一，经济增长严重依赖消费；第二，国家拥有持续吸引外部储蓄的手段；第三，外部存在供美国持续透支的巨大储蓄来源。其中，第二条最为关键。

在20世纪80年代后的全球化浪潮中，美国许多实体经济部门由于丧失竞争优势，被迫向国外转移，可供大规模投资领域收缩，出口竞争力也随之下降，加上科技革命的推动力呈周期性，因此，消费就自然成了经济增长的主要常态拉动力。作为实体经济部门转移萎缩的副产品，金融服务业被推上了维系竞争力的前台，而信用透支是金融业快速膨胀的重要前提。所以，从这个意义上说，透支消费是美国的无奈之举，美国有自己的苦衷。但这仅仅说明，美国需要膨胀消费，有这种需求的国家不止美国一家，但只在美国才成为现实，这就与美国独家"秘籍"有关。"秘籍"就是美国拥有持续吸引外部储蓄的手段，即最核心的根源还在于美元的国际货币特权，特别是布雷顿森林体系解体后的货币特权。作为在国际货币体系中占据独特地位、并具有无可匹敌金融优势的美国，它的贸易项目逆差和资本项目顺差不能按教科书的顺序来解释，而应反过来用它的资本项目顺差来解释其贸易逆差。也就是说，因为20世纪70年代布雷顿森林体系解体后，它的纸币充当世界货币，能够以极低的成本占用全世界的储蓄，

---

[1] 当然，开放经济能让透支消费持续更长的时间并不意味着可以无限延续，这次金融危机就是对其的强制性矫正。

从而大量进口世界的物质产品，这是其80年代以来长期能够保持贸易逆差、长期高消费的根本原因。美国独家拥有这种特权，可以任意发行美元来买世界各地的任何东西，这就好比家里有了"聚宝盆"，怎能克制高消费的欲望呢？居民收入不够消费，向银行和资本市场举债消费，或者政府扩大开支减税支持居民消费，银行存款支撑不了贷款、政府收入弥补不了支出，就向国外借款，由于国外对美国公私债权绝大多数只能以美元来支付结算，美国完全可以开动印刷机将自己这些对外债务化于无形，至少能使自己的负债能力大为提升，表现在时间上，就是这种透支消费能够比其他国家持续更长的时间。由于这种货币特权只有美国有，虽然欧洲日本的货币也有一些国际储备货币职能，但无法与美国相提并论，因此过度消费、透支全球只能是美国的专利。只要美元的这种特权存在，透支消费冲动就不可能消失。

美国透支消费模式能否继续存在，取决于三个条件：一是产生的土壤是否依然存在；二是美元特权的运用是否受到有效牵制；三是全球生产过剩对美国透支消费的依赖是否减弱。

应该说，美国透支消费赖以存在的前提条件不会有很大的变化，但是经过这次金融危机，其外部的透支源泉，例如东亚，一定会意识到对其透支的巨大风险而逐步调整战略；同时，美国也会意识到，"法宝"过于频繁地使用也会失灵，从而被迫有所节制。至于全球特别是日本、韩国、中国及其他新兴市场国家是否继续需要美国这个"寄生国"的透支消费来吸收过剩产能，那要取决于这些国家扩大内需转移外需的战略能否成功落实。18世纪末19世纪初英国经济学家马尔萨斯和法国经济学家萨伊在论战时①指出，资本主义要避免生产过剩的经济危机就要容忍不从事物质生产的寄生阶层的存在，否则就会因有效需求不足而导致经济危机；而萨伊则认为，供给自动创造需求，在市场机制的作用下，供给与需求最终不会

---

① 这是以李嘉图、老穆勒和萨伊为一方，马尔萨斯、西斯蒙第等为另一方的关于生产扩大是否会导致经济危机的论战。

存在缺口，因而不会出现生产过剩危机。过去几年，就不依靠物质生产而靠货币特权维持消费而言，美国扮演的正是全球化条件的专事消费的"寄生国"角色，客观上，对于消除一些国家的生产过剩发挥了一定的积极作用。但正像资本主义发展史证明的那样，地主、贵族等寄生阶层的存在在短期内固然有利于解决有效需求不足问题，但离开了寄生阶层也照样有其他办法解决生产过剩问题。寄生国的作用和命运大概也会如此。据此，可以认为，在金融危机后美国的过度消费将有所收敛，但由于支撑美国透支消费模式的基本要素依然存在，其最终命运，取决于中国等大型发展中国家内需战略是否成功。

二、危机过后发达国家能向
实体经济回归吗

实体经济与虚拟经济的过分背离被认为是美国金融危机发生的重要根源。美欧目前都提出要恢复制造业的国际竞争力，这似乎预示着虚拟经济向实体经济的回归。发达国家产业结构和金融市场将向何处去，能否退回到物质资本主义时代并限制金融衍生工具的发展？从总体趋势上看，在没有新技术革命的前提下，美欧发达国家经济服务业化、虚拟化的总趋势不会改变，绝大多数制造业竞争力不仅无法恢复，而且在今后一个时期内还会进一步下降。这首先是因为，20世纪八九十年代以来的新全球化浪潮，已经使中国等发展中国家成为世界市场和国际分工体系不可分割的组成部分，其世界工厂功能已经成形，由于与发达国家在生产要素价格上的落差在短时间内无法消除，因此，其生产制造方面的比较优势短期内不会消失，而美欧等国除非重新沦为发展中国家，否则其在制造加工环节上无法重拾竞争优势。由此，发达国家向这些国家不断转移生产工序和加工环节的趋势不会逆转，而且会从低端不断走向高端，这是国际分工的发展规律决定的。其次是因为美欧特别是美国在非物质生产领域特别是金融服务业有巨大的竞争优势和既得利益，不愿也不会回到物质生产的老路去。金融创新表面上与市场主导的英美金融体制有关，深层次原因在于，在新全球化时代，发达国家的产业转移导致美国等发达国家物质产业自给能力大幅降低，出现巨额贸易逆差。这时，如果信用货币供给继续保持与生产同步，必然会导致生产的急剧萎缩，居民消费水平也会大幅降低。因此，必须在非物质生产领域寻找新的增长点。于是开始大规模金融商品生产，尤其要利用金融衍生工具使金融商品生产规模变得无限巨大，通过出售这些金融工具的货币来支付进口。由于在金融市场和金融产业的竞争优势方面，美国等发达国家还占据着发展中国家无法企及的制高点，金融产业的利润率也远远高于物质生产。资本的本性就是最大限度攫取高额利润，虚拟经济中有巨大的先发优势和高达数十倍的利润空间，要它回到物质生产的时代，岂不是与虎谋皮。更重要的是，发达国家经济的日益虚拟化实际是在全球范围内建立的总供给与总需求的新平衡机制，符合发展中国家的利益，有利于世界经济增长，从而具有积极的历史意义。因为在虚拟经济时代所出现的金融创新及其所创造的金融繁荣，能够在世界范围内消灭产品过剩，从而给过剩形态的传统资本主义找到一个消除过剩的新出口。如果没有发达国家用脱离物质生产增长的信用货币膨胀、金融资产膨胀所构造的金融市场繁荣，就不会出现发达国家用金融产品与中国等发展中国家的实物产品相交换的机制。因此，美英等发达国家在危机过后仍会在经济虚拟化道路上继续前行，金融监管会发生重要变革，金融创新自由放任程度会有所减弱，金融衍生工具的规章会更加完善，技术将有所改进，步伐可能放慢，但总趋势不会改变。去全球化过程只能是在危机过程中的暂时现象，全球化步伐也会有所放缓，全球化总趋势不会根本逆转。

不过，美国虚拟经济与实体经济严重背离引发金融危机确实给我国产业结构调整以重要警示。我国经济结构优化调整一直是以发达国家经济结构作参照物，要求一次产业、二次产业比重不断下降，三次产业比重不断上升，实质是要求直接物质生产比重不断降低，非物质生产比重不断提高。由于我国农业比较落后，劳动生产率比较低，农业所占比重较高，工业化没有完成，二次产业也比较高，服务业特别是金融等高端服务业发展严重滞后，因此，在目前阶段，降低一次产业比重、大幅提高三次产业比重是必要的，甚至一些中心城市主要以服务业为主也是可以的。但是，这并不意味着我国服务业特别是属于虚拟经济的那部分服务业比重越高越好，相反，这部分与实体经济的背离在相当长时间内应该适度，从全国范围看，三次产业主要以满足第一产业、第二产业需要为主，金融脱离实体经济需要、自我膨胀的现象在目前阶段应该避免，为金融而金融的部分应该减少。这是因为：第一，只有这样，三次产业在一个经济体内才能够形成良性循环，减少对外部的依赖；第二，美国这种服务业畸高、虚拟经济畸高的产业结构是以全球化和实体经济向外转移、腾笼换鸟为前提的，转移的生产能力要有巨大的承接者，中国是发达国家的承接者，如果中国的产业结构也发达国家化，那么谁能接替中国？道理非常浅显，如果发达国家和中国都去生产"服务"，那么谁来生产物质产品？要么是生产力高度发达，技术高度进步，一个小国或几个小国生产的物质产品能够满足全世界之需，要么是一个巨大经济体接替中国的世界工厂功能，并能消化世界的"服务"。否则，频繁的金融危机就难以避免。在现有的技术进步速度下，除非发达国家重新沦为发展中国家，在中国之后能够充当世界工厂的国家并不多。

三、国际货币体系应该怎样改革

逻辑分析和大量事实都证明，战后特别是布雷顿森林体系解体以来，金融危机频繁发生都与美元本位的国际货币体系的内在缺陷有密切关系，甚至历次危机都能从这种货币体系中找到祸源。因此，改革的必要性是毋庸置疑的。但是，是否有可能改变以及怎么改变，除了要深刻认识现有体系的缺陷和理想体系应具备的要件外，更重要的是要分析现有体系垂而不倒的生命力何在？现在是否已经具备了理想体系的要件？如果不具备，应该怎么办？

战后以来，尽管国际货币体系发生了许多变化，但其核心内容一直未能根本改变，那就是美元充当头号国际储备货币的地位没有根本动摇。本来，理论上讲，理想的国际货币体系的核心货币或国际储备货币应该满足三个要件：首先，币值应有一个稳定的基准和明确的发行规则以保证供给的有序；其次，其供给总量还可及时、灵活地根据需求的变化进行增减调节；第三，这种调节必须是超脱于任何一国的经济状况和利益。但是，以美元这种主权信用货币充当主要国际储备货币就根本无法同时满足这些条件，在布雷顿森林体系下，美元与黄金挂钩，勉强能满足第一个条件，布雷顿森林体系崩溃后，黄金非货币化，大致能满足第二个条件。这就是说，由主权货币充当主要国际储备货币，无论是否与黄金挂钩，始终有两个无法克服的内在矛盾：一是必然无法解决满足世界流动性的需要与美元信心或币值稳定之间的矛盾，也就是常说的特里芬难题①；二是货币发行国与外部世界的利益冲突，而且，在利益冲突中，美国总是把本国利益置于国际利益之上，常常以本国利益损害全球利益。在后布雷顿时代，这种利益冲突更加明显。在布雷顿森林体系下，发行美元还要受到黄金兑换的约束，布雷顿森林体系崩溃后，美国任意发放货币，受到的外部制约更少，通过超额发行货币，不仅可以提高美国自身的福利（因它可以用本国的货币购买全球的资源），维持国内的低实际利率，而且由于相当数量

---

① 特里芬难题：在布雷顿森林体系中，美国承担着两个基本的职责：一是要保证美元按固定官价兑换黄金，以维持各国对美元的信心，保证美元价值的稳定；二是要为国际贸易的发展提供足够的国际清偿力，即美元。然而这两个问题，信心（价值稳定）和清偿力却是有矛盾的，美元过少会导致清偿力不足，美元过多则会导致美元价值的不稳定，出现信心危机。原因在于，美国若限制输出美元，国际货币体系就会面临国际货币的数量短缺，而要持续不断地向其他国家提供美元，只能让自己的国际收支始终保持赤字，但是，收支赤字却意味着美元无法稳定。关于清偿力和信心之间的这种两难境地，最早是由特里芬提出的，因此被称为"特里芬难题"。实际上，由任何一种主权货币来充当唯一的国际货币，特里芬难题都是存在的。

的美元资产由外国人持有，它还可以将金融风险分散到其他国家、分散到全球市场，让所有的国家、所有的经济体都来为美国负担风险。因此，这种利益冲突更加严重，条件也更加便利。

　　对现有国际货币体系内在弊端的深刻认识并非今日才有，改革的呼声也并非始于今日，但数十年过去了，基本问题依然如故，必定有一些更根本的力量在起作用，除了美国经济、政治、军事实力依然强大，还没有出现可以取代美国地位的新兴力量之外（如果这个力量不是中国，仍然解决不了该问题，只不过张三换成李四而已，币种变了，性质没变），可能还有更为不以人们的意志为转移的因素。这些更根本的因素可能有以下几个方面：第一，在世界进入"大同"之前，同时满足前述三个要件的储备货币在现实社会根本就不存在，这三个要件只不过是又一个不能同时实现的"三元悖论"。第二，主权信用货币取代黄金充当国际储备货币是历史的必然，尽管不完美，但基本符合生产力发展方向，在今后相当长时间内仍有进步意义，一切形式的金本位、金汇兑本位早已完成了历史使命，不可能成为取代美元的现实选择。第三，在全球金融一体化还远未达到货币同盟阶段的时候，建立超主权国际储备货币要么软弱无力，要么是受大国的操纵，根本担负不了储备货币所赋予的使命。第四，美元充当国际储备货币，是全球范围内市场选择的结果。布雷顿森林体系解体以后，美元仍能充当国际储备货币，并不是国际制度安排，也不是受制于美国的强权和淫威，是市场、政府自愿赋予的。第五，尽管美国经常利用这种地位损人利己，甚至损人不利己，但并非没有顾忌，并非没有制约，那就是其他国家可以不持有美元，也可以用持有的美元买空美国。其他国家的美元并不是像有些人说的那样，只能买它的债券，也可以买它的汽车、飞机、甚至资源和企业。这些都是令美国担忧的。这说明，美元虽不是最优选择，但是现实世界的次优选择。

　　有人把国际货币体系改革希望寄托在恢复金本位上，实际上，金本位无法复辟。最主要的原因是，黄金无法根据经济发展需要灵活调整。在进入工业化大生产后，生产交换的规模都在空前增长，但是作为纸币基础的黄金，无论蕴藏量还是产量都非常有限。自 1900 年至今，世界黄金产量只增长了 12 倍，而 GDP 却增长了 30 倍，而从 20 世纪 90 年代以来黄金产量基本上没有增长，但全球 GDP 却从 30 万亿美元增长到 50 万亿美元。如果在市场经济高度繁荣的时代继续采取金本位制，必然导致长期通货紧缩，从而不利于经济发展。正像黄金从商品中分离出来专司货币职责是历史的进步一样，纸币取代黄金、主权信用货币取代贵金属都是商品经济内在矛盾发展的必然产物，都顺应了生产力发展内在需要，因此，是不以人们的意志为转移的客观规律。

增加发展中国家在国际金融组织中的发言权和决策权是完全必要的，但是这并不能改变现有国际货币体系的核心问题，而建立超主权货币也不现实。因为：第一，发行超主权货币的前提是要有一个凌驾于各国政府之上的权威发行机构，不仅国际货币基金组织、世界银行没有这样的权威，就是联合国也没有这样的权威，在目前的国际格局下，就是新建立或改建一个机构也不可能具备这样的权威。第二，在凌驾于主权政府之上的机构无法建立权威的基础上，发行超主权货币，如果听命于多数发展中国家，发达国家必然不受其约束，如果听命少数发达国家，必然是现行体系的翻版，换汤不换药，同样缺乏公信力。第三，出现一个统一的世界货币，如果不是取代各国的货币发行权，必然是重复发行，如果是各国货币发行权让渡的结果，现在只能是一种空想。即使不是空想，其机制必然要求货币的增长与世界生产增长同步，这就会阻碍发达国家用脱离物质生产增长的货币构造金融市场的繁荣，从而发达国家用金融商品与发展中国家实物产品相交换的机制也将不复存在。

那么，现实的选择就只有两条：一是争取本国货币成为国际储备货币。二是联合起来，对美元进行制约，这包括建立区域货币，加强行动协调等等。最现实的是做大做强本国货币。

四、不要轻视美国加强金融监管的意义

美国金融监管制度无疑是这次金融危机的肇因之一。长期以来，美国金融监管一直实行"双线多头"模式。所谓"双线"是指联邦和各州两条监管体系，银行有隶属联邦监管的银行，也有只受州监管的银行，保险一般由各州监管，但金融持股公司归联邦储备银行监管；所谓"多头"是指有多个部门负有监管职责，如联邦储备体系、联邦存款保险公司、财政部、货币监理署和证券交易委员会等。

这次金融危机暴露出美国金融监管存在的诸多缺陷：一是存在一个实际上不受任何监管的影子银行体系，投资银行、抵押经纪商和发行商、对冲基金、资产证券化中介和其他私人资产池等都处于监管盲区，监管真空地带的存在不仅使市场纪律荡然无存，也使已有的监管大打折扣。因为银行为了规避资本金要求，纷纷把风险转移到影子体系中的附属机构，结果银行监管机构就根本无法掌握风险的准确信息。二是对金融创新产品监管缺失。美国对金融创新鼓励多，监管少，很多金融创新缘于规避监管，处于监管盲区，这导致了诸如金融创新产品泛滥和过度投机以及金融创新产品信息不透明和真实风险状况难以准确评估等一系列问题。三是对场外金融衍生品市场监管缺失。高风险抵押担保债券、信贷资产证券化、市场流通债券的再证券化和信用违约互换等场外金融衍生品市场基本不受监管。四是顺周期问题和信息披露问题。比如，贷款损失准备金的提取规则和雇员的激励机制设计都是鼓励高风险高收益的。市场定价法会计准则也是如此。信息披露问题表现在结构性产品风险难以理解、表外业务缺乏资本约束、场外交易踪迹难觅、各类特殊目的公司是信息黑洞以及大型非银行金融机构的杠杆和风险集中度信息无从掌握。五是评级机构的利益冲突问题。还有，资产证券化后，最初的贷款者没有积极性来充分监测相关的风险，因为他们随后就会卖掉这些贷款。如何从制度设计上跟进解决这一问题，在危机前长期没有引起应有的重视。

美国目前已经在着手完善金融监管。一是建立宏观审慎监管机制。扩展金融监管者的管辖范围，扩大监管的覆盖面，消灭监管的真空地带，所有的系统风险和具有系统风险的金融机构都要纳入监管；改变以单个机构为中心的监管方式，更加注重机构间的相互联系和系统性风险；改革激励机制、会计制度，弱化顺周期问题，增强风险的信息披露，提高透明度等。建立综合性的面向整个金融体系的金融监管机构，赋予美联储采集、分析及公布包括投资银行在内的其他金融机构数据的权力。二是重塑金融监管体系。成立新的抵押贷款委员会制定针对州级抵押贷款公司的执照发放标准，授权美联储起草联邦抵押贷款法。减少监管重叠。废除联邦储蓄章程，将储蓄监管局职责并给货币监理署。将参加联邦存款保险的州注册银行的审查权移交给联储或联邦存款保险公司。在财政部下设立国民保险办公室，负责对业务范围遍及全国的保险公司进行监管。合并商品期货委员会和证券交易委员会，对期货和证券业实行统一监管。实行"基于目标"的监管模式，实现对市场稳定、审慎目标和商业行为的监管。联储将享有对整个金融系统和联邦保险机构注册类、联邦存款保险机构注册类和联邦金融服务供应商类三类金融机构的全面监管权。成立审慎金融监管局，负责与政府担保业务有关的金融机构的监管。设立金融市场商业行为监管局，负责与消费者保护相关的金融市场行为标准的监管。

这些措施的效果如何还有待观察，但是，第一，我们不应低估美国完善金融体系的决心和能力，不应低估这些制度改良对防范类似危机重演的重大意义。我们总结经验往往过于宏观，低估制度上有针对性改良的深远影响。金融危机在许多情况下，并非是一种经济模式、一种体系、一种秩序、一种制度、一种主义的不治之症，这些模式体系并不会因一次金融危机而被颠覆，相反，会因为有针对性调整革新，而焕发青春、重获生机。第二，美国要解决的金融监管问题都是世界性难题，成败与否，都具有普遍意义，我们应该密切跟踪，认真研究借鉴。

五、应对危机中如何处理好
政府与市场的关系

20 世纪 90 年代以来，东欧剧变、苏联解体、亚洲金融危机和美国金融危机，对深化政府与市场关系的认识，提供了三个经典案例，具有极为重要的意义。苏联模式的计划经济、过分的政府干预以及新自由主义鼓吹的自由市场经济都有片面性和严重的局限性。计划经济和政府主导在一些国家的经济赶超中曾经发挥过巨大的积极作用，丘吉尔说斯大林接手的是一个扶犁的苏联，而留下的是一个装备有原子武器的强大帝国，这在相当程度上要归功于计划经济。但是，苏联由强盛走向停滞最后解体，从经济层面上证明了计划经济或全面的政府干预虽然有利于一时，但不利于一世。苏联解体从经济制度上宣布了指令性计划经济作为一种普遍经济制度的失败。战后东亚国家推行的政府主导型市场经济，在一定时期对推进这些国家的发展起到了非常良好的作用，但亚洲金融危机说明，这种扭曲市场功能的体制也有严重隐患，特别是在开放背景下，经济很容易因外部冲击而出现重大波折。自由市场经济从来都是相对的，美国从来就不是纯而又纯的自由市场，特别是自 30 年代大危机以来，政府干预就无所不在了，但是，美国金融危机则是在某些领域过分迷信市场、过分自由放任结下的苦果，是迷信市场极端化的集中体现。

这三个重大事件以及对两次金融危机的应对，对于正确认识和处理政府与市场关系提供了几点有益启示：

一是国有与私有、管制和放松管制的分际不是一成不变的。与其他市场经济国家相比，美国的政府干预更多地表现在规制上、战略上、间接手段上，干预以弥补市场失灵为主，并遵循市场纪律。美国国有企业很少，也不鼓励政府在私人企业持股。

但是，这次面对空前危机，美国在处理政府与市场、国有与私有的关系上却是高度实用主义的。除了大幅放松财政货币政策外，甚至不顾道德风险和市场纪律，政府直接收购金融机构的问题资产和股份，虽然购买的股票以优先股为主，并且规模范围和期限都有严格限制，不能称之为国有化，但毕竟是政府直接插手改变竞争性企业的股权结构，这就明显背离了其一贯教导别人的市场原教旨主义。回想亚洲金融危机期间，美国及其所支配的国际金融机构何其颐指气使，为东亚开的药方不仅有紧缩财政、紧缩货币，更有强硬的以"华盛顿共识"为基础的私有化、金融自由化和向国际资本开放股权等指令，对马来西亚临时资本管制和香港干预外汇市场严厉指责和威胁。两相对照，美国对人对己的双重标准，又多了一个活生生的例证。但是，美国灵活务实的做法说明了，管制和放松管制、国有化和私有化并没有不可逾越的分际，应完全根据本国长远利益和现实需要来加以取舍。20世纪80年代里根放松管制、减少干预是正确的；今天面对空前危机，加强干预也是完全必要的。各国也应该根据国情和形势的变化，灵活应用计划和市场、国有化和民营化、规制和放松规制两种手段，在市场化不够的时候，坚持扩大市场化，在规制不足的领域，加强规制，在民营化效率更高的方面，继续推进民营化。

二是在市场不能正常发挥作用时，政府要坚决果断地干预，该出手时就出手。既然市场经济是人类不可逾越的历史阶段，是全球各国的共同选择，是经济发展的既定制度前提，必须充分遵循市场规律，不能逆市场规律而动。但是，市场不是万能的，不能迷信市场。政府不仅要在市场失灵的各个领域发挥作用，即使在市场的"世袭领地"，如果在非常时期，市场无法正常发挥功能，政府也应积极干预，该出手时就出手。出手太慢、太轻或不到位，就会酿成严重后果。现在有不少学者反对政府出手干预。对这些人看法的回应，引用奥巴马在乔治顿大学演讲中的话是非常恰当的："如果每个人、每个家庭、每个企业都同时在削减开支，就没有人花钱，这就意味着没有消费者，意味着更多的失业，意味着经济会变得更糟，这就是为什么政府要在此时介入暂时扩大开支刺激需求的原因。"

三是必须牢记干预的根本目的是保障市场正常运行，出手的方式也要尽量采取有利于发挥市场作用的方式。市场经济迄今是人类资源配置最有效的方式，始终不能忘记在今后相当长的历史阶段，市场经济仍然是、只能是、必须是最基本的资源配置的手段。应该清醒地认识到充分发挥市场在资源配置中的基础作用，是经济健康发展的根本前提。这也是美国念念不忘的基本经验。现在他们不得不进行大规模干预市场，但同时做好了一定时候退出的准备。这就是说，政府干预不是目的，根本目的是保证市场最有效地发挥作用，干预是为市场正常运行创造条件，而不是代替市场。出手的方式也要尽可能多地发挥市场作用。

四是要学会通过市场方式集中力量办大事。社会主义的优势是能够集中力量办大事。计划是社会主义集中力量办大事的重要方式。应该珍惜这个优势。但是，也应该承认，现代资本主义也能集中力量办大事，阿波罗登月、信息高速公路和 7000 亿救市计划都是集中力量办大事。其方式之一就是利用发达的金融体系和资本市场。我们也应该掌握资本主义的这种优势。这与后进国家市场特别是金融市场不发达有关，但是，如果政府不去利用市场，市场也难以发达。今后应该同时考虑利用多种方式来贯彻政府的意图。

六、关于宏观经济政策的教训问题

危机爆发前，全球经济连续多年快速增长，这些增长是有史以来少有的。从传统标准看，这种增长是健康的。劳动生产率得到提高，多数国家的通货膨胀率较低，实际经济增长与潜在增长比较吻合。长期利率和短期利率都稳定在较低的水平之上，货币政策似乎比较成功。但现在回想起来，正是全球经济这一史无前例的大好形势为系统性风险的滋长提供了丰富的养分。低利率加上对未来过分乐观的预期，推高了股票、房地产价格；对高收益的追逐不断催生各类高风险资产的问世。但各国中央银行并没有与时俱进，它们要么对资产价格的过分膨胀推波助澜，要么就是所谓"善意的忽视"。多数国家宏观经济政策注意的始终是总量和通胀。那时许多国家热衷于通货膨胀目标制。虽然格林斯潘率先将货币政策关注的目标从 CPI 的变化转向资产价格的变化。这种转向符合美国经济金融结构的变化，反映了金融市场特别是资本市场在美国经济活动中的主导地位，但他对资产价格的疯长和高杠杆业务采取了纵容和放任的态度。很少国家对资产价格上涨和杠杆的风险给予足够的重视。原因主要有三点：一是严重低估了资产价格上涨和高杠杆带来的系统性风险；二是对审慎监管估计过高，认为审慎监管对任何系统性风险的累积都能加以控制；三是想当然地认为，即使资产价格泡沫破灭，其对宏观经济的不利影响也能通过低利率政策加以应对。结果，火药在人们的眼皮底下不断堆积，就差导火线了。从理论上说，金融监管是对付系统性风险的更有效工具，但过时的监管方法没能识别出已经十分巨大的风险。因此，在危机爆发后，即使利率一降再降，降到无法再降的程度，也没能阻止经济的直转急下。

为此，今后宏观经济政策要吸取的第一个教训是，在今后的货币政策操作中，必须更加重视资产价格走势、信贷泡沫、杠杆和系统风险问题。现在的问题是如何识别和应对系统风险。本次和过去几次金融危机表明，并非所有的资产泡沫特征都相同，它们对系统风险的影响很大程度上取决于金融部门涉足状况和杠杆率的高低。90 年代后期的网络泡沫由于杠杆率低，因此，它的破灭对宏观经济影响就较小。而本次金融危机之所以如此严重，是因为资产价格的下滑影响到了核心金融部门的资产负债表。第二个教训是关于财政政策的。财政政策并不是导致本次危机的主要原因，但是仍有两方面的教训需要吸取：一是许多国家在繁荣时期没有充分利用财政收入增长较快的机会尽最大可能地减少预算赤字，结果，反危机的时候，财政捉襟见肘，没有刺激经济的财政空间。二是税收结构问题。多数国家的税收体系都通过利息抵扣的办法鼓励债务融资，这种对高杠杆的偏爱削弱了私人部门应对危机的能力。第三个宏观经济政策教训是全球失衡问题。危机前的快速增长，导致了许多失衡，其中最主要的就是所谓全球失衡。危机前全球失衡问题已经引起了相关国家的注意，但美国并没有认识到失衡根源在自身，也没有意识到，过度透支所积累起的系统风险，而是把失衡当做向别国施压的棍子。国际货币基金组织对全球失衡风险点的判断也是错误的。IMF 当时主要担心资本流入美国的可持续性，以及突然逆转造成的无序调整如美元贬值等。但实际上，危机是以 IMF 也没有料到的方式爆发的，不是从资本流入大规模逆转、美元贬值开始，去杠杆化才是美国金融危机爆发的关键因素，危机爆发后资本流入规模最初不是减少，而是从美国私人部门的股票债券、金融衍生工具转向美国政府证券，现在资本流入规模下降，但是全球普遍下降，而不是从美国流向了其他地区，美国净流入无论从规模还是从下降幅度上都要好于其他国家，而且美元总体依然强劲。不过，也应承认，全球失衡对低利率、高杠杆和高风险资产的泛滥起了提供养分的作用。这次危机说明，货币政策在对付全球失衡方面作用不大，例如，高利率可能进一步增强国内资产的国际资本的吸引力。为此，第一，需要权衡何时和如何通过宏观经济政策和结构政策对大规模失衡做出反应；第二，要限制国内机构和其他借款人的外汇风险敞口，降低大规模资本流入带来的系统风险。

七、危机中超常规措施的退出问题

国际金融危机爆发以来，主要经济体除了大幅降息外，还纷纷采取超常规的数量措施，放松货币政策。美国的数量措施主要有四类：一是短期信贷。即向存款机构、经纪商、交易商和货币市场共同基金提供的流动性支持。二是向借款人投资者直接贷款。三是购买高质量的证券，主要是财政证券、机构债、机构支撑的资产抵押证券。四是对具体机构的直接信贷支持，如对 AIG 信贷支持，这也是资产的重要组成部分。结果截止到

2009年5月初，美联储的资产负债规模从一年前的11905亿美元扩大一倍到20813亿美元，美国存款机构在联储的超额准备金从一年前的20亿美元增至7775亿美元。1~4月，基础货币同比增幅高达112.3%，广义货币M2同比增幅也达8.5%。欧洲中央银行资产负债表也在5月初扩大到17951亿欧元，较一年前的13929亿欧元扩张了29%，基础货币同比增幅在一季度达到22.9%，广义货币M2同比增幅也有6.1%。全球流动性有重新泛滥的趋势，这引发了对未来通胀的担忧。这首先在资产价格上，特别是股市上反映出来。但我们认为，在目前形势下，资产负债表的膨胀还不至于酿成通货膨胀。首先，许多贷款便利是短期性质的，因此能够较快地终止，而且，由于这类贷款利率一般都高于正常市场条件下的利率，因此一旦市场形势好转，对这类贷款的需求将自动减少。其次，联储可以通过逆回购协议的办法，释放长期证券排干银行储备，如果有必要，还可以卖掉证券。当然，在任何给定的联邦基金利率下，撤销贷款平台和出售证券都是事实上的紧缩政策，需要根据届时的情况进行仔细权衡。第三，财政部的补充融资项目也可以吸收一些储备。第四，在去年10月，美联储获准对存款机构的超额储备支付利息。提高储备利率将鼓励存款机构将储备放在美联储而不是以低于该利率的利率贷给联邦基金市场，这样，对储备付息将为联邦基金利率划定下限。目前流动性重新泛滥，对实体经济的影响仍很微弱，即使对资产价格的影响也明显偏窄，股市离危机前的高位还有40%—50%的距离，CRB商品价格指数也只回升了20%，离危机前高位也差40%—50%，长期政府债券的需求依然不旺。当然，各国在保增长的同时，应密切监测流动性的动向，防止通货膨胀反弹。

参考文献

1. 王建:《是走向世界新秩序还是走向战争》，2009年4月13日，中国宏观经济学会内部报告。

2. Ben S. Bernanke: *The Federal Reserve's Balance Sheet*, April 3, 2009, http://www.federalreserve.gov.

3. Ben S. Bernanke: *Lessons of the Financial Crisis for Banking Supervision*, May 7, 2009, http://www. federalreserve. gov.

4. Donald L. Kohn: *Interactions between Monetary and Fiscal Policy in the Current Situation*, May 23, 2009, http://www. federalreserve. gov.

5. IMF: *Initial Lessons of the Crisis*, February 6, 2009, http://www. imf. org.

6. Jean-Claude Trichet: *The Global Dimension of the Crisis*, April 18, 2009, http://www. ecb. int.

7. Barack H. Obama: *Remarks on the Economy at Georgetown University*, April 14, 2009, http://www. whitehouse. gov.

第十二章
国际资本流动的
特点和趋势

刘翔峰　　黄志龙[①]

21 世纪以来，全球资本流动出现了一些新趋势，主要呈现出以下几个新特征：一是在全球经济保持稳定增长和全球流动性过剩的背景下，国际资本流动的规模不断扩大。二是资本流动的结构发生了明显变化，尽管直接投资仍稳步扩张，但国际银行信贷、股权和债券等证券投资的规模急剧扩张成为 2002 年以来全球资本流动规模屡创新高的主要推动力。三是资本净输出国趋于分散，其中亚洲新兴市场国家和中东、俄罗斯等石油输出国变成重要的资本输出者，外汇储备特别是亚洲国家持续增长的外汇储备在资本流动中发挥了很大作用，而主权财富基金则是外汇储备资本输出的重要形式，而资本净输入国趋于集中，其中美国依然占据着主导地位。四是美元汇率变动依然是全球资本流动的风向标。

近年来，资本流动规模增长过快以及结构的明显变化，对全球范围内的资源配置、经济发展、私人部门和监管部门的金融风险管理产生了深刻的影响。总体而言，资本大规模流入给新兴市场国家带来了经济发展所需资金，促进了新兴金融市场的发展，使发展中国家金融市场与国际金融市

---

① 刘翔峰，国家发改委外经所，副研究员，博士。黄志龙：中国社会科学院拉美所，博士。

场的联系进一步深化，但也加大了发展中国家的对外脆弱性，资本流动的波动性和突然逆转性所带来的金融冲击是新兴市场国家所不能承受之重，尤其是短期私人资本的大规模频繁流动和突然逆转更是如此。中国是2002年以来国际资本加速流入新兴市场的重要目的地，尤其是2005年人民币升值以来，热钱流入中国的规模和速度明显加快，外汇储备激增，货币政策无效性问题凸显，因此有必要全面评估跨境资本流动对我国经济金融安全的影响。

一、国际资本流动的特点

（一）全球资本流动总体态势

全球资本流动自20世纪90年代以来，总体规模上一直保持稳步增长。2001年由于全球经济突然下滑，全球资本流动也同步回落，全球资本流入总量由2000年32889亿美元迅速降至22830亿美元，2002年再次减少为17879亿美元。2003年，随着全球经济的复苏，全球资本流动也逐渐反弹，并维持快速增长态势。2006年，全球资本流入总量已增至65453亿美元，比历史最高水平的2000年也翻了一番，2007年初步统计的全球资本流入总量将达到72440亿美元。

从全球资本流入的构成看，2000年直接投资依然占据着主导地位。然而，自2002年的全球资本流入反弹期以来，直接投资虽然也逐渐恢复到2000年的最高值，超过了1万亿美元。但是债券和银行信贷的国际资本流入的增速，远高于直接投资和股本投资的增速，其中2006年银行信贷的国际资本流入接近27000亿美元，而债券投资的国际资本流入也超过了22000亿美元，二者总计占全球资本流入总量的比例超过3/4，这也是2002年以来全球资本流动迅速反弹的主要推动力。

（单位：10亿美元）

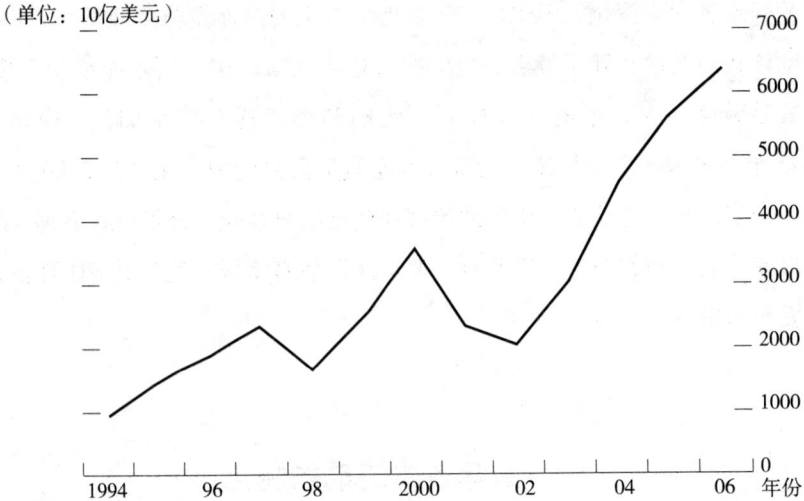

图 12－1　全球资本流入总量（10 亿美元）

（资料来源：Global Financial Stability Report Financial Market Turbulence: Causes, Consequences, and Policies, October 2007, International Monetary Fund.）

（单位：10亿美元）

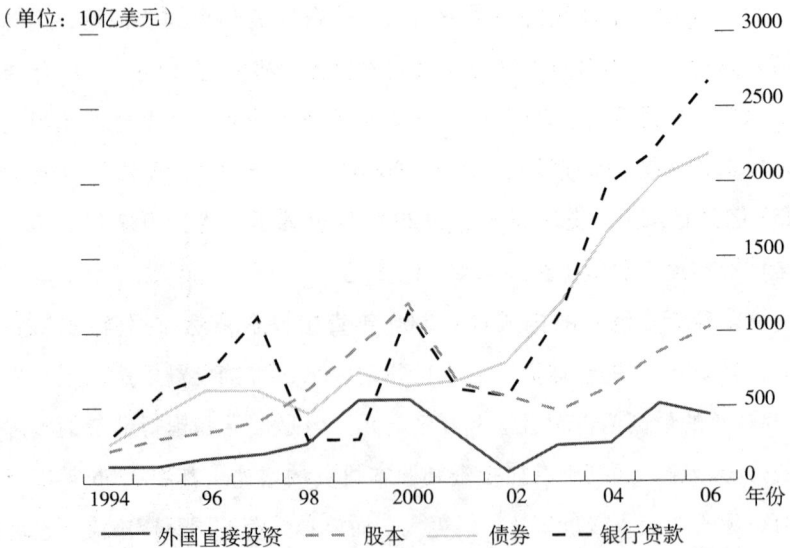

外国直接投资　－－　股本　　债券　－－　银行贷款

图 12－2　全球资本流入的构成（10 亿美元）

（资料来源：Global Financial Stability Report Financial Market Turbulence: Causes, Consequences, and Policies, October 2007, International Monetary Fund.）

从资本流动的地区构成看，毫无疑问，发达国家在国际资本流动中始终扮演着主角。然而，在过去的近 20 年间，全球资本大量涌向新兴市场和发展中国家，同时这些国家和地区的资本国际输出也明显扩张，对外直接投资、证券投资增长很快。整体来看，新兴市场及发展中国家的国际资本流动经历了两个高潮。第一个高潮始于 20 世纪 80 年代末，因 1997～1998 年爆发亚洲金融危机而结束；第二个高潮始于 2002 年，随后几年迅速增长，流向新兴市场的资本在五年里增加了 5 倍，并有望在 2008 年创造一个新的资本流入纪录。然而，新兴市场及发展中国家的资本流动在 2002 年之后的高潮中表现出一些新的变化。全球资本流入涉及更多的新兴市场经济体，而且对大多数国家来说基本上都得到了更加稳固的经常账户盈余的支持，这不同于 20 世纪 90 年代新兴市场及发展中国家总体上经常账户赤字的情况。与此同时，新兴市场资本流入依然以直接投资为主体，而不同于发达国家的证券投资和银行信贷为主体的资本流入特征。但是，近年来资本流动的其他组成部分增加速度更快，因此，外国直接投资占新兴市场资本总流入的比重已经逐渐下降，这在近两年来表现得更为明显。

（二）国际资本流动的双向性维持了发达国家和发展中国家的国际收支的平衡

国际资本的流动，一方面，是资金从发达国家向发展中国家的流动，以跨国公司作为投资主体，以国际产业分工和生产链整合为动机，发达国家凭借其研发优势与全球网络，占据产业分工的高端，而发展中国家依据其自身的资源优势与劳动成本优势，处于产业链和国际分工的低端，这部分的资金流动以直接投资为主，同时伴随着跨国公司积极参与发展中国家国有企业私有化进程所进行的投资。另一方面，是资金从发展中国家向发达国家的流动，资金的基本来源是发展中国家的经常项目顺差（东亚制造业顺差、石油输出国石油出口顺差）形成的巨额外汇储备，充分利用发达国家金融市场的资源配置效率和稳定的资产收益，实现对欧美资本市

（单位：10亿美元）

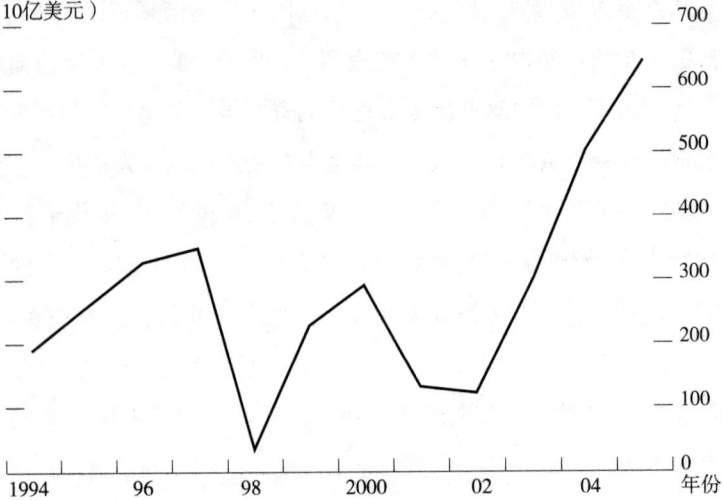

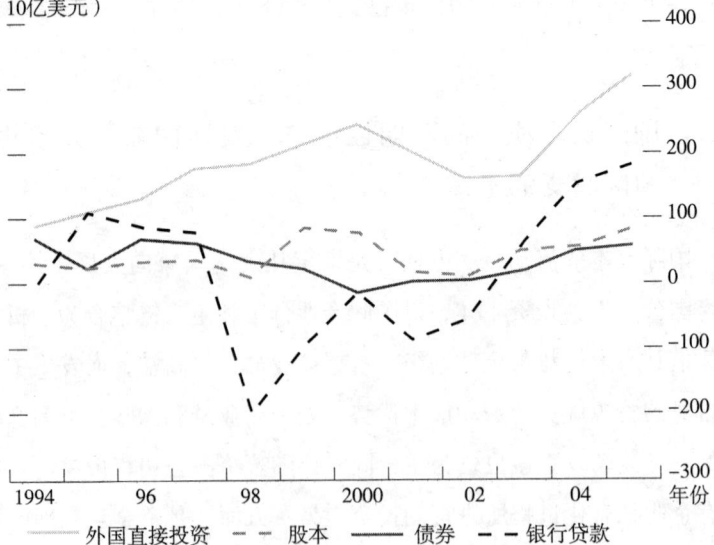

图 12-3　新兴市场经济体的资本流入（10亿美元）

（资料来源：Global Financial Stability Report Financial Market Turbulence: Causes, Consequences, and Policies, October 2007, International Monetary Fund. ）

（单位：10亿美元）

外国直接投资　－－　股本　＿＿　债券　－－　银行贷款

图 12-4　新兴市场经济体的资本流入构成（10亿美元）

（资料来源：Global Financial Stability Report Financial Market Turbulence: Causes, Consequences, and Policies, October 2007, International Monetary Fund. ）

场（以美国债券市场为主体）的证券投资，弥补了美国的经常项目逆差。
同时近年来也出现了发展中国家主权基金参股发达国家跨国金融机构的股
权投资。总体而言，由于这一流向的投资多以证券投资的方式，因此，波
动性相对更大。换言之，当以美国为代表的发达国家经济处于低迷时期，
这部分资金有极强的动机从其中撤出，而寻找相对收益率更高的地区。而
当发达国家经济反转，其又将向发达国家流动。因此，高度的流动性带来
的是全球资本市场的波动性。但是不可否认，上述资本流动的双向性，仍
然维持着全球国际收支的基本平衡。

表 12-1　1995～2006 年各区域外国直接投资流入量（10 亿美元）

	1990～2000（年平均值）	2001	2002	2003	2004	2005	2006
发达经济体	543.9	609.0	442.3	361.2	418.9	590.3	857.5
欧盟	312.9	381.6	307.3	256.7	204.2	486.4	531.0
日本	4.6	6.2	9.2	6.3	7.8	2.8	-6.5
美国	169.7	159.5	74.5	53.1	135.8	101.0	175.4
其他发达国家	43.3	50.6	44.0	24.6	66.0	-8.5	122.2
发展中经济体	188.0	212.0	166.3	178.7	283.0	314.3	379.1
非洲	9.0	20.0	13.6	18.7	18.0	29.6	35.5
拉美和加勒比	72.6	78.5	54.3	44.7	94.3	75.5	83.8
亚洲	105.8	113.5	98.3	115.0	170.0	208.7	259.4
西亚	3.3	7.2	5.6	12.4	20.8	41.5	59.9
东亚	70.7	79.1	67.7	72.7	106.3	116.3	125.8
中国	41.8	46.9	52.7	53.5	60.6	72.4	69.5
南亚	3.9	6.4	7.0	5.5	7.6	9.9	22.3
东南亚	27.9	20.7	18.0	24.5	35.2	41.1	51.5
东南欧和独联体（转型期经济体）	8.8	11.5	13.4	24.2	40.3	41.2	69.3
各经济体的比例（%）							
发达经济体	73.4	73.2	71.1	64.0	56.4	62.4	65.7
发展中经济体	25.4	25.5	26.7	31.7	38.1	33.2	29.0
东南欧和独联体（转型期经济体）	1.2	1.4	2.2	4.3	5.4	4.4	5.3

（资料来源：*2007 World Investment Report*, www.unctad.org/wir.）

首先，从发达国家向发展中国家的资本流动结构来看，直接投资始终占据着主导地位。据联合国的数据统计，2006 年世界直接投资流入量为13059 亿美元，创造了全球直接投资的新高（高于 2000 年 1.2 万亿美元），其中发展中经济体直接投资流入达到了 3791 亿美元，占全球直接投资流入总量的 29%，而 2001 年仅为 2120 亿美元（25.5%），1995～2000年平均为 1880 亿美元（25.4%）。与此同时，2006 年发达经济体直接投资流入量为 8575 亿美元，占全球直接投资流入总量的 65.7%，1995～2000 年平均为 5439 亿美元，占比为 73.4%。在发展中经济体的直接投资流入量中，亚洲无疑占据着主导地位，2006 年流入量为 2594 亿美元，占发展中经济体直接投资流入总量的 68.5%。其中东亚吸引直接投资 2006年为 1258 亿美元，仅中国就高达 695 亿美元。与此同时，印度等南亚国家直接投资流入量也创造了新高，达 223 亿美元。拉美地区成为直接投资流入的新热点，2006 年达到 838 亿美元，高于 1995～2000 年平均 726 亿美元。总体来看，发展中经济体直接投资流入量增幅显著高于发达经济体的增速，占全球直接投资流入量的比例总体上保持稳步上升趋势，这为发展中国家制造业的发展提供了充足的资金来源。

其次，流入发达经济体的国际资本，依然是以证券投资为主。据 IMF的数据统计，2006 年除加拿大外，流入各发达经济体的外国资本用于证券投资的资本均超过直接投资额。美国是外国证券投资最多的国家，流入美国用于证券投资的资本总额达 10174 亿美元，占流入美国资本总额的54.7%；其次是欧元区，流入欧元区用于证券投资的资本额为 10177 亿美元，占流入欧元区资本总额的 47.6%；流入英国、日本用于证券投资的资本额相对较少，分别为 2944 亿美元和 1986 亿美元。

最后，从国际资本的净流动看，美国一直是全球资本净流入最多的国家，且一直保持较快增长态势。据 IMF 数据统计，2001 年，美国国际资本净流入量 4000 亿美元，至 2006 年，美国国际资本总流入量为 18596 亿美元，流出量为 10552 亿美元，净流入量为 8044 亿美元，与 2001 年相比翻了一番，占世界各国资本净流入总量的 65.4%，即便是 2002～2003 年全球资本流动急剧下降的两年，美国的国际资本净流入量依然保持了稳定的增长。西班牙是全球资本净流入量居第二位的国家，占世界各国资本净流入总量的 9.3%。位居第三的是英国，占全球资本净流入总量的 9.1%，其后依次是澳大利亚、意大利、希腊、土耳其，分别占全球净流入总量的 3.4%、3.2%、2.9% 和 2.5%，其余各国共占 20.2%。而与此相对应的是，在以上七国中，美国、西班牙和英国自 1999 年以来一直是全球经常项目赤字位居前三位的国家，2006 年赤字规模分别为 8115 亿美元、1063 亿美元和 775 亿美元。而澳大利亚、意大利、土耳其、希腊均位居全球经常项目赤字最大的十国之列。由此可见，资本净流入维持了这些国家经常项目的平衡。

表12－2　全球发达经济体资本流入情况①

（单位：10 亿美元）

	1996	1997	1998	1999	2000	2001	2002	2003	2004	2005	2006
美国											
直接投资	86.5	105.6	179.0	289.4	321.3	167.0	84.4	63.8	145.8	109.0	180.6
证券投资	332.8	333.1	187.6	285.6	436.6	428.3	427.6	550.2	867.3	832.0	1017.4
其他投资②	131.8	268.1	57.0	165.2	289.0	187.5	285.8	250.4	448.6	263.2	661.6
储备资产③	n.a.	n.a.	n.a.	n.a.	n.a.	n.a.	n.a.	n.a.	n.a.	n.a.	n.a.
总资本流动	551.1	706.8	423.6	740.2	1046.9	782.9	797.8	864.4	1461.8	1204.2	1859.6
加拿大											
直接投资	9.6	11.5	22.7	24.8	66.1	27.7	22.1	7.2	−0.7	29.1	69.1
证券投资	13.7	11.7	16.6	2.7	10.3	24.2	11.9	14.1	42.0	7.9	28.7
其他投资	15.7	28.0	5.4	−10.8	0.8	7.8	5.1	12.3	−3.9	27.0	28.2
储备资产	n.a.	n.a.	n.a.	n.a.	n.a.	n.a.	n.a.	n.a.	n.a.	n.a.	n.a.

续表

	1996	1997	1998	1999	2000	2001	2002	2003	2004	2005	2006
总资本流动	39.1	51.2	44.8	16.6	77.2	59.7	39.0	33.6	37.4	64.1	126.0
日本											
直接投资	0.2	3.2	3.3	12.3	8.2	6.2	9.1	6.2	7.8	3.2	−6.8
证券投资	66.8	79.2	56.1	126.9	47.4	60.5	−20.0	81.2	196.7	183.1	198.6
其他投资	31.1	68.0	−93.3	−265.1	−10.2	−17.6	26.6	34.1	68.3	45.9	−89.1
储备资产	n.a.	n.a.	n.a.	n.a.	n.a.	n.a.	n.a.	n.a.	n.a.	n.a.	n.a.
总资本流动	98.1	150.4	−34.0	−125.9	45.4	49.1	15.7	121.5	272.8	232.3	102.6
英国											
直接投资	27.4	37.5	74.7	89.3	122.2	53.8	25.5	27.6	77.9	195.6	139.7
证券投资	68.0	43.7	35.2	183.9	255.6	69.6	76.2	155.6	159.9	240.3	294.4
其他投资	251.8	322.2	110.5	90.0	414.6	327.0	109.1	396.7	741.2	936.2	830.8
储备资产	n.a.	n.a.	n.a.	n.a.	n.a.	n.a.	n.a.	n.a.	n.a.	n.a.	n.a.
总资本流动	347.2	403.4	220.3	363.3	792.4	450.5	210.8	579.9	979.0	1372.1	1264.9
欧元区											
直接投资	…	…	…	216.3	416.3	199.8	185.0	153.2	121.4	186.3	247.5
证券投资	…	…	…	305.1	268.1	318.3	298.4	383.3	520.0	692.9	1017.7
其他投资	…	…	…	198.4	340.3	238.1	59.9	198.0	355.8	819.7	871.4
储备资产	n.a.	n.a.	n.a.	n.a.	n.a.	n.a.	n.a.	n.a.	n.a.	n.a.	n.a.
总资本流动	…	…	…	719.8	1024.7	756.3	543.2	734.5	997.1	1698.9	2136.6

注：①总的净资本流动情况包括直接投资、证券投资、其他投资及储备资产，其他

投资包括银行贷款及存款。

②包括外国在本国的官方投资及其他国外资产或本国官方及居民在海外的资产。

③包括黄金储备、特别提款权、在国际货币基金的储备头寸及可兑换外国货币等。

（资料来源：*Global Financial Stability Report*：*Containing Systemic Risks and Restoring Financial Soundness*，*Statistical Appendix*，April 2008，International Monetary Fund.）

表12－3　全球各主要经济体资本流出情况①

（单位：10亿美元）

	1996	1997	1998	1999	2000	2001	2002	2003	2004	2005	2006
美国											
直接投资	-91.9	-104.8	-142.6	-224.9	-159.2	-142.4	-154.5	-149.6	-279.1	7.7	-235.4
证券投资	-149.3	-116.9	-130.2	-122.2	-127.9	-90.6	-48.6	-123.1	-153.4	-203.4	-426.1
其他投资	-178.9	-262.8	-74.2	-165.6	-273.1	-144.7	-87.9	-54.3	-475.4	-245.2	-396.1
储备资产	6.7	-1.0	-6.7	8.7	-0.3	-4.9	-3.7	1.5	2.8	14.1	2.4
总资本流动	-413.4	-485.5	-353.8	-504.1	-560.5	-382.6	-294.7	-325.4	-905.0	-426.9	-1055.2
加拿大											
直接投资	-13.1	-23.1	-34.1	-17.3	-44.5	-36.2	-26.8	-23.6	-43.0	-33.6	-45.4
证券投资	-14.2	-8.6	-15.1	-15.6	-43.0	-24.4	-18.6	-13.8	-18.9	-44.1	-69.4
其他投资	-21.1	-16.2	9.4	10.2	-4.2	-10.7	-7.9	-14.2	-7.0	-16.6	-30.4
储备资产	-5.5	2.4	-5.0	-5.9	-3.7	-2.2	0.2	3.3	2.8	-1.3	-0.8
总资本流动	-53.9	-45.4	-44.8	-28.5	-95.4	-73.4	-53.2	-48.4	-66.1	-95.6	-146.0
日本											
直接投资	-23.4	-26.1	-24.6	-22.3	-31.5	-38.5	-32.0	-28.8	-31.0	-45.4	-50.2
证券投资	-100.6	-47.1	-95.2	-154.4	-83.4	-106.8	-85.9	-176.3	-173.8	-196.4	-71.0

续表

	1996	1997	1998	1999	2000	2001	2002	2003	2004	2005	2006
其他投资	5.2	-192.0	37.9	266.3	-4.1	46.6	36.4	149.9	-48.0	-106.6	-86.2
储备资产	-35.1	-6.6	6.2	-76.3	-49.0	-40.5	-46.1	-187.2	-160.9	-22.3	-32.0
总资本流动	-154.0	-271.6	-75.8	13.4	-168.0	-139.2	-127.7	-242.3	-413.6	-370.8	-239.4
英国											
直接投资	-36.7	-60.9	-122.8	-202.5	-246.3	-61.8	-50.3	-65.6	-98.2	-91.7	-128.7
证券投资	-93.4	-85.0	-53.2	-34.3	-97.2	-124.7	1.2	-58.4	-259.2	-291.5	-368.5
其他投资	-214.7	-277.8	-22.9	-97.1	-426.8	-255.5	-151.0	-415.6	-596.9	-931.6	-733.2
储备资产	0.7	3.9	0.3	1.0	-5.3	4.5	0.6	2.6	-0.4	-1.7	1.3
总资本流动	-344.1	-419.8	-198.6	-332.9	-775.6	-437.6	-199.5	-537.1	-954.7	-1316.5	-1229.0
欧元区											
直接投资	…	…	…	-348.8	-413.7	-298.0	-163.8	-165.4	-205.1	-443.2	-419.9
证券投资	…	…	…	-341.7	-385.3	-255.0	-163.2	-318.3	-428.1	-513.3	-667.6
其他投资	…	…	…	-30.2	-165.8	-243.6	-220.7	-284.1	-392.5	-713.0	-908.9
储备资产	…	…	…	11.6	16.2	16.4	-3.0	32.8	15.6	22.9	-2.6
总资本流动	…	…	…	-709.2	-948.7	-780.1	-550.7	-735.1	1010.1	-1646.7	-1999.0
发展中经济体②											
直接投资	-32.2	-41.1	-27.1	-35.3	-41.7	-41.8	-32.2	-37.8	-86.7	-112.7	-213.3
证券投资	-85.8	-110.2	-9.4	-45.1	-103.9	-105.7	-88.3	-131.9	-151.4	-251.3	-401.6

续表

	1996	1997	1998	1999	2000	2001	2002	2003	2004	2005	2006
其他投资	−92.9	−128.5	35.2	−65.4	−128.0	43.6	27.1	−126.6	−201.2	−258.9	−403.7
储备资产	−87.9	−91.3	−28.3	−98.7	−135.3	−123.7	−194.8	−363.0	−509.0	−594.8	−753.3
总资本流动	−298.8	−371.1	−29.6	−244.5	−408.9	−227.7	−288.2	−659.3	−948.3	−1217.7	−1771.9

注：①总的净资本流动情况包括直接投资、证券投资、其他投资及储备资产，其他投资包括银行贷款及存款。

②除包括 IMF 的 World Economic Outlook 中的新兴市场和发展中经济体外，还包括中国香港、以色列、韩国、新加坡以及中国台湾。

（资料来源：Global Financial Stability Report: Containing Systemic Risks and Restoring Financial Soundness, Statistical Appendix, April 2008, International Monetary Fund.）

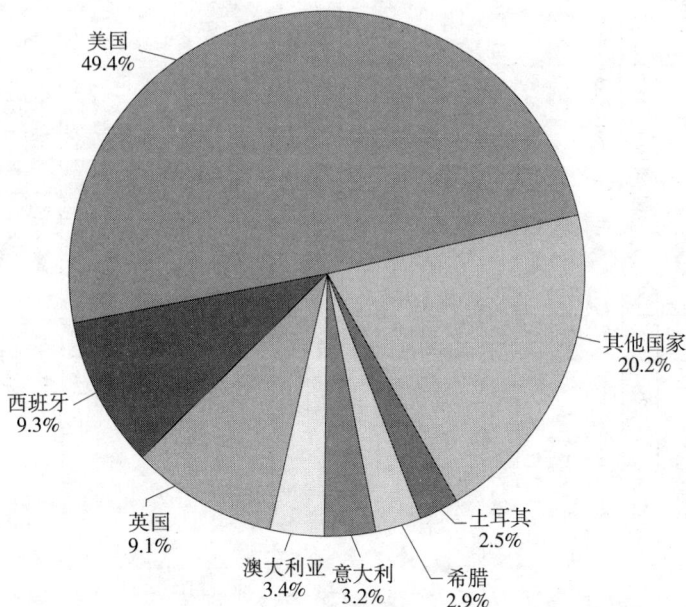

图 12−5　2007 年国际资本主要净流入国

（资料来源：Global Financial Stability Report: Containing Systemic Risks and Restoring Financial Soundness, Statistical Appendix, April 2008, International Monetary Fund.）

表12-4 全球经常项目赤字最大的前十位国家

(经常项目余额及占GDP比例,10亿美元,%)

国家		1999	2000	2001	2002	2003	2004	2005	2006	2007	2008
美国	盈余	-299.819	-417.429	-384.701	-459.636	-522.115	-640.157	-754.852	-811.483	-738.636	-614.703
	比例	-3.235	-4.252	-3.798	-4.39	-4.763	-5.478	-6.071	-6.15	-5.335	-4.33
西班牙	盈余	-18.1	-23.054	-24.023	-22.443	-31.071	-54.909	-83.291	-106.399	-145.562	-170.962
	比例	-2.926	-3.959	-3.941	-3.259	-3.509	-5.251	-7.36	-8.638	-10.116	-10.537
英国	盈余	-35.143	-37.649	-31.512	-24.79	-24.386	-35.405	-56.405	-92.566	-136.203	-137.368
	比例	-2.381	-2.59	-2.181	-1.564	-1.334	-1.632	-2.511	-3.854	-4.913	-4.848
澳大利亚	盈余	-21.413	-14.87	-7.243	-15.531	-28.399	-38.624	-41.345	-41.69	-56.196	-65.574
	比例	-5.329	-3.813	-1.967	-3.762	-5.38	-6.03	-5.797	-5.515	-6.183	-6.264
意大利	盈余	8.208	-5.863	-0.639	-9.483	-19.605	-16.208	-29.152	-47.566	-47.25	-55.829
	比例	0.683	-0.533	-0.057	-0.775	-1.298	-0.937	-1.638	-2.56	-2.245	-2.396
土耳其	盈余	-8.618	-9.92	-9.481	-9.653	-12.489	-13.325	-18.235	-29.684	-43.703	-50.168
	比例	-6.253	-7.774	-7.237	-6.486	-6.449	-5.786	-7.37	-11.048	-13.891	-13.875
希腊	盈余	-1.344	-9.819	3.393	-1.521	-8.036	-15.601	-22.603	-32.193	-38.03	-49.87
	比例	-0.547	-3.703	1.761	-0.658	-2.642	-3.971	-4.682	-6.089	-5.732	-6.664
法国	盈余	45.891	21.968	26.086	19.8	14.74	10.559	-19.561	-28.192	-33.386	-66.999
	比例	3.146	1.648	1.945	1.353	0.817	0.512	-0.915	-1.252	-1.304	-2.357
葡萄牙	盈余	-10.308	-11.575	-11.472	-10.354	-9.569	-13.803	-18.03	-18.283	-20.887	-23.558
	比例	-8.461	-10.245	-9.905	-8.095	-6.106	-7.703	-9.706	-9.377	-9.354	-9.467
南非	盈余	-0.68	-0.172	0.333	0.92	-1.806	-6.92	-9.773	-16.602	-20.556	-22.885
	比例	-0.511	-0.129	0.281	0.828	-1.084	-3.199	-4.035	-6.453	-7.273	-7.742

注:2008年数据为预测值。 资料来源:World Economic Outlook Database, April 2008, IMF.

　　相反，资本净流出方面。据 IMF 统计，2007 年中国、日本和德国资本净流出量分别占全球资本净流出总量的 21.4%、12.6% 和 11%，分列前三位。沙特阿拉伯、俄罗斯分别占世界各国资本流出总量的 6.0% 和 4.5%，分别居全球第四和第五位。然后是瑞士、挪威、科威特、荷兰等国，分别占全球资本净流出量的 4.2%、3.6%、3.1% 和 3.0%，其余各国占 30.5%。而与此相对应的是，2007 年，在全球最大的经常项目盈余的前十大国家中，上述九国全部在列，其中中国位列首位，盈余高达 3607 亿美元，这得益于中国作为世界制造业中心，近十年来始终维持巨额贸易顺差。日本和德国以贸易立国，一直是全球主要贸易顺差国，位列二三位不足为奇。而沙特、俄罗斯和科威特则是全球主要的石油出口国，石油贸易顺差成为其经常项目盈余的主要来源。

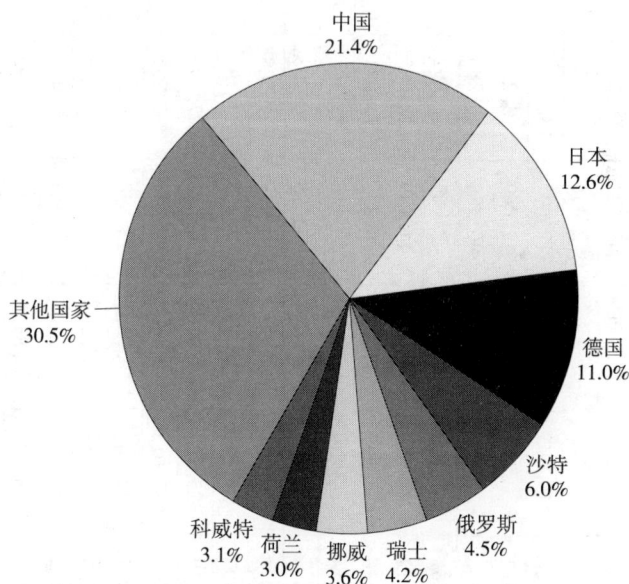

图 12－6　2007 年国际资本主要净流出国

（资料来源：Global Financial Stability Report: Containing Systemic Risks and Restoring Financial Soundness, Statistical Appendix, April 2008, International Monetary Fund.）

表12-5　全球经常项目盈余前十位国家

（经常项目余额及占GDP比例,10亿美元,%）

		1999	2000	2001	2002	2003	2004	2005	2006	2007	2008
中国	盈余	15.669	20.519	17.405	35.422	45.875	68.66	160.818	249.866	360.705	385.855
	比例	1.446	1.712	1.314	2.436	2.796	3.554	7.168	9.448	11.096	9.789
日本	盈余	114.526	119.605	87.794	112.607	136.238	172.07	165.69	170.437	212.815	193.322
	比例	2.612	2.562	2.142	2.869	3.217	3.734	3.633	3.894	4.855	3.972
德国	盈余	-26.858	-32.557	0.38	40.588	46.286	117.988	128.379	147.134	185.033	190.684
	比例	-1.251	-1.708	0.02	2.005	1.892	4.292	4.591	5.046	5.57	5.219
沙特	盈余	0.412	14.336	9.366	11.889	28.085	51.995	90.11	95.514	100.767	145.165
	比例	0.256	7.597	5.111	6.297	13.071	20.742	28.538	27.357	26.798	31.256
俄罗斯	盈余	24.616	46.839	33.935	29.116	35.41	59.514	84.443	94.257	76.6	98.634
	比例	12.565	18.036	11.069	8.428	8.208	10.055	11.049	9.534	5.94	5.807
荷兰	盈余	15.643	7.251	9.77	10.939	29.568	45.898	45.551	55.874	50.931	51.265
	比例	3.797	1.877	2.437	2.49	5.482	7.516	7.184	8.328	6.626	5.941
挪威	盈余	8.919	25.323	27.538	24.247	27.693	32.928	49.166	58.278	63.657	91.782
	比例	5.606	15.013	16.106	12.552	12.291	12.714	16.271	17.271	16.26	19.995
瑞士	盈余	29.417	30.66	19.968	23.333	41.845	47.005	50.535	58.708	72.835	72.681
	比例	10.953	12.255	7.824	8.348	12.865	12.934	13.549	15.132	17.18	15.382
科威特	盈余	5.064	14.67	8.326	4.264	9.42	18.165	34.308	51.05	52.734	65.647
	比例	16.81	38.892	23.856	11.18	19.692	30.586	42.461	51.714	47.364	45.23
新加坡	盈余	14.356	10.717	10.73	11.124	21.589	18.235	22.276	29.765	39.157	38.074
	比例	17.377	11.558	12.532	12.603	23.176	16.704	18.596	21.795	24.269	20.553

（资料来源：World Economic Outlook Database, April 2008 Edition, IMF.）

　　与此同时，这些贸易顺差国通过设立主权财富基金，投资于美国等发达国家的证券市场（以债券市场为主），或者收购美欧等发达国家的公司或金融机构的股权。巧合的是，上述资本净流出国中除日本和德国外，几乎所有国家都设有主权财富基金。据初步估计，各国政府（主要是新兴市场国家）每年新增国际资产达 8000 亿美元至 9000 亿美元，2007 年，各国政府持有的外国资产包括 5.6 万亿美元以及 1.9～2.9 万亿美元的各种主权财富基金，这类主权财富基金安排的增长大多数为各国政府大力积累外国资产以及全球自然资源价格上升导致的结果。① 在国际收支存在巨额顺差的几个（非石油）新兴市场国家和出口初级产品的发展中国家中，主权财富基金近期的发展尤为显著。总之，随着主权财富基金资产的增长，官方部门也逐渐成为日益活跃的投资方。

　　综上所述，发达国家向发展中国家以投资制造业为主体的资本流动，为发展中国家尤其是中国的经常项目顺差提供了基础条件，同时，石油输出国石油贸易顺差形成的巨额石油美元，为弥补美国的贸易赤字提供了丰富的资金来源。这种资本流动的双向性维持了全球国际收支的基本平衡。

表 12-6　全球主要主权财富基金的规模和投资战略

国别	基金名称	资产额	资金	所有权与投资管理	投资战略与战略资产配置
阿联酋	阿布扎比投资局/阿布扎比投资委员会	2500 亿至 8750 亿美元	石油	1976 年以来，阿联酋政府阿布扎比投资局主要负责利用石油收入进行海外资产投资。政府最近设立了另一法人机构——阿布扎比投资委员会，鼓励其与阿布扎比投资局竞争。阿布扎比政府盈余资金将在阿布扎比投资局与阿布扎比投资委员会之间分配。	全球大型投资机构。投资战略和资产配置不明。

---

① *Global Financial Stability Report Financial Market Turbulence: Causes, Consequences, and Policies*, October 2007, International Monetary Fund.

续表

国别	基金名称	资产额	资金	所有权与投资管理	投资战略与战略资产配置
挪威	政府全球养老基金	3080 亿美元（2007年3月31日）	石油	政府所有，由 Norge 银行投资管理公司负责管理。	在全球范围内配置资产，其中 40% 用于股票投资，60% 用于全球固定收入投资。
沙特阿拉伯	无固定名称	2500 亿美元以上	石油	货币局负责管理国外资产：其资产负债表上持有 2250 亿美元，其中一部分定为储备，另外它还为政府各部门代管 510 亿美元。	全球大型投资机构。虽然知道资产规模，但仅大致了解投资战略和资产配置。
科威特	科威特投资局一般储备基金和未来基金	1600 亿至 2500 亿美元	石油	科威特投资局是拥有自主权的政府机构，负责管理一般储备基金和未来基金以及代表科威特政府管理任何其他托管基金。	一般储备基金在当地、阿拉伯以及国际金融市场上进行投资。未来基金按照其董事会批准的投资方针，在全球范围内配置资产。
新加坡	政府投资公司	1000 亿美元以上	其他	政府全资专门性投资公司，设于 1981 年。	在全球范围内配置资产（未公布）。投资于各种主要资产。
	淡马锡控股公司	1000 亿美元以上	其他	私人公司，设于 1974 年，用于持有和管理以前由主要股东——财政部负责的投资。	战略资产配置权重不明。截至 2006 年 3 月，38% 投资于新加坡资产，40% 投资于亚洲其他国家，20% 投资于经合组织各成员国，2% 投资于"其他"国家。
中国	国家外汇投资公司	32000 亿美元	其他	待定。	待定。
俄罗斯	石油稳定基金	1270 亿美元（2007年8月1日）	石油	政府所有，由俄罗斯中央银行负责管理。	主要投资于固定收入资产，其中 44% 为美元，46% 为欧元，10% 为英镑。
澳大利亚	澳大利亚未来基金	420 亿美元（截至2007年5月1日）	其他	设于 2006 年。政府所有，由未来基金管理局管理。目的是履行政府未来退休金义务。	投资战略和资产配置不明
文莱	文莱投资局一般储备基金	300 亿美元	石油	政府所有，由文莱投资局负责管理。	构建了由金融资产和实物资产组成的一个全球资产组合。战略资产配置未公布。

续表

国别	基金名称	资产额	资金	所有权与投资管理	投资战略与战略资产配置
韩国	韩国投资公司	200 亿美元	其他	设于 2005 年，用于管理 200 亿美元的托管外汇储备，其中 170 亿美元来自韩国中央银行，30 亿美元来自政府。	计划进行全球资产配置。战略资产配置未公布。
加拿大	Alberta 财产储蓄信托基金	150 亿美元（截至 2007 年 3 月 31 日）	石油	Alberta 省政府所有，由 Alberta 省财政厅负责管理。	在全球范围内进行战略资产配置，30% 为固定收入，45% 为股票，10% 为不动产，15% 为另类资产。
智利	经济和社会稳定基金	98.3 亿美元（截至 2007 年 7 月 31 日）	铜	设于 2006 年。政府所有，由智利中央银行代管。	战略资产配置是：72% 为政府债券，28% 为美元、欧元和日元货币市场工具。
	养老储备基金	13.7 亿美元（截至 2007 年 7 月 31 日）	铜	设于 2006 年。政府所有，由智利中央银行代管。	战略资产配置是：79% 为政府债券，21% 为美元、欧元和日元货币市场工具。

（资料来源：源自各网站上的公开信息；国际货币基金组织和 Morgan Stanley Research 的数据，转引自 Global Financial Stability Report Financial Market Turbulence: Causes, Consequences, and Policies, October 2007, International Monetary Fund.）

（三）国际资本流动大规模流入，为发展中国家经济发展提供了重要的资金来源，同时也使新兴市场面临着更大的由资本流动逆转而带来的金融风险

在全球流动性过剩的背景下，国际资本向发展中国家流入的结构备受关注，其流入过程中产生的货币供应量增加，助推资产泡沫的同时带来本币升值的压力，资本流出过程中时机的顺周期性、突然性以及由此带来的经济波动与调整的成本，已成为近年来国内外学者关注的焦点。

以史为鉴，20 世纪 70 年代、80 年代与 90 年代地区性的金融危机均与国际资本的大规模进出有关。20 世纪 70 年代，伴随着石油美元及欧洲美元的产生与发展，在 1979 年到 1981 年间，国际间银行借贷显著增加。

拉丁美洲成为主要的国际资金流向地，主要采用辛迪加贷款的形式。在1981年达到了历史性峰值，为462亿美元，所流入资金为该地区 GDP 的6%。但是，在1982年的时候，国际资本流入突然停止，贷款利率水平也达到了20世纪30年代以来历史的最高点，债务危机随即爆发。

1994年墨西哥比索危机。20世纪80年代，国际资本复苏，再次流向拉丁美洲的同时，向亚洲的资金流动也兴起。此次，资金形式主要采用外国直接投资与证券投资的形式，其中，外国直接投资占总资金流动的50%左右，而债券与股票投资占据了20世纪90年代中期资金流动的将近30%。银行借贷资本则从70年代最高的70%下降为90年代的20%。短期资本流入创造了资本市场的繁荣。但随着资金流动的反转，泡沫再次破灭，1994年墨西哥金融危机爆发，由于美国的救助，危机持续时间较短，也没有向亚洲等其他地区扩张。

1997年东亚金融危机。1997年爆发泰国金融危机，之后伴随着俄罗斯与巴西危机，资本逆转的规模与持续时间很长。1999年到2001年间，资金流向亚洲的部分下降了10倍，在1996年资金流入规模为1230亿美元，到1997年仅为120亿美元。其中，债券股票与银行借贷的逆转更为严重，1996年为690亿美元流入，到1998年则是1040亿元流出。在拉丁美洲，1996年大约有300亿美元的短期资金流入，而到2001年则为310亿美元的流出。转轨经济中情况类似，1995年资金流入达到历史的峰值为510亿美元，而在20世纪90年代后期，同样表现为资金的净流出。

上述各国和地区的经验表明，国际资本流动的逆转性与资本的大规模流入、资金接受国的经济基本面、资金的流入方式等方面紧密有关。从这个角度看，发展中国家更容易发生资本流入的逆转。首先，大规模的资本流入本身对于逆转具有影响，在大规模的短期资本流入、减少贸易顺差、恶化流入国经济状况的同时，因外资流入导致的国内流动性增加，银行信贷急剧扩张，金融部门风险加大，逆转可能性发生。其次，经济的基本面对于逆转的影响，一方面，在于因流入带来的对经济面的潜在恶化效应，资本流入带来泡沫以及流出破灭的可能性将会增加。另一方面，基本面的恶化对于逆转形成预期。预期影响投资者对投资策略的评估，导致激烈的资本流动。例如，当一国经济形势恶化或政局不稳时，也可能传染到其他资本流入较大的国家。最后，资金流入形式对逆转的影响。通常认为，外国直接投资带来的是较为稳定的资金流，直接投资表现为固定资产以及相对可流动性较差的资产。但是，当前情况不一定如此，直接投资与证券投资并没有严格的界限，直接投资不仅可通过各种渠道进入资产市场，同时短期资本也可借道直接投资和贸易的形式外流。因此，证券投资和银行借贷在危机的时候更容易外流，而且退出的渠道更为隐蔽，监管难度更大。

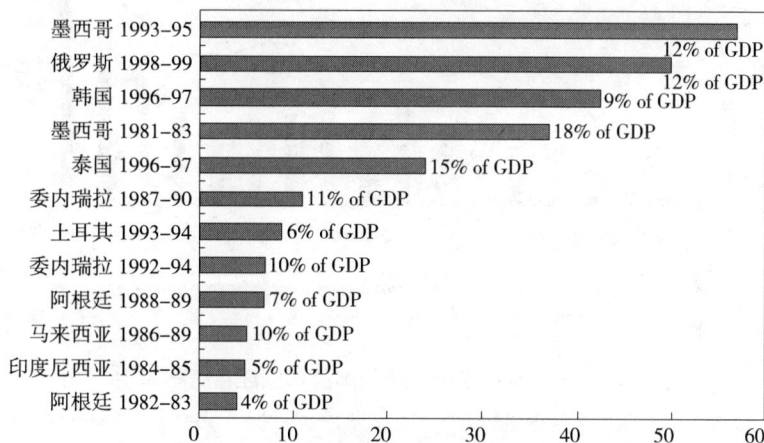

图 12－7 发展中国家大量资本外逃造成金融危机：净外流规模
及占 GDP 比例（10 亿美元,%）

（资料来源：World Economic Outlook Database, April 2008, IMF.）

当前，国际资本向发展中国家流动的趋势仍在持续。2000 年以来，向新兴市场的资金流动继续扩张，包括全部私人与官方的资金流动在内的净资本流入 2007 年达到了 6072 亿美元。其中，净直接投资为 3099 亿美元，依然占据着主导地位，而外资信贷、证券投资也达到了 2973 亿美元。当前的国际资本大规模向发展中国家流动的原因有两方面：一方面，全球充足的流动性、发达国家的低利率、发展中国家较高的债券利率、证券投资收益吸引了外资的进入。另一方面，投资者的信心稳定，发展中国家信用评级在改进，债券和股票市场成为资本流入的主要形式。因此，本轮资本流入新兴市场有一些新特点，即流入新兴市场的资本多数是证券资本，而亚洲金融危机爆发前国际资本流入则是以银行信贷的债务资本为主。这意味着，如果这一次大量资本外流，新兴经济体的资本市场可能将剧烈波动，部分国家可能爆发金融危机。

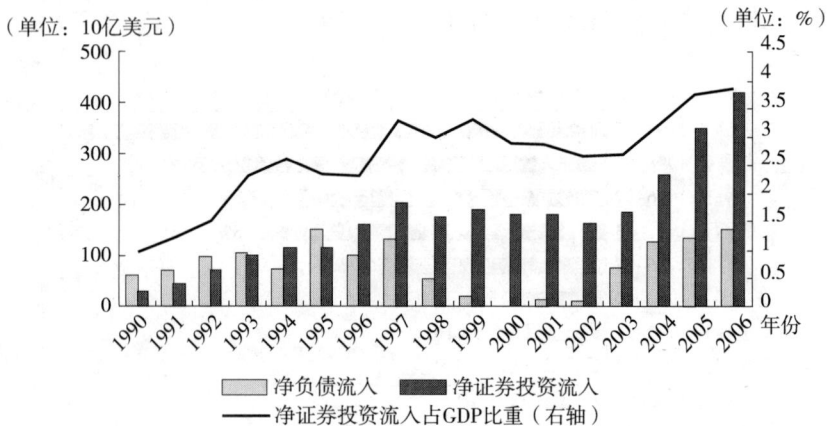

图 12-8　当前新兴市场净资本流入以证券资本为主
（资料来源：World Economic Outlook Database, April 2008 Edition, IMF.）

（四）美元汇率是全球资本流动的风向标

作为全球最大的资本净流入国，美元的汇率和美联储的货币政策始终影响着国际资本的基本流向。历史经验表明，美元贬值时，国际资本纷纷流向新兴市场，美国经常项目赤字有所收窄；但美元汇率触底、经常项目调整完毕之时，资本流动趋势便出现逆转。自美元于 2001 年开始贬值以来，涌入新兴市场的国际资本一直呈现上升趋势。

美元汇率与资本流动近期态势。自 2001 年以来，美元对几乎所有主要货币都在稳步贬值，其中，美元对欧元贬值幅度更为显著，接近 40%；

对英镑贬值幅度超过30%，对加元、澳元贬值幅度也超过或接近40%。相反，美元兑多数亚洲货币的贬值幅度则一直都比较温和，其中对日元仅贬值6%，对人民币贬值近15%。整体来看，从2002年年初以来，美元汇率指数贬值幅度接近23%。

图12-9　美元汇率指数

（资料来源：World Economic Outlook Database, April 2008 Edition, IMF.）

美元贬值与美国经常项目赤字的不断扩大密切相关。截至2007年年底，美国经常项目赤字在GDP中的比例接近6.2%，达到历史最高水平。在21世纪的最初几年，美国经济相对于主要贸易伙伴国的表现更为强劲，进口增加，这是导致美国外部失衡状况明显加剧的因素之一。21世纪初，德国和日本经济增长放缓，增速远远低于美国经济。大量资本流入美国，尤其是来自于高额外汇储备国家的资本，弥补了美国庞大的经常项目赤字。中国和其他亚洲新兴国家，以及石油出口国在其中扮演了重要角色。然而，近期次级债引发金融市场动荡，而且美国房市持续下滑，使美元资产吸引力降低，因此进一步造成近期美元贬值步伐更为迅速。

美元汇率变化是国际资本流动的重要风向标，美元持续贬值推动大量资金流向新兴市场。美元出现贬值时，通常会有更多资金流向新兴市场；但美元触底反弹时，资本又开始流出新兴市场。在布雷顿森林体系瓦解之后，美国经济经常遭遇外部失衡问题。历史表明，当美国贸易逆差规模庞大之时，美元出现贬值，推动经常项目有所改善；外部失衡问题得到解决之后，市场对美元信心增强，推动美元升值，吸引私人资本从新兴市场再次流入美国。譬如，在 1990～1995 年期间，美元贬值推动大量资本涌入新兴市场，推高了这些市场中的资产价格。当美元于 1995 年开始升值时，新兴市场中的私人资本大幅减少，一些资金纷纷撤离新兴市场，到 1997 年，亚洲爆发了金融危机。2001 年以来美元不断贬值，资本再次加速流向新兴市场，目前流入的资本规模有望再次达到历史高点。当然，除了汇率之外，良好的经济基本面也增加了新兴市场经济体对国际投资者的吸引力。2000年以来，发展中国家经济表现明显好于发达国家，经济增速平均高出 2.5 个百分点，这进一步提升了新兴市场的吸引力，推动资本纷纷流入。

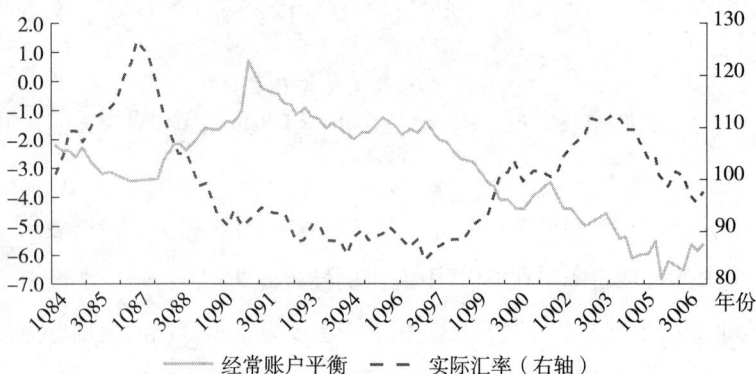

图 12 - 10　美国经常账户平衡与实际汇率的关系

（资料来源：World Economic Outlook Database, April 2008 Edition, IMF.）

除了影响资本流向外，美元贬值也是导致大宗商品价格飙升的重要因素，因为大宗商品一般以美元计价，同时，美元贬值使得全球流动性纷纷进入初级产品和期货市场，投机活动盛行，进一步吹大了初级产品和期货市场的泡沫，此外，石油等初级产品价格上涨使得初级产品出口国的贸易顺差增加，石油美元的流动性进一步泛滥。当前，国际油价已跃升至约每桶 140 美元水平，金价也涨至约每盎司 800 美元，其他大宗商品和粮食等农产品价格在过去几年也迅速上涨。如果美元汇率未来出现反弹，全球大

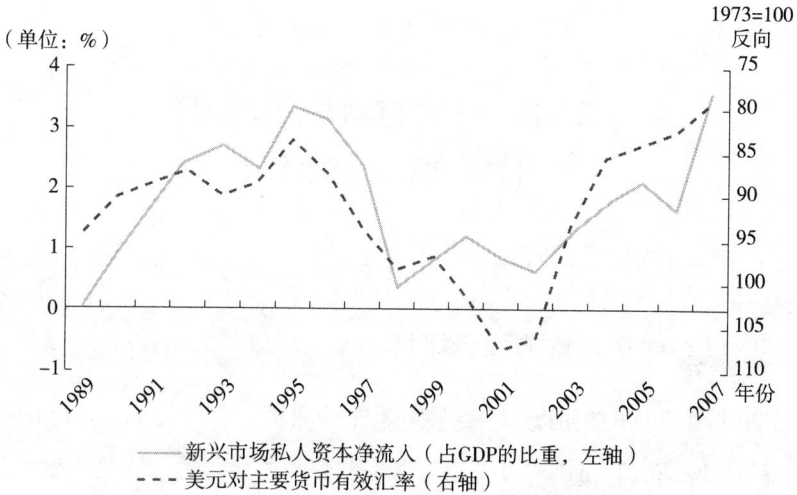

（单位：%）

1973=100
反向

图 12 - 11 美元汇率与新兴市场资本流入的关系

（资料来源：World Economic Outlook Database, April 2008 Edition, IMF.）

——— 新兴市场私人资本净流入（占GDP的比重，左轴）

- - - 美元对主要货币有效汇率（右轴）

宗商品价格将出现剧烈调整，这些大宗商品的主要出口国所赚取的贸易顺差也可能会大幅波动，进一步造成这些国家的国际投资头寸缩小。因此，美元汇率通过多种渠道影响国际资本在初级产品及其期货市场的流动。

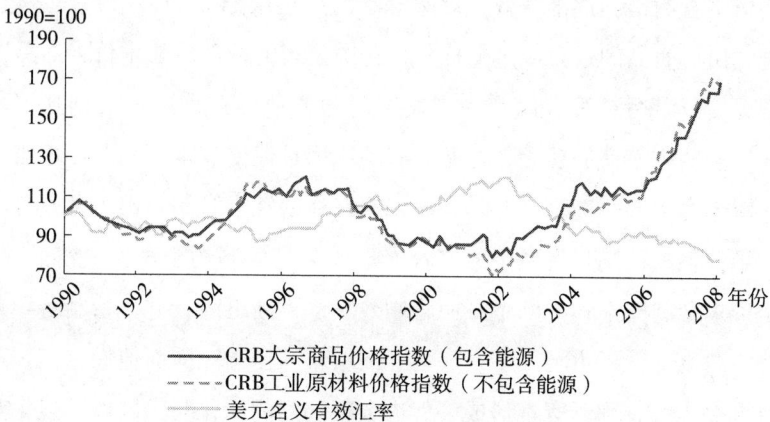

1990=100

图 12 - 12 美元贬值推高国际大宗商品价格

（资料来源：World Economic Outlook Database, April 2008 Edition, IMF.）

——— CRB大宗商品价格指数（包含能源）

- - - CRB工业原材料价格指数（不包含能源）

——— 美元名义有效汇率

二、国际资本流动与资本项目
开放：国际经验探讨

（一）资本项目开放的理论探讨

20 世纪 90 年代初以来，跨境资本流动的扩大，以及由此产生的巨大利益与风险，引起了国内外学者对资本项目开放问题的广泛关注和深入探讨，并产生了大量的理论与经验研究成果。主要研究及争论集中在以下三个方面：（1）资本项目开放的利益和风险；（2）开放的条件、次序和速度；（3）资本大规模流入和迅速流出的政策反应。

关于资本项目自由化的利益和风险。布雷顿森林体系解体后，20 世纪 80 年代一些发达国家开始解除资本项目管制，90 年代初许多发展中国家也开始放开资本项目，并成为金融自由化进程的重要内容。资本项目开放的一个重要背景是，世界经济和金融资本的全球化日益加深，而传统的一些资本管制措施逐渐失效，规避管制的渠道层出不穷，这些渠道包括：对进、出口商品的过高或过低标价；跨国公司的内部转移定价；商品贸易中的提前或滞后结算；以及为规避管制的各种形式金融工具创新等。因此，许多经济学家们认为，有两方面的原因是促使资本管制向资本账户自由化转化的主要驱动力：一是当时普遍存在的资本管制阻碍了私人资本流动，导致各国特别是发展中国家资本形成不足而制约了国民经济的发展。二是资本管制成本在不断上升而管制效率却不断下降，并且管制所导致的经济扭曲也降低了市场效率，成为经济增长的桎梏。因而他们相信，资本项目自由化将有利于资本形成、促进金融部门的深化与发展以及强化对国内宏观经济政策的约束力等方面改善经济运行和资源配置效率。然而，对资本项目开放持反对或谨慎态度的经济学家则认为，资本项目开放并不一定能促进经济增长和增进社会福利，相反，在实践中大多数国家在实行资本项目开放后都经历了不同程度的银行危机或货币危机，甚至是双重危机，因此，资本项目开放后的资本过度流入、大规模短期资本频繁流动以及国际投机资本的冲击，极易造成宏观经济和金融体系不稳定，甚至导致金融危机，许多学者甚至从实证角度证明了资本项目开放后金融危机发生的频率大增的现象。由此可见，理论分歧和时间差异说明，资本项目开放对经济增长的作用可能并非简单的阻碍或者促进，而是依赖于资本项目自由化改革战略选择路径。综合国内外的研究，成功的资本项目自由化战略可总结为一定的条件、恰当的次序和稳定的改革模式。①

关于资本项目开放的条件、次序和速度。在 IMF（1998）组织的"资本项目自由化的有序路径"的研讨会上，与会专家一致认为：只有具备一系列的先决条件，推行资本项目自由化才能达到预期的目标；否则，资本项目自由化的实施将蕴含着极大的风险。这些先决条件包括：（1）健全的宏观经济政策框架，尤其是宏观经济的稳定以及财政货币政策与汇率政策的协调配合；（2）稳健的国内金融体系，包括监督的改进和审慎性监管。它涵盖了资本的充足率、贷款标准、资产评估、有效的贷款清偿机制、信息披露和透明度、会计准则，以及确保资不抵债的机构能迅速处理的规定；（3）强有力、具有高度自主权的中央银行；（4）及时、精确和全面的信息披露，包括央行的外汇储备和远期交易信息。②

虽然对上述基础条件已经达成共识，但是如何创造这些条件，是在开放的过程中创造这些条件，还是在这些条件具备后推行资本项目自由化，这就成为学者们关于资本项目自由化的次序和速度问题的争论的核心问题。一是渐进的观点，强调资本项目自由化必须在国内经济自由化和结构调整之后进行；另一是激进的观点，认为资本项目自由化与贸易改革、实行浮动汇率制度以及财政制度改革应该在改革的初期同时进行。

---

① 金荦著：《资本管制与资本项目自由化》，中信出版社，2006 年。

② Akira Ariyoshi, etal, *Capital Controls: Country Experiences with Their Use and Liberalization*, IMF Occasional Paper No. 190, 2000.

当前，已经得到多数学者和决策者认可的观点是突破了传统的"二元分立"思维模式，采取一种综合的方法研究资本项目自由化的次序和速度，将资本项目开放纳入统一的结构调整和宏观经济政策的总体设计。即稳健的可持续的宏观经济政策为依托；保持汇率制度和其他宏观经济和结构政策一致；重视支持和加强宏观经济稳定的特定金融部门改革；执行审慎的监管和金融重组政策，提高政策透明度（包括货币和金融政策透明度）和信息披露的可操作性。比较有代表性的做法是：第一，取消对直接投资流入的限制，应与增强出口部门竞争力的改革同时进行，包括对贸易和投资体制的改革、调整汇率以提高竞争力和取消对经常项目的外汇管制等。第二，取消对证券资本流动的管制，必须与国内金融体系的自由化改革相配套，具体包括利率自由化、发展间接货币控制的方法，以及完善监管以加强银行和资本市场的功能等。第三，在资本项目自由化的过程中，如果一国存在严重的内部和外部失衡，就应该优先考虑采取健全的宏观经济政策，包括财政、货币和汇率政策，客观评估现有的资本管制的有效性。而在宏观经济和金融形势转好的时候，应适时迅速撤销资本管制。

（二）如何应对资本跨境流动：20 世纪 90 年代智利和马来西亚的经验

在资本项目自由化的背景下，面对大规模的国际资本流入和迅速流出，一国应该做出什么样的政策反应，其效果又怎样？自 1990 年代以来，许多学者开始对这些问题进行理论分析和国别的经验研究。

根据 20 世纪 90 年代的大部分发展中国家的经验，当国际资本大规模流入时，货币当局管理产生的不良宏观经济效应的政策选择通常包括：增加外汇储备并在公开市场卖出国内证券冲销货币扩张效应，紧缩的财政政策（主要是减少公共支出），名义汇率的浮动和进一步的贸易自由化改革，放松资本流出的管制和加强对资本流入的限制等。然而，从整体上看，没有任何一项政策工具和政策组合是万能的，因为任何一项政策的实施具有成本，如在冲销过程中，高收益的国内证券与低收益的工业化国家证券的置换产生的准财政成本，并且各种政策选择之间存在内在冲突，譬如名义汇率弹性扩大可能助长了本币的实际汇率升值；作为一种积极的市场信号，对资本流出管制的放松可能激励了更大的资本流入。所以，在大规模资本流入的潜在成本与政策选择的副作用之间做出权衡取舍，是资本流入国货币当局面临的普遍难题。

表 12 - 7　20 世纪 90 年代部分发展中国家应对资本流入的政策组合

	财政调整	法定升值	增加汇率浮动	冲销干预	控制资本内流	资本外流自由化	加快贸易自由化
阿根廷	—	—	—	—	—	—	—
智利	+	+	+	+	+	+	—
哥伦比亚	—	+	+	+	+	+	+
印尼	—	—	—	—	+	+	—
马来西亚	+	—	+	+	+	+	+
墨西哥	—	—	—	—	—	+	+
菲律宾	—	—	+	+	—	+	—
斯里兰卡	—	—	—	+	—	—	+
泰国	+	—	—	+	—	+	+

（资料来源：IMF, International Capital Markets Development Prospects and Policy Issues, 1995.）

　　然而，在 20 世纪 90 年代管理资本大规模流动的各国经验中，智利对资本流入的管制和马来西亚对资本流出的管制，被认为是货币当局实行资本管制的典范。

　　智利的资本流入管制及成效。20 世纪 80 年代，作为新自由主义改革的先锋，智利进行了全面的资本项目开放的改革。90 年代初，美元贬值、美联储低利率政策使得大规模国际资本流入包括智利在内的新兴经济体。随着外资涌入，国内通胀压力也逐渐增大，为了限制国内需求而提高实际利率，就会进一步刺激外资流入，并导致名义汇率和实际汇率升值，实际汇率升值将降低智利经济的竞争力，使汇率政策的目标落空，这就是智利货币当局面临的政策困境。在这种情况下，政府面临三种政策选择：一是任由汇率升值；二是实行冲销干预政策，同时实行紧缩性财政政策，以弥补冲销政策的成本；三是对资本流入实行管制政策，同时放松对资本流出的管制。智利政府采取了三种政策相结合的策略。1991 年 6 月开始实施资本管制措施，要求除直接投资、贸易信贷外其他形式的资本流入在央行存入 20% 的无息准备金（the Unremunerated Reserve Requirement，后来上升为 30%，并将 URR 扩展到外汇借款和外币存款），同时对外国直接投资规定了最低期限要求，在 3 年期满后（1993 年降至 1 年）外国投资才准许撤出；1993～1996 年，智利实施了鼓励资本流出的措施，同时进一步加强了资本流入的一些限制。总体来看，智利的资本管制效果还是比较显著的，它改变了资本流入的构成（抑制了短期资本流入），增强了该国抵御外部金融市场突变的能力（成功抵御了墨西哥金融危机和亚洲金融危机的冲击），促进了该国的经济增长，但是对资本流入规模没有明显的作用；与此同时，URR 的实施对国内利率有一定程度的影响，尤其是中小企业的融资成本上升了，而对缓解实际汇率的升值作用不明显。①

在应对大规模的国际资本迅速流出方面，马来西亚的政策选择是一个比较典型的例子。面临席卷东南亚的金融危机的袭击以及国内的政治不稳定，1998 年 9 月马来西亚并没有接受实行从紧的货币政策以维持高利率、金融体系的全面改革与重组的 IMF 的政策建议，而是做出了非传统的政策选择，对资本流出进行了管制，包括外国证券投资冻结 12 月，林吉特（Ringgit，马来西亚货币）禁止境外流通，实行完全固定汇率制。随着金融形势的好转，为了缓解资本管制的冲击，政府迅速调整管制措施，决定1999 年 2 月 15 日起实行：（1）撤销对 2 月 15 日以前入境资金的冻结管制，以撤资税代之，规定入境资金 7 个月以内流出的征收 30% 的课税，7～9 个月流出的征收 20% 的课税，9～12 个月流出的征收 10% 的课税，12

---

① Sebastian Edwards, *How Effective Are Capital Controls?* 1999; Francisco Gallego, Leonardo Hernández and Klaus Schmidt-Hebbel, *Capital Controls in Chile: Effective? Efficient?* Central Bank of Chile, Working Paper No 59, 1999.

个月以后流出的免税；（2）2月15日以后入境的资金流出时免除撤资税，资本利得12个月内汇出课征30%资本利得税，一年后汇出的利润则被征10%的课税。为此国家还设立特别对外账户（Special External Account）记录2月15日以后入境的资金，以与受管制的资本相区别。2001年，国内经济形势好转后，货币当局逐渐放松了对证券投资的撤出管制，但仍然禁止林吉特的境外流通。从管制的效果看，马来西亚的资本管制在抑制资本流出、下调利率、维护币值稳定和缓解金融恐慌方面取得了巨大的成功；管制迅速地恢复了市场信心，使扩张的财政政策得以实施，较好地实现了保持利率、汇率的稳定性和经济政策的自主权等预期政策目标。然而，有研究也指出，对于马来西亚资本管制的成功，应归因于严格资本管制的临时性、支持性政策（例如，加强国内金融机构和企业的改革力度），以及良好的外部环境（主要指亚洲其他危机国和美国的市场利率的迅速下调）。[①]

智利和马来西亚的经验表明，在资本项目自由化的道路上，面对国际资本市场的突变和冲击，应尽力规避或缓和国际资本大规模流入或迅速流出造成的风险，必要时应考虑推迟进一步的开放进程，甚至临时性地回收对资本流入或流出的管制。在这方面，智利和马来西亚的经验值得借鉴。

（三）当前形势下如何应对资本的大量流入：部分新兴国家的经验

自2002年以来，新兴市场的资本流入进入一个新的阶段。大规模的资本流入给这些国家带来了新的挑战，具体包括两方面：一方面是宏观经济政策目标的"蒙代尔三难"选择。即一国货币当局不可能同时实现维护固定的汇率制度、开放资本市场和执行独立有效的货币政策这三个目标。大量的资本流入导致的汇率升值压力以及对出口竞争力的影响，而为了减缓本币升值压力而进行的冲销操作必须吸引更多的资本流入和产生进

---

① 马超：《马来西亚资本管制的效果分析》，载《国际金融研究》2000年第2期。

一步的升值压力，因此，出口部门竞争力势必下降，资产泡沫形成的金融脆弱性增加。例如，巴西、印度和越南的证券投资流入以及罗马尼亚由银行体系的资本流入都会导致这种冲突，即使当局可能避免名义汇率升值，但升值压力仍会通过国内通货膨胀的提高而转化成实际有效汇率升值。

　　另一方面是金融体系的信贷、资产泡沫和外汇风险。在新一轮资本流入中，新兴市场国家都面临着不同的风险。印度的银行部门作为一个整体仍然健康，但信贷增长过快导致一些银行的贷款质量下降。越南银行部门投资高涨的股票市场，如果出现股价回调，则会产生两个方面的风险：一是银行本身股票持有面临的市场风险，二是银行利用贷款为其客户购买股票产生的间接信用风险。罗马尼亚的金融稳健指标显示银行具备充分的资本和流动性缓冲，但由于迅速增加向出口部门套期保值操作的贷款必将产生间接汇率风险。而且，这些国家普遍存在资产价格的过度膨胀（通常同时指股票市场和房地产市场）以及信贷增长过于集中在某些机构或部门的问题。对于巴西而言，大部分资本流入是短期有价证券流动，因此，一旦国际投资者突然调整其资产组合，巴西就会面临资本突然逆转的风险。

　　为了应对资本的大规模流入，各国货币当局均采取了一系列应对措施。除了增加外汇储备等传统措施外，各国还采取了一系列改革措施，以降低长期的对外脆弱性，具体包括加强审慎的监管框架和市场基础设施，以及促进国内资本市场的平稳发展。例如，近年来南非逐渐放弃汇兑管制，转而实行对机构投资者实行审慎监管制度，并放松了对流出资本的限制。巴西取消了对非居民持有政府债券征收预扣税的做法，并放松了对巴西投资基金对外投资的管制，同时加强对银行外汇交易的审慎要求。越南采取了一系列行政措施处理银行对股票市场的风险暴露和控制过高的股价，包括严格限制银行借用新的贷款购买股票，对外国投资基金实行重新登记和新的报告要求。罗马尼亚在 2007 年年初取消了 2005 年实行的对银行未对冲外汇贷款的严格限制，并对本币和外币存款实行差异准备金要求，以此鼓励转为采用本币提供贷款。自 2005 年开始，罗马尼亚还要求

对未对冲外币贷款进行单独分类。为了控制信贷增长过快，印度将高增长
领域（如房地产部门）的风险权重提高到巴塞尔标准以上。

由于各国面临的因资本流入带来的政策挑战不同，因此应对措施也各
异。然而，为了缓解由大量资本流入产生的金融部门压力，各国已达成一
些原则性、共识性的金融部门政策：放松或取消对居民资本流出实行的管
制，以缓解大量资本流入带来的压力；增加对外投资，提高新兴市场国家
间资本的国际化，实现风险多元化目标；审慎监管措施用于确保国内金融
体系的稳健性，而不是用于缓解因资本流入造成的压力；资本管制只能用
做最后手段，而且是作为一揽子宏观经济审慎措施的一部分，在基础设施
已基本完善情况下，这些管制手段可以起到抑制短期投机性流入激增的
目的。①

三、国际资本跨境流动及中国的应对措施

（一）国际资本流动的前景展望

尽管目前美元仍处于贬值的通道，但预计美元在 2009 年将触底反弹，
届时国际资本流动趋势将出现逆转。到时美国经常项目赤字应该会降至
GDP 的 3% 这一可持续水平，美国经济有望摆脱 2007～2008 年的放缓趋
势（市场目前预期美国经济将于 2009 年复苏）。美元汇率反弹将有助于
降低大宗商品价格、降低美国通胀压力，从而进一步为美国经济复苏提供
支撑。资本流动趋势逆转可能对新兴市场经济体的资本市场产生深远影
响。继大量资本流入之后，一些新兴市场出现经济过热和形成资产价格泡
沫，这是导致资本随后外流的重要因素之一，但正如上文所强调的那样，

---

① *Global Financial Stability Report Financial Market Turbulence: Causes, Consequences, and Policies,*
October 2007, International Monetary Fund.

资金外流的时机主要取决于美元汇率的走向。布雷顿森林体系解体后的数十年的历史表明,新兴市场在美元贬值时往往资金非常充裕,而当美元汇率触底时,资本通常会外流。美元在 20 世纪 80 年代中期以后大幅贬值,但 1989 年开始止跌回升,当时日本、中国台湾和韩国等国家和地区资产价格泡沫相继破灭。1995 年美元再次止跌回升时,流入新兴市场的私人资本显著下降,引发了亚洲金融危机,一些资本纷纷从东南亚国家撤离。在上述资本流动进程中,先后爆发了拉美债务危机、日本泡沫危机、墨西哥金融危机以及亚洲金融危机。

当前,由于跨境资本流动不断增加,而且国际金融市场融合程度逐步加深,国际市场资产价格关联度越来越高,势必放大金融危机的国际传染效应。近期美国次贷危机对全球的股市均产生了不利影响,这表明全球市场之间的关联性日益上升。近期越南爆发的金融动荡,也有可能会波及其他国家,而国际社会对印度的金融系统的脆弱性,也产生了一些担忧。与此同时,美国次贷危机继续蔓延,"两房"危机的发展如何,是否会造成大量资本流出新兴国家,从而引发新一轮的全球性金融危机,仍有待进一步观察。

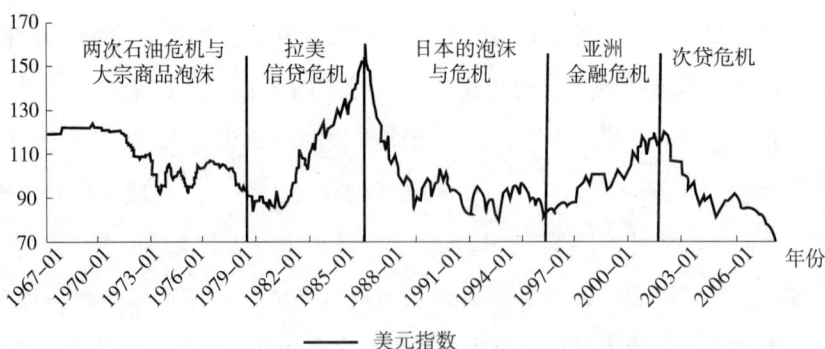

图 12-13 美元指数变化与历次金融危机的关系

(资料来源:World Economic Outlook Database, April 2008 Edition, IMF.)

（二）当前我国"热钱"流入规模变化及原因

近年来，随着人民币升值的加速，国际热钱流入我国的速度也明显加快，押注人民币升值的热钱流入中国的数量攀升。截至 2008 年 6 月末，国家外汇储备余额为 18088 亿美元，同比增长 35.73%，这是外汇储备余额首次突破 18000 万美元关口。上半年国家外汇储备增加 2806 亿美元，同比多增 143 亿美元，月均增长 467 亿美元，远远超过 2007 年同期 385 亿美元的水平。值得注意的是，上半年我国累计贸易顺差为 990.3 亿美元，实际外商直接投资为 523.88 亿美元，这意味着不可解释部分的外汇流入接近 1300 亿美元。正因为如此，上半年对"热钱"流入的担忧不断升温。从逐月的数据来看，二季度的外汇储备增加呈现出前高后低的态势。其中仅 4 月份的新增外储高达 745 亿美元，创下单月外汇储备增加额的新高，而 4 月贸易顺差和单月外商直接投资合计增长只有 242.8 亿美元，"不可解释性外汇流入"则高达 501.8 亿美元。但是 6 月份外汇储备仅增加 119 亿美元，同比少增 281 亿美元，较 5 月份环比少增 284 亿美元。这表明，6 月份外汇储备增长甚至低于外贸顺差和外商直接投资总额，说明当月资本项目呈现出一定的流出。粗略估算 6 月份"无法解释的外汇流出"达 191 亿美元，这也是近年来最大的资金流出量。外汇储备增长出现先高后低的趋势的原因，主要是商业银行把大量的外汇资金用于上缴法定存款准备金。中国人民银行于 2008 年 6 月 7 日宣布，为加强银行体系流动性管理，上调存款类金融机构人民币存款准备金率 1 个百分点，上调幅度是一般月份的两倍。近来外汇局加强了外汇流入的检查可能也是外汇储备增长放缓的原因。另外，近期人民币升值趋缓，充分表明国际资本对中国经济风险的忧虑加深。

我国外汇储备高增长已经远远偏离了外贸顺差和外商直接投资的基本走势。根据国际收支的残值法（热钱 = 国家的外储增加量 - FDI - 贸易顺差）粗略估计，2005 年热钱总规模达 780 亿美元；2006 年，热钱已占中国 GDP 的 3.6% 左右；2007 年，总规模估计为 1400 亿美元。2008 年 1～6

月份，通过非正规渠道流入我国的外汇资金就超过 1500 亿美元。按照目前热钱的流入速度，2008～2009 年流入中国境内的热钱存量估计在 6000 亿～7000 亿美元。最近中国社科院发布的报告，则估计 2008 年热钱规模达到我国外汇储备 1.7 万亿美元规模。而摩根斯坦利的研究利用国际收支错误和遗漏法，估计出 2005 年、2006 年和 2007 年我国热钱流入规模大约 810 亿美元、400 亿美元和 700 亿美元，2008 年 1～5 月为 510 亿美元。

（单位：亿美元）

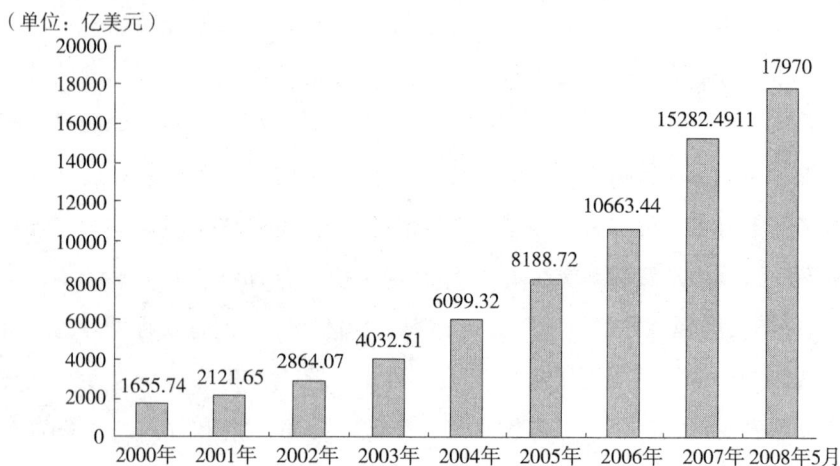

图 12－14　中国外汇储备增长情况
（资料来源：中国人民银行，www.pbc.gov.cn.）

　　尽管当前对热钱的流入规模有大量的争论，但热钱加速流入中国已成为不争的事实。而对于热钱涌入潮之所以在近年来产生，并在 2008 年集中爆发，有以下几方面的原因。

　　从内部条件看，人民币升值过程和升值预期吸引大量国际投机资本的涌入。自汇率改革以来，人民币对美元已升值 18%，6 月底人民币汇率已升值为 1 美元兑 6.85 人民币，较年初的 1 美元兑 7.30 人民币升值幅度达到 6.16%，这一速度已经大大超过 2006 年全年的升值速度，并接近 2007 年全年升值幅度，如此高的无风险收益率对国际资本的吸引力是巨大的。

（单位：10亿美元）

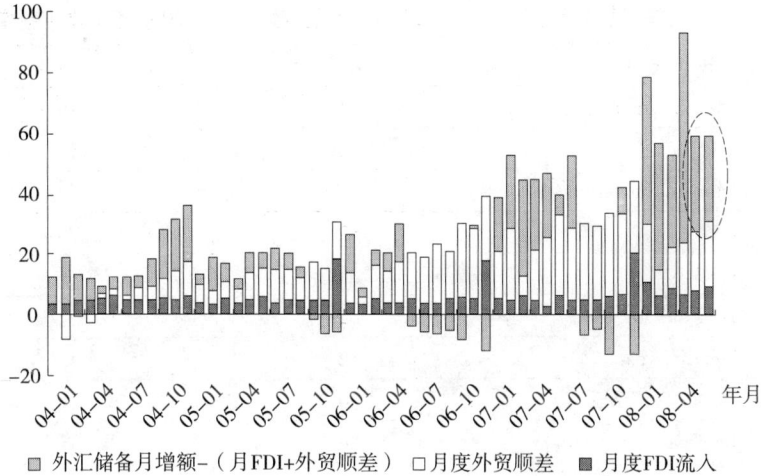

图 12-15　2008 年初以来"热钱"流入趋势加快
（资料来源：中国人民银行：www.pbc.gov.cn；商务部：www.mofcom.gov.cn）

而在美元走势疲软、人民币升值预期不变的当前形势下，热钱仍将加速流入。

从国际经济环境的外部条件看，2007 年三季度美国全面爆发的次贷危机，加剧了国际"热钱"生成。截至 2008 年 4 月 25 日，全球金融机构损失 3083 亿美元，其中美国损失 1527 亿美元，欧洲损失 1398 亿美元，亚洲损失 158 亿美元。但是次贷危机造成全球经济损失超过 9450 亿美元，为此美联储和欧洲央行向市场注入资金超过 1.6 万亿美元，加上美元降息和向市场注入流动性。而国际金融市场的巨大流动性，必然在全球市场寻求投资和投机机会，而人民币升值和中美利差的倒挂则为投机资本创造了巨大套利空间。为对抗高通胀，自 2007 年中国央行连续 6 次加息，而美国则从 2007 年 9 月开始 7 次降息，联邦基准利率降至 2.0%。中美利差已经倒挂并扩大到 2.14%。升值预期加利差两项，热钱加速流入也就不足为奇。

表12-8　次贷危机造成的部分金融机构亏损

（单位：亿美元）

金融机构	2007 年亏损金额	2008 第 1 季度新增亏损
Citigroup	180	51
Merrill Lynch	141	19.6
UBS	135	115
Morgan Stanley	94	
AIG	52	78
HSBC	34	
Bear Sterans	32	
Deutsche bank	32	42
Bank ofAmerica	30	
Barclays	26	
Royal bank ofScotland	26	
JP Morgan Chase	32	
Credit Suisse	32	52

（资料来源：据公开信息整理，注：2008 年第一季度数据为不完全统计）

（三）中国应对"热钱"的货币政策有效性反思

在美国经济减速和人民币升值压力的环境下，国际投机热钱的大量涌入，不但给中国经济运行带来巨大潜在威胁，而且使得中国货币政策执行效果大打折扣，从紧货币政策难以达到抑制通胀的根本效果，但不断提升的准备金率导致大量中小企业周转资金面临高度紧张，中国经济面临"硬着陆"的风险。

在海外投机资金大量涌入的背景下，外汇储备激增，基础货币供给被动释放，流动性过剩问题加剧。人民币升值政策，至今没有根本性地解决顺差和通胀的问题，反而令游资大量涌入国内而倍添了央行运用货币政策来调控经济的困难。由外汇储备剧增产生的流动性过剩，必然导致物价上涨，并同时催生房市与股市的重大泡沫。如果中国再度加息进一步扩大中外利差，将吸引更多热钱流入。2007 年以来，我国经济过快过热，应该说，根源就在于外汇净流入过快，人民币投放过多，从而刺激了原本增长过快的投资规模的进一步膨胀，经济增长过快过热也就不可避免。2007年下半年央行加大了从紧货币政策的实施力度，实际效果并未显现出来，2008年CPI涨幅不断攀升。从2008年1~5个月数据看，尽管贸易顺差减少，但外汇储备及相应的人民币占款同比仍然多增，境外流动性输入对基础货币扩张的压力仍然较大，这显然在一定程度上助推了通胀。正是中国的"流动性输入"的特性，决定了目前央行以提高存款准备金率抑制通胀的效果的相对无效性。原因很简单，就是央行提高准备金率的措施仅仅针对货币被动供给的控制流动性过剩，即针对我国通胀的第二条成因而采取的资金回收的手段，因而最多只能缓解通胀和控制通胀压力的进一步增大，而无法从根本上解决通胀问题。因此，这就不难解释我国从紧货币政策的相对无效性。

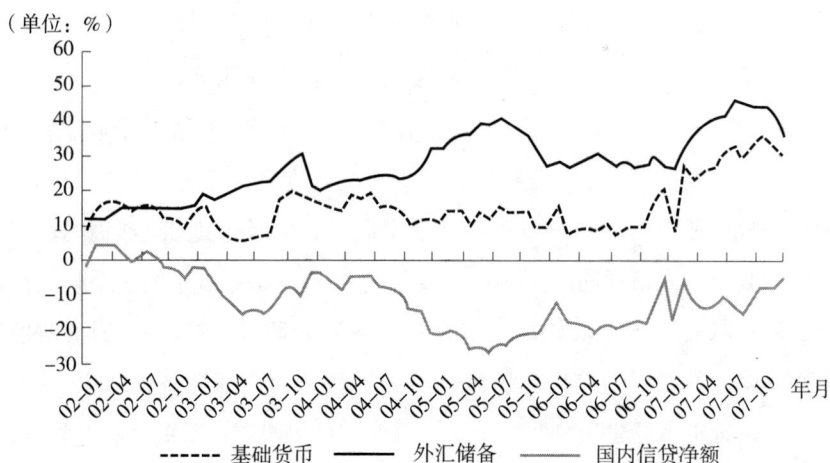

（单位：%）

图 12 - 16 外汇储备激增推高基础货币的快速增长

（资料来源：中国人民银行：www.pbc.gov.cn）

综上所述，货币政策捉襟见肘的根本症结在于汇率。假如人民币一次性升值（随后一段时间则保持稳定），将减少热钱对于未来升值空间的预期，降低热钱涌入倾向，也为加息打开空间。然而，鉴于目前出口增速进一步下滑，政府采取一次性升值的措施可能性已降低，再度加息也会进一步扩大中外利差吸引热钱流入，因此央行只能继续加大对冲力度，通过央票发行、法定存款准备金率上调等数量型工具控制流动性。2008年上半年央票发行的力度较大，成为央行控制流动性的重要工具，但这也是不得已而为之的办法。

（四）控制资本的过快流入是货币当局当务之急，同时，一旦有爆发金融危机的前兆，加强对资本流出的管制将是必然的政策选择

目前，国际过剩投机资本大量流入中国，既是规避国际金融市场动荡的风险，也是对人民币套汇套利的驱动，并影响到中国经济金融的安全。人民币汇率持续大幅度升值和资本流动逆转风险，势必导致资产价格大幅波动。尤其是在近年中国金融改革全面推进的背景下，与国际金融一体化加速，昔日封闭而独立的围墙已不复存在，国际金融市场已直接或间接（通过香港）同内地银行、股市、汇市建立了全面连锁反应机制。与以往相比，中国股市与全球其他股市目前的关联程度日益显著：香港恒生指数则与海外成熟市场之间一直存在着紧密联系；而且最近数年，中国A股市场与其他新兴市场间的关联程度显著提高。中国政府为鼓励资本外流而于近期采取的措施（如QDII）将进一步提升内地市场与海外市场间的关联性。因此，如果资本流动趋势逆转对一些新兴市场经济体造成严重冲击，中国资本市场也很难不受影响。因此，如果没有有效的金融监管和资本市场创新成功，金融危机或许难以避免。从历史经验看，热钱加速流入会造成宏观经济失衡，形成资产泡沫。而热钱的迅速出逃，也将会是一瞬间的事，届时将会造成经济震荡，甚至引发严重的货币危机。正如亚洲金融危机演绎的那样：危机爆发前的1996年年底，流入东亚的热钱约5600亿美元，到1998年年底危机爆发后流出的热钱达8000亿美元，诸多亚洲国家深陷危机之中。

当前，对于中国政府监管部门而言，不仅应严格监控国际投机资本的流入，而且同样应密切关注投机资本的动向，关注投机资金流向的逆转，以防国际热钱的流入和流出对我国经济与金融市场的负面冲击，尤其是防范由于热钱流出而加剧实体经济、汇率和国内资产价格的大幅度波动。当前，国际热钱流入我国主要是由人民币升值预期和美元汇率走向所决定的，并且 2009 年热钱存在逆转风险。这是因为：（1）从人民币走势看，随着 2008 年人民币升值的幅度加大，我们预测 2009 年人民汇率将从"单边波动"演化为"双边波动"，人民币升值的动机动力因素将急剧减弱；（2）从美国经济看，随着美国经常账户赤字改善、金融市场恢复秩序、房市逐渐回暖并刺激消费，美国经济在 2009 年将逐渐恢复，美联储会开始新一轮的加息周期以缓解通胀压力。这些因素将支撑美元在 2009 年走强，而美元汇率变化是国际资本流动的重要风向标。因此，随着美元指数启稳并走强的支持因素增多，不排除国内资金反向快速流出的可能。

为了应对资本快速流动，2008 年 6 月份以来，中国相关管理当局明显加强了对热钱的监管，纷纷完善制度措施及相关技术手段，但是，这些措施早在 2005 年人民币开始升值的时候就应该采取。6 月 19 日，外管局已要求各银行按月提供八类非居民人民币账户，严防热钱流入；6 月 24 日，胡晓炼局长就加强跨境资本流动监管问题进行调研；外汇局、商务部、海关总署自 7 月 14 日起对出口收结汇实行联网核查管理，企业出口收汇应先进入特别账户，待官方核实相关资金确为真实贸易所得，从而加强跨境资金流动监管。7 月 20 日，发改委下发通知要求各地发改委和经贸部门进一步加强和规范外商投资项目管理，防止外汇资金异常流入。2008 年 8 月 5 日，国务院颁布了新修订的《中华人民共和国外汇管理条例》，修订案是以便利贸易投资活动、促进国际收支平衡和国民经济健康发展为目标，对均衡管理外汇资金的流入流出、完善人民币汇率形成机制及金融机构外汇业务管理制度、建立国际收支应急保障制度、强化跨境资金流动的监测、健全外汇监管手段和措施等做出了规定。由此可见，监管部门已经认识到须对资本的跨境流动进行监管。但是，在国内加强资本管制下，不排除部分"热钱"可能提前撤离国内，以规避未来管制加强下转移的成本增加。

（五）我国资本项目开放进程和前景分析

总体而言，我国资本项目开放大体具有以下几个特点：首先，资本项目开放是一种审慎、渐进式的开放，整体上遵循了先直接投资后间接投资、先流入后流出的开放原则，频繁的较大的政策变化也主要集中在对外直接投资等相对风险较小的领域。其次，资本账户开放的非对称性明显。对外开放的领域主要集中在直接投资、直接投资清盘、非居民在境内购买证券、居民向非居民提供商业信贷等，而对于非居民在境内购买、出售或发行货币市场工具和衍生工具，居民与非居民之间提供个人贷款等资本交易项目则实施严格的资本管制。2001 年以前出台的政策法规主要强调对资本和证券市场交易、商业和金融信贷的管制。而之后出台的政策法规主要集中在减少对外直接投资和证券投资流出的限制上。涉及担保和对外融资便利、不动产交易的政策法规较少，而对于货币市场工具、集体投资类证券以及衍生工具和其他工具的资本项目则几乎没有涉及。最后，我国资本账户开放的进程是与我国所处的国内国际环境的变化高度统一的。亚洲金融危机前，我国一直在致力于资本账户自由化的努力，但亚洲金融危机的爆发显著影响了中国资本项目开放的进程，在亚洲金融危机后到 2000 年之前，没有大的政策法规的出台，而且在 1998 年，我国对资本账户的管制还有所加强。2001 年以后，我国国际收支态势良好，对证券投资流出的限制也不断相应放松。此后随着国际收支顺差不断增大，为缓解资本过量流入造成的货币政策独立性和汇率升值的压力，我国又相继出台了一系列鼓励资本流出、限制资本流入尤其是无真实交易背景的短期资本流入的政策法规。

关于资本项目开放的未来前景，依然是以审慎和渐进的开放为主导思想，把改善监管、防范风险放在更为突出的位置。国家外管局胡晓炼局长在"首届陆家嘴论坛"上指出了我国未来资本项目开放的方向：一方面，在资本项目可兑换进程的整体把握上，要与我国经济发展阶段、市场发育程度、企业承受能力、金融监管水平等相适应，同时还要特别注意，在放松部分管制的同时，还需要不断地改进和审慎性的监管。通过市场准入条件的设置、跨境资本流动的规模和控制、跨境资本流动的统计分析和监管预警来防范国际资本流动的冲击。另一方面，要有效地防范风险，需要增加抵御和化解风险的能力，还需要有更加灵活的经济、更有适应性的市场主体、更有深度和广度的金融市场，以及更有效的宏观调控，这些领域也需要下更大的工夫进行完善。要逐步实现资本项目可兑换，其推进过程需要立足于国情。资本项目可兑换的实现过程，是一个统筹规划、有序推进的过程，基本依照"统筹规划、循序渐进、先易后难、分步推进"的原则。在具体开放步骤上，将根据改革开放和经济发展的需要，有选择、分步骤地推进可兑换。在次序上大体上按照"先长期、后短期；先机构、后个人"的顺序；在方式上，主要采取"先试点、后推开"的做法；在节奏和速度上，主要是根据需要和我国的条件、能力以及形势发展等几个因素进行把握，审时度势，既积极稳妥，又要抓住机遇，取得突破。

参考文献

1. World Economic Outlook Database, April 2008 Edition, IMF.

2. Global Financial Stability Report Financial Market Turbulence: Causes, Consequences, and Policies, October 2007, International Monetary Fund.

3. 2007 World Investment Report, www. unctad. org/wir.

4. Sebastian Edwards, How Effective Are Capital Controls? 1999.

5. Francisco Gallego, Leonardo Hernández and Klaus Schmidt-Hebbel, Capital Controls in Chile: Effective? Efficient? Central Bank of Chile, Working Paper No. 59, 1999.

6. 马超：《马来西亚资本管制的效果分析》，载《国际金融研究》2000 年第 2 期。

7. 谷文艳：《国际资本流动趋势综述》，载《国际资料信息》2007 年第 1 期。

8. 中国科学院研究生院国际资本流动研究课题组：《2008 年国际资本流动

展望：全球与中国》，载《中国金融》2008 年第 2 期。

9. 熊芳：《资本账户自由化与经济增长关系的研究评述》，载《金融发展研究》2008 年第 1 期。

10. 陈勇：《资本账户开放有利经济增长吗？——关于资本账户开放与金融危机关系的文献综述》，载《特区经济》2005 年第 3 期。

11. 雷达、赵勇：《中国资本账户开放程度的测算》，载《经济理论与经济管理》2008 年第 5 期。

12. 冯跃威：《次贷危机对国际资本流动和石油市场的影响》，载《国际石油经济》2008 年第 5 期。

13. 何慧刚：《国际资本流动的运行态势和基本特征》，载《金融与投资》2007 年第 1 期。

14. 金荦：《资本管制与资本项目自由化》，中信出版社，2006 年。

第十三章

金融危机后如何在WTO
框架下推进中国经济
国际化进程

关秀丽

中国正处在经济快速发展，加速对外开放阶段。近几年，中国对外贸易依存度一直维持在70%左右，中外经济联系相当密切。面对全球金融危机，世界需要中国携手努力，通力合作。然而，国际市场竞争不存在什么"恩赐"，各国对于本国经济利益，从来都是"寸土必争"，因此，从事物的正反两个方面看待经济全球化，正确认识WTO，做到趋利避害，对于中国制定危机后的国际化政策是极为必要的。

一、反思 WTO，降低负面影响

WTO 于 1995 年 1 月建立，是当今世界多边贸易体制最有权威的国际贸易组织。到 2008 年年底，WTO 成员有 153 个，贸易额约占世界贸易额的 95%，是名副其实的经济联合国，其影响远远大于联合国经济职能。

作为冷战后新的全球多边贸易体制，WTO 运行已近 15 年。从 GATT

到 WTO，该体制的主要功能之一是根据世界贸易的发展，组织与协调成员间的多边贸易谈判。WTO 成员通过自律和诚信享受权利、履行义务、约束违规的贸易保护行为。从其庞杂的国际法律体系和国际组织体系看，WTO 具有静态和动态双重属性。中国于 2001 年年底正式成为 WTO 成员。需要指出的是，WTO 规则本身并不必然保障中国经济国际化时收益最大化。在权利与义务的具体博弈中，中国收获多少，主要取决于对"规则"的"解读和运用"。简言之，对 WTO 规则趋利避害，才能降低经济国际化的负面影响。

（一）WTO 理念尚好，但实践受挫，这源自发达成员和发展中成员间的利益冲突

从静态角度讲，WTO 包括一个宗旨、五个功能、六项基本竞争规则。通过降低关税、开放市场，实现全球资源的合理配置，从而为扩大就业，增加收入，实现人类长期的、均衡的和可持续发展奠定基础。WTO 成立以来，其在发展和运作上一如既往地朝"规则为基"、"开放为基"、"妥协为基"和"发展为基"的方向逐步推进。主要通过"契约"、"会议"、"法庭"、"国际法人"、"技术援助和培训"实现其目标。

一是通过"契约"实施与管理成员间达成的贸易协定与协议。它是由 60 个核心法律文件和数百个双边协定所构成的当代国际贸易、国际商业、国际经济的最基本的道德规范体系和法律规范体系。二是通过"会议"为成员间贸易谈判提供讲坛。最高级别的会议是部长级会议。在部长级会议闭会期间，由总理事会代行其职。它是协调各国立场的一个平台和论坛。三是通过"法庭"处理成员间的贸易争端。它是制裁不守规则成员的国际法庭，也是调处各国矛盾、摩擦和纠纷的国际仲裁庭。四是以"国际法人"身份审议成员国的贸易政策。它是一个拥有 153 个正式的成员邦，垄断了 96% 以上的当代国际贸易，代表了当今时代最有影响力的国际组织。五是通过与其他国际组织合作开展"技术援助和培训"帮助发展中国家。

除了基本职能，WTO 有六项基本规则，在新一轮谈判中又有了一些变化。一是"非歧视原则"，也叫最惠国待遇原则。这些规则现在越来越多的是要求加入者承担相应的义务，而给各个成员的优惠越来越少。二是"公平竞争原则"，也叫反不正当竞争规则。WTO 反对一切形式的不正当竞争，尤其反对倾销、补贴、假冒伪劣、侵权以及垄断等行为。三是"自由贸易原则"。WTO 负责实施管理的协定与协议主流是追求自由化，但又含有贸易保护的成分，考虑到 WTO 成员本身经济发展阶段不同，货物和服务产业竞争力存在差距，允许进行必要的保护。四是"透明度原则"，也叫公开透明规则。五是"权利与义务总体平衡原则"。目前，例外规则对中国已经越来越少，中国越来越多地承担了权利和义务。六是"国民待遇原则"原则。

从实践效果看，WTO 公信力遭到质疑，其发展方向处于动荡中。作为 WTO 第四次部长会议的重要成果，WTO 成员一致同意自 2001 年年底起启动 WTO 首轮多边贸易谈判，并希望在 2005 年 1 月 1 日前结束所有谈判，经过几番努力，勉强把 WTO 此次首轮多边谈判命名为"多哈发展回合"，这是 GATT/WTO 成立 56 年以来第一次将"发展"当做多边谈判的中心议题，WTO 各成员围绕 21 个议题进行了反复磋商和充分交流，不断调整自己的谈判方案。这反映出 WTO 具有开放和动态特点。令人遗憾的是，自多哈会议以来，由于各方利益错综复杂，特别是美国和欧盟等世贸组织发达成员不愿削减农业补贴和降低农产品进口关税，却要求发展中成员对它们的工业品和投资开放市场，持续 7 年的多哈回合全球贸易谈判多次陷入僵局，几乎所有领域的谈判都超过了原定的时间底线，谈判前景不确定的阴影笼罩着 WTO，这使 WTO 的公信力受到负面影响。

1999 年 11 月 30 日至 12 月 3 日在美国西雅图举行的 WTO 第三次部长会议，因未能就任何讨论议题达成一致而宣告失败。虽然在 GATT 的历史上，类似无果而散的部长级会议不止一次，但是，这毕竟是 WTO 历史上的第一次重大挫折。西雅图会议之后，WTO 成员方，尤其是美国和欧共体，都在忧虑 WTO 发展方向。

目前，WTO 的成员中，大多数是发展中国家或最不发达国家。其中，许多国家对 WTO 体制预期给它们带来的好处表示失望。联合国促进与保护人权的经济、社会与文化权利（ECOSOC）分委员会在 2000 年 6 月 15 日公布的一份报告抨击 WTO 对发展中国家，简直是一场噩梦，尤其是最不发达国家的贫困处境日益恶化。虽然根据《建立 WTO 协定》，WTO 的发达国家成员负有更多的义务，做出积极努力，以保证发展中国家特别是其中的最不发达国家，在国际贸易增长中获得与其经济发展需要相当的份额，这些发达国家确实也开过一些高层会议，讨论如何帮助这些最不发达国家，但是，"雷声大雨点小"，成效甚微。发展中国家普遍认为，现行 WTO 协议的实施或修改，首先应基于它们的利益，然后，它们才愿意授予 WTO 更多的权限。在 WTO 中，如何处理发达国家与发展中国家间的关系，缓和矛盾，增进合作，关系到 WTO 前途命运。

（二）WTO 既是客观的，又是政策选择的结果。其体制完善，需要成员国间政策博弈

WTO 成立近 15 年来，其运作机制一直处于动态变化中。例如，乌拉圭回合一揽子协议已经不再是一大堆文本，而是通过处于动态的 WTO 机制，特别是争端解决机制的实际运行，推动谈判进程。当年 GATT 的初衷是协调缔约方关税与贸易政策，防止因经济摩擦引起政治冲突，甚至战争，并通过促进贸易自由，各国比较优势互补，提供更多的就业机会，提高世界范围的人们生活水平。如今 WTO 依然以此为宗旨，但是，这些理想的实现取决于 WTO 体制的进一步完善，而这种完善又取决于人们对制度本身的反思。

WTO 与全球化相关。全球化首先是一个经济概念。按照西方学者的通常说法，WTO 是经济全球化，或者说经济互存的产物。WTO 前任总干事罗杰鲁曾将经济全球化描述为战后世界经济发展的客观进程。第一，"国际经济"阶段（战后至 20 世纪 60 年代），其标志是 20 世纪 50 年代初，国际贸易总量占世界生产总值的比例约为 8%，贸易多限于原料或成

品，投资主要是为了成立海外子公司。第二，"全球经济"阶段（20 世纪 70 年代至 80 年代），主要特征是国际贸易总量占世界生产总值的比例从 1973 年的 14.9% 扩大到 80 年代末的 22%。第三，"无边界经济"（20 世纪 90 年代以来），国际贸易总量占世界生产总值的比例已超过 25%。各国各地区的经济相互依存，这就是"经济全球化"。如此看来，全球化不是政策选择——即不需要判断正确或错误。这是一个过程——受经济和技术变化的现实驱动。特别重要的是当代科学技术的发展，便利的通讯与快捷的交通，极大地缩短了人们之间的交往时间，促使更多跨国或跨地区的国际经济交往，跨国公司的分支遍布全球，世界各市场连成一体。如果这样看问题，那么全球化就是一个不可逆转的发展趋势。尽管 WTO 还有这样或那样的缺陷，但是，它是现实世界不可缺少的。

然而，如前分析，许多发展中国家或最不发达国家抱怨 WTO 没有给它们带来应有的好处。反全球化的组织和人士认为，经济全球化是有利于发达国家的政策选择。近年来，包括 WTO 在内的国际性组织会议在哪儿举行，反全球化的示威就在哪儿爆发。反全球化的主要矛头指向发达国家的跨国公司以及被斥为跨国公司"奴仆"的 WTO 等国际经济组织。再看看在 WTO 中起主导作用的美国等发达国家对待联合国贸易与发展会议（UNCTAD）主持起草的，有利于发展中国家或最不发达国家经济发展的《跨国公司行为守则》之抵制态度不难看出：拥有绝大多数跨国公司的发达国家，的确不希望其公司在东道国（发展中国家多为东道国）受到过多的管制。而 WTO 旨在促进自由贸易，这是美国等发达国家的利益所在。为了保护自由贸易，发达国家力主将《与贸易有关的投资措施协议》（TRIMS）纳入了乌拉圭回合一揽子协议，从而要求所有成员，特别是发展中国家，必须扫除阻碍自由贸易的投资措施。同样，发达国家对 UNCTAD 主持起草的《国际技术转让守则》也持抵制态度，将之打入冷宫，相反，美国等发达国家将《与贸易有关的知识产权协议》（TRIPS）纳入乌拉圭回合一揽子协议，使得跨国公司的技术投资与开发，以及技术输出等收益回报，得以保障。一贬一褒，保护跨国公司经济利益的出发点昭然若揭，也反映出美国等发达国家利用 WTO 保护自身经济利益的一面。从这一点上看，反全球化的矛头所指，也是很有道理的，发展和转型国家在对待 WTO 态度上真不应当是"言听计从"。在发达国家以 WTO 规则做借口实现其自身利益面前，的确需要发展中国家拿出勇气和政策智慧来。

跨国公司是经济全球化的具体表现。发达国家基于跨国公司的利益，在 WTO 体制下促进全球化。在这一意义上，全球化又是发达国家的一种政策选择。也就是说，我们在反思 WTO 时，既要充分认识到科学技术与世界经济的发展，必然会使各国各地区经济日趋相互依存，推动国民经济向国际经济乃至全球经济转变，又不能对发达国家力图利用 WTO 体制，促进经济全球化，从根本上保护跨国公司利益的政策导向视而不见。发达国家决不会自动放弃这种政策导向。但是，只要发展和转型国家勇于"发言发声"，就会在一定程度上"倒逼"发达国家兼顾到"发展中国家的利益"，使其自愿参与国际竞争。这种"倒逼"政策可能包括给予发展中国家或最不发达国家的一些优惠待遇（包括过渡期）。如何平衡全球化进程中的"政策博弈"，制定有利于发展和转型国家的经济政策，直接影响 WTO 成员的经济国际化进程，这是 WTO 体制不断完善的重要着力点。当年 GATT 是在世界经济尚未全球化时产生的"富人俱乐部"，如今 WTO 诞生于经济全球化之时，已成为一个富人与穷人共存的"公共俱乐部"。然而，一旦富人感到自己根本利益受到威胁，或者穷人对于该俱乐部能否帮助自己走向富裕，失去信心，该俱乐部就可能会名存实亡。这是 WTO 尴尬的一面。

（三）WTO"谈判"议题扩展，管辖权的扩大，为发达国家 "操作"规则留有余地

WTO 名为世界贸易组织，但它管辖的事务，已从货物贸易，进入服务贸易、投资、知识产权、环境保护、劳工标准、全面的投资、竞争政策等领域，将 WTO 视为世界经济组织（World Economic Organization，简称 WEO）可能更符合现状。

WTO 的协议框架好比是"伞形"结构，一揽子协议这把"大伞"包括了 GATT、GATS 与 TRIPS 这三把"小伞"。伞形结构的功能在于它能够纳入现行的全部相关协议与今后可能达成的协议，具有包容性。不过，WTO 成立之后达成的信息技术产品协议、基础电信协议与金融服务协议，虽然可分别被纳入 GATT 与 GATS，但是，就参加方而言，又回到了乌拉圭回合之前的状况，即由成员方自行决定是否加入。这种一揽子与非一揽子相结合的模式，可能是今后 WTO 伞形结构的发展方向。这有利于 WTO "蚕食"盘地、最大限度地扩展其管辖范围。

TRIPS 协议具有特殊意义。有关知识产权保护的国际协调，本来由世界知识产权组织（WIPO）排他管辖，如今 WTO 名义上仅管辖与贸易有关的知识产权保护，实际上这种管辖范围不仅包括了版权与相关权、商标与原产地标志、专利、外观设计、集成电路图、未被披露的信息等几乎所有通常的知识产权，而且在国际上第一次纳入了知识产权的司法、行政程序以及海关保护特别程序等方面的协调，并统一解决成员间关于知识产权的争端。

TRIPS 协议为 WTO 扩大管辖权开了一个先河，播下了从 WTO 到 WEO 的种子。从西雅图会议到多哈会议，国际社会已经广泛地讨论了将环境与贸易、劳工标准、竞争法等新议题纳入 WTO 首轮多边贸易谈判的可能性。事实上，WTO 早已成立了直属总理事会领导的贸易与环境委员会，贸易与竞争行政工作组等机构，研究在 WTO 框架内协调这些问题的具体步骤。为了避免重蹈覆辙，此次 WTO 部长会议的议题准备采取最大限度的灵活性，不限正式的建议。预计首轮谈判的议题，除了农产品贸易、服务贸易总协定的完善、乌拉圭回合协议的实施、最不发达国家的参与与发展、贸易保护、争端解决机制等的原有议题，新议题将包括环境、劳工标准、竞争政策、电子商务等。WTO 现在不只是，将来更加不限于传统的关税与贸易问题，则将渗透到经济生活的方方面面。

目前，WTO 的方向盘毕竟主要掌握在美国、欧共体、加拿大和日本等发达国家手里，发展中国家与最不发达国家的作用还非常有限。中国虽然已是世界贸易大国之一，但是，作为 WTO 的新成员，自身经济实力尚不足以在短期内发挥理想的作用。清醒认识 WTO 的重要作用，增强把握 WTO 的悟性和能力，将使中国改变被动执行"规则"的不利局面。

（四）美国式法律文化影响 WTO，将"争端解决机制""创新"为"准决策机构"，给中国利用 WTO 推进国际化带来"先天障碍"

根据 GATT 第 22 条、第 23 条，WTO 争端解决机制仍然属于实施性质的机制。WTO《关于争端解决规则与程序的谅解》（DSU）第 3 条总则第 1 款明文规定："成员们确认其遵循根据 1947 年 GATT 第 22 条与第 23 条适用的争端处理原则"。这些原则包括充分磋商、保障各成员在依照协定直接或间接获得的利益不因其他成员的违反或未违反协议义务而丧失或减损、由全体成员方授权调查，然后酌情裁定、在必要时可授权一个或多个成员对其他一个或多个成员中止协议规定的关税减让。根据《建立 WTO 协定》第 9 条，决策权排他性归属部长会议与总理事会。然而，由于 GATT 的历史传统，WTO 争端解决机制与总理事会实质上还是"一套班子，两块牌子"，尽管前者有较多的相对独立性，有自己的主席与办事规则。从 GATT 到 WTO 的实践看，争端解决机制经常扮演了"准决策者"的角色。

值得高度重视的是，WTO 争端解决机构（DSB）正在起着越来越重要的作用。该常设机构是 WTO 体制结构最具匠心的创新，由此，该机制具有了通常只存在于国内法体系中的两审终审制。根据 DSU 第 17 条第 6 款，上诉机构的复审属于"法律审"，因此，该机构在复审中必然对有关 WTO 协议条款作一定法律解释，并经 WTO 争端解决机构的采纳而具有法律约束力。但是，根据《建立 WTO 协定》第 9 条第 2 款，只有部长会议和总理事会才有权采纳对多边贸易协定的解释，这是决策权的一部分。那么，争端解决上诉机构的解释（因"消极一致"原则而无一例外被争端解决机构通过），究竟是否具有决策性？与部长会议和总理事会的决策权有无冲突？

在"厄瓜多尔等诉欧共体进口、销售与批发香蕉体制案"中，上诉机构第一次对 WTO 多边贸易协议做出了具有决策性的法律解释。此案涉及两个或数个协议（比如 GATT 与 GATS）能否共同适用于同一项被诉措施（比如欧共体进口、销售与批发体制）的问题。无论《建立 WTO 协定》，还是 DSU 都未作规定。照理，上诉机构应将这一问题提交部长会议或总理事会决定解释。然而，它没有这样做，而是径直做出了解释。事后，部长会议和总理事会均未做出任何"立法回应"，等于默认了这种越权实践。

"美国禁止某些虾及虾类制品进口案"又涉及这一关键问题。在 WTO 争端解决机构受理的一系列与环境保护有关的争端案中，此案非常引人关注，原因在于此案上诉报告在一定程度上强调了环境保护与贸易自由的可协调性，为将环境问题进一步纳入 WTO 框架奠定了法理学基础。不过，对整个 WTO 体制更具深远意义的是，上诉报告明确承认非政府组织（NGO）享有加入争端解决程序的主动权。这在 GATT 与 WTO 的半个多世纪历史上，堪称第一次，因而在 WTO 成员中引起极大争议。据说，在 WTO 争端解决机构讨论通过该案上诉报告时，只有美国一家同意。由于"消极一致"原则，一票同意即可了。这是 WTO 本身亟待解决的重大体制缺陷。这与"积极一致"原则产生的一票否决，是两个极端。这是美国等发达国家为借"自由贸易"之口，行"贸易保护"之实埋下的最为隐蔽性伏笔。中国需要予以高度警觉。

WTO 争端解决上诉机构采用的法律解释方法与美国最高法院或上诉法院在类似情况下对宪法或国会立法的解释，如出一辙，具有明显的法官造法这一普通法风格：先设定大前提，比如宽泛的词义、立法目的等，然后精心选择某一"关键"词，如本案的"寻求"，加以引申，掺入本来字面上不具有的意义（比如"寻求"应指寻求者主动请求行为，引申为是否接受非请求的裁量行为），从而扩充字面意义。这种在美国国内法律化政治中常见的现象，即通过相对灵活的司法解释，解决立法机构一时难以应对的问题，如今已经多次发生在 WTO 这样的国际组织里，除了说明 WTO 的法定决策机构先天缺乏，制度上具有先天缺陷外，或许还说明 WTO 庞杂的法律体系从根本上也不可能有那种高效率的法律解释功能，进一步表明美国式法律文化已深刻影响和左右着 WTO 现存的法律体系和组织结构。中美两国分属不同的法律体系，在利用 WTO 规则时，中国必须熟悉利用这种极其重要的法律分析工具。

就最具法律特点的 WTO 争端解决机制而言，中国运用 WTO，将不能像所有其他成员那样，适用现行 WTO 反倾销协议和保障协议。WTO 争端解决机制已处理的所有反倾销、或反保障的争端案件，也不能完全适用中国与其他所有成员间可能发生的相关争端。因此，我们必须尽快具体地结合 WTO 的一般规则与适用中国的特别规则，深入研究如何利用争端解决机制，提出有关法律对策，防患于未然。以反倾销为例，中国入世后 15 年内，美国和欧盟，乃至所有其他 WTO 成员，都可以继续用"非市场经济"的反倾销规则，对付中国日益增长的货物贸易出口。诚然，中国出口商可以提出市场经济的抗辩理由，并且，假定这种理由是可以成立的，但是，如果美国反倾销主管机构不予采信，中国出口商无法要求本国政府就这一问题启动 WTO 争端解决机制，要求美国修改国内法。

（五）小结

如前分析，WTO 自成立以来，不断扩大和丰富其内涵，体现出其开放和动态特点，因此具有不可替代的生命力。但应该看到，这种"无可适从"的"灵活性"也给弱势成员利用 WTO 带来很大不确定性，影响到 WTO 组织的公信力。金融危机爆发以来，许多国家纷纷出台贸易保护政策，采取技术、环保、安全等新的贸易保护手段，有一些的确违反了 WTO 规则，但也有相当多的措施也很难诉诸 WTO，包括"购买美国货"条款。美国"购买美国货"是贸易保护主义作法，其他国家可以谴责，但无法采取实际行动加以反对。还有一些发展中国家提高关税，但却在 WTO 允许的约束关税范围以内，即便诉诸 WTO 也很难改变其做法。WTO

在应对由金融危机引发的贸易保护主义作用受限。WTO 只能抑制原有的贸易保护主义，提醒和防止新的贸易保护主义的兴起，但不能解决贸易保护主义的孪生问题。在经济全球化情况下，金融危机引发的贸易保护主义带有全球性，WTO 也是孤掌难鸣；在复杂形势下，WTO 难以判断贸易保护做法的违规性质。面对金融危机引发的贸易保护主义，WTO 正在积极努力履行职责，到处呼吁反对和抑制贸易保护主义，发表跟踪调查报告。但因为资金有限，只能三个月调查一次。

实际上在金融危机之前的几年，在乌拉圭谈判之前，发达国家对全球贸易自由化的立场已有所变化。原来，世界贸易的自由化和全球化不仅可使发达国家受益，发展中国家也可以受益。但目前，当劳动力市场竞争更加激烈，当世界市场更加多元化，发展中国家、新兴市场国家也开始具有一定竞争力的时候，以美国为首倡导的 WTO 自由贸易内涵就已经在"悄然"发生变化，其后果是：参与全球化、推进经济国际化的发展和转型国家，不得不遭遇更多的贸易保护，利用 WTO 趋利避害更加艰难。

二、利用 WTO，获取最大利益

鉴于 WTO 成员是通过"自律"和"诚信"享受权利、履行义务、约束违规的贸易保护行为的，而 WTO 制度又是以"一揽子"协议的方式被各个成员接受并遵循的，各成员还以签署协定的方式明确表示它们是遵守 WTO 各项制度规则的，所以，对 WTO 的各成员来说，WTO 是具有合法性的，中国一定要利用 WTO 推进经济国际化。但是，由于国际社会比国内社会要复杂得多，关键是没有一个"世界级政府"作为权力机构来强制执行 WTO 各种规定，中国可以有自己的主张，使经济国际化朝着有利于自身的方向推进。在国际社会常常会出现各种各样的问题对 WTO 的合法性形成挑战正缘于此。例如，贸易强国出于自身利益考虑制定并执行的贸易政策，尤其是美国的对外贸易政策。这一直是判断美国遵守和背离WTO规则的"风向标"；随着区域一体化的发展而出现的区域贸易政策等都对WTO的合法性提出挑战。尤其值得观察的是，金融危机发生以来，在原来WTO框架下，滋生了越来越多的贸易保护主义，越来越多的反倾销，它们正在为WTO所兼容。中国利用WTO能力，决定了中国在经济国际化进程中的收益。

（一）正确认识WTO，提升谈判能力，获取最大利益

1. WTO并不是自由贸易组织

一些人认为GATT/WTO是自由贸易组织，其实不是。GATT/WTO的原则之一是贸易自由化，要求其成员降低贸易壁垒，使贸易更加自由地进行，从而使各国能更充分地发挥比较优势，通过贸易的发展带动经济增长。但是，以下方面是需要通过谈判才能确定的。一是各成员降低贸易壁垒的水平、速度需要通过谈判确定，其谈判地位取决于它想从对方获得多大的贸易利益及减让水平；二是WTO为各国进行贸易自由化提供了重要的谈判场所和贸易自由化的基本原则；三是WTO主张各成员依其自身的经贸状况及竞争力，实行逐步自由化，为其国内产业界提供一个结构调整的机会，并不要求一旦加入WTO就实行自由贸易；四是WTO允许其成员利用一系列的协议、条款在特定情况下，保护其国内生产商，例如使用反倾销、反补贴措施以维护公平贸易；五是除了贸易自由化原则外，WTO还有更重要的原则——非歧视贸易原则、贸易稳定和可预见原则、透明度原则。这些原则对我国发展对外贸易有一个良好的国际经贸环境，推进中国经济国际化进程是极为重要的。

2. WTO关心发达国家的商业利益，也考虑发展中国家的经济发展，但要看发展中国家的谈判能力

第一，WTO并不只关心发达国家大型跨国公司的商业利益，也在各个协议中充分考虑发展中国家的利益要求，允许其有更多的时间适应WTO相关条款的规定。并给予最不发达国家特殊优惠，它们几乎不承担

任何义务。例如，最不发达国家和人均 GDP 在 1000 美元以下的国家可以实行出口补贴；《服务贸易总协定》中最不发达国家可以不开放服务市场，而可享受其他国家的服务市场开放。

第二，1947 年关贸总协定签署时仅 23 个缔约方，截至 1999 年 12 月 31 日，WTO 已经有 135 个成员，其中发达国家仅 29 个，发展中国家和地区达 106 个，占 80%。WTO 的成员结构已发生根本改变，按重大决策 3/4 成员通过的原则，理论上，发展中国家和地区已具备对 WTO 的发展方向及重大问题自己当家做主。但关键是这些国家要有"谈判意识和谈判能力"来推动。

第三，WTO 是可以推动成员国经济国际化的。分析 GATT/WTO 发展历史，没有任何一个国家或地区因加入 GATT/WTO 而导致其经济贸易崩溃或发展严重落后的。相反，许多国家因积极参与多边贸易体制获得了较大的发展。希腊、瑞典、芬兰、丹麦、意大利、德国于 1950～1951 年、日本于 1955 年、西班牙于 1963 年、瑞士与 1966 年、韩国、阿根廷于 1967 年、新加坡于 1973 年、泰国于 1982 年、墨西哥 1986 年加入关贸总协定。加入关贸总协定后，这些国家的经济增长加快，国际化进程提速。

第四，WTO 注重加强与国际货币基金组织、世界银行、联合国贸发会议等的合作，对发展中国家提供经济发展和参与多边贸易体制等方面的技术援助。这是 WTO 能够提供技援的基础，也是吸引欠发达国家加入的原因。

3. WTO 不仅关注商业利益，也关心其成员的食品安全、健康安全等

WTO 在为成员提供更多进入市场机会的同时，也通过制度的完善和在相关协议中规定相关义务，为其成员实现食品安全、人民健康安全服务。第一，1994 年关贸总协定第 20 条允许各成员依据本国的具体情况和国际惯例、制度或采取相关措施保护食品安全、人民健康安全服务；第二，WTO 一些协议或条款涉及产品标准，并规定了食品和动植物产品的健康和安全标准，对保障成员国国民的健康起了积极作用。如植物与卫生

检疫协议、农业协议、贸易技术壁垒协议均对此作了相应规定；第三，WTO 还要求各成员不能通过制定不合理的法规、政策措施歧视性地限制外国商品和服务；第四，WTO 有关食品、动植物、人类健康与安全的规定都要通过其成员的一致通过方能实施，有关标准必须建立在科学性和具有国际性的基础上，不能由某一个成员武断地确定；第五，WTO 还加强与世界卫生组织、联合国粮农组织及国际标准化组织合作，力图使决策协调一致。

4. WTO 中弱国也有经济外交权并有强有力的机制作保障

第一，一些人认为弱国无外交，WTO 中，小国没有发言权，其实这种看法有些片面。应该承认，WTO 每个成员有一票投票权，不分国家经济实力和人口大小，一视同仁。由于贸易小国的影响有限，其参与相关问题的谈判及能力也有限，但并不否定其合法的权利。一国加入 WTO，就意味着有这个权利，但权利的运用直接影响其借 WTO 获取利益的程度。

第二，WTO 具有任何其他地区性组织和国际协议都不具备的贸易争端解决机制。在该机制下，各成员权利与义务对等，完全平等，任何一方不能将其不符合 WTO 的做法强加于另一方。例如，美国"空气清洁法案"的实施对委内瑞拉、巴西构成影响，为此，WTO 状告美国。美国败诉，按 WTO 裁决结果，美国修改国内立法。我们可以想象，如果这两国不是 WTO 成员，凭其经济实力是不可能与美国进行贸易对抗的。1982年，泰国加入关贸总协定时经济并不景气，在泰国与美国的烟草及大米贸易摩擦中，如果不是关贸总协定成员，有苦也无处诉，更谈不上与美国对抗了。

第三，新的争端解决协议规定除非 WTO 成员一致反对不通过争端解决专家小组报告，否则一律视为通过。这一重大转变使贸易大国主宰争端解决结果的时代一去不复返了，贸易小国的权利有了充分的保障，这是众多发展中小国加入 WTO 的重要原因之一，也开始改变关贸总协定"富人俱乐部"的形象。

第四，没有 WTO，贸易小国更无力面对强大的贸易伙伴，而且通过多边而不是双边解决问题要更有效得多。

5. WTO 建立了一套贸易、投资自由化下的保障机制而非放任自流

一些人认为 WTO 只注重推进贸易自由化而不注重其后果，这也是有误解的。第一，WTO 的保障措施协议、1994 年关贸总协定第 19 条、服务贸易总协定第 10 条及其他相关协议条款规定，当一成员在履行 WTO 义务时，如果从其他成员进口的商品、服务大量增加并因此对其造成严重损害或有严重损害威胁时，它可以向 WTO 提出暂停履行相关义务或修改义务，以便维护正当利益。所以，中国加入 WTO，并不意味着外国商品和服务在中国市场就可以畅通无阻地长驱直入，使国内大批企业倒闭、破产了。关键在于我们的产业部门及企业要熟知相关权利；第二，1994 年关贸总协定第 12 条、18 条、20 条及 21 条，服务贸易总协定第 12 条等规定 WTO 在国际收支严重逆差、经济发展需要政府采取干预政策时，均可以调整其 WTO 下的义务，以促进其经济发展；第三，WTO 成员可以利用关税措施保护国内工业，并不是不允许保护国内市场，只不过尽量不使用非关税措施而已。

6. WTO 并不强制性要求成员出让经济主权

一些人认为中国加入 WTO 会丧失国家经济主权，这也是不对的。第一，WTO 的所有协议、条款都是各成员通过谈判，在协商一致的基础上，经过政府及国内立法部门批准后，方能在成员间实施。所以，并不强制性地要求某一成员必须做什么或应该做什么；第二，一定程度上，WTO 拥有的权利是各成员赋予它的，当一成员给予 WTO 某些方面的权利，它同时也能享受其他成员给予的权利，权利与义务的对等是 WTO 的最大特点；第三，WTO 赋予其成员平衡国内不同利益集团利益的权利，并不屈从于某些利益集团的压力。WTO 是政府间组织，不受制于某些利益集团，它以维护国家利益而不是某一公司、集团利益为条件。所以，在决策时，一成员更多考虑的是综合利益的大小，而非具体某一个协议或条款给某一个企业带来的利益；第四，WTO 有关协议及条款对任何成员一视同仁、一律平等。如果一个成员为了一时的局部利益偏离了原则，即使它现在可能获益，但这种偏离有可能使其今后遭受的损失更大；第五，WTO 政策法规透明度有助于其成员加快外经贸体制的法制建设，建立更加持久、稳定、科学的政府公共权利机构运行机制。

7. 正确理解"一诺千金"，灵活运用 WTO 来处理应急问题

第一，GATT/WTO 要求成员按照所承诺的减让表履行义务，我们也承诺要按 WTO 规则处理有关事务。然而，这并非等于我们在规则面前就无能为力，我们重要的是要深入地研究协议及条款，要有驾驭它的能力。

第二，长期以来，国内学术界和产业界认为，一旦我们加入关贸总协定/WTO 就会被动受其制约，其实关贸总协定/WTO 最大局限在于：如果一成员不履行义务，或部分履行义务，关贸总协定/WTO 条款本身并不能"开除"它。许多国家或地区加入关贸总协定/WTO 后，由于各方面的原因没有完全履行义务，它们依然是关贸总协定/WTO 成员，并没有因为不良表现被除名，其中有的还是关贸总协定/WTO 的重要成员。如美国、欧盟、印度等。关贸总协定/WTO 只有一成员主动提出申请退出及加入的规定，而无"开除"一成员的条款。当出现一成员不履行相关义务而造成损失时，对方可提出磋商解决，在争端解决中双方仍是平等的。因此，加入 WTO 后，我们完全可以调整自己在加入时的承诺。这方面的例子很多，如泰国、墨西哥、波兰、匈牙利、罗马尼亚等在加入前后的贸易壁垒是有较大差别的。这是关贸总协定/WTO 最为特别的地方。

全球金融危机发生以来，一些国家在采取技术、环保和安全等新的贸易保护手段外，还有一些发展中国家通过提高关税，但却在 WTO 允许的约束关税范围内以应对危机。这实际上就是在"灵活运用 WTO 规则"。这种新贸易保护即便诉诸 WTO 也很难改变其做法。中国需要在灵活运用 WTO 上多做文章。

（二）正确处理 WTO 静态利益与动态利益的关系，辩证地看待 "利大于弊" 与 "弊大于利"

第一，中国加入 WTO 肯定是有利弊得失的。加入 WTO，有立竿见影

的可以看得见的静态利益、眼前利益，但更重要的是通过全面参与其活动，结合本国的经贸发展，积极做出战略调整，获得更大的动态的、长远利益，才是最根本的。20 世纪 80 年代中后期，面对来自日本、欧洲及一些新兴工业化国家和地区的严峻挑战，美国经济增长缓慢，预算赤字、贸易逆差不断扩大，国内贸易保护压力很大，许多美国产业的国际竞争力大大下降。但美国并没有采取更加严厉的贸易保护主义，而是积极推动关贸总协定新一轮贸易自由化，推动区域贸易自由化，如北美自由贸易区、APEC，艰难地进行产业结构调整，推动美国经济向高附加值的服务业、信息技术产业、知识经济产业发展，放弃一些衰落的、没有竞争力的产品，如纺织品、轻工产业及钢铁业等，牺牲一部分眼前的静态利益。经过结构调整和一系列其他自由化的政策改革，美国经济已经持续增长，特别难能可贵的是经济增长与低通胀、低失业、高就业增长率相伴，使许多西方经济学家认为传统经济学很难解释当时的美国经济。1998 年美国 GDP 增长高达 4.0%，是所有西方经济中最高的，尤其是美国的 GDP 高达 8 万多亿美元，是中国 GDP 的近 10 倍，其 GDP 增长 1%，相当于中国 GDP 增长 10%，美国正是充分认识到 WTO 的动态利益，长期经济结构的优势带来的利益要远远大于劳动密集型产业的利益，才获得了今天的巨大成就。

第二，"博弈论"说明，国与国之间的政治与经济、外交事实上就是一种多阶段、连续不断的"博弈"，为此，我们对待 WTO 应有的态度是：可能在某一阶段会牺牲一部分静态利益，却为我们在全球经济贸易 90% 以上的国家和地区获得了可以充分发展的巨大空间，与过去只能与苏联、东欧国家进行贸易发展不同，当时苏联东欧占世界贸易不到 12%。只要国内各产业部门积极进行调整，企业参与国际竞争，在下一阶段的竞争中所获得的巨大利益完全可以补偿损失的眼前利益、静态利益。

第三，改革开放 30 年的历史充分说明，我国的贸易、投资渐进的自由化改革，促进了中国经济与贸易的高速增长，促进了我国进出口商品结构及产业结构的调整，贸易条件和投资环境、交通运输、通讯等基础设施瓶颈已大大改善。所以，中国只要更加全面、积极地参与全球化，积极推动中国经济国际化进程，中国将获得更大的发展动力。

（三）团结广大发展中国家，为争取更大利益创造条件

任何一个国家都在努力谋求本国在世界经济体系中的最大利益，在这一点上，美国恰给我们提供了榜样。没人相信，在美国挥舞 301 大棒，要求对方单方面开放市场时，美国是出于利他的理由。历次多边谈判的历史表明，大多数发展中国家是出于担心自己处于更加不利的境况而被动参与谈判进程。它们实际上是"被多边贸易体制裹挟着前行"。因此，被动的政策选择显然不能等同于主动的政策导向，而二者是否已经发生转化或者发生转化的条件更是需要深入考察和研究的重大问题。包括中国在内的广大发展中国家，要学会像美国等发达国家那样在 WTO 体系中积极地参与并且表达自己的贸易主张，为推进本国经济国际化，获取最大利益创造有利的国际环境。

（四）主动趋利避害，用多种手段获取综合利益最大化

今天的中国，应在接受和执行 WTO 规则和条约的同时，学会运用它们处理国际贸易纠纷。以倾销问题为例，据统计，1987 年至 1997 年间，美国共发起了 391 项反倾销调查，并对 269 项最终裁决征收反倾销税，其中有 45 项反倾销调查和 37 项最终裁决征收反倾销税的案件是针对中国的。当时，中国尚未加入 WTO，即使像美国这样的发达国家对我国实行了歧视性的政策，我们也不能要求 WTO 的仲裁机构采取措施。现在我们已经成为了 WTO 的一分子，对于美国在贸易实践中对我国采取的违反WTO 规则的做法，应该坚决运用国际法规，维护自身利益。事实上，1995 年至 2000 年，WTO 的争端解决机制已受理了 200 余件贸易争端，众多的发展中国家通过该途径有效地解决了贸易纠纷。

中国入世 8 年来已卷入多起 WTO 案件。其中中国为原告的案件 4 起，主要是针对美国的贸易救济措施；中国为被告的 7 起，主要是美欧等成员针对我国进出口关税、补贴、知识产权保护、金融信息服务等贸易事项提

起的指控。此外，中国还在许多案件中以第三方身份参加诉讼。从案件结果来看，有胜诉的，有和解的，也有败诉的。总的来看，中国涉世案件数量上并不算多，不仅低于发达国家，也低于许多发展中国家。对于中国来说，以主权者身份频繁参加国际诉讼是一种全新的尝试。要使条约文字变成真正的贸易利益，必然还有许多工作要做，包括按照国际游戏规则诉诸诉讼手段。WTO 争端解决机制是一种诉讼机制，更是一种合作平台。在这里，合作、协商、谈判甚至高于单纯的诉讼胜负，过程甚至比结果更重要。在这里，诉讼被赋予一种新的意义，诉讼是合作的一部分，最终胜出的不一定是通常诉讼意义上的胜诉方。WTO 当然是利益角逐场，然而与单纯的实力政治不同，现行体制正在向合作理性回归，实力、政治意愿、诉讼技战术诸多因素在多边合作的框架内共同发挥着作用。这或许正是 WTO 争端解决机制的成功之处。

此外，中国也应该学会在复杂的贸易体系中运用更为隐蔽的或 WTO 原则所允许的手段来保护自己的利益。WTO 在某种意义上并不是一个完善的体制，这也正是它仍然需要新一轮多边贸易谈判的原因。在国际贸易体制完善之前，不仅是美国，世界各国都必然会保持自己独特的政策特点。中国也不例外，作为一个极具特殊性的国家，在政策转轨期间，我们应进一步完善国内贸易立法。在立法中，既尊重 WTO 的已有规则，又善于保持自己的特色。

可以预见的是，随着中国经济的发展和对外开放的推进，中国涉世诉讼必将进一步增加，并且这种诉讼无论是对政府经济政策、国内法的实施，还是对企业利益和竞争力的提升都将会产生广泛而深远的影响。

（五）实现"七个转变"，使 WTO 真正能为中国经济国际化保驾护航

新形势下，中国在获得更大开放空间和更多发展机遇的同时，无疑要面临市场更加开放、竞争更加激烈的国际经济环境。这对国内经济社会各个环节提出了更高标准和要求。以下几方面的转变至关重要：即应对贸易

摩擦从反倾销为主到多种贸易摩擦形式并重转变；维护产业安全从防守为主到攻防兼备转变；从关注出口产业到进出口产业并重转变；从注重货物贸易到服务与货物贸易并重转变；重点工作从维护产业安全到维护产业安全与提升产业竞争力并重转变；关注层面从产品向产业以及设计政策制度等层面转变；工作方式从被动向主动转变。

WTO 应当成为中国经济国际化的助推器。第一，WTO 已演变为国际经贸规则的制定者、决策者，并成为各国经贸政策的行为指南。如果我们不能拥有在其中的决策权、表决权，则中国的利益不能得到良好的维护，更不可能利用 WTO 为中国经济的进一步向外发展提供良好的国际环境，我们始终只能靠自己的资源、市场、人力、资本等发展自己，这自然受到极大的约束；第二，一国经济的发展，尤其是开放经济在一国经济中的地位不断提高后，与其他国家和地区的经济贸易与摩擦必然会增多，这是规律，如果不能按一个相对良好、稳定的制度、规则约束或解决这种经贸争端，则经贸摩擦会演变为政治冲突，反过来又演变为经贸对抗，进而恶化双边关系，这自然对一个处于蓬勃发展中的中国经济极其不利。20 世纪90 年代以来，我们频繁发生的与美国、欧盟、日本及其他国家和地区的经贸摩擦正充分说明了这一点。如果我们已是 GATT/WTO 的一员，则完全可按照我们在 GATT/WTO 中的义务，依其规则解决这种摩擦，不至于受制于人，按别人订的标准，衡量是否实行了"公平贸易"，或是否对知识产权实施了"充分有效的保护"，或认定我们是否属"非市场经济国家"；第三，中国要处理好区域一体化组织及多边贸易体制之间的关系。目前，尽管亚太经合组织不是一个权利与义务平衡和有约束力的经济一体化组织，也没有监督机制监督各成员在单边或集体行动中的贸易、投资自由化承诺。但其一般贸易自由化原则是超前 WTO 一定时间执行 WTO 的协定或协议，做好区域及多边层次的协调，处理好中国与亚太经合组织成员的双边经贸关系，把握中国与周边国家的关系，对中国经济国际化发展十分必要。中国加入 WTO，能够在区域、多边及双边多个层次维护国家经济安全，获取综合利益。

经过 30 年的发展，中国经济国际化进程已经取得了非常大的成就，但面对全球金融危机，今后中国国际化道路任重而道远。

三、完善 WTO，构建和谐世界

目前的 WTO，远不是一个完善的推动全球化的"制度性"安排。很大的原因是现存的 WTO，从法律体系上看，仍受美国法律文化的深刻影响，其基本导向折射出它容许美国对外贸易政策与 WTO 规则相统一和相背离的双重属性；从其国际组织体系看，目前，WTO 还缺少一个"世界级政府"，行使监督权和实施成员间达成的一系列协议和协定。尤其值得注意的是，号称解决贸易争端的国际仲裁协议，经过创新，却成为解决成员间贸易纠纷的"准决策机构"，其随意性和权威性受到置疑。WTO 在效率、公正性方面、对落后国家的一些倾向等都有缺失。多哈回合谈判难以推进说明，尽管推进全球化是一种潮流，但在全球化过程中，如果不解决相当一部分小国穷国被边缘化、甚至被淘汰的问题，WTO 发展将充满不确定性，其生命力受到威胁。

WTO 在国际权力方面，还有一些不能令人满意的地方，甚至有一些不公正的地方。中国尽管努力作为，但作为一个正在崛起的大国，在很多方面还是受到不公正的对待。比如，中国是一个铝制品进口大国，但有关铝制品的定价权，我们还没有发言权。因为中国对铝制品没有定价权、影响力，每年中国损失上百亿美元。中国对石油也没有定价权，虽然中国是世界第二大进口大国。上海现在也仅仅是刚建期货市场，还没有定价权。

当前世界处在远不和谐的状态下，中国应该有自信、有义务来反映我们自己的一些理想，一些合理的政策主张，而且这个理想也是符合人类的基本需求倾向的。从完善 WTO 国际法律体系和国际组织体系入手，着力提升 WTO 公信力，促进全球多边贸易体制的健康发展，这是中国乃至世界各国共同的责任。

WTO 只有建立在文明的多样性、利益的相互交融基础上，本着"和而不同"来构建"和谐世界"中遇到的问题，加强沟通交流，共同参与国际社会游戏规则的制订，使 WTO 逐步成为各国间进行经济和政治交流的对话平台，WTO 才有旺盛的生命力和吸引力，WTO 逐步完善的过程，正是各国经济国际化不断深入，和谐世界逐步发展的过程。

参考资料目录:

1. 薛荣久：《WTO 如何反对贸易保护》，中国经济时报 2009 年 5 月 25 日。

2. 张汉林：正确认识世界贸易组织与改革开放，2004 年 5 月 20 日。

3. 论文　美国对外贸易政策与 WTO 规则的关系分析与启示。

4. 陈泰锋：《从多哈回合谈判看 WTO 多边贸易体制发展新动态》，《世界贸易组织动态与研究》，2004 年第 7 期。

5. 林灵、陈彬：《试析 WTO 决策机制及其对多哈回合的影响》，《世界贸易组织动态与研究》，2008 年第 2 期。

6. 代黎明：《多哈回合处境艰难的原因及展望》，《法制与社会》，2008 年第 2 期（上）。

7. 王晓东：《多哈回合谈判举步维艰的原因》，《国际经济合作》，2008 年第 4 期。

8. 郝玉柱、刘崇献：《世界贸易组织多哈回合谈判受挫原因及启示》，《中国流通经济》，2008 年第 3 期。

9. 朱宇：《WTO 多哈回合谈判的前景——一个博弈的视角》，《世界经济研究》，2007 年第 7 期。

10. 国内政府相关网站。

11. WTO 网站。

12. 国内外相关领域研究文献，限于篇幅不一一列出。在此，一并对作者表示感谢。

第十四章

改革开放进程中的
中国自由贸易协定
及其战略取向

张建平

近年来,以 FTA 为主要形式的区域经济合作在全球呈现出蓬勃发展势头,日益成为世界各国加速实现贸易投资自由化和便利化的重要方式。特别是在全球多边贸易谈判进展缓慢的国际背景下,区域经济一体化步伐明显加快。步入二十一世纪,中国经济发展正在实现质的飞跃,经济国际化程度不断提高。通过签署 FTA,不仅能够获得经济利益,而且能够体现政治和外交利益取向。党的十七大报告首次正式提出我国要积极实施自由贸易区战略。利用好 FTA 这一符合全球经济发展潮流的平台、加强区域经济合作是我国应对世界经济格局变化的必要手段之一,也是我国发展开放型经济的客观需要。

一、中国参与国际区域经济
合作的现状和特点

截至 2007 年 7 月,向 WTO 申报的各种区域贸易协定(RTA)数量已经达到了 380 个。至 2008 年 5 月，全球累计签订的区域贸易协定数量进一步增多，向 WTO 通报并已经生效的区域贸易协定达到 205 个，其中自由贸易协定数量约占 60%。据估计，目前至少有 50% 的国际贸易是在各种区域贸易安排下进行的。面对区域经济一体化的世界经济发展新形势，我国十分重视开展区域经济合作，不断加快建立双边自由贸易区的步伐。

（一）现状

从 2001 年至今，中国已经与 20 多个经济体签署或正在谈判自由贸易协定。其中，中国与东盟 10 国（ASEAN）签署的 FTA、与中国香港和澳门特别行政区建立的更紧密经贸关系安排（CEPA）已经开始实施；2005 年 11 月与智利签署了 FTA；2008 年与巴基斯坦、新西兰签署了 FTA。正在与海湾合作委员会（GCC）6 国、澳大利亚、冰岛、南部非洲关税同盟（SACU）5 国等国进行谈判；正在与韩国、印度、挪威、哥伦比亚等国开展 FTA 的可行性研究。

表 14-1　中国已签署和正在谈判的主要 FTA

	名称	进展情况
1	《内地与香港更紧密经贸关系安排》及其补充协议 《内地与澳门更紧密经贸关系安排》及其补充协议	已实施
2	中国—东盟 FTA	已实施
3	中国—智利 FTA	已实施
4	中国—巴基斯坦 FTA	已实施
5	中国—新西兰 FTA	已签署
6	中国—秘鲁 FTA	已签署
7	中国—澳大利亚 FTA	处于谈判阶段
8	中国—海湾国家 FTA	处于谈判阶段
9	中国—新加坡 FTA	处于谈判阶段
10	中国—南部非洲关税同盟 FTA	处于谈判阶段
11	中国—冰岛 FTA	处于谈判阶段
12	中国—印度 FTA	处于联合研究阶段

	名称	进展情况
13	中国—韩国 FTA	处于联合研究阶段
14	中国—挪威 FTA	处于联合研究阶段
15	中国—哥伦比亚 FTA	处于联合研究阶段

（二）主要特点

1. 亚洲或亚太地区是区域经济合作重点区域

中国目前已经签署的第一个 FTA，已经实施的第一个关税优惠安排和第一个 FTA 都在东亚地区。此外，中国与中亚五国、西亚海湾六国、南亚印度都在积极研究探讨建立 FTA 的可能性。从中国已达成协议或正处于谈判和研究中的 FTA 来看，除 SACU、冰岛、挪威、智利、秘鲁和南非外，其余都在亚太地区。这一特点反映出中国在融入经济全球化进程中，亚太地区日益成为与中国经济联系最密切的区域之一。亚太地区作为中国主要外资来源地，多种重要能源和矿产资源的提供者，在未来中国区域经济合作战略中的地位将日益突出。

2. 周边邻近国家和地区多于其他国家和地区

中国周边有 15 个直接接壤的邻国，除朝鲜、蒙古、阿富汗、不丹外，中国与其他接壤国都签订了自由贸易协定或类似协定。中国东盟自由贸易区包含了越南、缅甸、老挝三国；中国与印度和巴基斯坦的自由贸易协定正在谈判进程中。中亚邻国与俄罗斯包含在上海合作组织中，虽然该组织中经济合作还没有成为重点内容，但在加强安全合作的良好基础上，能源与经贸合作正在不断深入发展，未来有望向自由贸易协定迈进。此外，我国还有 14 个非接壤邻近国家。对东北亚的日本、韩国，早在 2001 年至 2003 年期间，在中国总理朱镕基倡议下，三国有关政府研究机构就开展过中日韩自贸区的研究工作，近年来同时也在探讨中韩自贸区和中日自贸区研究；东南亚的菲律宾、泰国、马来西亚、新加坡、文莱、柬埔寨、印度尼西亚被包含在东盟自贸区框架下；南亚的斯里兰卡和孟加拉国则被包含在曼谷协定框架下。最广泛的研究设想是探讨建立包括整个东亚 13 个主要经济体（东盟 10 国 + 中日韩 3 国）的东亚自贸区（EAFTA）。

3. 中等工业化国家和发展中国家多于发达国家

从与我国已经签署或正在谈判自由贸易协定的国家和地区来看，发展中国家和中等工业化国家占绝大多数，包括已经签署 FTA 协议的东盟 10 国（ASEAN）、巴基斯坦、智利；正在进行谈判的海湾合作委员会（GCC）6 国、印度；正在开展 FTA 的可行性研究的韩国、南部非洲关税同盟（SACU）5 国、南共市等。经济比较发达的国家和地区只有新西兰、澳大利亚、冰岛、挪威和中国香港和澳门特别行政区。除澳大利亚外，我国目前的自由贸易谈判对象多是全球发展中的新兴市场，并基本上在亚太经济圈内，因为来自亚太地区的贸易在我国进出口贸易中占到 3/4 的份额。

二、中国 FTA 面临的主要问题

总体来看，中国的 FTA 实践还仅仅是开始，面临着以下一些问题：

1. 起步相对较晚。中国参与国际区域经济合作起步于 2001 年，与我国加入世界贸易组织（WTO）同年。这意味着中国在区域经济合作领域，相对全球同其他国家而言，进程相对滞后。当中国开始考虑与其他国家签署自由贸易协定时，全球自由贸易协定已达到了 200 多个。主要原因，一是中国实施渐进式改革开放进程，中国融入国际经济体系有个过程；二是与中国具体国情有很大关系，中国的经济体制和市场环境与其他国家有较大差异；三是与整个东亚地区，特别是东北亚地区复杂的政治经济合作关系直接相关。

2. 数量相对有限。尽管我国已与 20 多个国家和地区签署或正在谈判

FTA，但其中很多国家属于同一 FTA 组织（东盟包括了 10 个国家）。实际上我国已签署或正在谈判的 FTA 数量相当有限。已签署实施的有东盟、曼谷协定、CEPA、巴基斯坦和智利。2008 年与新西兰的 FTA 刚签署。其他 FTA 都处于谈判或研究进程中。因此，我国 FTA 仅处于起步阶段和积累经验阶段。

3. FTA 所发挥的作用有待进一步提高。通常，FTA 的贸易创造效应和贸易转移效应，有利于扩大区域内贸易和投资活动，提高资源配置效率。从已实施的 FTA 情况看，尽管在货物贸易、服务贸易、投资等领域我国都取得了一定经济成效，但对我国货物贸易总体发展、服务贸易对外开放还缺乏实质性影响和作用。主要原因在于我国是一个规模庞大、并正在崛起的经济主体，经济规模和综合竞争力远高于目前的协议签署方。

4. 缺乏总体战略与规划。选择 FTA 对象和确定不同组合的优先顺序是一个国家制定对外经济合作战略的基础工作。各国都是从缓解国内压力、实现优势互补和追求政治经济利益等多种角度出发选择谈判对象。我国目前尚未形成一整套清晰、立足于长远发展需要的区域合作战略与优先顺序安排。其主要原因在于还缺乏对全球 FTA 发展态势的跟踪研究和判断，还缺乏对未来区域经济一体化趋势和作用的足够认识，尚未形成适应形势发展需要的国家战略应对体制。

5. FTA 研究和谈判的机制建设有待进一步改善。从国际发展趋势看，区域贸易协定的内容日渐广泛，并趋于复杂化。协定安排已远远突破了传统意义上的货物贸易范畴，逐步向服务贸易、投资、商务人员流动、甚至劳工标准和环境保护等领域不断扩展。在这种情况，FTA 的研究、谈判和签署已成为一项复杂系统工程，需要政府官员、专家学者和行业管理人员密切配合协作。我国还没有建立起一套适合国情的良好机制，来保障我国在研究和签署 FTA 的过程中，科学地研究分析问题，维护我国利益最大化。

三、中国区域经济合作的基本原则

中国作为大国的经济外交时代已经到来。积极参与和发展 FTA，是在更大范围、更广领域和更高层次上参与国际经济技术合作与竞争、以开放促改革促发展的新途径。

1. 顺应潮流，主动参与。在 FTA 发展进程中，只有积极主动参与，才能从中获得或维护相关利益，不仅可获得贸易创造效应，还可获得扩大市场规模提升经济竞争力、吸引国外投资、改善贸易条件等动态效应。通过 FTA，一方面可使中国产品以更优惠的贸易条件进入对方市场，拓宽出口渠道，分散市场风险，带动国内经济发展；另一方面，还可根据需要相互开放更多的服务领域，使中国在更大地域范围内实现资源优化配置，发挥动态比较优势，提高国家整体实力。

2. 循序渐进，积极稳妥。无论是发达国家还是发展中国家和地区，参与区域经济合作都会得到一些利益，同时也要支付成本。为确保国内产业发展和对外开放处于平稳状态，中国需要深入研究商签 FTA 带来的影响，权衡利弊，按照由近及远、先易后难、循序渐进的方针，有步骤、有层次地逐步推进 FTA，在互惠互利基础上与其他国家或地区建立更紧密的经贸关系。

3. 突出重点，稳步推进。根据全球 FTA 发展的实践，结合中国国情和与不同国家之间的政治经贸关系密切程度，中国签署 FTA 需要抓住重点，逐个突破，稳步扩大合作范围，形成稳定的区域经济合作局面。我国可考虑实施三个圈层的自贸区战略。核心重点圈层是形成两岸四地自贸区，以经济合作促进祖国统一；第二圈层是在亚洲范围内，致力于形成东北亚自贸区和东亚自贸区，扩展西亚、中亚和南亚自贸区，推动亚洲区域经济一体化；第三圈层是在全球范围内选择自贸区伙伴，以环太平洋地区为重点。

四、中国区域经济合作的战略目标和方向

（一）战略目标

根据世界FTA潮流特征，作为发展中国家，中国应在考虑敏感产业承受能力和管理制度配套条件的基础上，通过积极建立实施FTA，着力实现以下战略目标：

规避多边框架协议困难，渐进扩展中国产品新兴市场；为中国经济发展所需关键战略资源提供保障；以恰当的市场环境和适度竞争提升国内制造业和服务业综合竞争力；逐步完善国内制度框架和提高管理水平；提升走出去对外投资的市场区位优势；为长远的共同市场、货币联盟、政治合作奠定基础；增强我国在世界政治经济事务中的地位和影响。

（二）战略方向

1. 利用FTA为中国建立一个周边地区稳定、经济长期发展的良好外部环境。通过与周边国家和地区积极谈判和实施FTA，将有利于中国与周边国家和地区建立长期、健康的经济和贸易关系，同时建立一个良好、稳定的外部经济发展环境，对于中国与周边国家和地区都有重大战略意义。

2. 利用FTA为中国优势产品拓展新兴市场。过去中国产品市场在美国欧洲和日本等发达国家比较集中，市场依赖性较强。由于中国外贸依存度过高，全球针对中国的贸易摩擦加剧，欧洲和美国表现最为突出。近几年，WTO各成员提起的反倾销案件中涉及中国的数量最大，已超过600多起。要利用FTA为中国优势产品拓展新兴市场，包括中亚、中东、南美、大洋洲、俄罗斯等。

3. 利用海外资源和能源。加快与资源、能源富足国家之间建立FTA

的进程，无疑将为中国解决资源瓶颈、并打破发达国家财团垄断资本对全球资源控制的局面是非常有利的武器。比如澳大利亚和巴西的铁矿、智利的铜矿；中东、非洲、阿根廷国家的石油资源。

4. 利用 FTA 平台实现中国企业的"走出去战略"。中国未来的 FTA 将成为中国企业"走出去"的制度保障平台。过去中国缺乏 FTA 这样的制度性保障，企业"走出去"面临的政治、经济压力都比较大。设立 FTA，企业可利用其中的投资和贸易优惠条款和保障协定，加快"走出去"步伐，有助于从整体上转变中国外贸增长方式，规避重要出口市场对中国产品的限制，推进国际经济和技术合作。

五、中国区域经济合作的战略选择

（一）把握战略主动

1. 中国经济高速增长带来的主动。中国目前已成为亚洲乃至全球经济增长的火车头。许多国家希望分享中国经济增长带来的成果，其可行途径之一就是与中国建立 FAT。这一基本面决定了中国在区域经济合作过程中掌握着战略主动权。不少国家正在积极主动与中国开展自由贸易谈判。

2. 市场主动。中国日益开放的 13 亿人口大市场，无论是对发达国家还是对发展中家都具有极强的吸引力。通过 FTA 将使有些国家有机会打破目前的贸易伙伴格局，成为中国市场新的进入者和更大的贸易伙伴。因此，庞大的市场容量赋予了中国在谈判中一定的主动地位。

3. 政治、经济与外交互动带来的主动。在考虑开展区域经济合作的过程中，既要考虑经济因素，也要考虑政治因素和外交因素。政治和外交服务经济，经济决定政治和外交。三者之间是互为基础、互为补充的整体利益关系。我国要通过 FTA 与有关国家和地区密切经济关系，促进政治问题的解决。

（二）选准战略区域

根据国际区域经济合作的发展态势，考虑中国经济发展水平和承受能力，中国参与 FTA 的总体战略布局包括三个圈层：第一圈层是促成包括中国大陆、中国港澳和中国台湾在内的两岸四地 FTA，或可以称为大中华 FTA；第二圈层是依托周边国家，拓展亚洲，推动亚洲经济一体化；第三圈层是放眼全球，寻求有利于推我国经贸发展的主要国家和地区建立 FTA。

1. 第一圈层：与国家统一战略相配合，积极推动两岸四地 FTA

目前推动两岸四地 FTA 的时机和条件正在走向成熟。利用目前中国台湾经济对大陆的深度依赖是推进祖国统一的重要战略手段之一。一是中国香港和中国澳门已与内地实现了自由贸易。中国台湾经贸界对与内地建立 FTA 心情更为迫切，因为对有竞争的产品而言，中国台湾处于不利地位；二是随着内地经济蓬勃发展，中国台湾许多制造业已转移到内地，两地经贸关系已达到了唇亡齿寒的程度，早已提出了实现自由贸易的现实需求；三是随着内地对中国台湾 15 种农产品免除关税，中国台湾与内地实质上已开始了自由贸易进程，这种进程不会被人为政治因素所阻碍。

2. 第二圈层：亚洲周边国家应当是我国开展区域经济合作的重点对象

从政治、外交、经济、安全等多方面综合考虑，周边国家对我国的重要性最为突出。中国与周边国家和地区的贸易额占我国外贸总额的 60% 以上，从周边国家和地区获得的投资多年来占我国吸引外资总额的 70% 以上。我国开展区域经济合作应该优先选择周边国家为伙伴，一方面把我国经济发展机遇和巨大市场潜力带给周边国，另一方面也有利于我国更好地利用周边国家的资源与市场，同时创造和平良好的发展环境。

抛开经济利益，中国将从更多非经济因素上收获良多。中国不仅在亚洲经济经济合作格局当中取得了主动地位，也在与东盟的经济合作中得到了地缘政治的好处。一个稳定的发展环境是中国经济持续增长的基本保证。由于我国积极给予东盟国家互惠机会，东盟国家承认了我国市场经济国家地位。缔结的双边自由贸易协定越多，我国在新一轮多边贸易谈判中就拥有更大的发言权。

从全球范围来看，正在逐步整合形成欧洲、美洲和东亚三大贸易集团。在形成东亚经济共同体和亚洲经济一体化进程中，我国负有重大责任。一方面，参与区域经济合作是我国推动亚洲经济发展、抗衡北美和欧洲的战略需要。我国是亚洲最大的发展中国家，在经济一体化迅速发展的过程中，亚洲的区域经济一体化合作明显落后于欧洲和美洲，这就对亚洲经济的发展产生一定的负面影响。我国必须积极参与区域经济合作，推动亚洲经济的发展。另一方面，我国作为世界上经济发展最快的国家之一，推动东亚、亚洲经济一体化有利于为我国经济发展创造更好的环境和条件，有助于我国经济更快、更好发展。

近年，我国与韩国的政治关系、经贸关系发展都很顺利，在区域经济合作中也达成很多共识，具有建立自由贸易区的基础条件。因此，我国应与韩国尽快达成签订双边自由贸易协定的共识，既可推动中韩经贸关系的进一步发展，又可推动东北亚区域经济合作的发展。在中日政治关系趋于紧张的形势下，中韩经贸关系深化有利于从经济上和政治上达到牵制和引导日本的作用。

从过去美国明确反对马哈蒂尔提出的 EAEC，到"10+3"（APT）机制的建立，东亚13个经济体在中国倡导下开展东亚自由贸易区（EAFTA）可行性研究，中国在周边开展区域经济合作的条件也在日益改善。在经营好 EAFTA 平台后，中国将有更强大的能力去主导更大范围的亚洲区域经济合作。

西亚、中亚、南亚由于其对中国战略安全的重要性、由于其丰富的能源和矿产资源、由于其广阔的新兴市场，也是中国开展区域经济合作的重点对象。西亚的重点是海湾六国和伊朗。与这些国家建立 FTA 无疑有助于解决我国的能源安全问题，保障能源供给。中亚五国目前与中国关系良好，在上海合作组织基础上，进一步发展与这些国家的 FTA 关系，对中国的政治、能源安全至关重要。与南亚的印度这一新崛起的经济大国建立FTA无论是对推进亚洲经济一体化，还是解决中印关系问题、开拓印度市场都具有重要意义。

3. 第三圈层：全球范围内的重点合作伙伴

除了亚洲，中国正在与美洲、大洋洲、非洲、欧洲一些国家谈判建立FTA。大方向非常正确，但应对合作对象有明确考虑，重点考虑对我国有重要意义的国家，如非洲的埃及、尼日利亚；美洲墨西哥、南共市等，作为下一步FTA的重要目标对象。

为避免依赖单一市场的风险和寻求多元贸易与投资关系，墨西哥作为拉美发展中大国（GDP居全球第十位左右），已成为世界上唯一与美国、欧盟、日本三大经济体都签有自由贸易协定的国家。如果未来中墨能从战略伙伴关系走向更加密切的FTA，将充分发挥两国的经济互补性，改善两国贸易关系。

拉美被视为美国后院，也是中国经济高速发展迫切需要的战略资源供给地：无论阿根廷的石油、智利的铜，还是巴西的铁矿。巴西是我国在南美的重要伙伴。作为南共市重要成员，对中国与MERCOSUR开展区域经济合作发挥着举足轻重的作用。MERCOSUR的成员巴拉圭与台湾当局保持着"外交关系"，中国运用FTA这种经济手段有利于瓦解这一政治壁垒。

六、战略措施

（一）密切关注主要经济体的区域经济合作战略

参与区域经济合作的主要目的是为经济发展服务。一方面我国要从FTA中获得经济利益，同时也要密切关注主要经济体的区域经济合作战略，防止其他国家间的FTA对我国可能构成挑战。特别要关注大国的

FTA 行动。美国、日本等过去对区域经济合作并未予以重视的发达国家，近年研究和签署 FTA 的步伐明显加快。美国除北美自由贸易区外，与以色列、约旦、新加坡、智利、韩国签署了自贸协定。美国与中美洲、摩洛哥、南非关税联盟及澳大利亚等国的谈判都将在近一至两年内完成；而埃及、泰国等也在与美国接洽自由贸易协议事宜；布什还提出要在十年内建立美国—中东自由贸易区。我国要积极研究主要经济体的行动及其对我国的潜在影响。

（二）加强我国 FTA 的组织协调工作

FTA 战略的实施不仅涉及众多政府部门，而且涉及研究、企业及中介组织等多种主体。在推进过程中应加强组织协调工作，使各方面有序有效地发挥作用。根据新形势下我国 FTA 不断扩展的新需要，要研究建立国家 FTA 战略实施指导和协调体系。外交、对外经济管理部门和国内宏观经济管理、产业政策部门之间的共同参与和统一协调非常重要。要加强对 FTA 战略的系统研究，提出我国参与区域经济一体化进程的总体战略构想和步骤。要注重发挥行业协会和民间机构在 FTA 可行性研究中的作用。

（三）加强对企业与社会的宣传

建立 FTA 一方面会对生产者和消费者带来效益，另一方面也可能会对部分行业和企业产生直接不利影响。当前国内众多生产者和消费者对 FTA 的了解较少，特别是对于许多企业，如果不能及时了解有关 FTA 的发展动向和趋势，将会直接影响其经营决策。因此，应加强面向公众的宣传工作，普及 FTA 相关知识，寻求社会公众的理解和支持，让他们充分了解相关情况和变化，以作应对。

（四）加快市场化进程，改善投资软环境，适应 FTA 的需要

从全球看，FTA 的形式和内容日趋多样化和复杂化。许多 FTA 已不满足于实现货物贸易自由化，越来越多地将服务贸易自由化列为重要内

容,同时更加强调经济技术合作和贸易投资便利化措施。投资保护、竞争政策、环境保护、劳工标准、知识产权保护等在多边贸易谈判中有争议的议题也被纳入 FTA 中。为了减少和更加有效地解决贸易摩擦,FTA 一般都对诸如反倾销、特殊保障等做出更加严格的规定和限制,对原产地规则和贸易解决争端机制也采取与现行多边贸易体制不同的做法,以最大限度地保证 FTA 的有效实施。我国应通过加快市场化进程,改善投资软环境,一方面适应 FTA 的需要,另一方面也可为 FTA 谈判创造更好的条件。

第十五章

CEPA进展、效应以及未来发展定位

张 一

2003年内地和香港特别行政区签订了CEPA合作协议，之后，每年都有新的补充协议，截至2009年5月，内地和香港已经签署了6个补充协议。CEPA已经成为世界上最活跃的自由贸易协定。随着CEPA各项补充协议的逐步落实，在货物贸易方面，除了一些禁止进口的商品，所有输入内地的港产品都实现了零关税。"十一五"以来，CEPA的各项补充协议主要在服务业贸易、贸易便利化以及推动专业人员资格互认方面取得进展，而且从2008年签订的补充协议五开始，一些服务业开放与资格互认首先在广东推行，揭开了香港内地合作中粤港合作"先行先试"的序幕。

一、CEPA 进展情况

在货物贸易方面，经过两年的关税递减，自2006年1月1日起，除了个别禁止进口的商品以外，内地给予香港全部原产地进口商品零关税待遇。在货物贸易方面，在港产品已经零关税的情况下，目前内地海关与香

港工贸署主要就货物原产地标准进行磋商。除了货物贸易以外，目前在以下几个方面 CEPA 取得了进展：

（一）服务贸易领域进一步开放

服务业是香港最具有优势的产业，服务业合作始终是内地香港合作的重要内容。内地对香港服务业的开放是一个动态的过程，不仅内容随着时间的推移在不断调整，而且随着时间的推移，部分 CEPA 项下的服务业开放由于内地履行 WTO 承诺而失去作用。在 2004 年签订的 CEPA 协定中，内地向香港开放了物流、银行、分销等香港具有明显优势的服务业，在随后的 CEPA 各期的补充协议中，除了进一步拓宽已经开放的服务业的领域以外，又增加了包括管理咨询、计算机系统集成服务以及旅游、会展等行业。随着 2009 年 CEPA 补充协议六签订，目前内地已经对香港开放了 31个服务业领域。但是随着时间的推移，内地 WTO 承诺的不断履行，CEPA项下的一些服务业开放内容已经失去作用或者其开放的内容并不占有太大的优势。例如物流业，2004 年 CEPA 协议规定了港资服务业可以在内地独资经营物流企业，而内地加入 WTO 的承诺规定从 2006 年 3 月 31 日开始，外资企业可以在内地开办独资的物流企业，这意味着 CEPA 项下对物流业的开放已经失去效应。又如银行业，目前内地已经允许外资银行在内地开展包括人民币业务在内的服务，CEPA 相比 WTO 承诺的优势主要体现在 CEPA 开放所要求的银行的资产为 60 亿美元，而对外资银行则要求达到 200 亿美元的资本。从表面上看是给予港资银行一定的优惠，但实际上希望进入内地的外资银行都是跨国大银行，200 亿美元的资产并不是成为其进入的限制门槛。因此进入内地的港资银行不仅要面对内资银行的竞争，而且在业务方面还受到外资银行巨大的竞争压力。

（二）贸易投资便利化内容不断拓宽

推动贸易投资便利化是 CEPA 协议的重要内容。在 2003 年签订的 CE-PA 协议中，明确规定了设立专门的指导委员会，在贸易投资促进、通关便利化、商品检验检疫、食品安全、质量标准、电子商务、法律法规透明度、中小企业合作、中医药产业合作 7 个领域开展便利化合作。在 CEPA 补充协议三中，增加了知识产权保护的内容。在 CEPA 补充协议四中，增加了在会展业方面的合作，提出"内地支持和配合香港举行大型国际会议和展览会"。在 CEPA 补充协议五中，除了对原来的电子商务和知识产权保护的内容进行一定的修改以外，还增加了加强两地在品牌建设方面合作的内容。

从内容上看，在 CEPA 补充协议的内容中，有关贸易投资便利化的内容在不断增加，但是相关于 CEPA 协议中相对具体的条款，CEPA 协议中有关贸易投资便利化的内容是最简单的，只是一些原则的内容，都是一些制度层面上的鼓励政策，为实际留下了很大的操作余地。例如在通关便利化方面，强调要建立相互通报制度、建立定期联系、加强交流等。由于内容较为宽泛，因此在实际操作中决策者具有很大的度量和把握权，这在一定程度上也增加了政策效果的评估难度。

（三）专业资格互认方式多样

从严格的意义上而言，专业资格互认属于服务业开放的内容，在最先签订的 CEPA 协议以及以后早期的补充协议中，专业资格互认的条款并没有独立出现，而是归入了服务业开放内容之一。随着两地经贸合作的不断推进，香港专业服务业企业开始逐步进入内地，专业资格互认在两地经贸合作中的重要性也日益凸显，从 2007 年签订的补充协议四开始，专业资格互认作为单独的内容条款被列出。目前在 CEPA 框架下，建筑、会计、证券、医疗、法律、信息技术、专利代理、税收和房地产经纪等领域的专业资格互认取得了进展。针对 CEPA 框架下有关专业资格互认的框架性协议，各行业管理部门出台了相应的法规对相关内容进行深化和补充。从目前的进展来看，除了通过在当地设立考场等方式便利对方专业人员取得专业资格认证以外，CEPA 在专业资格互认方面主要有以下几个特点：

一是相互之间直接互认资格。这在建筑领域体现得比较明显，目前两地已经在房地产估价师（香港称"产业测量师"）、建筑师、结构工程师、规划师、造价工程师（香港称"工料测量师"）、监理工程师（香港称"建筑测量师"）等 6 个专业领域签署了资格互认协议。同时在 2009 年签订了 CEPA 补充协议六中，规定了对双方的房地产经纪的专业人员实施资格互认。

二是签订考试豁免协议。在注册会计师领域，两地相互豁免了"财务成本"和"审计"两个科目，在注册税务师领域，两地相互豁免了"财务与会计"领域。

三是在尚未对第三方开放的领域，允许双方通过考试分别获取对方的专业资格认证。在证券期货领域、医疗领域、法律领域、信息技术领域、保险领域、专利代理等领域，双方已经对人员资格认证实行了开放，但是要通过专业的考试。

（四）合作方式出现新的变化

随着 CEPA 补充协议的不断签订，在两地经贸合作方式上出现了新的变化，这主要体现在金融领域和粤港次区域合作方面取得突破。

金融领域始终是两地合作的重点，在最早的 CEPA 协议以及早期的补充协议中就有涉及金融领域开放的相关内容。随着两地经贸合作的推进，作为香港优势最重要的体现，金融业的合作也受到更多的关注。2007 年的补充协议四和 2009 年的补充协议六，两地的金融合作作为单独的条款被列入正式的文本中。在补充协议四中，支持内地银行到香港开设分支机构经营业务，为香港银行到内地欠发达地区设立分行和村镇银行提供便利；在补充协议六中，主要是在资本市场方面加强合作，鼓励内地证券公司在香港开展业务同时在内地证券市场积极引入港股组合 ETF（交易型开放式指数基金）。

在 CEPA 的框架下，粤港次区域越来越成为协议的重点内容。实际上在最早签订的 CEPA 协议以及早期的补充协议中，已经有了有关服务业在广东先期开放的内容，例如有关物流业的开放方面，广东成为开放的首选地。从 CEPA 补充协议五开始，粤港合作"先行先试"取得了重大突破，在会计、医疗服务、环境合作、社会服务、旅游服务、海运服务、公路运输服务等领域都明确提出了在广东"先行先试"的方案。在 2009 年 6 月签订的补充协议六中，较为敏感的公共事业服务、电信、银行、证券以及轨道交通等领域的开放，都明确规定了在广东"先行先试"。随着粤港次区域合作的推进，在将来的 CEPA 协议中，将有更多的服务业或者其他项目的开放在广东"先行先试"。

二、CEPA 的效应

（一）为内地与香港特别行政区的合作奠定了制度化框架

CEPA 签署以前，香港与内地的经贸合作主要通过市场或者民间组织或者是松散的论坛建立起来。最典型的就是香港和广东"前店后厂"形成，是在一定条件下市场经济自发的一个行为。尽管两地的政府为了更好地实现"前店后厂"布局，在制度设计和硬件设施方面也进行了多方面的努力，但在 CEPA 签署以前，虽然在经济领域两地的合作不断取得突破，但并没有制度化的安排来协调两地的合作，从本质上看，两地在制度层面的合作从没有超出一般的两个独立关税区的合作范畴。即使在香港回归以后，内地与香港特别行政区的合作在制度层面上并没有取得太大的突破。缺乏制度方面的安排，既与两地的经贸联系不相称，也在一定程度上制约了两地经贸关系尤其是在服务业合作和要素流动便利化方面的进一步发展。

CEPA 协议，涵盖了货物贸易、服务贸易和贸易投资便利化，是内地作为独立的关税区与其他关税区履行的第一个自由贸易协定，只不过香港作为中国的一部分，在名称上与一般的自由贸易区有所不同而已。可以说，CEPA 协议的实施，为两地的经贸正式形成了制度性的框架。CEPA

的实施，为两地（包括澳门）的合作奠定了制度化的框架。在 CEPA 框架下，两地之间除了货物贸易基本实现零关税以外，在服务贸易、货物贸易以及贸易投资便利化方面的合作不断取得突破。可以说，两地之间的制度化安排，为在"前店后厂"发展到一定程度之后，两地之间经贸关系的进一步取得突破，尤其是在金融、法律等敏感产业合作方面的合作进一步取得突破奠定了制度化框架。在 CEPA 框架下，香港和内地之间的合作障碍不断消除，随着市场准入的不断开放，两地的合作也在不断地延伸。未来，在 CEPA 框架下，将逐步形成更加开放和公平竞争的双向准入平台，促进两地经济转型的新合作模式的建立。

（二）极大地推动了两地投资贸易便利化进程

投资贸易便利化不仅是影响两地经贸合作进一步发展的重要因素，而且对于内地走出去和香港经济竞争力的提升有着直接的推动作用。而 CEPA 协议中有关贸易投资便利化的内容是一些原则性的内容，但是在两地政府的推动下，两地的贸易投资便利化不断取得推进。

在贸易便利化方面，主要是通过加强基础设施建设和改善软件环境来提高通关效率。例如在 CEPA 实施以后，内地香港的海关积极推进多项通过作业改革提高贸易便利化程度。陆路口岸通关作业改革实现了海关转关监管"一次申报、一次查验、一次放行"以及公路口岸车辆的自动核放，大大提高了陆运通关效率，使进境地口岸转关车辆通道核放时间由原先的 1 至 2 分钟缩减至 4 至 5 秒钟，指运地车场验放由原平均 30 分钟减少至平均 8 分钟。在行政合作上，2005 年，粤港海关在两地间正式启用《内地海关及香港海关陆路进/出境载货清单》，实行内地海关与不同关境地区海关业务单证的统一，实现了有关申报信息资源的共享，避免了企业在两地重复申报，并有效解决了香港运输业界提出的"拖车、拖头及集装箱"分开进出境的问题，同时启动的内地与香港海关在各自法律允许范畴内 X 光检查结果参考互认。

在投资便利化方面，商务部出台了《关于内地企业赴香港、澳门特别行政区投资开办企业核准事项的规定》，实行网上发放《内地企业赴港澳地区投资批准证书》，下放了审批权限、减少了审批环节，为内地企业包括民营企业赴港澳投资提供了便利；与港、澳特区政府有关部门建立了供港澳鲜活食物安全卫生及贸易管理问题工作联系机制，加强与港澳有关部门的沟通和通报。这些措施极大地推动了内地企业到香港投资。在 CEPA 实施以前的 2003 年，内地对香港的投资额仅为 11.5 亿美元，2004 年就增长到了 26.3 亿美元，此后快速增长，到了 2007 年已经达到 69.3 亿美元。

（三）拓展了香港的发展空间，提升香港经济的竞争力

在货物贸易方面，在补充协议五签订之后，香港共有 1510 类产品获得进入内地市场的零关税待遇，基本上所有进入内地的港产品都享受了零关税待遇。从 2004 年到 2008 年 6 月 30 日，共有 35230 份原产地证书获批，纺织品及成衣是最大的受惠产品类别，其次是食品及饮品、塑胶及塑胶产品、药物、化工制品、金属制品、染色剂，以及纸品及印刷品。通过 CEPA 进入内地的港产品金额 2004 年为 11.5 亿港元，2007 年增长到了 44.3 亿港元，2008 年上半年进一步达到 24.3 亿港元，占香港对内地出口的比重也从 2004 年的 3% 提高到 2008 年上半年的 13.9%，这说明随着 CEPA 的推进，越来越多的港产品选择了以 CEPA 方式进入内地。贸易项下零关税不仅使港产品受惠，更重要的是将部分香港已经丧失竞争力的制造业留在了香港，这对于解决低端就业无疑具有深远的意义，对于保持香港的长期繁荣稳定也能够发挥根本性的作用。从长远发展来看，鉴于香港对内地的本产出口享有零关税待遇，一些计划在亚洲区内设立生产线的外资制造商，也有可能到香港设厂。由于这些企业最终的目标是内地，因此通过零关税进入内地所节约的关税，在一定程度上可抵消香港较高的生产成本。考虑到 CEPA 项下规定了对知识产权保护的措施，因此对于增值率较高、知识产权占主导的产品而言，在香港生产也更具有竞争力。从长远发展来看，这有利于香港经济的转型升级。

在服务业方面，通过降低门槛、拓宽服务业准入等方式，为香港具有竞争力的分销、物流、建筑专业设计等服务业提供了在内地的发展空间。调研结果显示，2006 年，香港服务业通过 CEPA 方式在内地获得的收益达到了 42 亿港元，2007 年进一步提高到 53 亿港元。在这些收益中，分销和货运及物流占了相当的比重，其中仅在 2007 年，分销和货运及物流所获得的收益就达到了 44 亿港元，占当年 22 个服务业收益的 83%。随着 CEPA 框架下服务贸易的进一步开放，未来香港服务业将获得更多的收益。尤其是针对香港具有竞争优势同时又极为敏感的金融等行业，CEPA 陆续出台了相关的开放措施，这对于进一步发挥香港优势无疑具有积极的正面作用。

（四）拓展了两地专业人员的发展空间

随着专业资格互认工作和考试合作的推进，在专业服务领域，内地和香港不少专业人员都取得了对方的专业资格认证，或者通过参加对方考试的方式取得了对方的资格互认。在建筑行业，截至 2008 年，内地 1064 名专业人士、香港 973 名专业人士通过互认取得对方相应的专业资格。在注册会计师领域，2004 年，财政部和香港特区政府签署了考试豁免协议，对已经通过当地注册会计师领域考试的人员在申请对方考试时，相互豁免"财务成本管理"和"审计"两个考试科目。目前已经有 38 名香港会计师和 127 名内地注册会计师分别办理了免试手续。此外，在医疗领域、法律领域、保险领域、信息技术领域和专业代理领域，内地向港澳居民也开放了考试，允许当地居民通过考试取得内地的相关专业资格认证。目前已经有相当数量的香港居民通过了内地的资格考试，取得相关领域的资格认证。内地和香港在专业服务领域资格互认和开放考试的推进，为两地的服务业服务人员创造了更广阔的发展空间，同时也有助于通过人员交流的扩大来促进内地相关领域水平的提升。

（五）有利于满足内地经济结构转型升级等需求

在金融危机的冲击下，进入珠三角地区的港资企业受到了外需萎缩的不利冲击。危机的冲击可能是暂时的，但是如果这些处于低端的制造业不能尽快实现从低附加值向高附加值的转型，那么在未来各项成本逐步上升的情况下，这些制造业在面对来自其他地区的竞争中将处于更加不利的地位。因此，引入香港高效率的生产性服务业，不仅有利于降低物流等成本，而且有利于这些企业创立品牌、实现转型升级，最终提高进入珠三角地区港资制造业的竞争力。除了进入内地的港资企业面临着转型升级的需求，而且内地大量的中小型民营企业也面临着与这些港资企业类似的需求，这也产生了对港资相关生产型服务业类似的需求。

随着内地经济的进一步发展，面临着消费结构升级、城市化进程进一步推进等诸多问题，对个性化医疗服务、家政服务以及城市规划和设计都提出了更高的要求。在内地相关服务业发展相对落后的情况下，香港服务业的进入不仅能够在一定程度上满足内地的相关需求，而且在很大程度上能够对相关服务业的发展起到一定的带动作用。

除此以外，通过降低香港服务业的准入条件，有利于引入外部竞争，在充分借鉴香港专业服务发展的经验，推进专业服务的市场化改革，改善营商环境。同时，将有一些高端专业服务转交给香港本土企业，在应对跨国公司竞争的同时，也有利于维护我国的产业安全。

三、CEPA 实施中存在的问题及原因

（一）CEPA 落实过程中存在的问题

1. 服务业结构失衡，进入速度放慢

从目前进入的服务业来看，主要还是集中在分销、物流、建筑专业服

务等，内地包括珠三角地区发展相对落后，而制造业转型升级过程中又迫切需要的会计、商标代理服务等生产性服务业，进入还是相对较少。而分销、物流，相对多的是通过非 CEPA 的方式进入内地，这在一定程度上削弱了 CEPA 的效应。

与此同时，尽管 CEPA 不断降低香港服务业的进入门槛，但是香港服务业进入内地的速度明显放缓，门槛降低的作用有限。目前香港服务业提供者证书批准的数量由 2005 年的每个季度的 100 多份，下降到目前的每个季度 30 多份。尤为突出的是，CEPA 的开放效应正在逐步减弱，CEPA 不断推出降低服务业准入门槛的措施，但是这些措施的效果并不是太明显。2007 年，香港和内地签署了 CEPA 的补充协议四，对香港新开放了 11 个服务业。但截至 2008 年 5 月 31 日，这新开放的 11 个服务业中，除了管理和项目管理相关的服务、公用事业服务、计算机及相关等三个服务业以外，目前尚有 8 个服务业没有申请服务业提供者证明书。即使是申请了服务业提供者证明书的三个服务业，其证明书的数量也相当有限。而且，香港服务业主要还是通过非 CEPA 的方式进入的。根据香港工贸署的调查显示，2007 年香港服务业在内地所获得的收益中，大约只有 7% 左右是通过 CEPA 方式获得的，其余将近 93% 的收益还是通过非 CEPA 方式获得。

2. 货物贸易

目前除了禁止进口的商品以外，香港对内地出口的所有的货物基本上都是零关税。但是目前输入内地的港产品中，大量还是以非 CEPA 方式进入内地。2007 年，香港输入内地的产品中，在扣除了涉及外发加工货物之后，在余下的货物中，尚有 40% 左右的货物是以非 CEPA 方式进入内地。这无疑使 CEPA 的效应大打折扣。近年来，通过 CEPA 方式进入内地的货物比重有所增加，但是与预期还是存在一定的差距。

不仅如此，签订 CEPA 中货物贸易协定的一个重要目的是在促进香港低素质劳动力就业的同时，发挥香港高端制造业的优势，将香港高增值的产品输入内地的同时，促进香港结构的转型升级。从 CEPA 项下获取原产地证书的项目来看，纺织及成衣制品、食品及饮品获批的原产地证书数目占了50%以上，而钟表、电机及电子产品、首饰及贵金属等产品获批证书的数目所占的比重分别为0.6%、1.5%和1.1%。这些高增值产品在香港输往内地的零关税产品中所占的比重微不足道。这说明CEPA的货物贸易开放在促进香港劳动密集型产业发展的同时，在带动香港高端尤其是高科技制造业发展方面所发挥的作用就现阶段来看，作用并不明显。

（二）产生问题的原因

CEPA推进缓慢，关键在于尽管开放领域不少，但真正的开放程度还是不够。最明显的就是，进入内地的香港服务业企业还是作为外商投资企业管理，这是目前CEPA推进缓慢的基本因素。具体而言，主要有以下几个原因：

1. 关税的降低，削弱了零关税优势

随着WTO承诺的逐步履行，关税逐步降低，目前内地的关税已经降低到10%以下，尤其是机电产品的关税，基本上降到零。对于香港出口商而言，直接出口比申请原产地证书再以CEPA方式出口，其成本也增加不了多少，而且时间更为迅捷。因此，相当产品还是直接出口到内地，而不是通过CEPA方式。

同时，出口内地的港产品，尤其是珠宝等产品，对时间要求较高，具有多批次、一次少量的特点。如果每次都花一周左右时间申请原产地证书，往往会带来时间的耽误。香港厂家也选择直接出口而不是花费时间申请原产地证书出口。

2. 多种渠道为服务业的进入提供了空间

随着内地WTO承诺的履行，尤其是服务业开放承诺的履行，服务业进入的门槛大大降低，尤其是香港具有竞争优势的物流、货代服务业，其开放程度与CEPA承诺已经相差无几。例如物流业，在2004年实行的CEPA I中，允许香港服务业以独资的方式在内地提供货运分拨和物流服务。而在内地，从2006年3月31日起，外商独资企业就可以在全国范围内以

独资的形式设立物流企业。对于香港物流企业而言，与其花费精力申请香港服务业提供者的证明书，不如以外商投资企业直接进入。

同时，大量香港的服务业企业以非正规渠道进入内地，包括各种形式的联营、借用内地居民名字申请注册公司、挂靠内地企业等等。在内地，尤其是广州、深圳，吸纳的香港生产性服务业要远远高于 CEPA 项下进入的企业，呈现"两张皮"的发展模式。对外经济研究所对珠三角地区的调研结果也显示，在珠三角地区，联系香港银行业与珠三角制造业的"地下金融"相当发达，尤其是在银行借贷方面。这些非正规渠道进入的生产性服务业，一定程度削弱了 CEPA 的效用。

3. 准入门槛偏高仍然制约了香港服务业的进入

从开放领域看，CEPA 项下服务业的开放领域已经几乎扩大到所有的领域，但是一些领域的进入门槛过高直接导致了香港服务业的进入困难，在医疗、旅游方面这一点体现得更为明显。例如旅游业，CEPA 规定进入内地的香港旅行社，进行合资的旅行社的年经营额必须在 4000 万美元以上，独资的旅行社的年经营额必须在 5 亿美元以上。与香港其他服务业的特点一致，香港旅行社的一个特点就是规模小、数量多。这个规定实际上封住了香港许多旅行社进入内地的大门。

4. 前置审批缓慢直接导致服务业进入缓慢

一是审批程序复杂。目前开放的服务业中，审批部门包括三类：第一类是国家商务部审批；第二类是相关部委、机构审批；第三类是省/市外经贸厅或相关行业主管部门审批。在国家层面上的审批，包括了"申报—初审—再审—答复"这样一个繁琐的程序，而且缺乏跟进措施，企业往往无法确定审批的进展程度，企业无法做出相应的计划安排，导致贻误商机甚至直接导致项目流产。

二是多头管理，需要审批的项目繁多。即使审批权限下放，由于多头管理的存在，各部门都能从各自角度提出一定的发言权，企业需要审批的项目繁多。例如商业分销，不仅要有外经贸主管部门审批，还有内贸部门对零售商业网点是否符合规划布局做审核。一间 10～20 平方米的店铺往往需要多个部门审核。而且多头审批，往往不容易协调，例如一些行业的审批权限，商务部已经下放到省商务厅，但是由于与工商部门没有协调好，国家工商部门并没有将审批权限下放到省级部门，因此省级工商部门往往无法进行相应的审批。遇到此类情况，企业既不能在国家层面审批，也不能在省级层面审批，企业无所适从。

5. 高度行政化的管理体制导致香港服务业在内地开展业务困难

内地是行政主导的大陆型经济体制，尽管市场化改革取得了明显的成效，但是长期以来形成的高度行政化的管理体制在经济生活中随处可见，尤其是在相对敏感的服务业。

一是多部门管理，行政色彩浓厚。在服务业的实际的运作中，除了专门的部门以外，许多部门都从各自部门的角度出发，提出相应的行业管理意见。例如物流行业，商务部、交通部、国家发展改革委，都能从各自的角度提出管理办法，初步统计，涉及物流管理的法律法规达到了 11 项。对于习惯了自由竞争的香港企业而言，往往需要相当长的一段时期才能适应。

二是区域分割严重，存在地方保护主义倾向。全国，甚至在广东省内，都没有形成统一的市场管理体制。同样以物流为例，在一个地方审批通过之后，要在另一个地方设立分支机构，需要再次审批，否则只能设立非盈利性的代表处，而且一个地方的营运牌照，异地不能运营，物流的跨境运作困难。

三是在高度行政管理体制下，一些细节规定导致操作存在困难。同样以物流业为例，国内政策规定，开展国内运输业务，需要有国内担保公司，并且与国内航空公司签署协议。但是在还没有货运合同的情况下，一般是不可能有合作协议。在高度行政管理体制下，类似的细节规定导致企业开展业务困难重重。

6. 市场对接存在落差

长期以来的市场分割，导致市场发育不同，实际对接存在落差。例如货运代理，在内地货运代理是一个集成概念，而在内地，货运代理和运输是两个不同的行业。在不同的行业结构下，港商除了申请物流的审批以外还要申请货代的审批，往往令港商觉得不便。

同样，香港服务业的特色是规模较小，同时分工程度较高，尤其是在建筑行业表现得更为明显。在承揽工程时，香港企业一般是多家企业联合审批。但是内地一般习惯于要求一家企业具有多种资质和牌照。遇到这种情况，企业往往很为难。

7. 营商环境不同

根据香港贸发局所做的调查显示，内地无序的市场竞争环境，是在内地开展业务的港资企业遇到的主要困难。在内地，由于违规成本较低，加上没有强有力的行业协会的监督，内地的部分企业和人员往往不顾后果、不择手段来争抢生意，使来自香港专业守则约束的服务商无法公平竞争[①]。这种市场不仅影响了港资服务业企业正常开展业务，也影响了内地本土守法企业的竞争环境。

四、"十二五"期间 CEPA 的定位

（一）两地经济尤其是粤港经济进一步融合的平台

从"十二五"以及更长的时期看，CEPA 作为内地香港合作的制度化设计，应该脱离 WTO 框架的束缚，成为两地重要的合作平台，包括内地企业走出去、香港敏感产业如金融产业进入内地，都可以在这个框架下进行。而且从目前发展的趋势看，CEPA 在粤港服务业合作中也应该发挥制度性平台的作用。作为世界上最活跃的自由贸易协定，CEPA 不仅在中央与香港的层面上，而且在粤港之间，形成了固定的沟通平台，CEPA 无疑

---

① 香港贸发局研究部：《如何加强沪港服务业合作：香港公司在上海的发展意向及障碍》，2006 年 10 月。

是粤港合作最为便利的平台。同时，CEPA 的内容涵盖了货物贸易、服务业贸易和贸易投资便利化，其中，服务贸易和贸易投资便利化是 CEPA 的主要内容，也是粤港服务业合作的主要方向。在 CEPA 的内容中，一直有关于针对粤港服务业合作的内容。而在最近签订的 CEPA 补充协议五中，明确提出了有关粤港服务业"先行先试"的内容。这些尝试为 CEPA 框架下，更加有力地推进粤港服务业合作提供了良好的借鉴。在目前推进粤港服务业的合作中，不仅包括了关于促进香港服务业更便利进入的内地的制度建设，也包括了从各方面促进两地消费、人员流动、人才互认等方面融合的制度安排。如此复杂的制度建设，如果没有一个成熟的制度安排的平台，很难取得预期的效果。因此，CEPA 可以在地方合作层次上发挥更大的作用。

（二）保持香港特定制造业的竞争力，促进香港就业的重要途径

香港是一个以服务业为主体的都市经济，发展高增值服务是香港未来经济转型的重要方向。但是香港面临的一个重要问题就是经济转型以后大量低素质（相对于内地农民工还是高素质）人员的就业问题。这些人员的稳定就业，是香港经济繁荣稳定的重要前提，也是香港政治稳定的重要保证。但是人力成本过高等因素，实际上制约了香港制造业竞争优势的发挥。而且香港作为自由经济体，由于缺乏必要的筹码，很难与其他国家和地区签订双边的贸易开放协议，只能在 WTO 框架下与其他经济体开展竞争。在目前 WTO 谈判陷入僵局，双边自由贸易协定不断增多的情况下，香港实际上处于竞争的劣势。而内地与香港的 CEPA 框架，为保持香港必要的制造业水平提供了一个重要的途径。通过 CEPA 平台，基本上所有的香港产品能够以免税的方式进入内地，这在香港与其他经济体的合作中是很难实现的。香港通过 CEPA，可以在一定程度上保留其制造业，从而为稳定就业创造一定的条件。

从未来发展来看，香港进入内地的产品应该具有以下几个特征：

一是高增值。作为发达的经济体，香港很难在劳动密集型产业和其他制造业方面与内地展开竞争，因此香港未来进入内地的工业品应该具有一定的高增值性，具有一定的技术含量。

二是应该是内地关税水平相对较高的产品。内地加入 WTO 之后，关税水平不断降低，这无疑限制了 CEPA 中关于货物贸易条款作用的发挥。但是在 WTO 框架下，为了保持国内的产业安全和其他目的，必然要保持一些产品的高关税。CEPA 可以为香港相应的产品进入内地创造良好的条件。

三是具有一定的香港品牌优势。尽管香港的制造业在 GDP 中的比重已经大大降低，香港的竞争优势并不体现在制造业。但是香港在一些特定的制造业领域还是能够发挥比较优势的，而且在内地消费者心目中具有一定的品牌效用，例如高档成衣、医药产品尤其是中医药产品、特定的化工产品、食品饮品等等，甚至包括未来香港向高科技转型成功的高科技产品。

（三）进一步推进 CEPA 需要解决的问题

1. 进一步降低服务业准入门槛，同时将更多的审批权放在地方

在扩大开放领域的同时，进一步降低门槛是切实发挥 CEPA 作用的重要途径。因此，针对一些门槛较高但又关系经济安全的服务业，例如医疗、旅游服务等，切实降低这些行业的进入门槛，降低对这些行业在资本、营业额方面的过高要求。

同时，进一步下放审批权。在已经签订的 CEPA 补充协议五中，设立门诊部、设立旅行社、环境污染治理设施的运营、道路运输服务、设立汽车维修等服务性企业等的项目审批下放到了广东省。同时，尽管没有纳入补充协议五，但在广东省的分销、教育服务业、广告服务业等项目的审批，国家也委托给了广东省，作为粤港经贸合作"先行先试"的重要内容。这是在现阶段推进粤港服务业合作制度化建设最直接有效的方式之一。在目前"先行先试"的基础上，在下一轮的 CEPA 协议中，并不追求开放更多的领域中，但是在已经开放的领域中，进一步提高开放度，争取

将更多的服务业的审批权限放在广东省或者其他相关省份，以切实提高CEPA协议的有效性。

2. 在CEPA平台下，拓展两地合作制度设计的内容，为两地服务业合作创造更好的条件

一是进一步推进两地的人员往来的便利化措施，例如延长停留期限，简化申办手续等等，并为跨境消费创造更好的条件，例如推行两地都能通用的借记卡等等。

二是推进两地的专业资格和学历的互认工作。在现有会计资格考试豁免的基础上，推进建筑等方面的专业资格的互认工作的同时，加大对有关教育文凭互认工作的力度。

三是推进跨境便利化的同时，促进两地的通讯往来的便利化，例如通过粤港两地的协商，在制度设计上，大幅度降低两地的电信、邮政往来的资费，并提高邮件的通讯速度。

3. 创新合作方式与合作内容

CEPA实施的效果与现实有一定的落差，除了前面提到的原因以外，也与香港都市经济的特点有密切的联系。香港是一个都市经济，都市经济的特点是综合运作能力强，但是缺乏宽领域、多层次的竞争力，不能满足不同发展阶段的需要。而内地是一个大陆性经济，呈现多层次的发展格局。发展的落差导致对接上的困难。例如对于中西部欠发达地区，香港的生产型服务业就很难找到合适的发展空间。因此，在实际的运作中，可以创新合作方式，更多的是考虑与珠三角地区或者与上海等长三角地区进行合作。例如目前的粤港的服务业合作，为切实推动CEPA提供了一个良好的切入点。CEPA可以通过"先行先试"等方式，在粤港服务业中发挥更大的作用，同时这也是切实落实CEPA的重要方式。

目前，正在积极酝酿的"穗港澳特别合作区"包括了物流、金融合作、会展、服务业外包园区等等。尽管这些内容正在酝酿之中，但是相比原来CEPA框架下的"提清单—降低门槛—落实和推进"这样一个合作模式，已经有了很大的创新。在未来CEPA的框架中，可以将类似于服务

业的合作区纳入到合作的框架中，不仅为两地的服务业合作创造类似于自由贸易区的环境，也可以为急于"走出去"又缺乏渠道的内地企业创造条件。例如在试验区中，可以不限门槛，引入大量香港的金融服务和相关企业，包括普通商业银行、投资银行，这些企业提供服务的内容是与香港服务业企业一致，但是服务对象主要是珠三角的企业。通过香港服务业为广东的企业"走出去"、投融资等提供优质和高效率的服务。同时，采取措施，将试验区的经营活动限制在一定的区域，防止服务业企业尤其是金融业企业大量进入可能带来的冲击。

4. 打破内部垄断，为服务业的发展创造条件

通过导入外部压力，为服务业的发展创造良好的制度环境和营商环境。一是清理与市场经济发展相适应的法律和法规，坚决打破各种地方保护主义，不仅为香港服务业，而且为本地服务业的发展创造良好的空间。二是可以借鉴香港对服务业管理的经验，积极试验各种有效的对服务业的管理办法，例如对非关键服务业例如货代、物流等，放宽审批，或者直接采取备案制。而这些，都可以纳入 CEPA 或者粤港经贸合作的框架中，通过外部的压力来促进内部环境的改善。

总之，CEPA 这个平台，是为两地经济融合和发展创造良好环境的重要途径，而不仅仅是一个单边的开放。对于内地而言，是希望通过这个平台，引入竞争、创造公平，促进内地营商环境的改善，为本土产业发展创造一个公平竞争的环境。这对于内地经济保持持续、稳定增长具有重要的战略意义。

参考资料目录：

1. 谢国梁：《深化粤港合作的新方向、新举措》，《中银财经评述》，2008 年 4 月 28 日。

2. 冯邦彦、钟韵：《CEPA 框架下香港生产性服务业进入广东发展调研报告》，2007 年 8 月。

3. 商务部台港澳司：《内地与港澳专业人士资格互认及考试合作进展顺

利》，商务部网站。

4. 香港贸发局研究部：《如何加强沪港服务业合作：香港公司在上海的发展意向及障碍》，贸发局网站。

附表1　部分重点服务业领域 CEPA 与 WTO 开放承诺

服务行业	CEPA 项下主要开放承诺	内地加入 WTO 开放承诺
法律服务	允许在内地设立代表机构的香港律师事务所，与一个内地事务所联营。	只允许设立代表处，不允许事务所与内地设立联营机构。
会计、审计和簿记服务	除了享受 WTO 的开放承诺以外，允许香港事务所到内地临时开展审计业务。	可以由具有一定资质的会计师事务所在内地开办合资会计师事务所。
会议服务与展览服务	允许香港服务提供者以独资、合资和合作方式设立企业，经营到香港、澳门的展览；允许香港服务业提供者以跨境交付的方式，在广东、上海、北京等6省市试点举办展览，并在广西等8省市经营出国展览业。	外商投资企业可以在全国范围内以独资、合资和合营的形式设立会议和展览公司，在境内举办会议、展览，在境外举办会议。
分销服务	允许香港服务提供者在内地设立独资企业，提供佣金代理和批发服务、设立独资对外贸易公司、零售商业企业；部分零售连锁可控股，比例不超过65%；2006年1月，允许香港、澳门服务提供者设立独资、合资或合作企业经营化肥、成品油、原油的佣金代理业务，以及化肥的批发和零售业务。	零售连锁比例不能超过49%；从事批发的外商投资商业企业，2004年12月11日前不得经营药品、农药和农膜。2006年12月11日前不得经营化肥、成品油和原油；零售的外商投资商业企业，2004年12月11日前不得经营药品、农药、农膜和成品油。2006年12月11日前不得经营化肥。
所有保险及相关服务	允许注册资本50亿美元以上保险集团进入内地；允许香港保险公司参股内地保险公司，比例不超过24.9%；允许保险代理公司设立独资公司。	外资保险公司必须是经营历史超过30年，总资产不低于50亿美元；外资可以建立独资公司，但是经营寿险业务需要合资，投资比例不超过50%。
银行及其他金融服务（不包括保险和证券）	资产达到60亿美元香港银行或者财务公司可在内地开设分行或者代表机构；入股内地银行，由资产不低于100亿美元降到不低于60亿美元；香港银行只须在广东省开设一分行，便可在省内各市开支行。	设立外资和独资银行，必须有代表处（独资银行需要2年以上），设立独资银行，总资产不少于100亿美元，设立外国银行分行，总资产不少于200亿美元，设立合资银行或者合资财务机构，总资产不少于100亿美元。

续表

服务行业	CEPA 项下主要开放承诺	内地加入 WTO 开放承诺
证券期货服务	允许香港交易所在北京设立办事处；简化从业人员申请证券期货专业从业人员资格考试；允许香港中介机构在内地开展合资期货经纪业务，合资比例不超过 49%；允许内地基金、证券公司在香港设立分支机构；香港与内地证券公司可于广东开设合资证券投资咨询公司；积极研究在内地引入港股组合的交易型开放式指数基金（ETF）。	入世三年内，允许外资持有基金管理公司 33% 的股份，三年后可增至 49%。同时三年内外国券商也可持有证券公司 33% 的股份，三年后可增至 49%。
旅游及旅游相关服务	允许香港服务提供者以独资形式在内地经营餐馆、饭店；允许经营合资旅行社，股权比例和地域没有限制；部分省市落实香港自由行；合资和独资的门槛分别降到 1500 万美元和 800 万美元，可经营港澳游业务；降低香港旅行社进入门槛，合资年营业额不低于 1200 万美元，独资不低于 2500 万美元；广东、广西、湖南、海南、福建、江西、云南、贵州和四川等的旅行社可以经营到港澳业务；内地台湾旅行团可以一程多站式经香港作过境旅游。	可在国家批准的旅游区及北京、上海、深圳、西安、广州设立独资或合资旅行社；合资企业年经营额在 4000 万美元以上，独资企业年经营额在 5 亿美元以上；不得经营出国旅游及赴港澳游。
运输服务及物流服务	允许香港服务提供者以独资形式在内地提供相关的货运分拨和物流服务，包括道路普通货物的运输以及香港至内地各省、市及自治区之间的货运"直通车"业务，并经营道路货物运输站（场）及机车维修；允许香港服务提供者在内地的西部地区设立独资企业，经营道路客运业务，允许香港经营专营巴士的客运公司和经营非专营巴士（粤港直通巴士）的公司从事香港与该九省之间的道路客运"直通车"业务；允许香港经营专营巴士的客运公司在内地的市级城市设立独资企业，从事城市公共客运和出租车客运业务，允许香港服务提供者在内地设立合资企业，提供城市间定期旅客运输服务。	2006 年 3 月 31 日起，外商投资企业可以在全国范围内以独资形式设立物流企业；2004 年 12 月 28 日起，外商投资企业可以独资，但是不能经营"直通车"业务；外商可采用合资形式投资道路客运服务，投资比例不超过 49%；鼓励外商以合资、合作和委托经营的方式投资公共交通。

（资料来源：香港工贸署网站、《中国加入 WTO 议定书》，作者整理）

第十六章
中国与东盟合作

王海峰

内容提要：东盟是"东南亚国家联盟"的简称，其目标是东盟共同体。1990 年以来随着东盟扩大，中国与东盟合作进入全面发展阶段良性发展，已建立领导人会议、部长级会议机制和工作层对话合作机制。进入新世纪，中国与东盟合作进入新的发展阶段，双方关于自由贸易区谈判已基本完成。展望未来，2010 年中国——东盟随自由贸易区的建成，合作领域将更加广泛，合作内容将更加丰富，今后 5～10 年将是中国和东盟合作的又一个重要的战略机遇期。

一、中国和东盟合作概况

（一）东盟基本情况

东盟是"东南亚国家联盟"的简称，1967 年 8 月 8 日由印度尼西亚、马来西亚、菲律宾、新加坡、泰国 5 个国家发起成立，此后文莱、越南、缅甸、老挝和柬埔寨先后加入，1999 年 4 月 30 日柬埔寨加入后形成现在的 10 个成员国。2008 年 12 月 15 日《东盟宪章》正式生效，其战略目标是建立东盟共同体。宪章规定：东盟共同体将由东盟经济共同体、东盟安全共同体和东盟社会文化共同体组成。2009 年 3 月第 14 届东盟峰会签署了《东盟共同体 2009—2015 年路线图宣言》，标志着东盟共同体建设和一体化进程进入新的发展阶段。东盟包括整个东南亚地区，总面积 443.58 万平方公里，2008 年总人口 5.8 亿，国内生产总值 1.5 万亿美元，贸易总量 1.7 万亿美元。东盟是亚洲最为重要的地区性组织，各国发展水平差异很大，各成员国主要经济指标见表 16-1。

东盟基本目标是：维护并加强本地区和平、安全与稳定；保持本地区无核化，支持民主、法制和宪政，为东盟居民提供公正、民主与和谐的和平环境；致力于经济一体化建设，构建稳定、繁荣和统一的东盟市场和生产基地，实现商品、服务和投资自由流动；增强合作互助，在本地区消除贫困，缩小贫富差距；加强人力资源开发，鼓励社会各部门参与，增强东盟大家庭意识。

东盟主要机构有首脑会议、外长会议、常务委员会、经济部长会议、其他部长会议、秘书处、专门委员会以及民间和半官方机构。首脑会议是东盟最高决策机构，1976~2009 年，共举行 14 次首脑会议；2001 年后首脑会议大约每年举行一次，已成为东盟国家商讨区域合作大计的最主要机制，主席由成员国轮流担任。外长会议是制定东盟基本政策的机构，每年轮流在成员国举行。常务委员会主要讨论东盟外交政策，并落实具体合作项目。东盟秘书处设在印度尼西亚首都雅加达，现任秘书长为泰国原外交部长素林，任期从 2008 年 1 月 1 日至 2012 年 12 月 31 日。

东盟在地区事务中发挥着积极的作用，已成为推动东南亚地区国际合作的重要力量。20 世纪 90 年代，东盟开始推动东亚区域合作进程，形成了以东盟为中心的一系列区域和次区域合作机制。1994 年 7 月成立东盟地区论坛，1999 年 9 月成立东亚—拉美合作论坛。在东亚，东盟与中日韩 "10+3"、东盟分别与中日韩的 "10+1" 合作机制已经发展成为东亚合作的主要渠道。此外，东盟还与美国、澳大利亚、新西兰、加拿大、欧盟、俄罗斯和印度等 7 个国家形成对话伙伴关系。2003 年，中国成为第一个加入《东南亚友好合作条约》的非东盟国家。

表 16 - 1　东盟十国基本情况（2008 年）

国家	国土面积 （平方公里）	人口 （百万）	GDP （亿美元）	人均 GDP （美元）	对外贸易 （亿美元）
文莱	5，765	0.40	141.47	35622.6	109.56
柬埔寨	181，035	14.66	110.82	756.1	－
印度尼西亚	1，860，360	228.52	5111.74	2236.9	2662.18
老挝	236，800	5.76	52.89	917.8	－
马来西亚	330，252	27.86	2220.58	7969.6	3387.95
缅甸	676，577	58.51	271.82	464.6	104.15
菲律宾	300，000	90.46	1667.73	1843.7	1056.71
新加坡	707	4.84	1841.20	38046.1	4721.65
泰国	513，120	66.48	2736.66	4116.4	3525.34
越南	331，212	86.16	907.01	1052.7	1413.57
东盟合计	4，435，827	583.65	15061.92	2580.6	16981.11

（资料来源：东盟官方网站，http://www.aseansec.org/19226.htm）

（二）中国与东盟合作的总体进展

东盟不断扩大的过程适逢中国改革开放的关键时期，20 世纪 90 年代中国与东盟进入实质性对话和全面合作阶段。1991 年，中国与东盟开始正式对话，当年 7 月，中国外长钱其琛出席了第 24 届东盟外长会议开幕式，标志着中国开始成为东盟的磋商伙伴。1996 年 3 月，中国明确提出希望成为东盟全面对话国，该倡议得到东盟各国的积极响应；7 月份，东盟外长一致同意中国为东盟的全面对话伙伴国，中国首次出席了当月举行的东盟与对话伙伴国会议。1997 年 12 月，国家主席江泽民出席首次中国东盟领导人会议，发表了《中华人民共和国与东盟国家首脑会晤联合声明》，确定了面向 21 世纪的睦邻互信伙伴关系，中国与东盟领导人会议机制建立。这些机制的建立为中国与东盟国家在 1997 年一起应对亚洲金融危机的冲击创造了条件。

2000 年以来，面对经济全球化和区域经济一体化的挑战，中国与东盟的关系日益密切，政治互信日益成熟，多层次的定期对话磋商机制不断完善。2002 年 11 月，中国与东盟签署了《中国与东盟全面经济合作框架协议》，决定到 2010 年建成中国—东盟自由贸易区，正式启动了中国—东盟自贸区的建设进程。2005 年 7 月，中国东盟自由贸易区《货物贸易协议》开始实施，双方 7000 余种商品开始全面降税；2007 年 1 月，中国与东盟签署了中国东盟自由贸易区《服务贸易协议》，为中国东盟如期全面建成自贸区奠定了更为坚实的基础。2008 年，尽管受全球金融危机的冲击，中国与东盟双边贸易额仍保持快速增长，达到 2311.2 亿美元，同比增长 13.9%．占中国外贸进出口的 9%；东盟正成为中国"走出去"战略的重点地区，双方相互投资不断扩大，截至 2008 年底，双方相互投资额已接近 600 亿美元。

2003 年 10 月，在第 7 次中国东盟领导人会议上，中国政府宣布加入《东南亚友好合作条约》，与东盟建立了面向和平与繁荣的战略伙伴关系和较为完善的对话合作机制。目前中国东盟合作机制主要包括领导人会议、部长级会议机制和 5 个工作层对话合作机制。其中，领导人会议从 1997 年开始每年举行一次，中国国家主席出席了前两次会议，之后的会议由总理参加。部长级会议机制包括外交、经济、财政、农林、劳动、旅游、环境、文化、打击跨国犯罪、卫生、能源、信息通信、社会福利与发展、创新政府管理等。5 个工作机制包括中国东盟经贸委员会、中国东盟科技联委会、中国东盟高官磋商、东盟北京委员会、中国东盟联合合作委员会等不同层次的合作机制。东盟北京委员会由东盟各国驻华大使组成，旨在促进东盟驻华机构与我国政府部门的交流与合作。

2008 年中国政府设立并派出东盟大使，标志着中国和东盟的全面合作进入新的发展阶段。在区域合作方面，双方确定了农业、信息通信技术、人力资源开发、相互投资、湄公河流域开发、交通、能源、文化、旅游、公共卫生、环境等 11 个重点合作领域。此外，东盟部分国家和中国部分地区的次区域合作开发也在基础设施建设、投资开发、贸易投资、旅游和禁毒方面取得显著成果，农业、交通、通讯、旅游等领域得到了较大的发展。

二、中国和东盟的主要合作机制

（一）东盟和中日韩 "10 + 3" 机制和东亚（10 + 6）峰会

1995 年第五次东盟首脑会议宣言强调提出：东盟国家要在政治、经济等领域加强合作，努力加速东南亚一体化进程；同时决定，每年举行一次非正式首脑会议，欢迎其他亚洲国家的首脑参加。1997 年亚洲金融危机给东南亚各国带来了巨大挑战，也推进各国加强地区合作的愿望。同年 12 月 15 日，东盟与中日韩领导人在马来西亚吉隆坡召开了会议，"10 + 3" 合作机制正式启动。1999 年 11 月 28 日，东盟与中日韩领导人发表了《东亚合作联合声明》。2001 年，东亚 13 国 26 位专家组成的"东亚展望小组"提出了建立"东亚共同体"的报告，提出了东亚地区合作的构思。2004 年在老挝万象举行的第八次东盟与中日韩领导人会议上，各国领导人决定，2005 年在吉隆坡召开首届东亚峰会。2005 年 4 月，东盟在菲律宾宿务举行外长会议，就东亚峰会的日程、形式和参与国等问题进行了讨论，一致赞同东盟应在东亚峰会中发挥核心和主要驱动作用。同年 7 月，第 38 届东盟外长会议建议：东亚峰会定期在东盟成员国举行，由东盟轮值主席国主办。

表 16 - 2 东盟和中日韩 "10 + 3" 领导人会议成果

中国领导人	时间	地点	成果
江泽民	1997 年 12 月 15 日	马来西亚（吉隆坡）	就 21 世纪东亚地区前景、发展和合作问题交换了意见，取得了共识；江泽民发表了《携手合作，共创未来》的讲话
胡锦涛	1998 年 12 月 16 日	越南（河内）	就加强东亚合作，克服金融危机影响，维护地区和平、稳定与发展交换了意见；胡锦涛就东亚如何摆脱金融危机、恢复经济增长提出了建议
朱镕基	1999 年 11 月 28 日	菲律宾（马尼拉）	发表了《东亚合作联合声明》；朱镕基就东亚合作的方向和领域等问题提出具体建议
朱镕基	2000 年 11 月 24 日	新加坡	就东亚前景和加强东亚合作交换了意见；朱镕基阐述了中国对当前东亚形势和合作前景的看法，并提出加强合作的具体建议
朱镕基	2001 年 11 月 5 日	文莱（斯里巴加湾）	讨论了《东亚展望小组报告》，就加强东亚在各领域的合作与交流交换了意见；朱镕基提出了推进东亚合作的 5 点新建议
朱镕基	2002 年 11 月 4 日	柬埔寨（金边）	朱镕基表明了中国参与地区合作的决心和积极态度
温家宝	2003 年 10 月 8 日	印度尼西亚（巴厘岛）	温家宝发表了以"共同谱写东亚合作新篇章"为主题的讲话
温家宝	2004 年 11 月 29 日	老挝（万象）	
温家宝	2005 年 12 月 12 日	马来西亚（吉隆坡）	温家宝发表了"中国的和平发展与东亚的机遇"的演讲
温家宝	2007 年 1 月 14 日	菲律宾（宿务）	温家宝发表了演讲并提出 5 点倡议
温家宝	2007 年 11 月 20 日	新加坡	通过了第二份东亚合作联合声明及 2007 年至 2017 年 "10 +3" 合作工作计划；温家宝发表了《凝聚共识　再创辉煌》的讲话
温家宝	2009 年 4 月 11 日	泰国（帕塔）	因泰国国内安全原因取消

（资料来源：新华社网，http://news.xinhuanet.com）

东亚峰会是与东盟峰会同期举行的年会，由东盟轮值主席国主办，峰会的模式由东盟和东亚峰会其他所有参加国共同审议。东亚峰会是一个开放的、包容的、透明的和具有前瞻性的论坛；东盟在东亚峰会及东亚合作进程中发挥主导作用。东盟提出的参加东亚峰会的三个基本条件是：应是东盟的全面对话伙伴；已加入《东南亚友好合作条约》；与东盟组织有实质性的政治和经济关系。显然，东盟提出条件借鉴了中国和东盟合作的基本框架。2007 年 11 月 20 日，东亚峰会通过了第二份东亚合作联合声明及 2007 年至 2017 年"10＋3"合作工作计划。

表 16－3　历次东亚"10＋6"峰会成果

中国领导人	时间和地点	参加国家	成果
温家宝	2005 年 12 月 14 日 马来西亚 （吉隆坡）	东盟 10 国 中国 日本 韩国 印度 澳大利亚 新西兰	签署《东亚峰会吉隆坡宣言》，通过关于防控和应对禽流感宣言，就加强合作、相互依存、共谋发展达成共识；温家宝发表《坚持开放包容、实现互利共赢》的讲话
温家宝	2007 年 1 月 15 日 菲律宾 （宿务）		签署《东亚能源安全宿务宣言》，提出东亚地区能源合作的具体目标和措施；温家宝发表了《合作共赢、携手并进》讲话，就东亚合作方向提出三点主张
温家宝	2007 年 11 月 21 日 新加坡		签署《气候变化、能源和环境新加坡宣言》；温家宝发表了《携手合作共同创造可持续发展的未来》讲话，阐述了中国在应对气候变化问题上的 5 点主张
温家宝	2009 年 4 月 11 日 泰国 （帕塔）		因泰国国内安全原因取消

（资料来源：新华社网站，http://news.xinhuanet.com/）

（二）中国和东盟"10＋1"领导人会议机制

1997 年 12 月 16 日，首次中国东盟领导人非正式会议在马来西亚首都吉隆坡举行。江泽民主席出席了会议，发表了《中华人民共和国与东盟国家首脑会晤联合声明》，确立了中国与东盟睦邻互信伙伴关系。之后，中国和东盟领导人会议分别签署了《中国与东盟全面经济合作框架协议》、《东南亚友好合作条约》、《中国与东盟面向和平与繁荣的战略伙伴关系联合宣言》、《中国东盟全面经济合作框架协议货物贸易协议》以及《中国东盟争端解决机制协议》等重要文件。中国与东盟领导人历次会议成果见表16－4。

（三）外长会议机制

东盟外长会议是东盟制定基本政策的机构，每年轮流在成员国举行会议，东盟外长会议还定期举行非正式会议。1991年7月，钱其琛出席第24届东盟外长会议，中国开始积极参与东盟外长会议及后续会议，形成了中国和东盟"10＋1"外长对话会。2002年钱其琛在文莱的"10＋1"外长对话会上建议全面启动自由贸易区谈判、湄公河流域开发和非传统安全领域合作。以中国和东盟"（10＋1）"外长对话会为基础，中国还积极参与东盟与对话伙伴国会议、东盟地区论坛、东盟和中日韩外长会议以及东亚论坛。

表16－4　中国东盟历次领导人会议成果

中国领导人	时间	地点	成果
江泽民	1997年12月16日	马来西亚（吉隆坡）	《中华人民共和国与东盟国家首脑会晤联合声明》
胡锦涛	1998年12月16日	越南（河内）	同意通过全面对话合作框架，开辟多种合作渠道，通过平等友好协商，进一步推进睦邻互信伙伴关系的发展
朱镕基	1999年11月28日	菲律宾（马尼拉）	中国表示将继续深化与东盟在各个领域的对话与合作；东盟各国高度评价了中国在亚洲金融危机中给予的支持和援助

中国领导人	时间	地点	成果
朱镕基	2000 年 11 月 25 日	新加坡	加强在政治、人力资源开发、湄公河流域基础设施建设、高新技术、农业、贸易与投资等方面的合作
朱镕基	2001 年 11 月 6 日	文莱（斯里巴加湾）	同意在 10 年内建立中国—东盟自由贸易区
朱镕基	2002 年 11 月 4 日	柬埔寨（金边）	《中国与东盟全面经济合作框架协议》
温家宝	2003 年 10 月 8 日	印度尼西亚（巴厘岛）	《东南亚友好合作条约》；《中国与东盟面向和平与繁荣的战略伙伴关系联合宣言》
温家宝	2004 年 11 月 29 日	老挝（万象）	《中国与东盟全面经济合作框架协议货物贸易协议》；《中国—东盟争端解决机制协议》
温家宝	2005 年 12 月 12 日	马来西亚（吉隆坡）	交通、能源、文化、旅游和公共卫生成为新的重点合作领域
温家宝	2007 年 1 月 14 日	菲律宾（宿务）	《中国—东盟自贸区服务贸易协议》；《落实中国—东盟面向共同发展的信息通信领域伙伴关系北京宣言的行动计划》
温家宝	2007 年 11 月 20 日	新加坡	温家宝发表了题为《扩大合作互利共赢》的讲话
温家宝	2009 年 4 月 11 日	泰国（帕塔）	因泰国国内安全原因取消

（资料来源：新华社网站，http://news.xinhuanet.com/）

1. 东盟与对话伙伴国会议是东盟外长会议的后续会议，1978 年开始举办，每年由东盟成员国和对话伙伴国的外长出席会议。东盟 10 个对话伙伴分别是澳大利亚、加拿大、中国、欧盟、印度、日本、新西兰、俄罗斯、韩国和美国，会议主要讨论政治、经济、东盟与对话伙伴国的合作等问题。中国于 1996 年成为东盟全面对话伙伴国。

2. 东盟地区论坛是亚太地区最主要的官方多边安全对话与合作渠道，主要就亚太地区政治和安全问题交换意见，1994 年 7 月在曼谷成立。至 2008 年 7 月，论坛有 27 个成员，包括东盟 10 国、东盟 10 个对话伙伴，以及孟加拉国、朝鲜、蒙古、巴基斯坦、巴布亚新几内亚、斯里兰卡和东帝汶。论坛外长会议每年轮流在东盟主席国举行，之前举行高官会，为外长会议做准备。论坛一般不设具体议题，也不产生决议、声明之类具有约束性的文件。

3. 东盟和中日韩"10＋3"外长会议是指东盟10国和中国、日本、韩国外长举行的会议，2000年7月开始举行。它是"10＋3"领导人非正式会议框架下的一个专业部长级会议机制，在东盟外长会议后举行。唐家璇在曼谷举行的首次会议上提出东盟和中日韩的合作重点应放在金融、经济和科技等领域。

4. 东亚论坛创立于2003年，是东盟和中日韩合作框架下17项重要合作措施之一，旨在为官、产、学三方提供对话与合作的平台，发挥东亚合作的思想库作用。东亚论坛每年在有关国家轮流举办，是"10＋3"机制和东亚峰会机制的补充。

（四）中国东盟合作的主要工作磋商机制

1. 中国东盟高管磋商机制

中国东盟高官（副部级）磋商是中国与东盟合作的主要工作机制之一，轮流在中国和东盟国家举行，主要讨论中国东盟关系以及共同关心的国际和地区问题。1995年4月，中国与东盟开始在高官层次就共同关心的政治与安全问题举行年度磋商，时称中国东盟高官政治磋商，第1次中国东盟高官政治磋商在杭州举行。1998年第4次磋商更名为中国东盟高官磋商。2003年8月，第9次中国东盟高官磋商在福建省武夷山市举行，中国外交部王毅副部长、东盟10国高官和东盟秘书长出席会议。2007年4月第13次中国东盟高官磋商和第二次落实《南海各方行为宣言》后续行动特别高官会在安徽举行。2009年6月第15次中国东盟高官磋商在南京举行。中国外交部部长助理胡正跃、东盟10国外交部副部级官员及东盟副秘书长参加会议，讨论中国与东盟关系进展，探究当前全球金融危机形势下，如何加强双方各领域务实合作，并就共同关心的国际问题交换意见。通过这一机制，双方加强了在政治、安全等领域的相互了解与信任，并为经贸合作创造了条件。

2. 中国东盟经贸合作委员会

全称是中国东盟经济、贸易合作联合委员会。1993 年 9 月，中国和东盟在北京举行了首次经贸、科技合作磋商，决定成立两个联合委员会进一步发展中国与东盟在经济、贸易与科学技术领域里的合作与交流。1994 年 7 月，钱其琛副总理和东盟秘书长在曼谷签署了关于建立中国东盟经济、贸易合作联合委员会的协议。协议规定，委员会将轮流在中国和东盟国家定期举行会议，研究和探讨进一步扩大双方在经贸领域合作的途径。委员会的职能包括：审议中国与东盟之间的经贸合作执行情况；研究进一步扩大经贸合作的措施并提出建议；讨论中国与东盟共同关心的区域和国际经济问题。东盟在 1995 年 8 月第 1 次会议上提出共建经贸信息中心和中国东盟商会；2001 年 3 月第 3 次会议成立中国东盟经济合作专家组，讨论加强双方经济联系、提供贸易和投资便利，以及其他双方感兴趣的问题。2002 年中国和东盟签署协议，决定到 2010 年建成自由贸易区；此后，中国东盟经贸合作委员会让位于务实的自由贸易区谈判。

3. 中国东盟科技合作委员会

全称是中国东盟科学、技术合作联合委员会，是中国和东盟最早成立的两个联合委员会。1994 年 7 月，钱其琛副总理和东盟秘书长在曼谷签署了关于建立中国东盟科学、技术合作联合委员会。根据协议，委员会将轮流在中国和东盟国家定期举行会议，研究和探讨进一步扩大双方在科技领域合作的途径。委员会职能包括：审议中国东盟之间的科技合作执行情况；研究进一步扩大科技合作的措施并提出建议；讨论中国与东盟共同关心的区域和国际经济问题。1995 年 3 月，首届中国东盟科学技术合作联合委员会会议在文莱斯里巴加湾举行，就中国东盟科技联委会工作程序指南和联委会条例达成一致。双方决定每两年在中国和东盟国家轮流召开联委会会议，将生物科技、地震探测、遥感技术、海洋科学以及食品工业等确定为双方科技合作的重点领域。2001 年 10 月中国东盟科技合作联委会第 2 次会议在海南博鳌举行，会议认为，亚太地区的稳定为中国与东盟成员国的双边合作提供了很好的条件，双方将把促进科技进步、经济繁荣作为目标，使良好的合作关系保持和发展下去。2008 年 7 月，科技部副部长尚勇出席了东盟和中日韩"10 + 3"非正式科技部长会议、东亚"10 + 6"非正式科技部长会议、东盟科技周展览开幕式以及中国东盟科技合作联委会第 5 次会议等活动。

4. 中国东盟联合合作委员会

1997 年 2 月，中国和菲律宾在北京联合举办关于建立信任措施的会议，成立中国东盟联合合作委员会以及东盟北京委员会（东盟北京委员会是由东盟十国驻华大使馆组成的东盟对华合作机制），并举行中国东盟联合合作委员会首次会议。委员会的成立是中国成为东盟全面对话国的重要行动。中国东盟联合合作委员会是中国与东盟在具体领域合作的一个综合协调机制，涉及贸易、经济、科技、文化、信息、环境和社会发展等各方面。联委会重在政策协调和信息沟通，在工作层面协调和推动双方在各领域的具体合作，是现有高官磋商、经贸联委会和科技联委会等机制的辅助和协调；同时监督和审批由基金资助的合作项目，指导中国东盟商会活动。联委会由中国和东盟对华关系协调国外交部主管高级官员共同任主席，成员由中国外交部、国家发改委、财政部等有关部门主管司局级官员、东盟秘书处、东盟各成员国外交部和有关部门主管官员组成。

中国东盟联合合作委员会首次会议确定了双方总体对话合作框架，建立了中国东盟合作基金，并原则通过了一些合作项目。联委会会议每年轮流在中国和东盟国家举行，下设中国东盟发展合作工作组，主要就中国—东盟合作基金资助的合作项目进行初步审议，并向会议报告。1999 年 3 月，中国东盟联合合作委员会第 2 次会议在马来西亚首都吉隆坡举行。会议就积极落实中国与东盟领导人的会晤成果，进一步加强伙伴关系等提出了总体设想和具体建议。会议还确定了下一阶段中国与东盟的合作项目，其中包括：人员交流、人员培训、举办经贸研讨会和科技交流研讨会等。2001 年 3 月，中国东盟联合合作委员会第 3 次会议在中国成都举行，会议通过了加快项目审批程序、提高工作效率的措施。2006 年 3 月，中国东盟联合合作委员会第 7 次会议在中国南宁举行，落实年度中国东盟领导人会议的共识和倡议，制定具体领域合作计划并负责推进和落实，审议批准中国东盟合作基金资助的合作项目。

5. 中国东盟商务理事会

2001 年 11 月，中国东盟商务理事会在菲律宾雅加达成立，是中国和东盟各成员国政府推动的一种新的多边与双边商务合作机制，旨在进一步加强中国和东南亚地区的经贸合作，促进双方企业界的商业和信息交流。成立当天，中方正式开通了中国东盟商务信息网，为双方企业提供了一个及时有效地开展电子商务与经贸合作的交流平台。2002 年 12 月，第 2 届中国东盟商务理事会会议暨中国东盟商务合作论坛在昆明举行。2006 年开始，中国东盟商务理事会与东盟北京委员会共同举办中国东盟自由贸易区论坛，探讨中国东盟自由贸易区建设以及中国东盟经贸合作的重大问题。

三、中国和东盟合作的重点领域

（一）政治与安全领域

政治和安全是中国和东盟合作的基础。双方已经通过"10＋1"、"10＋3"以及东亚峰会"10＋6"建立起多种形式的高层定期接触和会晤机制。中国已经签署《东南亚友好合作条约》、《南海各方行为宣言》、《中国与东盟非传统安全领域合作谅解备忘录》。1997 年 5 月，中国承诺不在东南亚使用核武器；中国也一直在积极推动各方尽快签署《东南亚无核武器区条约》议定书。在政治和安全领域，中国东盟高官磋商机制、中国东盟联合合作委员会、中国东盟发展合作工作组和中国东盟经济高官会发挥着重要的作用，为领导人会议和外长会提供了技术支撑。目前，现有外交、经济、交通、海关、高检等各种中国东盟合作机制正在稳步推进；

同时,农业、公共卫生、信息技术、旅游、环境、质量监督和检疫、公安和执法等领域新的合作机制也在逐步建立。此外,非传统安全领域合作和军事交流和合作也在不断加强。

(二) 经贸合作

贸易、投资和金融合作是中国和东盟合作的核心。2002 年签署的《中国东盟全面经济合作框架协议》决定 2010 年中国东盟建成自由贸易区，奠定了双方在贸易、投资和金融领域的合作基础。在自由贸易区建设方面，2004 年 1 月 1 日，中国东盟自由贸易区早期收获计划实施，下调农产品关税。年底，双方签署了《货物贸易协议》和《争端解决机制协议》，自由贸易区建设进入实施阶段。2005 年 7 月，中国东盟自由贸易区《货物贸易协议》降税计划开始实施，中国和东盟的 7000 种产品在大幅降低关税，免配额以及其他市场准入条件得到进一步改善。2007 年 1 月，中国与东盟签署了《服务贸易协议》，推动双方服务业发展，进一步促进中国与东盟各国经济的融合。自贸区建成后，东盟与中国的双边贸易预计将增长 50%，中国和东盟经济融合将进一步加强。

在投资便利化方面，双方政府合作和民间交流不断加强，形成了多渠道，多层次的合作机制。2003 年 10 月，中国总理温家宝在第 7 次中国东盟领导人会议上倡议，从 2004 年起每年举办"中国东盟博览会"和"中国东盟商务与投资峰会"，作为中国推动"中国东盟自贸区"的一项实际行动，该倡议得到各国领导人的欢迎，并写入会后发表的主席声明。2004～2008 年，中国广西南宁连续承办了 5 届"中国东盟博览会"暨"中国东盟商务与投资峰会"，取得了巨大成功。2008 年 10 月，第 5 届"中国东盟博览会"形成商品贸易、投资合作、农业先进适用技术和魅力之城四大专题，举办了 15 场专题论坛；同时举办的"中国东盟博览会"会议设置了中小企业合作和投资合作两个专题。2009 年，中国即将签署中国东盟自贸区《投资协议》，标志着"中国东盟自由贸易区"的谈判全部完成。同时，为推进中国—东盟基础设施及网络化建设，中国政府决定设立 100 亿美元的"中国东盟投资合作基金",支持基础设施、能源资源、信息通信等领域重大投资合作项目。

金融合作以《清迈倡议》为基础,在东盟与中日韩合作框架下,取得了实质性进展。1997 年亚洲金融危机使东盟和中日韩认识到加强区域金融和货币合作的必要性,2000 年 5 月,在泰国清迈举行的中日韩与东盟财长会议上,通过了关于建立货币互换协议网络的《清迈倡议》,该倡议决定扩大东盟原有货币互换网络的资金规模,鼓励东盟及中、日、韩在自愿的基础上,根据共同达成的基本原则建立双边货币互换协议,以便在一国发生外汇流动性短缺或出现国际收支问题时,由其他成员集体提供应急外汇资金,以稳定地区金融市场,《清迈倡议》成为东亚区域金融合作的最重要的制度性成果。2008 年 5 月,为应对全球金融危机的冲击,中、日、韩与东盟在《清迈倡议》的基础上,决定设立 800 亿美元的区域外汇储备库(共同外汇储备基金),以帮助相关国家抵御可能发生的金融危机。中日韩和东盟出资比例为 8∶2。同时,各方承诺进一步加快工作进度,尽快就包括借款条件以及借款协议条款的具体内容达成共识。2009年 5 月,中、日、韩和东盟在印度尼西亚巴厘岛举行特别财长会议并就共同外汇储备基金达成共识,外汇储备库规模扩大为 1200 亿美元,中国出资 384 亿美元,日本出资 384 亿美元,韩国出资 192 亿美元,区域外汇储备库于 2009 年年底前完成筹建。2009 年中国以东盟为对象,在国内部分城市和地区开展跨境贸易人民币结算试点工作。同时,2009 年 10 月举办的第 6 届"中国东盟博览会"将增设金融服务展,并举办中国东盟金融合作与发展领袖论坛,以推动中国与东盟的金融合作。

(三)农业合作

农业是中国和东盟 10 大重点合作领域之一,也是大多数东盟国家的经济支柱。2002 年 11 月,中国与东盟在柬埔寨金边签署《中国与东盟农业合作谅解备忘录》,开始了全方位的农业交流与合作,农产品在中国和东盟的诸多降税计划中最早实行了"零关税"。农业部根据东盟国家农业发展的现状和特点，为东盟国家举办了一系列农业技术培训班、研讨会，开展了农业技术交流，同时选择有条件的国家开展境外试验示范项目，巩固并加强了中国与东盟各成员国现有的双边农业合作，进一步拓展了中国与东盟的农业合作。中菲农业技术中心杂交水稻示范项目，促进了菲律宾水稻生产，推广了中国杂交水稻和先进适用的农机具，为后期合作奠定了基础。2009 年 4 月，中日韩和东盟成员国在北京举行东亚粮食战略安全圆桌会议，发表了《"10 + 3"区域粮食安全合作北京倡议》，号召区域各国共同致力于消除饥饿，为区域合作提供模式；大力发展本国农业生产，走科技化、可持续发展路线；共同加强农业领域多层次合作力度，改善贸易环境；加强区域内农业企业交流与合作。中国还在"东亚大米紧急储备"项目下专储 30 万吨大米。

2007 年 12 月，中国东盟农资商会成立，旨在推动中国东盟农资（包括农业生产资料、农产品等）交流和合作。中国东盟农资商会是一个区域性非营利性民间组织，总部设在广西南宁。中国东盟农资商会利用中国东盟博览会这一重要平台，2009 年 10 月举办的第 6 届中国东盟博览会将首次在主会场以外设置分会场，举办中国东盟农业专题展，重点展示农用生产资料、农产品、土畜产品和水产品、包装食品等。期间，还将举办国际合作社跨国采购说明会、中国东盟淀粉与酒精工业论坛等专业会议及一系列商贸促进活动。

（四）信息通信合作

信息通信是 2001 年 11 月中国东盟第 5 次领导人会议确定的重点合作领域。双方于 2003 年 10 月在印度尼西亚巴厘岛签署了《中国东盟信息合作谅解备忘录》。2004 年 11 月，大湄公河次区域六国的信息通信主管部门签署了《关于共同推进建设大湄公河次区域信息高速公路的谅解备忘录》。2005 年，中国与东盟签署了《中国东盟建立面向共同发展的信息通信领域伙伴关系的北京宣言》。中国工业与信息产业部已先后与印度尼西亚、老挝、缅甸、新加坡、泰国、越南等国信息通信主管部门分别签署了双边交流与合作文件，并多次举办中国—东盟信息通信研讨会。目前，中国与东盟电信合作正在进行电子商务、电子政务的合作，网络应用和服务、信息安全合作，技术推广和创新，信息通信企业业务往来与合作等多方面推进。

（五）交通合作

交通是中国与东盟的十大重点合作领域之一，也是中国和东盟自贸区建设的重要支撑。中国与东盟于 2002 年建立交通部长会议机制，2004 年签署《中国东盟交通合作谅解备忘录》，开始实施一批交通基础设施合作建设项目，开辟了多条海、陆、空运输线路，开展了一系列海上搜救、海上安全与保安、防治船舶污染等合作。2007 年中国和东盟第 6 次交通部长会议通过了《中国—东盟海运协定》和《中国与东盟航空合作框架》，并就有关《中国与东盟航空运输协定》、《中国东盟交通合作战略规划》、建立中国—东盟海事定期磋商机制及中国东盟港口发展与合作论坛等事宜的工作建议进行了讨论。2008 年中国和东盟第 7 次交通部长会议通过了《中国东盟未来 10 到 15 年交通合作战略规划》。规划中的"四纵三横"七大运输通道，涉及海陆空约 90 个基础设施建设项目，连接中国与东盟 10 国主要城市和工农业生产基地。

（六）能源合作

能源是中国与东盟合作的重点领域之一，东盟与中日韩 2004 年 6 月启动了能源部长会议机制，2007 年 8 月，东亚"10＋6"启动了能源部长会议机制，但中国与东盟目前尚未建立双边政府高级别的能源合作机制。东盟和中日韩能源合作的重点主要是能源安全、天然气开发、市场研究、石油储备和可再生能源利用等五个方面。中国与东盟互补性强，东盟各国不仅具有一定的能源储量，也是中国重要的能源大通道，中国与东盟国家已经建立了较好的能源合作基础，除了多边能源合作框架下的能源政策与信息沟通外，中国与东盟国家也建立了政府间的定期交流机制。在项目层面上，中国能源企业已在通过不同形式参与老挝、缅甸、柬埔寨、泰国和越南的能源开发和利用项目。云南、广西已利用其自身水电资源优势、技术优势和东盟国家在电力规划、资源开发、电厂建设、电力供应等方面开展了一系列多层次的合作。中国与缅甸签署了建设中缅原油和天然气管道的政府协议，初步设计一期输油能力为 2000 万吨/年，年输气能力 120 亿立方米；其中输气管线预计 2012 年试通气。同时，大湄公河次区域能源合作已签订《大湄公河次区域政府间电力贸易协定》（IGA），正在制订《次区域电力贸易运行协议（PTOA）》。

（七）旅游合作

旅游是中国与东盟合作的重点领域之一，东盟与中日韩 2001 年启动东盟与中日韩旅游部长会议机制；2003 年在北京举行旅游部长特别会议并发布《振兴旅游业北京宣言》等。目前，东盟 10 国已全部成为中国公民的旅游目的地。2008 年，中国东盟双方人员往来近 800 万人次；中国已成为东盟的五大客源国之一，马来西亚到中国旅游人数超过 120 万人次，新加坡到中国旅游人数超过 100 万人次。2004 年，开始举办的中国东盟博览会为中国和东盟旅游合作搭建了又一个重要平台，这一平台主要通过旅游专题馆、魅力之城专题馆、旅游专题论坛等多种形式支撑。各国利用这一平台展示旅游产品，举办旅游推介会和旅游合作论坛，寻求旅游产品整合、联合市场营销、旅游项目建设、旅游人才培训等多方面的旅游合作；旅游企业更直接利用这一平台加强交流与沟通，互推旅游线路，对区域内旅游业发展起到了积极的推进作用。

（八）大湄公河次区域合作

在亚洲开发银行帮助下，1992 年，中国、缅甸、老挝、泰国、柬埔寨、越南 6 国举行部长级会议，共同发起了大湄公河次区域经济合作机制并决定事务部长会议每年举行一次；2002 年 11 月，大湄公河次区域首次领导人会议在柬埔寨金边举行，批准了《次区域发展未来十年战略框架》，并决定每 3 年在成员国轮流举行领导人会议。2005 年 7 月大湄公河次区域第 2 次领导人会议在中国昆明举行，签署了便利客货运输、动物疫病防控、信息高速公路建设和电力贸易等多项合作文件，批准了贸易投资便利化行动框架和生物多样性保护走廊建设等多项合作倡议。

大湄公河次区域合作五大战略重点分别是基础设施建设、跨境贸易与投资、私营部门参与、人力资源开发、环境保护和自然资源可持续利用。截至 2007 年年底，在交通、能源、电信、环境、农业、人力资源开发、旅游、贸易便利化与投资九大重点合作领域开展了 180 个合作项目，共投入资金 100 亿美元，有力地推动了次区域各国的经济社会发展。其中，投资项目 34 个，总投资 98.7 亿美元，亚行自身提供贷款 34.26 亿美元，成员国及其他发展伙伴分别投资 29.8 亿美元和 34.66 亿美元；实施技术援助项目 146 个，涉及资金 1.66 亿美元，其中亚行提供赠款 7579 万美元。

2008 年 3 月，大湄公河次区域经济合作第 3 次领导人会议在老挝万象举行，签署《领导人宣言》并审核《2008 年至 2012 年 GMS 发展万象行动计划》，争取加速 GMS 走廊未竟路段的建设和改造，将 GMS 走廊扩展为包含泛亚铁路等在内的多式联运通道；建立可持续和有效的能源供应市场；进一步完善电信基础设施，通过使用 GMS 信息高速公路推广信息通讯技术的应用，为 GMS 农村地区电信的发展投入更多资源；落实 GMS 生物能源和农村可再生能源发展倡议，扩展 GMS 动物疫病防控项目；减缓气候变化等环境挑战对次区域人民生活和发展的影响，呼吁加强森林保护合作。当月，中国发布参与大湄公河次区域经济合作国家报告，表明了中国参与大湄公河次区域经济合作积极务实的态度。

（九）其他方面的合作

除了以上八个重要领域，中国东盟还在其他很多方面取得了明显的进展。在环保领域，东盟与中日韩 2002 年 11 月启动环境部长会议机制。2007 年开始，中国与东盟开始制定《中国东盟环境保护合作战略》、筹建中国东盟环保合作中心、推动中国东盟环境部长会议，2008 年《中国东盟环境保护合作战略》已基本完成。在科技领域，中国东盟科技联委会已确定人力资源开发和联合研究与开发的合作项目，并在生物技术、遥感、地震观测、食品、海洋科学、非常规能源、材料科技等领域开展了研究；以及其他使双方受益的新领域；并为柬埔寨、老挝、缅甸、越南等东盟部分国家举办了培训班和研讨会。在教育领域，中国已制订了《中国东盟学术合作及交流计划》，2007 年有 12400 多人赴东盟国家留学，主要分布在新加坡、泰国、马来西亚，当年在华的东盟留学生约 3 万人。2008年 7 月中国东盟文化交流周在贵阳举办，内容包括论坛、展览和青少年交流。在文化领域，2005 年 6 月在东盟中日韩第 2 届文化部长会议，中国和东盟签署了《中华人民共和国与东南亚国家联盟成员国政府文化合作谅解备忘录》，承诺加强在文化领域的交流合作、共同研发和信息共享，鼓励和支持对文化遗产的保护、开发和培养文化领域的人力资源以及加强文化企业的合作。

四、中国和东盟合作展望

过去 18 年中国和东盟国家的合作取得了丰硕的成果；展望未来，随着中国东盟自由贸易区的建成，中国和东盟的合作领域将更加广泛，合作内容将更加丰富。面对 2008 年以来严峻的国际经济危机及其冲击，中国和东盟国家更需要振奋精神，团结起来，克服困难，搁置分歧，将当前的挑战转化为面向未来、务实合作的机遇。今后 5 ~ 10 年是中国和东盟合作的又一个重要的机遇期。

（一）中国和东盟合作将继续成为中国参与的最为重要的区域合作

中国与东盟特殊的历史、地理、人文和现实关系必然使得中国和东盟合作无论过去、现在还是将来都是中国最为重要的区域合作。这种合作机制会影响，甚至部分地主导"10＋3"机制、东亚峰会"10＋6"机制和APEC 机制。中国和东盟的合作也会有力地推动东盟的长期稳定、繁荣和东盟一体化进程。但也应该看到，中国和东盟部分国家在领海、领土问题上还存在较大的分歧。同时，区外有些国家并不愿意看到中国和东盟政治经济关系过于密切，一直在以不同的方式分化东盟与中国的关系，达到其抑制中国发展的目的。因此，中国和东盟的合作应以非凡的政治睿智，加强交流和对话，避免误解和民族主义情绪的膨胀，搁置争议，寻求双方利益的最大化。

（二）经贸合作永远是中国与东盟合作的核心

要紧紧围绕中国东盟自贸区建设，以贸易和投资合作为基础，深化金融合作。中国已向"东盟中日韩合作基金"捐款 90 万美元、"东盟基金"捐款 10 万美元，并将向"中国——东盟合作基金"增资 500 万美元。未来 3 到 5 年内，将向东盟国家提供 150 亿美元信贷，包括 17 亿美元优惠性质贷款。中国正在考虑向东盟欠发达国家柬埔寨、老挝、缅甸提供总额为 2.7 亿元人民币的特别援助，以帮助这些国家抵御经济危机的冲击。随着《中国东盟投资协议》的签署和《中国东盟自由贸易区》的建成，以货币互换、人民币跨境结算、共同外汇储备基金等金融合作为基础，东盟将成为未来人民币区域化和国际化的桥头堡；同时，人民币区域化和国际化可以有效帮助东盟国家规避汇率风险。

（三）大湄公河次区域和泛北部湾合作会继续带动和支持中国和东盟的合作

大湄公河次区域和泛北部湾合作是中国和东盟合作的重要组成部分，有力地带动了中国中西部地区的广西和云南经济的发展。大湄公河次区域合作是目前亚洲最为成功的次区域合作，中国在大湄公河次区域各国中具有明显的资金、技术和发展优势，因此推动大湄公河次区域的合作不仅可以带动云南和广西基础设施和经济发展，也会显著增强中国在区域合作中的地位和对东盟各国的影响。广西是泛北部湾合作最积极的推动者，目前已形成"中国东盟博览会"和"中国东盟商务与投资峰会"等一系列合作机制，"中国东盟博览会"已成为中国和东盟在一些重点领域合作的新平台，不仅增强了中国的影响，也为广西经济的发展创造了难得的机会。未来，大湄公河次区域和泛北部湾合作将是中国与东盟合作的两个重要优先领域。

（四）基础设施建设继续成为中国东盟合作、大湄公河次区域和泛北部湾合作的关键内容，推动东盟一体化进程

基础设施包括能源、交通、通信、水利、环保等众多领域，基础设施建设不仅可以有效促进自由贸易区的建设和发展，也会带来新的投资机会，还有可能带动金融合作。目前，中国东盟基础设施建设合作主要集中在大湄公河次区域。今后，中国政府将继续大力推进中国东盟基础设施及网络化建设，已决定设立规模为100亿美元的"中国东盟投资合作基金"，用于双方基础设施、能源资源、信息通信等领域重大投资合作项目。未来，可以考虑倡导区域性基础设施投资基金，发行区域基础设施债券，推动亚洲债券市场发展。

（五）中国和东盟合作仍需要不断加强机制建设和行动计划

中国和东盟合作虽然在不同层次和众多领域建立了一系列合作机制，但是在很多领域并没有独立的机制，常需要利用"10＋3"机制。中国东盟合作比"10＋3"更加具体和务实，利用"10＋3"机制来推动中国和东盟的合作针对性不强，效率较低。特别需要指出的是，中国东盟目前的很多合作机制既缺乏具体的行动计划，也没有跨领域的协调和规划机制。2004年年底制定的《落实中国—东盟面向和平与繁荣的战略伙伴关系联合宣言的行动计划》和2008年3月发布的《参与大湄公河次区域经济合作国家报告》仍不够具体。未来，应不断加强机制建设、制订有效的行

动计划、强化跨领域的综合协调和规划。

（六）中国和东盟合作需要加强各方面的能力建设

经济、社会、科技、教育、环保、文化、卫生等合作需要人才、技术、管理、组织等各方面的能力建设。中国既需要加强自身能力建设，也应该量力而行帮助东盟部分国家加强能力建设。中国准备在未来 5 年内向东亚发展中国家成员新增 2000 个中国政府奖学金名额和 200 个公共管理硕士奖学金名额；进一步扩大青少年和媒体交流，增进双方人民的了解和友谊。同时，中国准备举办一系列培训项目，提高应对自然灾害能力，防止疾病传播，加强打击跨国犯罪领域的合作，提高执法合作水平，交流信息和经验。

第十七章

建立中、日、韩自由贸易区对中国经济影响的一般均衡分析

张哲人

一、引 言

党的十六大报告指出，积极参与区域经济合作是我国拓展对外经济和贸易增长空间，发挥比较优势，加快经济发展的重要措施。在党的十七大报告中，"实施自由贸易区战略"被明确为拓展对外开放深度和广度、提高开放型经济水平的重要举措。自由贸易区①（Free Trade Area，FTA）是实现区域经济一体化的重要方式。它是指两个或两个以上的具有特定地缘关系的经济体，通过签订政府间的条约或协定，取消相互之间关税和非关税措施，允许商品在成员间自由流动的区域经济一体化组织。通过相互降低和取消关税，进一步开放服务和投资领域，自贸区可带来贸易和投资机会、降低生产和交易成本、扩大企业利润、增加消费者选择，实现互利

---

① 也称自由贸易协定（Free Trade Agreement），这里不作详细区分。

共赢和共同发展。

区域经济一体化依其深化程度，可分为优惠性贸易安排、自由贸易区、关税同盟、共同市场及经济同盟等形式。优惠性贸易安排是最基本层次，主要给予另一方的特定产品优惠贸易待遇。自由贸易区则是在保留各自对外政策条件下相互消除关税及非关税措施。关税同盟采取共同的对外贸易政策。共同市场允许人员、资金、商品等要素的跨境自由流动。经济同盟还包括政策协调，经济和货币同盟实行统一的货币政策和单一货币。欧盟正处于这个阶段并向经济和政治同盟前进。FTA 的新特点，一是发展出由低到高、各具特色的一体化路径，如欧盟就经历了从煤钢联合体到欧盟的发展阶段，美国和日本则各具特色。二是协议内容由少到多，由货物贸易产品自由化逐步进入服务贸易一体化和便利化。三是跨洲建立 FTA 的趋势发展很快。四是在促进贸易和相互投资增长的同时，战略、政治和外交意义日益凸现。五是澳新 FTA 显现出降低而不是提高区外贸易和投资障碍的正外部性效应，东亚地区更强调与 WTO 原则相一致的开放地区主义的趋势。

当前，区域经济一体化和全球化已成为支配世界经济发展的两大主流趋势。截至 2008 年年底，向 WTO 通报的区域贸易协定（Regional Trade Agreement，即 RTA）已达数百个，其中 80% 是近十年缔结的。在已实施的 RTA 中，84% 是采取自由贸易区的形式。在正在拟议的 RTA 中，采取 FTA 的比例也高达 96%。FTA 已成为世界区域经济一体化的最主要形式之一。世界 GDP 排名前 30 位的国家（或地区）无一例外都参与了某个 FTA 组织，几乎所有的 WTO 成员都隶属于一个或多个 FTA 组织。欧盟是目前区域经济一体化程度最高的组织，已基本实现 25 个成员国间货物、服务、资本和劳动力的自由流动。美国在面对欧盟不断扩张的压力下，改变了长期以来仅仅主导全球多边贸易体系的战略取向，把区域经济合作列入未来战略重点，采取了两条腿走路的"双轨"政策。亚洲地区的 FTA 建设起步虽晚，但发展很快，目前已经形成多个层次、多个领域的合作机制。

自 2003 年以来，中国积极推进自贸区建设进程，目前正与五大洲的 31 个国家和地区建设十四个自贸区，其中已生效的 7 个自贸协定实施情况良好。亚洲方面，签署内地与港澳《更紧密经贸关系安排》及五个补充协议；与东盟签署自贸区《货物贸易协议》和《服务贸易协议》，完成投资谈判；与巴基斯坦签署《自贸协定》和《服务贸易协定》；与新加坡签署《自贸协定》；推进与海湾合作委员会（包括沙特阿拉伯、科威特、阿联酋、阿曼、卡塔尔和巴林六国）的自贸谈判。拉美方面，与智利签署《自贸协定》和《自贸区服务贸易协定》，正开展投资谈判；与秘鲁结束自贸谈判；推进与哥斯达黎加的自贸谈判。南太平洋地区，与新西兰签署《自贸协定》；推进与澳大利亚的自贸谈判。欧洲方面，推进与冰岛、挪威的自贸谈判。非洲方面，同南部非洲关税同盟启动了自贸谈判。

总体来看，中国的 FTA 实践还仅仅是开始，面临着以下一些问题，实现国家的自由贸易区战略依然任重道远。一是起步相对较晚。我国参与区域经济一体化合作在加入世贸组织后明显进入快车道，但在一体化合作的广度和深度上仍与国际趋势存在较大反差。二是数量相对有限。已经签署或正在谈判的 FTA 数量相当有限，仅仅处于起步阶段和积累经验的阶段。三是 FTA 所发挥的作用有待进一步提高。目前 FTA 对我国货物贸易总体发展、服务贸易对外开放还缺乏实质性影响力和作用力。四是缺乏总体战略与规划。我国目前尚未形成一整套清晰、立足于长远发展需要的区域一体化合作战略的基本构架。五是 FTA 研究和谈判的机制建设有待进一步改善。

中、日、韩为东北亚地区经济的主导力量，如能建立自贸区则必将产生巨大的经济效益，并为推进我国的自贸区战略提供有力支持。中国于 2002 年提出了建立中、日、韩自贸区的构想，其间由于多种因素干扰，并未达成实质性协议。当前国际经济和金融危机的爆发与蔓延，造成日本和韩国经济陷入衰退或大幅减速，客观上要求进一步加强同中国的经济联系，为推进中、日、韩自贸区建设提供了契机。自由贸易区谈判涉及很多领域，除包括相互取消货物贸易关税和非关税贸易壁垒以外，还包含知识产权保护、投资、政府采购、竞争政策、中小企业合作、服务业开放、人员移动等领域的相互承诺。限于篇幅限制,本文集中研究相互降低关税后,或者说中、日、韩自贸区初级阶段实施后,我国经济会受到何种影响。研究中使用了 CGE 模型。国务院发展研究中心对外经济研究部(赵晋平,2004)曾使用 CGE 模型估算了中、日、韩自由贸易区对中国经济的影响,其结论为自由贸易区的建立对我国经济有显著的促进作用。其研究的局限主要有两点:一是对中、日、韩自由贸易区对我国的动态影响分析不足;二是模型使用的是 1997 年的数据,距今已比较久远,这其间我国的产业结构等已经发生了较大变化。本文的主要创新点在于使用较新的数据,构建动态 CGE 模型,分析中、日、韩自由贸易区建立后 10 年内,对中国宏观经济可能产生的影响,以期为我国相关政策的制定提供参考。

二、中国同日本、韩国的经贸合作现状

日本在中国对外开放格局中居于重要的地位。中日两国在发展水平、要素禀赋、经济结构上的差异决定了两国经贸合作是一种优势互补的关系。日本是当前仅次于美国、欧元区的第三大经济体,拥有资金、技术等方面的优势。2008 年日本是我国第三大贸易伙伴国、第四大外资来源地。我国巨大的市场和丰富的劳动力资源也是日本经济发展所需要特别借重的。多年来是我国引进技术的主要来源地,日本对我国出口的电子、信息技术产品和机械设备等资本和技术密集型产品对提高我国技术水平、促进我国的产业结构升级发挥了积极作用。近年来,日本对我国出口大幅上升,我国已成为日本增长最快的出口市场。双边贸易总额继 2002 年首次突破千亿美元大关后,2008 年达到了 2667.9 亿美元,较上年增长 13.1%,占我国进出口总额的 10.4%。中日经贸关系的快速发展,拉动了两国经济的增长,促进了在科技、教育、旅游等各个领域的广泛合作。

日本进入世界 500 强的 70 余家大企业几乎都在华设立了企业，日本的中小企业也纷纷来华投资；截至 2008 年年底，日本对华投资累计项目数超过了 36000 个，实际到位金额超过 550 亿美元。目前我国企业对日投资尽管刚刚起步，但日本已经成为我国有实力的企业"走出去"的目的地之一。但是，近年来两国政治关系的不正常影响了经贸合作关系发展的良好气氛。日本曾连续 11 年是我国最大的贸易伙伴，但从 2004 年起降至欧盟、美国之后，位居第三，中日贸易额在我国外贸总额中所占比重也有所下降（见表 17 - 1）。

表 17 - 1　我国和主要国家进出口总额

年份	2006			2007			2008		
项目	总额 亿美元	增速 %	占比 %	总额 亿美元	增速 %	占比 %	总额 亿美元	增速 %	占比 %
全球	17604.0	23.81	100.00	21737.3	23.48	100.00	25616.3	17.85	100.00
日本	2073.0	12.42	11.78	2359.5	13.82	10.85	2667.9	13.07	10.41
韩国	1342.5	19.94	7.63	1598.5	19.07	7.35	1861.1	16.43	7.27

（资料来源：《海关统计月报》各期）

韩国是新兴市场国家之一，相对我国而言具有资金、技术优势。中韩两国经济互补性强，相互需要的商品种类较多，特别是机电产品的需求旺盛，带动中韩贸易有较大幅度的增长。两国企业相互投资增加，带动了两国贸易额的进一步增长。我国已连续多年成为韩国最大的贸易伙伴、最大的出口及进口市场，也是韩国最大的贸易顺差来源国，对华贸易在韩国整体对外贸易中基本维持 20% 左右的份额。建交后，中韩双边贸易额以年均 25% 的速度迅猛增长，2008 年达到 1861.1 亿美元，同比增长 16.4%，该年韩国是我国的第六大出口国和第四大进口国。我国对韩国出口的主要产品是：纺织原料及制品、机电音像设备及部件、贱金属、矿产品、化工类产品和植物产品。我国从韩国进口的机电音像设备及部件、塑料橡胶及制品等六大类产品。近年来，我国对韩国出口的电子产品及部件有所增加，从韩国进口的这类产品也有所增长。其原因一方面在于韩国国内企业对我国生产的电子产品及零部件的需求增加，另一方面在于韩国在华的三资企业的来料加工需求不断增长也是重要原因。2008 年韩国对我国的直接投资达到 31.4 亿美元，位居第六。韩国企业开始对华直接投资时，主要是纺织服装业、玩具、鞋类、皮革加工等行业，以制造业为主，目前投资领域已经扩大到信息、运输、建筑等多种领域。

三、模型和数据

CGE 模型的理论基础是瓦尔拉斯于（Walras）1874 年提出的一般均衡理论。CGE 模型自 20 世纪 60 年代产生以来，在发达国家和发展中国家都得到了广泛的应用，并被证明是一个非常有效的政策分析工具，其主要应用领域为（杜玉明，2004）：国际贸易、环境保护、财政税收和经济改革。

目前，宏观经济模型基本上可以分为三类，即：总量计量模型、投入—产出模型以及线性规划模型。CGE 模型是投入产出模型和线性规划模型的结合与完善，其引入了生产者、消费者等经济主体的优化行为，通过求解经济处在均衡时的各类价格，描绘了生产之间的替代关系和需求之间的转换关系。CGE 模型用非线性函数取代了传统投入—产出模型中的一部分线性函数，这样虽然会造成模型的求解困难，但对经济主体行为的描述则更加全面。CGE 模型在传统的投入—产出一般均衡基础上，引入了通过价格激励发挥作用的市场机制和政策工具，从而将生产、需求、贸易和价格有机地结合在一起，以描绘在混合经济条件下，不同产业、不同消费者对由一定政策冲击所引致的相对价格变动的反应。正是由于 CGE 模型的上述特点，自 20 世纪 80 年代以来，其得到了广泛的应用。

　　本文使用的模型共有七个模块①，依次为：生产模块、收入分配模块、国内最终需求模块、贸易模块、劳动力市场模块、私人资本市场和宏观闭合模块、价格和 GDP 定义模块。分析自贸区对我国的影响，核心在于贸易模块。在贸易模块中，模型用方程描述了阿明顿商品，进口产品按照原产地进行了划分，并设定针对不同贸易伙伴的税率，从而使得分析中、日、韩自由贸易区成为可能。在生产模块中，本模型依据是否存在政府购买，将生产部门划分为私人部门和公共部门，按照私人部门进行最优化行为而公共部门不进行最优化行为的原则，模型用不同类型的方程描述了这两种部门的行为。在收入分配模块中，住户总收入包括：劳动力报酬、企业利润分配、资本性收入、利息收入和转移性收入，这样模型便从资金流的角度衡量了住户的总收入，较以前的模型更为全面。模型的动态化通过递归过程实现，最主要的增长变量是劳动力供给和资本存量。劳动力供给和资本存量属于前定变量，每一期结算完成后，通过外生的增长率和折旧率等变量得到下一期的初始值，进入下一期的迭代求解。

　　CGE 模型的基础数据集是 SAM。联合国在 1993 年 SNA 中把 SAM 定义为以矩阵形式表示的 SNA 账户。它是一套连接生产、收入分配、流通、消费、储蓄和投资等经济交易，对生产活动、生产要素和社会经济组织进行分解和分类完整的体系，描绘一个经济体系内部有关生产、要素收入分配、住户收入分配和支出的相互依存的循环关系。同时，也可以认为社会核算矩阵是投入产出表的扩展，它在投入产出表中增加了第四象限，补充增加值与最终支出的关系，使投入产出表能够更全面地描绘经济运行过程。SAM 是国民经济核算账户的矩阵表示形式，但并不是将所有的 SNA 账户都转换成矩阵形式然后加入到 SAM 中，它对 SNA 账户作了一定的调整与简化，使结构更清晰更有利于进行分析。目前比较常见的构成 SAM 的账户有五类：生产活动账户、商品账户、生产要素账户、机构账户和积

---

① 模型详细的方程见参考文献 12。

累账户。其中每一类账户都可以根据需要分成若干个账户。这是 SAM 核算的灵活性所在，可以根据不同的需要细化，这样，根据不同的细化水平 SAM 可以用来表示宏观和中观的经济活动。

SAM 最重要的数据来源是投入产出表，此外还需要资金流量表和国际收支数据等，因此，投入产出表的编制年份往往就决定了 SAM 的所属年份和 CGE 模型的起始时间。我国的投入产出表每五年在进行全面调查的基础上编制一次，其间会部分调查编制延长表；目前最新的投入产出表是 2005 年表，该表为部分调查编制的延长表；由于部分调查得到的表准确性较差，为了建立可靠的数据集，这里使用在全面调查基础上得到的 2002 年投入产出表。数据集的建立分三步：第一，建立宏观 SAM，产业、劳动力、家庭均不作拆分，调整投入产出表和资金流量表的误差后，得到行列平衡的矩阵；第二，在宏观 SAM 的基础上，将产业按照投入产出表的 40 部门进行拆分，劳动力拆分为农业劳动力、城市非熟练劳动力和城市熟练劳动力，家庭首先拆分为城市和农村，其后城市按照人均可支配收入七等分，农村按照人均纯收入五等分拆分，最终得到详细 SAM；第三，使用海关数据，将详细 SAM 中的出口和进口按照美国、欧盟、日本、韩国、东盟、中国台湾、巴西、澳大利亚等贸易伙伴进行拆分。在这三步拆分的基础上，SAM 即可成为 CGE 模型能够使用的数据集。

四、中、日、韩自贸区对我国经济的影响

由于目前中、日、韩自由贸易区并无实质性的协议出台，因此在这里做一个笼统的假设，即在模拟情况中，中国由日、韩进口产品的平均关税水平降低 50%，对日、韩出口所面临的关税水平也降低 50%。分析集中于中日韩自贸区建立对我国宏观经济和外贸的影响。模拟中首先使用模型进行迭代计算，得到"基准情形（Base Scenario）"，然后冲击

关税变量得到"冲击情形（Shock Scenario）"，各个变量在冲击情形中相对于基准情形的百分比变动（Percentage Change）即可描述自贸区建立的效应。

（一）宏观经济影响分析

表 17 - 2　中、日、韩自贸区建立对我国宏观经济的影响

（单位:%）

		第一期	第四期	第七期	第十期
GDP		0.368	0.371	0.371	0.369
居民消费		1.000	1.017	1.022	1.020
总投资		0.973	1.000	1.017	1.023
出口总额		4.002	3.948	3.960	4.003
进口总额		7.387	7.580	7.601	7.529
财政收入		0.197	0.212	0.201	0.181
价格水平		−0.051	−0.033	−0.038	−0.053
可支配收入	农村	1.009	1.032	1.033	1.022
	城市	1.044	1.088	1.100	1.091

注：表中 GDP、居民消费、总投资、出口总额与进口总额为实际值，下同。
　　表中数字表示冲击情况相对于基准情况变动的百分比，下同。
　　表中第 1 期表示 2006 年，以此类推，下同。

由表 17 - 2 可以看出，中、日、韩自由贸易区的建立对我国的实体经济会产生一定的促进作用，居民消费、投资、出口、进口均有所增长，最终导致 GDP 较基准情况有所提高。中、日、韩自由贸易区的建立，一方面，使得来自上述地区的进口产品价格下降，有利于居民消费的提高，另一方面，我国的对日、韩的出口也会因关税水平的下降而有所提高，从而使居民收入增加，也会在一定程度上促进消费。表 17 - 2 数据显示，在调整当年，居民消费增加了 1%，此后第四期增加 1.017%、第七期增加1.022%、第十期增加 1.02%。应当说，中、日、韩自由贸易区的建立将对我国消费产生较为有限且稳定的影响。自由贸易区的建立、关税水平的降低，会使得原材料价格下降，在利率、汇率水平不变的前提下，将有利

于当年总投资的增加；而当年总投资的提高又会导致当年资本存量的增加，从而对以后的投资产生促进作用。表1数据显示，在调整当年，总投资增加了0.973%，此后第四期增加1%、第七期增加1.017%、第十期增加1.023%。可见，中、日、韩自由贸易区建立对我国投资的促进作用也较为有限，但这种促进作用是逐年缓慢扩大的。

关税水平的调整将直接作用于进出口，一般来讲，双边关税水平的降低将使得竞争力强的国家出口相对于进口更多地增加，从而使竞争力强的国家更多地得利。就我国目前的发展水平而言，虽然对日、韩在农业、纺织等行业上已经具有一定的优势，但总体而言竞争力要弱于日、韩。表17-2数据显示，在调整当年，出口、进口分别增加了4.002%和7.387%，此后第四期分别增加3.948%和7.58%、第七期分别增加3.96%和7.601%、第十期分别增加4.003%和7.529%。由上述分析可知，中、日、韩自由贸易区建立对我国出口的促进作用约为4%，呈先抑后扬的趋势，对进口的促进作用约为7.5%，呈先扬后抑的趋势；整体而言，自贸区的建立会造成我国贸易顺差的减少。

就GDP核算而言，投资、消费、出口的增加将会使GDP有所提高，而进口的增加将使GDP有所减少。根据模拟结果，上述四个变量的共同作用将导致我国GDP有所增加，其中，调整当年增加0.368%、第四期和第七期均增加0.371%，第十期增加0.369%。应当说，中、日、韩自由贸易区的建立对我国总产出的促进作用是比较稳定的。

在其他宏观经济变量中，财政收入较基准情况有所提高，在调整当年，增加了0.197%，此后第四期增加0.212%、第七期增加0.201%、第十期增加0.181%，呈现先扬后抑的趋势。这说明对日、韩关税水平的大幅度下降并不会对财政收入产生消极影响，其原因在于，一方面，我国总进口量有所增加，在一定程度上中和了关税下调的影响；另一方面，投资、消费的提高增加了增值税、消费税等税种的收入，对财政收入有一定的促进作用。随着关税水平的降低，进口产品的价格将有所下降，从而导致国内价格水平的下降。模拟结果显示，调整当年，价格水平下降

0.051%、第四期下降0.033%、第七期下降0.038%、第十期下降0.053%。应当说，对日、韩关税水平的调整对国内价格的影响是比较有限的。自由贸易区的建立会促进投资、消费和出口，就模拟结果看，三个变量共同的作用使城市、农村居民可支配收入均有所增加。其中，农村居民可支配收入在调整当年增加1.009%、第四期增加1.032%、第七期增加1.033%、第十期增加1.022%；城市居民可支配收入在调整当年增加1.044%、第四期增加1.088%、第七期增加1.1%、第十期增加1.091%。因此，自贸区的建立将更加有利于城市居民可支配收入的提高，不利于缩小城市与农村的收入差异。

（二）主要贸易伙伴影响分析

表17-3 中、日、韩自贸区建立对我国与主要贸易伙伴双边贸易的影响

（单位:%）

		第一期	第四期	第七期	第十期
出口	日本	10.75	10.72	10.70	10.71
	美国	3.28	3.21	3.24	3.31
	欧盟	3.77	3.68	3.70	3.76
	东盟	5.36	5.19	5.24	5.36
	韩国	10.97	10.83	10.89	11.03
	中国台湾	2.86	2.71	2.79	2.96
进口	日本	18.30	18.50	18.53	18.46
	美国	5.38	5.56	5.56	5.48
	欧盟	6.36	6.58	6.61	6.55
	东盟	1.96	2.11	2.09	1.99
	韩国	18.43	18.62	18.61	18.51
	中国台湾	5.54	5.71	5.74	5.69

在出口方面，由表17-3数据可以看出，随着日本、韩国对我国关税水平的降低，我国对日、韩的出口获得了快速增长，其增幅均超过10%。具体来看，在调整当年对日本出口增加了10.75%、第四期增加10.72%、

第七期增加 10.7%、第十期增加 10.71%，呈现一种稳中有降的趋势；在调整当年对韩国出口增加了 10.97%、第四期增加 10.83%、第七期增加 10.89%、第十期增加 11.03%，呈现先抑后扬的趋势。可见，自由贸易区的建立在促进对韩出口上，略大于对日出口；其原因在于相对于韩国，日本是更为发达的经济体，因此更易于实现对韩国的出口。自由贸易区的建立还会促进对其他国家和地区的出口，对美国、欧盟国家、东盟国家以及我国台湾省的出口都获得了一定幅度的增长。其中，对美国的促进作用约为 3.2%，对欧盟约为 3.6%，对东盟约为 5.2%，对中国台湾约为 2.8%；对美国、欧盟、东盟均呈现先抑后扬的趋势，与韩国类似，对台湾呈现逐步扩大的趋势。考虑其中的原因在于，由于中、日、韩自由贸易区的建立使得我国原材料价格有所降低，从而促进了对其他贸易伙伴的出口。

在进口方面，由表 17-3 数据可知，随着我国对日本、韩国关税水平的大幅度降低，我国对日、韩的进口也获得了高速增长，其增幅均超过 18%。具体来看，在调整当年对日本进口增加了 18.3%、第四期增加 18.5%、第七期增加 18.53%、第十期增加 18.46%，呈现先扬后抑的趋势，可见随着时间的推移对日本进口的促进作用有所减弱；在调整当年对韩国进口增加了 18.43%、第四期增加 18.62%、第七期增加 18.61%、第十期增加 18.51%，其变动趋势与日本类似。由上述分析可知，自由贸易区的建立在促进对韩进口上，略大于对日进口。与出口情况类似，对日、韩关税水平的降低也会促进对美国、欧盟、日本以及我国台湾省的进口，其中对美进口约增长 5.5%，对欧盟约增长 6.5%，对东盟约增长 2%，对中国台湾约增长 5.6%，它们的变动趋势与日、韩类似。考虑其中的原因在于，对日、韩进口的大幅度增加，刺激了国内需求，同时，自由贸易区的建立还促进了我国的出口，从而导致对其他国家和地区进口的增加。

上述分析的结论与前面宏观经济分析的结论基本一致，中、日、韩自由贸易区的建立对我国进口的促进作用要大于对出口的促进作用。由于相对于日本、韩国，我国的竞争力处于劣势，所以自贸区的建立将会扩大对这两个国家的逆差。此外，自由贸易区的建立还会减小对美国以及欧盟的顺差，减小对东盟的逆差，扩大与中国台湾的逆差。可见，中、日、韩自由贸易区的建立能够在一定程度上缓解与美、欧间的贸易摩擦，并有助于改善与东盟的贸易条件。

（三）进出口重点产品分析

对于出口的主要产品，由表17－4可以看出，我国的主要农产品出口均获得了较快的增长。其中，谷物种植业在调整当期增加了25.3%、第四期增加25.24%、第七期增加25.19%、第十期增加25.16%，呈现逐年下降的趋势；林业约增加9.6%，趋势比较稳定；畜牧业约增加4.3%，呈现下降趋势；渔业约增加26.5%，也呈现逐年递减的趋势。相对于日本、韩国我国在农业方面具有很大优势，成本非常低廉，如果日本、韩国在这方面关税大幅度降低的话，将导致我国此类产品的出口大幅增加；但随着时间的推移对我国农产品出口的促进作用会逐步减小。

在工业产品方面，我国具有较强竞争力的食品制造及烟草加工业、纺织业、仪器仪表及文化办公用机械制造业出口也获得了较快增长。其中，食品制造及烟草加工业约增加13.5%，呈逐渐扩大趋势；纺织业约增加19%，呈逐渐缩小的趋势；仪器仪表及文化办公用机械制造业约增加23%，呈逐渐缩小的趋势。金属冶炼及压延加工业、交通运输设备制造业与电子及通信设备制造业也获得了不同幅度的增长。值得注意的是，黑色金属矿采选业出口约减少了2.5%，有色金属矿采选业出口约减少了7%，天然气生产业出口约减少了7.3%，考虑其中的原因在于对日、韩关税水平的降低刺激了我国内需，加大了对有色金属、黑色金属以及天然气的需求，从而导致这三类产品出口的降低。

表17-4　中、日、韩自贸区建立对中国出口主要产品的影响

（单位:%）

	第一期	第四期	第七期	第十期
谷物种植业	25.30	25.24	25.19	25.16
林业	9.67	9.69	9.69	9.69
畜牧业	4.39	4.38	4.33	4.28
渔业	26.55	26.50	26.47	26.46
食品制造及烟草加工业	13.72	13.56	13.58	13.68
纺织业	19.32	19.25	19.10	18.96
仪器仪表及文化办公用机械制造业	22.61	23.42	23.22	22.59
金属冶炼及压延加工业	12.00	11.83	11.94	12.14
交通运输设备制造业	3.82	3.51	3.62	3.90
电子及通信设备制造业	3.13	2.99	3.05	3.20
黑色金属矿采选业	−2.51	−2.58	−2.52	−2.47
有色金属矿采选业	−6.87	−7.23	−7.09	−6.75
天然气生产业	−7.08	−7.63	−7.47	−7.00

在进口主要产品中，增长幅度较大的均为工业产品。增长幅度在15%以上的有电气机械及器材制造业、金属制品业、化学工业以及机械工业。其中，电气机械及器材制造业在调整当期增长21.22%、第四期增长21.53%、第七期增长21.47%、第十期增长21.23%，关税的促进作用先增加后减小；金属制品业在调整当期增长20.53%、第四期增长20.86%、第七期增长20.81%、第十期增长20.59%，呈现先扬后抑趋势；化学工业在调整当期增长18%、第四期增长18.26%、第七期增长18.18%、第十期增长17.96%，变动趋势同前；机械工业在调整当期增长15.87%、第四期增长16.17%、第七期增长16.14%、第十期增长15.96%，趋势同前。增长幅度在10%左右的还有金属冶炼及压延加工业、汽车制造业以及造纸印刷及文教用品制造业，它们的增幅约为10.8%、13.3%和9.5%。此外，石油加工及炼焦业、天然气制造业、煤气生产和供应业、非金属矿采选业和非金属矿物制品业也获得了一定程度的增长。

表17-5　中、日、韩自贸区建立对我国进口主要产品的影响

（单位:%）

	第一期	第四期	第七期	第十期
化学工业	18.00	18.26	18.18	17.96
电气机械及器材制造业	21.22	21.53	21.47	21.23
金属冶炼及压延加工业	10.80	11.05	11.03	10.88
机械工业	15.87	16.17	16.14	15.96
金属制品业	20.53	20.86	20.81	20.59
汽车制造业	13.37	13.43	13.45	13.45
造纸印刷及文教用品制造业	9.47	9.70	9.65	9.47
石油加工及炼焦业	6.91	7.01	7.01	6.96
天然气制造业	4.19	4.51	4.45	4.22
煤气生产和供应业	4.17	4.35	4.26	4.06
非金属矿采选业	3.32	3.56	3.55	3.41
非金属矿物制品业	4.95	5.02	5.04	5.01

由前面的分析可以看出，增长幅度在10%以上的均为技术含量相对较高的产品，其中的原因在于日本、韩国的制造业水平要高于我国，具有较强的竞争力，因此我国关税的大幅度下降会导致这类产品的大量流入；增长幅度在5%左右的大部分是资源产品，其原因在于关税水平降低导致国内需求的增加，从而刺激了资源性产品的进口。进口产品的变动趋势均为先扬后抑，其原因在于在关税最初调整时，日本、韩国企业响应的程度有限，随后3到5年相应程度达到最大，此后由于彼此之间开始适应这种关税水平，所以其促进作用会逐渐降低。

（四）中日韩自贸区与其他自贸区的对比分析

中国属于发展中大国，日本属于发达国家而韩国属于新兴市场国家，中、日、韩自由贸易区中，对象国相对于我国发展水平较高，而日本和韩国的优势主要体现在科技实力上。为了更加全面地评估中、日、韩自由贸易区对我国经济的影响，这里将其宏观经济影响同我国和其他国家的自贸

区进行了对比分析。在发达国家中以欧盟为例，在发展中国家中以巴西为例，在资源型国家中以澳大利亚为例。冲击的变量同样为关税水平，冲击幅度同中、日、韩自由贸易区。

1. 中国—欧盟自由贸易区的效应

目前，欧盟是我国的第一大贸易伙伴，其所占贸易比重大于东盟，但小于日、韩之和。由表 17-6 可以看出，中国—欧盟 FTA 对我国宏观经济的促进作用小于中、日、韩 FTA，且同样具有改善我国贸易顺差过大的作用。居民消费约增长 1%，呈现先扬后抑的趋势；投资约增长 0.7%，呈逐渐下降趋势；出口约增长 4.5%，呈逐步上升趋势；进口约增长 8.1%，呈先扬后抑的趋势。上述变量共同作用，使得实际 GDP 约增长近 0.3%。财政收入约提高近 0.6%，农村、城镇居民的可支配收入约提高 1.2% 和 1.5%。建立 FTA 后，我国对欧盟出口将提高约 17.1%，进口增长近 30%。在中欧 FTA 的带动下，我对美出口增长约 7.1%，进口增长约 6.9%。此外，对日、韩、巴西逆差将进一步扩大，对东盟逆差有所缩小。

表 17-6　中国—欧盟 FTA 对我国宏观经济影响

（单位:%）

		第一期	第四期	第七期	第十期
GDP		0.298	0.296	0.293	0.291
居民消费		1.022	1.033	1.030	1.020
总投资		0.707	0.681	0.650	0.627
出口总额		4.442	4.466	4.589	4.723
进口总额		7.898	8.105	8.134	8.059
财政收入		0.578	0.593	0.575	0.546
可支配收入	农村	1.170	1.187	1.174	1.150
	城市	1.478	1.525	1.527	1.506

2. 中国—巴西自由贸易区

巴西是"金砖四国"中的一员，在全球贸易中占有一定的比重。目前，我国与巴西的双边贸易相对较小，因此中国巴西 FTA 对我国实体经济与对外贸易的作用非常有限。居民消费约增长 0.17%，呈现逐步下降趋势；投资减少约 0.1%；出口约增长 0.5%，呈逐步上升趋势；进口约增长 1%，呈逐步下降趋势。上述变量共同作用，使得实际 GDP 约下降 0.04%。此外，财政收入约提高近 0.1%，农村、城镇居民的可支配收入约提高 0.2% 和 0.3%。我国对巴西出口增长近 16%，进口增长近 14%。FTA 仅拉动我国对欧盟出口增长 0.1%，对东盟增长 0.7%，对韩国增长 1.2%，还造成我国对日、美出口的下降。

表 17 - 7　中国—巴西 FTA 对我国宏观经济影响

（单位:%）

		第一期	第四期	第七期	第十期
GDP		−0.048	−0.047	−0.044	−0.041
居民消费		0.174	0.172	0.169	0.166
总投资		−0.097	−0.114	−0.123	−0.126
出口总额		0.483	0.487	0.516	0.547
进口总额		1.043	1.018	0.988	0.964
财政收入		0.142	0.136	0.128	0.122
可支配收入	农村	0.186	0.182	0.175	0.168
	城市	0.260	0.258	0.252	0.246

3. 中国—澳大利亚自由贸易区的效应

中国—澳大利亚 FTA 对我国宏观经济的影响与中国—巴西 FTA 类似，但由于澳大利亚在我国外贸中的比重大于巴西，其对投资、消费、进出口等变量的影响略高于前者。居民消费约增长 0.2%，呈现逐步下降趋势；投资减少约 0.1%；出口约增长 0.6%，呈逐步上升趋势；进口约增长 1.2%，呈逐步下降趋势。上述变量共同作用，使得实际 GDP 约下降 0.02%。此外，财政收入约提高近 0.2%，农村、城镇居民的可支配收入约提高 0.2% 和 0.3%。我国对澳大利亚出口将增长约 13.3%，进口增长约 8.3%，拉动我国对第三方的影响很有限，仅对欧盟出口增长约 0.2%，对东盟增长约 0.8%，对韩国增长约 1.2%；此外，还造成我国对美出口的下降。

表 17－8　中国—澳大利亚 FTA 对我国宏观经济影响

（单位:%）

		第一期	第四期	第七期	第十期
GDP		−0.023	−0.022	−0.020	−0.018
居民消费		0.199	0.199	0.196	0.192
总投资		−0.053	−0.069	−0.079	−0.082
出口总额		0.568	0.573	0.601	0.631
进口总额		1.173	1.158	1.131	1.106
财政收入		0.169	0.163	0.156	0.149
可支配收入	农村	0.237	0.234	0.227	0.220
	城市	0.316	0.315	0.310	0.304

五、结　论

由上面的分析可以发现，中、日、韩自贸区的建立对于我国宏观经济有一定的促进作用，这里只是假设关税下调 50%，在实际情况中，随着关税削减程度的提高，以及其他便利投资、贸易等经济活动的措施出台，中、日、韩自贸区对我国宏观经济的证明效应会大于模拟情况。

第一，中、日、韩自由贸易区的建立能在一定程度上拉动内需，其中，对 GDP 的促进作用约为 0.4%，对居民消费的促进作用约为 1%，对投资的促进作用也约为 1%。应当说促进作用较为有限，这主要是两方面的原因造成的，一是关税的降低对内需的影响是间接的，二是目前大量海关特殊监管区域（保税区等）的存在导致我国的实际关税水平大大低于名义水平。

第二，关税水平的大幅度降低并不会对财政收入产生消极影响，其原因在于两方面，一是由于关税水平的降低进口数量大大增加，在一定程度上中和了税率下降的不利影响；二是内需的增加，消费、投资的提高，使得消费税、增值税的税收有所增加。

第三，进口产品价格的降低会导致国内价格水平的下降，但是影响幅度有限，约为 0.05 个百分点，不会造成通货紧缩。此外，自贸区的建立还会在一定程度上提高农村、城市的居民可支配收入，其原因在于我国一部分比较优势的产品的出口会因关税水平的降低而大幅度提高。

第四，自贸区的建立对出口的促进作用约为 4 个百分点，对进口的促进作用约为 7 个百分点，朝逆差扩大的方向发展，说明我国的整体竞争力要弱于日本和韩国。此外，对日本、韩国关税水平的降低除了能够大大增加与日、韩的贸易量外，还会促进对其他国家和地区的贸易，可以缩小对美国、欧盟的顺差，改变对东盟国家的贸易条件，但会使得对台湾地区的逆差有所扩大。在假定条件下，对美、欧顺差见效的原因在于我国的服装、纺织的产品更多地流向了日、韩市场。

第五，我国出口增长比较快的产品技术含量相对较低，主要是农产品、服装、纺织品等，而进口增长较多的则主要是技术含量高的工业制成品，比如汽车等。且出口增长较多产品的增幅逐渐回落，进口增长较多产品增幅则呈现先扬后抑趋势，也在一定程度上说明我国与日、韩相比在竞争中处于劣势。

第六，中国—欧盟自由贸易区的建立也能在一定程度上促进我国宏观经济的发展，但力度小于中、日、韩自由贸易区。中国—巴西和中国—澳大利亚自贸区的建立对我国 GDP 增长的贡献为负。从模拟结果角度讲，我国应更多地考虑同日本和韩国建立 FTA。当然，在实际谈判中，应综合各方面情况考虑我国自贸区战略的发展次序，服务于我国全面建设小康社会战略目标的实现。

参考资料目录：

1. Meagher，G：General Equilibrium Analysis of Fiscal Incidence in Austrialia

［M］. Working Paper Prepared for Waterloo CGE conference，1990.

2. 周赤非：《中国金融可计算一般均衡模型与货币政策分析》［M］，中国科学院，1997。

3. 中国人民银行：《中国金融年鉴》，1998、1999、2003、2004。

4. 国家统计局：《中国统计年鉴》，1998、2003、2004。

5. 国家财政部：《中国财政年鉴》，1998、2003、2004。

9. 杜玉明：《福建 CGE 模型研究》［M］，福州大学，2004 年。

10. 赵晋平：《迈向制度性经济合作——日本 FTA 战略若干评价及多方案比较选择》［J］，《国际贸易》，2003 年第 8 期。

11. 刘昌黎：《日韩自由贸易区对我国的影响及对策》［J］，《世界经济》，2001 年第 11 期。

12. 霍骊丽等：《CDF－CGE 模型的基本结构及应用》，《数量经济与技术经济研究》，2006 年第 1 期。

第十八章
中国海关特殊监管区发展及整合趋势

曲凤杰

　　海关特殊监管区域是我国对外开放进程中，继经济特区、沿海开放城市和经济技术开发区之后设立的第四类深化改革、扩大开放的先导区。我国目前设立的这些特殊监管区域分为保税区、出口加工区、保税物流园区、跨境工业园区、保税港区、综合保税区六个类型。海关特殊监管区域以保税为基本功能。从 1990 年至今，国务院先后批准设立了保税区、出口加工区、保税物流园区、跨境工业园区、保税港区、综合保税区等 6 种类型的海关特殊监管区，[①] 其中保税区 15 个，出口加工区 60 个，是设立最早和数量最多的特殊区域。近年来，为完善相关功能，适应出口加工贸易需要，国务院陆续批准了一批以保税物流园区、保税港区和综合保税区为名义的特殊监管区域。从 1990 年至今，全国累计设立了各类特殊区域 105 个，经整合后目前实有 94 个。

　　海关特殊监管区域在不同阶段为承接国际产业转移、促进加工贸易发展、提高我国开放水平、提升区域竞争力、扩大就业等发挥了重要作用。2008 年全国海关特殊监管区域进出口总值 2994.45 亿美元，同比增长

---

① 不包括海关特殊监管场所。

16.89%，其中出口1525.90亿美元，同比增长21.74%，进口1468.55亿美元，同比增长12.23%。特殊区域进出口总值占全国加工贸易进出口值的28.42%。同时，海关特殊监管区也存在政策不协调、管理成本高、发展不平衡、综合效益不显著以及管理体制不完善等问题，随着我国经济、政策环境的变化，这些海关特殊监管区正面临整合。

一、海关特殊监管区定义和类型

所谓"海关特殊监管区域"并没有一个统一的定义，不同国家在不同历史时期对海关特殊监管区域的政策内涵往往有不同的界定。通常来说，一国或者地区在其境内设立的特殊监管区域属于"海关监视下的非关税区"，是一些国家划定有别于本国境内一般地区并实行特殊政策，由海关采取特别监管措施的区域。该区一般与关外采取严格的物理隔离，或电子围网隔离。

我国"海关特殊监管区域"是经国务院批准，设立在中华人民共和国关境内，赋予承接国际产业转移、连接国内国际两个市场的特殊功能和政策，由海关为主实施封闭监管的特定经济功能区域。

我国海关特殊监管区域现有六种模式：保税区、出口加工区、保税物流园区、跨境工业园区、保税港区/综合保税区（开放层次最高、政策最优惠、功能最齐全的模式）。

二、各类海关特殊监管区
发展状况和政策功能

（一）保税区

20 世纪 90 年代，上海外高桥保税区是国务院批准的第一个保税区。从 1990 年到 1996 年，国家先后批准了 15 个保税区，其中 13 个保税区是 1990—1993 年间批准设立的（表 1），主管部门是海关总署。我国 15 个保税区的规划总面积为 46.23 平方公里，目前完成开发的实际封关运作面积为 30 多平方公里。受区位条件的限制，各保税区的规模面积差别很大。其中，规模最大的上海外高桥保税区面积为 10 平方公里，最小的深圳沙头角保税区只有 0.27 平方公里，其余大多在 1—4 平方公里之间。保税区最初功能定位是"仓储、转口和加工"，但从后来保税区的功能发展看，其主要业务是保税物流（包括保税仓储）、转口贸易和出口加工制造。

保税区是我国最早出现的海关特殊监管区域，在十几年的发展过程中起到了一定的示范区域和带动周边经济发展的作用。但当前的保税区在机制上、政策上、管理上都存在着一些比较突出的问题：各保税区发展不平衡。从总体发展水平上看，15 家保税区发展并不平衡，上海外高桥、深圳、天津、张家港、宁波、大连保税区发展明显优于其他保税区，部分保税区工业经济发展日趋缓慢。出口加工区、保税港区等海关特殊监管区在功能上与保税区也有重叠，使得原本发展定位就不明确的保税区还将面临更大的竞争压力。根据规定，国内货物进入保税区不能予以及时退税，要等货物实际离境后方能退税，导致货物"港澳游"、"国货复进口"现象。

保税区享有"免税、免证、保税"政策，免证是指境外与区内之间除被动配额外不实行配额、许可证管理；免税是区内生产性项目所需机器设备、物资和企业自用的生产、管理设备及零配件、办公用品等免征关

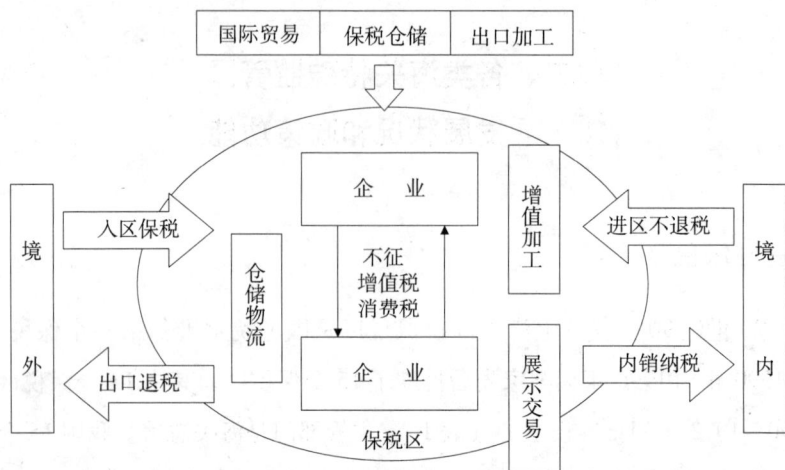

图 18 - 1　保税区业务流程与政策优惠示意图

税；保税是境外进入区内的货物予以保税。区内流转免增值税，内销按料件或成品征税。在海关监管上，海关对保税区实行围网管理，并实行 24 小时全天候工作制度。在功能上，保税区具有进出口加工、国际贸易、保税仓储三大主体功能（见图 18 - 1）。

保税区自成立以来，以减免关税、放宽海关和外汇管制为主要优惠措施，在吸引国外资金和技术、带动区域经济发展方面发挥了积极作用，但由于保税区与港口分离，保税区的政策功能优势不能辐射到港口，过境自由原则难以实施。

（二）出口加工区

为促进加工贸易发展，规范加工贸易管理，将加工贸易从分散型向相对集中型管理转变，给企业提供更宽松的经营环境，鼓励扩大外贸出口。2000 年 4 月 27 日，国务院正式批准设立由海关监管的出口加工区。江苏昆山出口加工区 2000 年 9 月 6 日在全国第一家通过国家验收，成为中国首家封关运作的出口加工区。为有利于运作，国家将出口加工区设在已建成的开发区内，并选择若干地区进行试点。目前我国共有 60 个出口加工区。在功能上，主要承担加工、相关联企业物流服务及研发等功能，在政策上，税收政策同保税区政策基本相同，但国内货物进区可退税；区内企业销往境内区外的货物，按制成品征税，在海关监管上，采取全封闭、卡口式管理，并实行 24 小时工作制度。2009 年 1 月，在昆山、重庆等 7 家出口加工区开展功能拓展试点两年的基础上，对全国出口加工区在原有单一保税加工制造功能上增加保税物流和研发、检测、维修功能。

出口加工区在促进我国加工贸易等方面发挥了积极作用，但其发展面临一些困难：第一，出口加工区发展水平不均衡。经国务院批准设立的出口加工区分布在江苏、上海、山东等沿海地区以及内陆省会城市、沿江开放城市和边境开放城市。但就引资和进出口来看，江苏和上海占有较大比重，内陆省份出口加工区发展落后，吸引外资和外贸进出口所占比重很低；第二，海关、商务部门、税务、银行、行业主管等多部门协作管理出口加工区的业务，部门协调存在问题；第三，监管手续复杂，通关时间长，成本高（台账和保证金等），不适应小型部件的频繁外发加工和维修需要等。

国务院批准设立出口加工区，对加工贸易进行"圈养式"封闭管理，主要是为了改革加工贸易的监管模式，遏制屡禁不绝的加工贸易走私现象。区内可设置出口加工企业及其相关仓储、运输企业。出口加工区将实行封闭式的区域管理模式，实现出口加工货物在主管海关"一次申报，一次审单，一次查验"的通关要求。加工区兼具贸易与工业生产两种功能。在功能上，主要包括加工、相关联企业物流服务及研发等，在政策上，税收政策同保税区政策基本相同，出口加工区享有更优惠的出口退税政策。国内货物通过保税区出口到境外，采用"离境退税"的原则，而出口加工区采用"入区退税"的原则。在海关监管上，采取全封闭、卡口式管理，并实行 24 小时工作制度（见图 18-2）。

出口加工区内企业免征增值税、消费税的优惠政策降低了企业生产成本，增强了企业出口竞争能力。出口加工区在促进我国加工贸易等方面发挥了积极作用，但其退税政策操作困难，区域之间手续烦琐，还存在多头管理等问题和困难。而且，功能比较单一，从目前制定的监管办法看，区内料件必须经过实质性加工才能出区，而对于非实质性加工的配套服务如产品零配件配套销售、售后服务、开展设备维修服务等则无法开展。

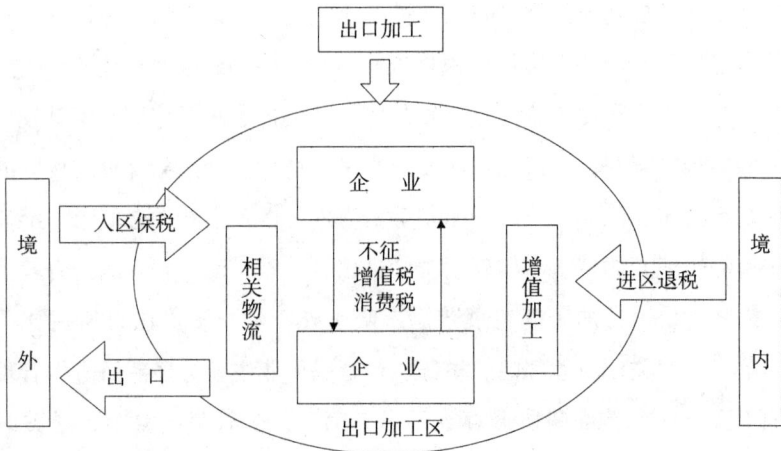

图 18-2 出口加工区业务流程与政策优惠示意图

（三）保税物流园区

保税物流园区是区港联动的运作载体，它整合了保税区的功能优势和港口的区位优势，将保税区的特殊政策覆盖到港区，以实现保税区与港口的区域联动、功能联动、信息联动、营运联动，拓展和提升港口功能，形成保税区与港口的良性互动。是按照"境内关外"定位的、实行封闭管理的海关监管下的特殊区域。

2003 年年底国务院批准设立上海外高桥保税物流园区，作为全国首家"区港联动"试点。2004 年 4 月 15 日，上海外高桥保税物流园区经海关总署联合小组验收通过，7 月 15 日进入试运作。2004 年 8 月 16 日，国务院又正式批准天津、大连、青岛、张家港、宁波、深圳、厦门共 7 个保税区为"区港联动"新增试点。

保税物流园区存在的主要问题是，部分国际物流业务活动不能实际操作。虽然国家政策允许在保税物流园区内进行国际中转、国际贸易等业务，不允许区内从事出口加工业务，但国际物流中的很多具体业务流程无法在区内完成。保税物流园区形式上已包含码头在内，但在现行政策框架下还只能按"O"型园区监管，在"一线"采用传统的进出境备案方式，制约了国际中转及拆拼箱功能的拓展和货物快速运动。如一个境外运到保税物流园区的集装箱如果要拆箱分拨到多个目的港，在现有的海关监管方式下就无法实现。

保税物流园区的实质是在保税区和港区之间开辟直通道、拓展港区功能。海关通过区域化、网络化、电子化通关管理，简化相关手续，满足企业对货物快速流通和海关有效监管的要求，吸引物流企业投资，从而推动保税区和港区物流的发展，具有国际中转、国际配送、国际采购中心和国际转口贸易等功能（见图18-3）。

表18-1　保税区与实施区港联动的保税物流园区的政策对比

	传统保税区	区港联动之后的保税物流园区
进出口手续	两次报关	一次报关
货物进出境手续	两次报备	一次报备
出口退税	离境退税	进区退税
贸易收付汇	国内企业不得直接从保税区企业收付汇	对货物流与资金流不一致的付汇进行试点
非贸易收付汇	严格限制	实行区内企业非贸易购汇试点
工商管理	不可在区外设立经营性分支机构	可在区外设立经营性分支机构

（四）跨境工业园区

珠澳跨境工业园区是我国首个跨境工业园区，2003年12月5日经国务院批准设立，同年12月9日动工建设。其位于珠海拱北茂盛围与澳门

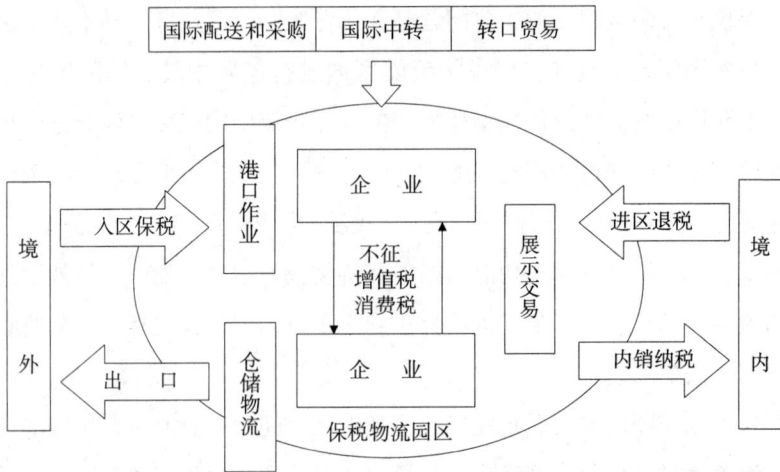

图18-3 保税物流园区业务流程与政策优惠示意图

西北区的青洲之间,通过填海造地形成,首期总面积为0.4平方公里,其中珠海园区面积约0.29平方公里,澳门园区面积约0.11平方公里。该工业园区以发展工业为主,兼顾物流、中转贸易、产品展销等功能。

根据《国务院关于设立珠澳跨境工业区的批复》,跨境工业区以发展工业为主,兼顾物流、中转贸易、产品展销的功能(见图18-4),《中华人民共和国海关珠澳跨境工业区珠海园区管理办法》将其进一步细化为加工制造、检测维修研发、拆解翻新、储存进出口货物以及其他未办结海关手续货物、包括转口贸易等进出口贸易、国际采购分销配送、国际中转、商品展示展销以及经海关批准的其他加工和物流业务9项具体业务,满足当前企业从事各项进出口业务的需要。符合条件的港、澳CEPA货物,经过珠海园区"借道"进入内地的,也可以享受CEPA零关税待遇。

(五)保税港区

保税港区是经国务院批准设立的,在港口作业区和与之相连的特定区域内,集港口作业、物流和加工为一体,具有口岸功能的海关特殊监管区

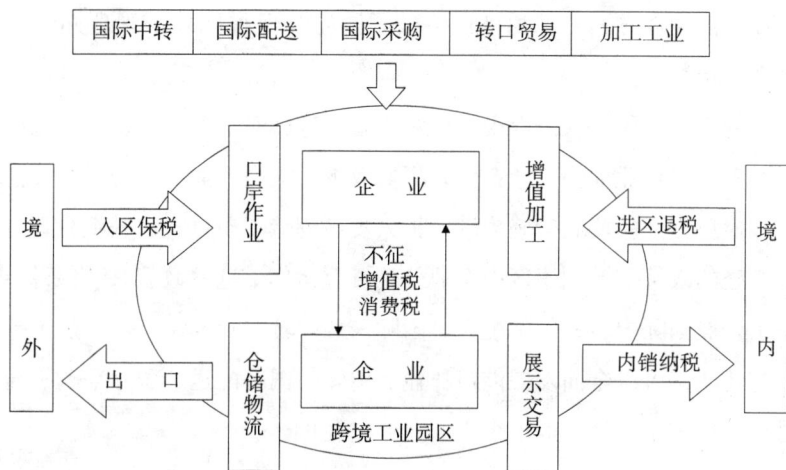

图 18-4　跨境工业园区业务流程与政策优惠示意图

域，是目前我国开放层次最高、政策最优惠、功能最齐全的特殊区域。2005 年 6 月中国第一个保税港区上海洋山保税港区得到批复，到 2008 年年底，中国已经有 12 个保税港区：上海洋山保税港区、天津东疆保税港区、大连大窑湾保税港区、海南洋浦保税港区、宁波梅山保税港区、广西钦州保税港区、厦门海沧保税港区、青岛前湾保税港区、深圳前海湾保税港区广州南沙保税港区、重庆两路寸滩保税港区和张家港保税港区。保税港区主要功能：国际中转功能、国际配送功能、国际采购功能、国际转口贸易功能和出口加工区功能。

保税港区享受保税区、出口加工区相关的税收和外汇管理政策。国家保税港区的通用政策主要集中在税收、海关监管、检验检疫和外汇管理等四个方面：在税收方面，保税港区实行进区退税、国外进区货物保税、港区内企业之间的货物交易不征增值税和消费税等政策。在海关监管方面，保税港区以"一线放开、二线管住、区内自由"为原则，简化入出保税港区货物的通关手续和流程。在检验检疫方面，对转口货物实施检验检疫简易程序，国内入区货物检验检疫简化程序。境外入区仓储等货物免品质检验。保税港区内企业之间销售、转移进出口应检物，免予实施检验检疫。在外汇管理方面，保税港区突破了原先《保税区外汇管理办法》提出的企业购汇条件。

货物进区退税、入区保税可以大大增加港区对货源的吸引力，区内货物免税有利于企业加强专业合作，降低成本，提高产业竞争力；海关监管和检验检疫方面的便利措施为港区扩大贸易创造了条件；而外汇管理方面较为宽松的政策则有利于区内企业外汇资金运作。这些政策，使保税港区具备了开展国际中转、国际配送、国际采购、转口贸易以及出口加工等基本业务功能，可以全面发展港口作业、中转、国际配送、国际采购、转口贸易、出口加工、展示等七个方面业务（见图18－5）。

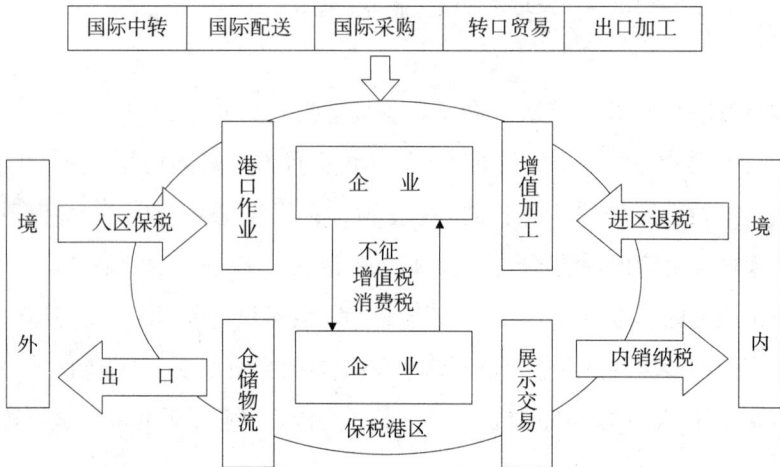

图18－5　保税港区业务流程与政策优惠示意图

（六）综合保税区

2006年12月17日，国务院正式批准设立苏州工业园综合保税区。苏州工业园综合保税区是中国首个"综合保税区"，是在对苏州工业园区现有的海关保税物流中心（B型）和出口加工区A、B区进行整合、功能叠加的基础上形成的。天津滨海新区综合保税区则是继苏州工业园综合保税区后，国家批准设立的第二个综合保税区。天津滨海新区综合保税区于2008年3月由国务院批准成立，规划面积195.63公顷，其中一期120公顷，是滨海新区继综合配套改革试验总体方案获批后，开发开放获得的又一重要政策支持，空客A320系列飞机总装线项目等一大批重大工业项目就坐落其中。北京天竺综合保税区位于首都机场西北部，于2008年7月23日正式获得国务院批复，是全国首家空港型综合保税区。海南海口综合保税区是我国继苏州工业园、天津滨海新区和北京天竺综合保税区之后设立的第四个综合保税区，也是首个在省会城市设立的综合保税区。此外，广西凭祥、黑龙江绥芬河等地也在申请建设综合保税区。

综合保税区整合了海关特殊监管区域的所有政策功能，如国外货物入区实行保税，国内货物入区视同出口、实行退税。企业在区内不仅可以进行货物的保税仓储和加工、制造业务，还将可以开展对外贸易等业务，根据国务院批复，综合保税区具有口岸作业、保税物流、保税加工、国际贸易等保税港区的综合功能（见图18-6）。

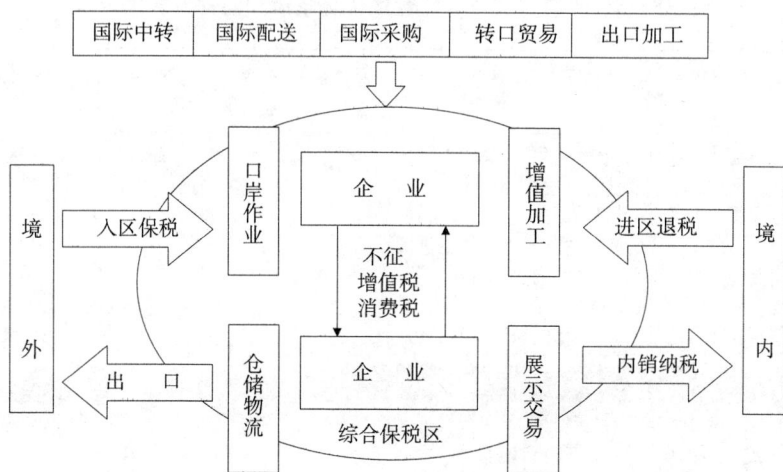

图18-6　综合保税区业务流程与政策优惠示意图

表18-2　各类海关特殊监管区的功能比较

	综合保税区	保税港区	保税区	出口加工区	保税物流园区	跨境工业园区
口岸装卸、运输	有，可以是海港，也可以是内陆港	有，港区合一	无	无	通过专门通道和卡口的形式与港区联系	有口岸功能
国际中转集运	可拆拼箱	可拆拼箱	整箱进出	无	可拆拼箱	可拆拼箱
国际贸易和物流	有	有	有	无	有	有
出口加工	有	有	有	有	无	有
集装箱增值服务	可开展集装箱拆拼箱和中转业务	可开展集装箱拼箱和中转业务	无	无	可开展集装箱拆拼箱，但中转条件不足	可开展集装箱拆拼箱，但中转条件不足
国际航运、金融服务	可开展金融等服务	可开展国际船舶运输、船代、船舶管理、海事金融等服务	有限	无	有限	有限
多式联运	有限	具备直接的水、铁、公联运，水水联运条件	无	无	有限的水水联运	有限

表18-3　各类海关特殊监管区优惠政策和监管方式比较

	保税港区	保税区	出口加工区	保税物流园区	跨境工业园区	综合保税区	异同点比较
政策	1. 免税、免证、保税；2. 国内货物进区退税；3. 区内流转免增值税；4. 内销按成品征税；5. 不实行银行保证金台账制度；6. 可开展"园区一日游"；7. 实行意愿结汇与核销。	1. 免税、免证、保税；2. 出口退税采取离境退税；3. 区内流转免增值税；4. 内销按料件或成品征税；5. 不实行银行保证金台账制度；6. 实行意愿结汇与核销。	1. 税收政策与保税区政策基本相同，但国内货物进区可退税；2. 区内企业销往境内区外的货物，按制成品征税；3. 不实行银行保证金台账制度；4. 实行意愿结汇核销。	同保税港区	同保税港区	同保税港区	1. 保税区内国内货物不能进区退税；2. 货物可在保税港区、保税物流园区等不限期存放；3. 保税物流园区不能进行加工制造等业务。

续表

	保税港区	保税区	出口加工区	保税物流园区	跨境工业园区	综合保税区	异同点比较
海关监管	1. 围网全封闭、卡口式管理；2. 一线放开、二线管住、区内搞活；3. 一个海关同时具备口岸海关和区域主管海关职能，同时负责保税港区监管。	1. 海关对保税区实行围网管理，并实行24小时全天候工作制度；2. 一般情况下港口与保税区分属于两个海关监管，以转关方式实行监管衔接。	1. 采取全封闭、卡口式管理，海关在围网及卡口设置闭路电视监控系统，并实行24小时工作制度；2. 港口与出口加工区分属于两个海关监管，以转关方式实行监管衔接。	1. 围网全封闭、卡口管理；2. 保税物流园区与港口分属不同海关，但有绿色通道；3. 分属两个海关监管。	同保税港区	同保税港区	1. 海关特殊监管区域均采取封闭管理；2. 保税港区、跨境工业园和综合保税区相对于其他三个区域，海关监管更加便捷，实现"境内关外"。

三、海关特殊监管区政策整合趋势

由于目前我国特殊监管区域类型多样，政策和功能存在重复、交叉，未来要通过功能整合、政策叠加，将现有六种类型特殊区域整合为一种类型，配置统一的政策、功能，执行统一的管理制度和监管模式。

2008年开始国家准备对海关六类特殊监管区域进一步加以整合，目前正在就《国务院关于海关特殊监管区域整合发展的指导意见》征求意见。《指导意见》提出特殊监管区的整合内容包括：名称整合。要将现有六种类型特殊区域名称统一为"综合保税区"（海关特殊监管区）。数量整合。要对现有已经国务院批准设立的特殊区域开展评估，科学分析发展现状，通过对不同区域的整合，合理配置资源，减少区域数量，根据规划布局，控制全国特殊区域发展总体规模。功能整合。要使特殊区域具备保税加工、保税物流、货物贸易以及与之相关的服务贸易等主要功能。政策整合。要将国家已经出台的涉及特殊区域的优惠措施相叠加，实行统一的政策，并根据现代制造业和服务业发展需求，动态地配置更加优惠、更为开放、更具活力相应的金融、财税、贸易和产业政策。法规整合。要将涉及特殊区域的海关、税务、检验检疫、外汇、外贸等部门的法规、规章，整合为统一的行政法规，形成《中华人民共和国海关特殊监管区管理条例》，并相应地修订各部门规章。管理模式整合。要建立特殊区域高效便捷、监管有序的现代管理模式，辅之以统一的信息化管理平台，提高大通关效率。海关特殊监管区域将成为具有包括保税加工、保税物流功能，同时辅之以相关的研发、检测、维修以及货物贸易、服务贸易等功能的特殊监管区域。

从《指导意见》的基本整合思路看，未来海关特殊监管区将实行统一的优惠政策。但是如果海关特殊监管区在港口设立，不仅能实现港口的功能，政策优势也能得到有效、充分地发挥。

参考资料目录：

1. 曲凤杰：《世界自由贸易区发展研究》，《中国开发区》，2004 年 8 月、9 月。

2. 国家发改委对外经济研究所课题组研究报告：《海关特殊监管区域发展前景及政策整合》2005 年。

第十九章

人才国际化的历程、
发展经验及前景

杨长湧　杜　琼

人才是经济活动中最活跃的因素，也是经济社会发展最根本的动力。在我国经济逐步扩大开放、走向国际化的进程中，我国的人才也日益走向国际化，并成为我国经济国际化程度不断提高的强大推动力。

所谓人才国际化，是指本国人才和为本国使用的人才具有国际化的视野，掌握一门或一门以上的外语，能够进行跨国家、跨文化的交流与沟通；掌握有关世界其他国家或符合国际准则的知识和技术；熟悉国际有关事务的规则，能够较熟练地参与并影响国际事务。人才国际化包括本国人才开发的国际化和为本国使用的人才结构的国际化两方面。具体而言，则主要包括人才培养的国际化、人才素质的国际化和人才结构的国际化三个维度。

新中国成立以来，党和国家一直将人才国际化工作作为一项重要的战略来抓。在人才培养的国际化方面，我国在各级各类学校的课程中设置了外语以及大量与国际事务有关的专业。目前，通过国家英语四级考试已成为大学生拿本科学位证的硬性要求，而国际金融、国际法等与国际事务有关的专业，往往是各大学最火爆、招录分数最高的专业。我国与国外开展了大量合作办学项目，利用国外的教育资源，对国内的学生、科研人员和企业工作者进行国际化知识和技能的训练。我国坚持推动出国留学工作，大量派遣人员出国留学、访问、进修，鼓励自费出国留学，使得出国留学成为我国培养国际化人才最主要的方式。在人才素质的国际化方面，我国科研人员不断取得在世界上具有重要地位的学术成果；我国越来越多的高校毕业生进入国外大型跨国公司工作，他们的外语能力、跨文化沟通能力和对国际通行规则的掌握，得到了国外公司的高度认可。目前，全球500强跨国公司中，已有400多家在我国落地生根，他们吸收了许多我国本土培养的具有国际化素质的人才。在人才结构的国际化方面，我国主要通过两条途径进行：一是在大力推动出国留学工作的同时，高度重视吸引留学人员归国服务，千方百计将流出去的人才再吸收回来，让他们成为推动我国经济社会国际化的重要力量；二是大力引进国外智力，直接使用外国人才，为我国的科技、教育等事业服务。

在我国的人才国际化历程中，出国留学和引进智力是投入资源比较集中、成效比较突出、也比较引人注目的两项工作。这两项工作的发展历程，某种程度上就是我国人才国际化工作的发展历程。因此，本文对我国人才国际化工作的回顾和展望，主要围绕这两项工作展开。

一、出国留学：人才国际化盛苑中的奇葩

（一）出国留学工作的成绩

建国六十年来，我国出国留学工作不断开创出新的格局。特别是改革开放后，伴随着我国经济国际化的大潮，出国留学工作更呈现出欣欣向荣的局面：

——我国出国留学人数逐年递增，尤其是改革开放后，留学人数呈急速增长的态势。建国后到改革开放前的30年中，我国各类出国留学人数（包括短期访问、进修人员）不到2万人；而改革开放后到2008年年底的

30 年中，我国出国留学人数达 139.15 万人，比改革开放前增长了将近 70 倍。

——我国出国留学方式呈多元化格局，目前已形成以国家公派为先导、以自费留学为主体，国家公派、单位公派和自费留学三种方式共同发展的特征。其中，改革开放后自费留学的迅速崛起并成为出国留学人员的主体，是我国出国留学工作的一个突出的特点。2008 年，我国出国留学人数达 17.98 万人，其中自费留学人数达 16.16 万人，占当年留学人员总数的 90%。

——我国出国留学国别几乎涵盖了所有主要的发达国家。目前，我国的留学人员广泛分布在美国、日本、英国、法国、德国、加拿大、澳大利亚等主要发达国家。其中，美国是吸收我国出国留学人员最主要的国家，其次是日本。据统计，1978 年到 2001 年，美国和日本吸收了我国 2/3 以上的留学人员。

——我国出国留学人员的学历层次越来越高。改革开放前，我国出国留学人员大多只具有本科学历；而改革开放后，特别是 20 世纪 90 年代后，硕士生、博士生出国留学的越来越多。

——归国留学人员为我国社会主义建设做出了不可磨灭的历史贡献。新中国建立初期，大批旅居海外的留学人员和学者回国，为我国工业、国防、教育等事业的发展做出了巨大的贡献，钱学森、李四光、邓稼先等就是他们中的杰出代表。改革开放后，归国留学人员在我国许多重要领域中发挥的作用越来越广泛和深入。据统计，81% 的中科院院士、54% 的工程院院士、77.61% 的教育部直属高校校长、71.65% 的国家重点实验室和教学研究基地主任、94% 的长江学者以及 72% 的国家"863 计划"首席科学家，都是留学回国人员。

（二）出国留学工作的阶段性特征和发展特点

建国初至 1956 年，我国派遣留学生的工作主要与苏联合作展开。1951 年至 1956 年，我国共向苏联派遣各类留学人员 6570 人；其中 82%

是 1954 年后派出的。这一时期，我国赴苏留学人员大致有本科生（到苏联读大学本科）、研究生（到苏联读研究生）、进修教师和实习人员四类，学习专业以工科为主，这主要是针对国家大规模经济建设的需要而选择的。在主要向苏联派遣留学人员的同时，我国与波兰、捷克斯洛伐克、罗马尼亚、保加利亚和匈牙利等东欧国家，以及蒙古、朝鲜、越南等周边国家交换留学生的工作也逐步展开；向印度、埃及等民族独立国家也开始派遣留学生。但较之与苏联的人才交流，我国向这些国家派遣的留学生规模要小得多，发展也比较缓慢。

1957 年至 1965 年，我国国际国内形势都发生了较大的变化，我国出国留学工作也进行了较大调整。首先，派往苏联的留学人员大大减少，同时派往其他国家的留学人员有所增加。1957 年至 1965 年间，我国赴苏留学生 1821 人，仅为 1951 至 1956 年赴苏留学生总数的 1/3；同时，我国开始筹划向英国、瑞士、瑞典、意大利和日本等发达资本主义国家派遣留学生，去学习这些国家的自然科学与技术。其次，我国派出留学生的结构发生了较大调整。1957 年至 1963 年，我国共派出各类留学人员 2265 人，其中研究生 1055 人，占 46%；进修教师和科研实习人员近 700 人，占 31%；而本科生只有 303 人，占 13%。本科生派遣急剧减少的根本原因是国内高等教育有了较大发展，已能独立培养很多学科的本科生。再次，我国派出留学生的学习专业也发生了变化。除了派遣留学生继续学习理工科专业外，国家又大量派遣了学习外语，特别是学习英语、日语、德语、西班牙语等的留学生，以满足我国国际关系格局调整和国际交流的现实需要。到 1966 年年初，我国在外留学生总数为 1221 人，分布在 36 个国家和地区，学习 34 种外国语言。

"文化大革命"爆发后，我国派遣留学生的工作一度中断。1972 年，我国恢复向国外派遣留学生。1972 年至 1976 年，我国共向 49 个国家派出 1200 多名留学生。在"文革"中，派遣留学生工作能有这样的成绩，实属不易。这一时期的留学生，绝大多数都是学习所在国的语言。而在接受我国留学生的国家中，英国、法国、加拿大、澳大利亚、日本等发达国家占据了主要地位，这为我国改革开放后加强向发达国家派遣留学生的工作提供了一定的经验和基础。

1978 年到 1982 年，是我国出国留学工作在新的国内外形势下崭露头角的阶段。改革开放初的三年多时间里，我国共派遣留学人员 6800 多人，与"文革"及"文革"前十年的状况形成了鲜明的对比。派遣初期，出国留学人员以进修人员为主。1981 年开始，随着恢复高考后的第一届大学生毕业，出国留学研究生的数量开始大大增加。出国留学生的专业依然以理工科为主。1978 年到 1980 年间派出的留学人员，理工科共占 68.4%，人文社会学科只占 9.9%，鲜明地体现了我国国内建设对国外先进科学理论和技术的迫切需求。出国留学生的国别分布进一步体现出以西方发达国家为主的特点。截至 1980 年 9 月，我国派出的留学人员分布在 44 个国家学习，其中美国、日本、联邦德国、英国、法国和加拿大六个国家的留学人员占留学人员总数的 80%，仅美国一国就占到了 35%。这一时期，我国制定了大量有关出国留学人员的管理制度，包括留学人员选拔办法、留学人员出国前的外语培训、留学人员在国外的财务管理等，并发动中央各部门、各高校、各地方通过各种关系，广泛开辟留学渠道。这在过去是没有的，属于全新的探索，为我国进一步开展出国留学人员工作打下了良好的基础。这一时期出国留学工作有一个引人注目的变化，就是国家开始支持自费出国留学。1981 年，国务院公布了我国第一个关于自费出国留学的政策性文件——《关于自费出国留学的暂行规定》，从此，自费出国留学得到了快速的发展。截至 1981 年年底，全国共有 6000 多人自费出国留学。自费出国留学从一开始就呈现出活跃但问题较多的特点，促使我国政府不断探索和完善关于自费出国的管理制度，大大提高了我国培养国际化人才的能力和水平，也推动着我国的人才国际化工作不断朝着健康的方向发展。

1982 年至 1992 年，是我国出国留学工作承前启后的重要发展时期。公派留学方面，我国提出了"按需派遣，保证质量，学用一致"的方针，大量派遣留学生、访问学者和进修人员，出国学习重点科技攻关项目、重点学科建设项目等需要的知识和技术；改革留学人员选拔办法，通过对留学人员的政治素质、业务素质和外语能力进行严格把关，提高留学人员的质量；通过建立签订出国留学协议书制度、设立中国留学服务中心等办法，加强对留学人员的引导和管理，使得留学人员能够顺利出国并学成归来。这一时期，我国公派留学人员中研究生的数量明显增多，留学人员的质量明显提高。自费出国方面，国家政策虽出现过收紧的时期，但总体趋势是逐步放宽，自费出国留学人员数量也显著增加，尤其是1990年以后。1985年至1988年，自费出国留学人员达1.6万人；而1990年一年，全国各地批准的自费出国留学人员就达到了1.8万人。

1992年至今，是我国出国留学工作的大发展时期。1993年，国家提出了"支持留学，鼓励回国，来去自由"的出国留学工作总方针。在这一方针的指导下，自费留学和公费留学都得到了迅猛的发展。1993年，国家实行关于自费出国留学的新政策，进一步放宽对自费出国留学的限制，使得自费留学在国内的政策障碍基本解除。从此，自费出国留学人数猛增，并成为我国出国留学人员的主体。据统计，1998年，我国自费留学人数为1.1万人，2002年为11.7万人，2008年为16.16万人，10年间增长了将近14倍。1998年、2002年和2008年，我国自费留学人数分别占当年留学总人数的64.7%、93.6%和90%。公派留学方面，国家在加大对公派留学经费支持力度的同时，对留学选派管理体制进行了重大改革，成立了国家留学基金管理委员会，实行"个人申请、专家评审、平等竞争、择优录取、签约派出、违约赔偿"的新办法，促使公派留学的规模和质量都得到了进一步的提高。1996年至2007年，我国共派出各类留学人员3.8万人。2007年1月起，我国启动"国家建设高水平大学公派研究生项目"，大量选拔研究生赴国外留学或访问，当年选拔规模首次突破1万人，是改革开放后至2007年选拔人数最多的一年。

纵览六十年出国留学工作的曲折发展，可以看出，我国的出国留学工作以改革开放为界，可大致划分为前三十年和后三十年两个时期。由于国内外局势的显著差异，这两个时期的留学工作各自呈现出不同的特点。可以说，改革开放前后，我国的出国留学工作发生了四个比较大的转变：

——出国留学人员由国家公派为主向自费留学为主转变。改革开放前，我国的留学人员基本都是国家公派的，而改革开放后到今天，自费留学人员已成为留学人员的主体。自费留学的繁荣发展，是我国实施对外开放战略、调动民间积极性、鼓励走出国门的必然结果，也是民间财富不断增长的体现。

——出国留学国别由前苏联为主向美日等资本主义发达国家转变。这种转变，是我国由计划经济体制向市场经济体制转轨的必然选择，也从另一方面说明了当前国际力量的格局。

——出国留学目的由单纯的服务国家战略向目标多元化转变。改革开放前，留学人员基本都由国家公派，派出人员、派出国别、学习专业等的选择，都是服从国家经济、政治、外交等战略需要的；而改革开放后，随着自费留学人员成为出国留学的主体，留学目标也呈现出多元化特征。公派留学依然仅仅围绕国家战略进行，而自费留学人员中，有的是出于对更优越的物质生活的追求，有的是出于对某种特殊的自然、文化环境的向往，有的则是出于追求知识、探索学问的目标。

——出国留学工作从侧重于派出向派出和吸引留学人员回国并重转变。改革开放前，我国出国留学人员基本不存在学成不归的问题。改革开放后，随着出国留学人员的日益增多，留学人员滞留海外不归的问题也越来越突出。1978 年至 2006 年，出国留学总人数为 106.7 万人，学成回国 27.5 万人，学成未归 19.9 万人，目前在学 58.3 万人。学成未归人数占到出国留学总人数的将近 20%，其中大多数是自费留学生。因此，除了继续派遣和鼓励出国留学外，大力争取留学人员回国工作也越来越得到国家的重视。目前，我国已形成一套吸引海外留学人才的制度和政策，包括建立和完善博士后科研流动站、为回国留学人员提供科研启动经费、组织国内用人单位出国招聘和表彰有突出贡献的回国留学人员等，取得了明显的成效。

（三）出国留学工作的经验与不足

经过六十多年的曲折发展，我国出国留学工作积累了许多有益的经验：

1. 必须将推动出国留学工作作为重要的国家战略来实施。党中央、国务院一直重视和鼓励出国留学工作，最高国家领导人多次对出国留学工作做出重要指示，即使在国内外形势严峻、出国留学工作面临诸多障碍的情况下依然如此。比如，邓小平同志 1978 年就指示，"我赞成留学生数量增大"，"要成千成万地派，不是只派十个八个"。党中央、国务院的重视，使得出国留学工作成为我国一项重要的国家战略，为我国培养国际化人才、在激烈的世界竞争中站稳脚跟并和平崛起，做出了不可磨灭的贡献。

2. 出国留学工作，特别是公派留学人员工作，必须紧紧围绕国家的战略目标和现实需要进行。建国初期，我国的战略目标是尽快实现社会主义工业化，并与社会主义阵营中诸国加强交流与合作。因此，那时的公派留学人员绝大多数都是奔赴苏联，学习实现工业化所必需的各种科学理论和技术。改革开放后，我国的战略目标是建立并完善社会主义市场经济体制，与世界各国广泛开展交流与合作，实现和平崛起。因此，公派留学人员大多数都派往了世界市场经济发达国家，学习市场经济条件下的知识、技术和管理经验。实践证明，紧紧围绕国家战略目标和现实需要开展出国留学工作，能使我国有限的资源得到最有效率的利用，实现人才培养中的投入—产出最优化。

3. 必须将出国留学工作纳入制度化轨道，保证出国留学工作的有序进行。随着出国留学工作的开展，我国陆续出台了有关的制度与政策，对涉及出国留学方方面面的事务进行规范与管理。在公派留学方面，我国在留学人员的选拔、考核、培训、出国后的管理和归国服务等一系列环节，都形成了规范化的制度；在自费留学方面，我国对自费留学的政策几经调整，目前已很宽松，而同时，国家加强了对留学的服务工作，比如加强对留学中介的监管，加强海外留学人员与我驻外使领馆的联系等。制度化管理是出国留学工作不断健康发展的持久保障。

4. 在推动出国留学工作的同时，必须高度重视吸引留学人员归国服务的问题。留学是实现本土人才国际化最有效的方式；但只有留学人员能够利用所学切实为国服务，人才国际化工作才算真正收到实效。特别是公派留学人员，学成按时回国服务，既是留学人员应尽的义务，也是国家公派人员留学的目的所在。目前，我国吸引留学人员归国服务的一系列政策措施已经形成并收到显著成效，为归国留学人员提供了良好的科研、创业舞台和生活环境。

不过，在看到出国留学工作成绩的同时，也要看到其中存在的不足之处：

1. 留学人员学成归国率不高，是出国留学工作中存在的突出问题。这一点，自费留学人员表现得最为明显。比如，1978 年至 1989 年，自费出国人员学成归国人数只占自费出国人员总数的4%。近年来，随着我国综合国力的上升，虽然留学人员归国日益成为潮流，但仍有许多优秀的留学人才选择留在了国外。留学人员学成不归，造成了我国人才的流失，事实上形成了我国对发达国家教育上的逆向补贴；而且留在国外的相当多的留学人员，都是从当今我国社会中层及以上的家庭出去的。这些人员留在国外，对我国未来经济、政治、外交的潜在影响不容忽视。

2. 留学人员的"洋化"问题比较突出。毛泽东同志早已尖锐地指出，派遣留学生的目的是为了让他们学到国外的先进东西为我所用，是为了让外国的东西能中国化，而不是让留学生越来越洋化。目前，"洋化"的问题在许多留学生身上表现得比较突出。他们习惯了国外的思维方式、生活方式，言必称欧美，与中国本土的实际情况和现实需要脱节比较明显。这一点，在一些社会科学的教学和研究领域表现得尤为突出。应该看到，国外的知识、经验，都是源于国外的社会生活实践。要拿到中国来用，必须结合中国的实际才行。因此，留学人员光"洋化"是不够的，更需要进一步"本土化"，才能真正发挥在社会主义建设中的作用。

3. 一些留学人员归国后不能发挥应有的作用，特别是一些在国外学到了先进科学理论和技术的留学人员。这其中固然有留学人员自身的原因，但我国整体工作环境与国外差距较大，也是一个非常重要的问题。留学人员在国外学习，这只是一个阶段的积累；要让留学人员愿意回国并发挥作用，必须创造相应的硬件设施、制度环境，让留学人员能够得到持续的积累和提升，才能真正发挥所学，为国家建设做出贡献。

（四）出国留学工作的前景和需要注意的几个问题

我国与世界主要发达国家的差距将长期存在，我国的经济国际化还有很长的路程要走。这一基本格局决定了我国对国际化人才的需求是巨大的，出国留学工作开展的空间是巨大的。同时，随着我国的经济发展，国家财政资源、外汇资源和民间财富都处于不断增长中，对公派留学和自费留学的支持能力也将不断增长，出国留学工作开展的潜力是巨大的。在总结六十年留学工作经验教训的基础上，要进一步推动我国出国留学工作的开展，需要注意以下几个问题：

——随着新科技革命越来越广泛和深入地影响人类生活，国家间实力的较量将越来越体现为人才、特别是科技人才的较量。我国应紧紧围绕国家科技战略，加大派遣公派留学人员的力度；同时应该看到，一些前沿的、尖端的科学技术所需要的实验设施，我国可能没有；而如果没有这些设施，留学人员也许就无法发挥所学，甚至可能没有兴趣归国工作。因此，在加大派遣留学人员学习国外先进科学理论和技术的同时，也要努力为留学人员归国工作创造与国外差距不大的整体工作环境，让留学人员愿意归国，能发挥所学，让国家的资源投入能真正收到实效。我国目前国力上升，外汇资源充足，应考虑在这方面多进行一些投入。培养留学人员属于人力资本投资，短期内的收益也许不如投资于国际金融市场明显，但人力资本的积累，却是我国最终实现和平崛起的根本保证。

——在重视人才国际化的同时，要同样重视人才本土化的工作。具体而言，要加强中国传统的文化、历史教育，培养人才的文化主体意识、民族主体意识和历史意识。一个人对自己国家和民族的认同，主要是对国家和民族的文化与历史的认同。失去了本民族文化与历史的积淀，就很容易被别的国家和民族的文化同化。同时，也只有真正熟知本民族文化、历史传统的人，才更容易深入了解和学习别的国家的优秀成果。严复、胡适、蔡元培等人的经历，充分说明了这一点。

——在重视对留学人员物质吸引的同时，要同样重视对留学人员的精神号召。目前，一些地方和单位在吸引归国留学人员时，都过分强调物质待遇的优厚，而忽视了对留学人员的精神号召。建国初期，在我国一穷二白的物质条件下，华罗庚、钱学森、邓稼先等优秀的留学人员回国服务，看中的不是物质待遇的优厚，而是受到了强大的爱国精神的感召。时至今日，国内外形势都发生了巨大的变化，适当的生活待遇已成为吸引优秀人才回国服务的必需条件。但应该看到，如果没有荣誉感、归属感、自我价值实现等精神元素的吸引，那么主要靠优厚的生活待遇，是不可能长期留住人才的。而只盯住优厚的生活待遇的留学人员，是否是真的"人才"，是否真能为国家做出贡献，也是值得怀疑的。

二、海外人才引进：人才国际化战略的重要举措

（一）引进海外人才的发展历程

六十年海外人才引进工作的发展，可以改革开放为界，大致划分为前三十年和后三十年两个时期。具体划分又可分为四个时期：建国初期到1960年，党的十一届三中全会到党的十三届四中全会，党的十三届四中全会到党的十六大，党的十六大到现在。下面将对我国海外人才引进的四个阶段进行详细介绍。

1. 建国初期到 1960 年，是我国以引进苏联专家为主的阶段。

伴随着新中国的诞生，成千上万的苏联专家来到我国。我国政府给予苏联专家的优厚待遇和关怀照顾，为全面地发挥专家的作用创造了良好的工作环境。苏联专家对于中国国民经济体系，特别是工业基础的形成，有不可磨灭的贡献；在对中国的核援助方面，苏联专家所起的作用也是不可忽视的。1960 年 7 月，苏联政府命令所有的苏联专家撤退回国，我国以引进苏联专家为主的阶段结束。

2. 从党的十一届三中全会到党的十三届四中全会，是引进海外人才全面开创、积极推进的时期。

在开创和推进改革开放伟大事业的历史进程中，以邓小平同志为核心的党的第二代中央领导集体高瞻远瞩，深刻把握国内国际形势，不失时机地提出利用外国智力的重要思想，作出利用外国智力扩大对外开放的战略决策。1983 年 8 月，中共中央、国务院作出《关于引进国外智力以利四化建设的决定》；9 月，国务院颁布《关于引进国外人才工作的暂行规定》，中共中央决定成立中央引进国外智力领导小组，姚依林同志任组长。以此为标志，引智事业进入全面开创、前所未有的历史发展时期。

这一时期，引智工作以吸引华裔学者回国工作、聘请外国退休专家学者等方式组织实施引智项目，有效解决了现代化建设中经验不足、知识不足和人才不足的问题，为扩大对外开放和加速现代化建设，提供了重要的海外人才和智力保障。

3. 从党的十三届四中全会到党的十六大，是引进海外人才工作取得突破、蓬勃发展的时期。

面对冷战结束后国际局势的深刻变化，面对发展社会主义市场经济的全新任务，以江泽民同志为核心的党的第三代中央领导集体，及时作出"人力资源是第一资源"的科学判断，指出"积极引进国外智力，吸收和借鉴世界各国先进的技术和管理经验以及其他一切文明成果，加快自己的发展，是我国对外开放事业的重要组成部分。"党的十五大指出："人才是科技进步和经济社会发展最重要的资源，要建立一整套有利于人才培养和使用的激励机制。积极引进国外智力。"党的十六大进一步强调："大力引进海外各类专业人才和智力。"

这一时期，引智工作围绕贯彻实施科教兴国战略和可持续发展战略，积极借鉴国外人才资源开发的有益经验，以更加灵活多样的方式向纵深发展，以吸引和聘请海外人才参与发展高新技术产业等方式引进高层次人才，为推动建立社会主义市场经济体制、增强国家综合国力、把中国特色社会主义事业全面推向21世纪提供了有力的海外智力支持。

4. 党的十六大以来，是引进海外人才工作不断创新、深入发展的时期。

面对新世纪新阶段全面建设小康社会、加快推进社会主义现代化的新任务，以胡锦涛同志为总书记的党中央总揽全局，大力实施人才强国战略，2003年12月召开建国后首次全国人才工作会议，2003年12月中共中央、国务院作出《关于进一步加强人才工作的决定》，引进国外智力成为人才强国战略的重要方面。胡锦涛同志强调"要善于利用国际国内两种人才资源，做到自主培养开发人才和引进海外人才并重"，"要积极引进海外高层次人才和我国经济社会发展需要的紧缺人才"，要求"坚持以我为主，按需引进，突出重点，讲求实效的方针，积极引进海外人才和智力。"

2008年12月，中央办公厅转发《中央人才工作协调小组关于实施海外高层次人才引进计划的意见》，要求各地各部门解放思想，抓住机遇，大力引进海外高层次人才。中央层面重点实施"千人计划"，从2008年开始，用5到10年，在国家重点创新项目、重点学科和重点实验室、中央企业和国有商业金融机构、以高新技术产业开发区为主的各类园区等，引进并有重点地支持一批能够突破关键技术、发展高新产业、带动新兴学科的战略科学家和领军人才回国（来华）创新创业。

这一时期，更加着力引进海外高层次人才、紧缺人才和培训各类急需人才，为推动科学发展、促进社会和谐和继续把改革开放伟大事业推向前进提供了强有力的人才保证和海外智力支撑。

纵观六十年的海外人才引进，中国引进海外人才工作主要有三个特点：

第一，引进海外人才是我国政府的一项基本国策，是对外开放政策的重要组成部分。引进海外人才是"人才强国"战略的重要组成部分，是一项长期的战略方针。

第二，引进海外人才工作始终坚持以国内经济建设为中心，为改革开放服务。我国通过引进海外人才，积极吸收和借鉴人类社会创造的一切文明成果，并在此基础上结合中国的实际，努力创新，推动和发展了我国的先进生产力和先进文化。

第三，现阶段引进海外人才工作兼顾了国际人才交流的政府推动作用和市场配置作用。国家外国专家局作为政府部门，在政策、服务、管理等方面，积极推动各行各业聘请外国专家和海外留学人员，吸收借鉴国外智力成果，同时，采取措施发挥民间人才交流组织和协会的优势，遵循国际人才竞争和流动的规律，培育和规范国际人才市场，着力营造公平透明的引进海外人才大环境。

（二）引进海外人才的主要措施与成就

在新中国走向现代化的起步阶段，苏联专家在管理体制和经济建设方面作出的贡献显而易见，功不可没。特别是中国能够在短短几年内建立起工业化的基础，苏联专家的作用是历史性的。从中华人民共和国建立前夕刘少奇带来第一批专家（1949 年 8 月）到 1960 年 7 月苏联全部撤退专家前，在华工作的苏联专家和顾问，1954～1958 年人数最多，达 11000 余人，1949～1953 年次之，有 5000 多人，1959～1960 年最少，不到 2000人。大规模、全方位地聘请苏联顾问和专家来华，将苏联的制度、经验、方法、技术等传授给中国人。在苏联专家帮助下完成的第一个五年计划，建立了中国工业化的基础，形成和发展了中国自己的科技队伍。

伴随着改革开放的伟大历史进程，中国参与全球经济一体化的加快，中国在引进海外人才方面取得了巨大的成就。引进海外人才从有限范围、领域、地域到全方位、多渠道、宽领域，实现了海外人才引进格局和管理方式的跨越，初步建立了较为完善的管理和服务体系，取得的成就主要包括以下三个方面：

——海外人才引进规模不断扩大。境外来华工作专家，由上世纪八十年代末每年不足万人次到2007年当年达48万人次，其中2/3为外国专家，港澳台专家占1/3，30年中国引进境外专家约478万人次。2008年引进境外专家约48万人次，向50名作出突出贡献的外国专家颁发中国政府"友谊奖"，使获奖专家总数达999名；新建地方国际人才市场三家，使其总数达24家。

——交流渠道不断拓展，与国家外国专家局有长期良好合作关系的政府机构、国际组织、著名大学和民间团体，由改革开放初期的少数几个西方发达国家的10多个外国专家组织，发展到遍及欧、美、亚、非等60多个国家和地区的399个。

——引进主体日益多元化，由起初的政府主导到现在的政府、企业、中介组织协同联动、竞相引进的局面。市场机制在国际人才资源配置中的基础性作用进一步发挥。

我国的海外人才引进工作主要采取完善政策，筑巢引凤和搭建国际人才交流平台等措施。接下来，本文将具体介绍这三方面的措施。

1. 完善政策

为了吸引大批留学人才，党和政府不断完善引才政策，拓展引才渠道，加大引才力度。原人事部、教育部、科技部、公安部等部门先后制定出台了近40个覆盖面广、针对性强、相互配套的政策文件。《关于鼓励海外留学人员以多种形式为国服务的若干意见》，提出了海外人才为国服务的7种主要方式及7条配套的保障措施；《关于进一步加强引进海外优秀留学人才工作的若干意见》，提出依托"211工程"和"985工程"等国家科技、教育资助项目引进海外优秀人才；《关于建立海外高层次人才回国工作绿色通道的意见》，在科研工作条件、知识产权保护、配偶和子女安排等方面，提出了25条政策措施；《外国人在中国永久居留审批管理办法》，建立了中国"绿卡"制度，简化出入境和居留手续；《留学人员回国工作"十一五"规划》，提出实施留学人才"集聚计划"、"创业计划"、"智力报国计划"。同时，各地各部门积极创建留学人员创业基地和服务机构，留学人员回国服务网络遍布全国。

2003年，全国人才工作会议和党中央、国务院《关于进一步加强人才工作的决定》，提出把引进海外高层次人才作为实施人才强国战略的重大举措。

2008年12月，中央办公厅转发《中央人才工作协调小组关于实施海外高层次人才引进计划的意见》，要求各地各部门解放思想，抓住机遇，大力引进海外高层次人才。宁夏回族自治区出台了《引进海外高层次科技人才创新创业暂行办法》，实施"百人计划"，大力引进海外高层次人才；贵州省贵阳市政府近日出台了《鼓励留学归国人才来筑创业办法》，贵阳市规定，事业单位聘用留学归国人才可不受单位编制、增人指标限制。企业单位聘用留学归国人才可实行协议工资或年薪制；青海省近日出台了《青海省引进海外高层次人才暂行办法》，从2009年开始，用5～10年时间，引进水电开发、石油天然气、盐湖化工、有色金属、地质勘探、冶金建材、装备制造、高原医药、高原生物、现代农牧业、新能源和生态保护建设等领域的100名左右海外高层次人才来青海创新创业，力争使其中10名入选国家"千人计划"。河南省实施"中原崛起百千万海外人才引进工程"，用5～10年的时间，大力引进海外高层次人才。

2. 筑巢引凤

以引智项目为依托，引进海外人才，服务大局，从深化改革、扩大开放、推进自主创新，到促进经济又好又快发展，为国民经济和社会发展做出重大贡献。

按照建设创新型国家，坚持走中国特色自主创新道路的总体要求，实施自主创新引智工程，大力支持国家知识创新、技术创新工程和各地"高科技园区"、"留学人员创业园"的建设。通过引进海外人才，培养重点学科带头人、科研管理人员和科技企业家，促进产学研一体化，加速科技成果向生产力转化。围绕"三支队伍"建设和"两类人才"培养，实施人才队伍能力建设引智工程，有重点地引进了一批活跃在世界科技发展前沿的战略科学家、学科带头人和科技领军人物。

加强高校、科研院所重点学科和创新团队建设，实施"高校学科创新"（111 计划）、"创新团队国际合作伙伴项目"，支持创建一流大学和学科，借鉴国外先进的教育管理模式和教学方法，推动学科知识更新，培养适应需要、富有创新精神的高素质人才；各地各部门围绕国家经济社会发展战略，依托重点科研和工程项目，制定实施了一系列人才引进和培养计划，大力引进海外优秀人才。

1994 年，中国科学院启动"百人计划"，率先以每人资助 200 万元的大手笔引进人才，截至 2007 年，已引进高层次优秀人才 1239 人，推动了国内科研机构核心人才队伍的"代际转移"。1998 年，教育部启动"长江学者奖励计划"，100 多所高校聘任了 1300 多名"长江学者"，近 90% 的受聘者为"海归"，有力提升了中国高校的教学及科研水平。中国科协的"海智计划"、团中央的"海外学人回国创业周"、中国广州留学人员智力交流会、浙江留学人员经贸洽谈会、欧美同学会"21 世纪中国"系列研讨会等等，为广大留学人员回国工作和为国服务搭建了平台。

北京打造"中国硅谷"中关村科技园区，到 2008 年已吸引 8000 多名"海归"创建了 2200 多家高新技术企业，年产值达 300 多亿元。上海实施"万名海外留学人才集聚工程"，现已引进海外留学人才 2 万多名，创办企业近 4000 家，注册资金达 5 亿美元以上。江苏实施"万名海外人才引进计划"，计划用五年时间引进万名以上海外高层次人才，每年引进创新创业人才 100 人以上，具有世界领先水平的科学家和科技领军人才 10 人以上。无锡实施"530 计划"，计划五年内引进 300 名留学归国的领军型创业人才，实际已经引进 2500 名。

3. 搭建平台

定期召开中国国际人才交流大会、博览会、海外人才招聘洽谈会等。以 2008 年中国国际人才交流大会为例，共有 40 多个国家和地区的 500 多个专业机构参加，国内有 3100 多个单位和机构出席，大会为海外人才来华和国内人才走向世界提供了良好的交流合作平台。大会期间举办了国际人才高峰论坛等重要活动，促进了国际人才交流与合作。

总起来说，我国的引进海外人才工作得到了长足发展，海外人才归国数量快速增加，归国人才层次不断提高，为国服务活动日趋活跃，取得了显著成就，在我国科技创新和高新技术产业发展中发挥了重要作用，既为开创中国特色社会主义事业新局面提供了海外人才和智力保障，也为引进国外智力工作的进一步发展奠定了坚实的基础。

但是，与建设创新型国家对各类高层次人才的迫切需求相比，我国的人才引进工作力量不够集中、力度不够大、政策不够完善，引进人才的数量和质量都有待提高，特别是要引进一批国际一流的战略科学家和科技领军人才。

（三）展望

为引进海外高层次人才、紧缺人才和培训各类急需人才，为推动科学发展、促进社会和谐，为改革开放伟大事业提供强有力的人才保证和海外智力支撑，我国的海外人才引进，需加强以下几方面的工作：

1. 实现依法管理

外国专家工作从依政策管理向依法管理转变，是为国家引进高层次人才的关键切入点。在对海外人才包括外国专家依法管理方面，国家外国专家局正在积极配合有关部门，按照总体规划、分步出台的原则，建立以《外国专家来华工作条例》为核心的政策法规体系。完善外国专家的准入、居留、优惠政策、国民待遇和权益保障等方面的政策法规，建立外国专家利益表达机制、参与机制、聘用争端解决机制，依法保护来华工作的外国专家的合法权益。

2. 建立国际通行的科研机制

用全球视野、国际化方法招聘尖端人才，建立符合国际惯例、具有中国特色的科研管理新体制，探索一条引进海外高层次人才、推动科技自主创新的新路。科学发展要靠科技，科技发展要靠人才，人才发挥作用要靠充满活力和效率的体制机制。要遵循科研规律，借鉴国际经验，制定好整体发展规划，实行国际通行的科学研究和科技开发、科技创业机制，大力吸引和凝聚国际尖端人才，使留学回国人才不仅能够继续像在海外一样发挥聪明才智，而且能够干得更好。

3. 打造全方位服务平台

海外国际人才的引进需构建全方位的服务平台。服务平台包括专家选拔、项目资助、职称评定、继续教育，实施强化公平竞争、优胜劣汰、绩效优先的激励机制，以及对高层次人才提供包括工龄、购房购车补贴、周转公寓补贴、家属子女安排、子女中高考加分、保险衔接、出入境手续办理等方面的后续服务。2008年我国成立了面向海内外留学人才的全国性公募基金会——中国留学人才发展基金会。该基金会的成立，可以协助政府有关部门开发和利用海内外人才与人才市场，吸引中国留学人员回国服务，支持留学人员自主创业，这也意味着我国海外人才的引进将争取到更多海内外企业、团体和人士的支持，海外人才引进的配套服务将更加完善。

胡锦涛同志在欧美同学会成立90周年庆祝大会上说："为了实现全面建设小康社会的宏伟目标，我们必须坚持把发展作为党执政兴国的第一要务，必须坚持实施科教兴国战略，必须坚持人才资源是第一资源的思想"。在我国经济国际化的进程中，立足国际视野，放眼全球发展，大力推动出国留学工作并争取留学人才回国服务，大力引进海外高层次人才，努力实现我国人才培养、人才素质和人才结构的国际化，已成为我国深度参与世界经济进程、实现和平崛起和中华民族复兴的必由之路。应该相信，在人才资源是第一资源思想的指导下，我国人才国际化工作一定会取得进一步的发展，国际化人才必将越来越成为推动我国经济国际化进程的中坚力量。

参考资料目录：

1. 潘晨光（主编）：《中国人才发展报告 No. 5》，社会科学文献出版社，

2008 年 7 月。

2. 潘晨光（主编）：《中国人才发展报告 No. 3》，社会科学文献出版社，2006 年 5 月。

3. 中国人事科学研究院：《中国人才报告 2005》，人民出版社，2005 年 8 月。

4. 李滔（主编）：《中华留学教育史录——1949 年以后》，高等教育出版社，2000 年 1 月。

5. 于富增等：《教育国际交流与合作史》，海南出版社，2001 年版。

6. 肖惠荣、黎峰：《人才国际化的内涵与我国的应对策略》，载于《人力资源》，2007 年 8 月号，138—139、149。

7. 万学远：《人才国际化趋势及其影响》，载于《党建研究》，2004 年第 3 期，57—58。

8. 中共国家外国专家局党组：《坚持引进国外智力战略方针，促进经济社会又好又快发展——改革开放以来引智工作的发展历程、显著成就及基本经验》，载于《光明日报》，2009 年 1 月 17 日。

9. 《大力引进海外高层次人才——以更宽的眼界、更宽的思路和更宽的胸襟做好引进工作》，载于《人民日报》，2009 年 1 月 8 日。

10. 大力引进海外高层次人才回国（来华）创新创业——《中央人才工作协调小组关于实施海外高层次人才引进计划的意见》http://news. xinhuanet. com/newscenter/2009－01/07/content_ 10620815. htm。

11. 李源潮：《把引进海外高层次人才作为紧迫战略任务来抓》，新华社，2009 年 6 月 5 日。

12. 李亚杰、谭浩：《回顾改革开放 30 年海外人才引进工作》，新华网，2009 年 1 月 21 日。

策　　划:张文勇
责任编辑:辛春来
封面设计:肖　辉
版式设计:曹　春

图书在版编目(CIP)数据

中国经济国际化进程/国家发展和改革委员会对外经济研究所　著.
-北京:人民出版社,2009.9
(辉煌历程——庆祝新中国成立60周年重点书系)
ISBN 978－7－01－008279－0

Ⅰ.中…　Ⅱ.国…　Ⅲ.外向型经济-经济发展-研究-中国
Ⅳ.F125.4

中国版本图书馆 CIP 数据核字(2009)第 167887 号

中国经济国际化进程

ZHONGGUO JINGJI GUOJI HUA JINCHENG

国家发展和改革委员会对外经济研究所　著

人民出版社 出版发行

(100706　北京朝阳门内大街 166 号)

北京中科印刷有限公司印刷　新华书店经销

2009 年 9 月第 1 版　2009 年 9 月北京第 1 次印刷

开本:710 毫米×1000 毫米 1/16　印张:30.5

字数:390 千字　印数:0,001－5,000 册

ISBN 978－7－01－008279－0　定价:60.00 元

邮购地址 100706　北京朝阳门内大街 166 号

人民东方图书销售中心　电话 (010)65250042　65289539